BARRON'S

SAT* SUBJECT TEST
SPANISH

4TH EDITION

José M. Díaz, M.A.
Teacher of Spanish
Hunter College High School
New York, New York

BARRON'S

Dedication
For Fatima, Jasmine, Jennifer, and Leslie with love
                                            J. M. D.

Acknowledgments
I am indebted to Morgan J. Clark, an outstanding student of Spanish at Hunter College High School, for her insight as a past test taker of the SAT Spanish. Many of her excellent ideas appear in the introduction to this book. Gilda Nissenberg deserves special thanks, first for being a friend, and for her encouragement and ideas about the presentation of the material. Vincent Chen and Nan Gu, both students at Hunter, created the scale for students to judge their performance on the practice tests. I am very grateful for their assistance as well as to David Tomes for introducing me to them.

My deepest appreciation to Linda Turner who, as the editor, was very supportive and offered invaluable guidance. Her patience, excellent comments, and suggestions were instrumental in improving this edition.

                                            J. M. D.

© Copyright 2015, 2011, 2007 by José M. Díaz. Previous edition © copyright 2001 under the title *How to Prepare for the SAT II Spanish* by José M. Díaz.

All inquiries should be addressed to:
Barron's Educational Series, Inc.
250 Wireless Boulevard
Hauppauge, New York 11788
www.barronseduc.com

ISBN: 978-1-4380-7561-7   33614056403008

International Standard Serial No. 1936–7473

10%
POST-CONSUMER WASTE
Paper contains a minimum of 10% post-consumer waste (PCW). Paper used in this book was derived from certified, sustainable forestlands.

PRINTED IN THE UNITED STATES OF AMERICA
9 8 7 6 5 4 3 2 1

Acknowledgments

Every effort has been made to trace the copyright holders, and we apologize in advance for any unintentional omissions. We would be pleased to insert the appropriate acknowledgment in any subsequent edition of this publication.

DIAGNOSTIC TEST

"Las delicias festivas de la cocina sefardita" from *Más*, Volume III, Number 6, November–December 1991, p. 25.

"Con etiqueta" from *Más*, Volume IV, Number 1, January–February 1992, p. 24.

Benjamín se despertó . . . from *Las ataduras* by Carmen Martín Gaite.

"Sacos de exotismo y arroz" from *Más*, Volume IV, Number 2, March–April 1992, p. 23.

Hace ya bastantes años . . . from *El trampolín* by Manuel Rojas.

Diana Ramos tuvo que trabajar . . . from "¿Sabes cuál es tu trabajo?", *Latina*, March 2001, Volume 5, Number 9, p. 81.

TEST 1

"Está entre nosotros" from *Más*, Volume IV, Number 8, December 1992, p. 9.

Inclinado estaba . . . from *El vaso de leche* by Manuel Rojas.

Miré por la ventana . . . from "Primer viernes", *Latina*, March 2001, Volume 5, Number 9, p. 129.

Debo confesar . . . from "Padre primerizo", *Latina*, January 2001, Volume 5, Number 7, p. 93.

A las doce y media de la noche . . . from *Historia de hospital* by Manuel Rojas.

TEST 2

Fue un día de febrero . . . from *La lluvia amarilla* by Julio Llamazares.

Por las tardes . . . from *Mi hermano mayor* by María Luisa Puga.

Yo vivía . . . from *Más allá* by Horacio Quiroga.

Cuando me entró apetito . . . from *Lo que queda enterrado* by Carmen Martín Gaite.

Cuando su marido . . . from *La tablas crujientes* by Marco Tulio Aguilera Garramuño.

El dolor me obligó . . . from *Soprano* by Julio Alberto Paredes Castro.

TEST 3

"Delicias navideñas" from *Más*, Volume IV, Number 7, November 1992, p. 31.

Sentado a la cabecera . . . from *La ciudad de los Césares* by Manuel Rojas.

El padre de Nené . . . from *La edad de oro* by José Martí.

"Traductores sin licencia" from *Más*, Volume V, Number 1, January–February 1993, p. 23.

Apenas llegamos a la habitación 92 . . . from *El balneario* by Carmen Martín Gaite.

Quizá lo que más se envidiaba . . . from *El árbol de oro* by Ana María Matute.

Severina movió la cabeza . . . from *La casa junto al río* by Elena Garro.

TEST 4

Amanecía cuando . . . from *La lluvia amarilla* by Julio Llamazares.

¿Usted busca a alguien? . . . from *Mi padre, humo disperso despidiéndose* by Arturo Alape.

En el comedor . . . from *La casa junto al río* by Elena Garro.

TEST 5

"Una colección de todos" from *Más*, Volume V, Number 2, March 1993, p. 63.

Durante años . . . from "La diversidad de la madre patria", *Latina*, March 2001, Volume 5, Number 9, p. 125.

La empleada del gobierno . . . from "Liliana Olivares, que descanse en paz", *Latina*, January 2001, Volume 5, Number 7, p. 91.

Llegó hasta las primeras calles . . . from *El vaso de leche* by Manuel Rojas.

TEST 6

"Tejidos y joyas" from *Más*, Volume 1, Number 1, Autumn 1989, p. 18.

Oí el ruido seco . . . from *La casa de azúcar* by Silvina Ocampo.

"¿Sabía Ud...?" from *Más*, Volume V, Number 4, May 1993, p. 18.

"Una voz que no podré olvidar" from *Más*, Volume IV, Number 4, September 1992.

Carretera . . . from *Lindas vacaciones* by Ethel Krauze.

Aquella noche . . . from *La lluvia amarilla* by Julio Llamazares.

TEST 7

La señorita Mercedes . . . from *La patria* by Gregorio López y Fuentes.

Esperaba que Sonia . . . from *Soprano* by Julio Alberto Paredes Castro.

Me hubiera gustado . . . from *El balneario* by Carmen Martín Gaite.

En el barco . . . from *La ciudad de los Césares* by Manuel Rojas.

TEST 8

Durante las vacaciones . . . from *Cómo ayudar a su hijo a aprender las matemáticas* by Patsy F. Kanter with Linda B. Darby.

La noche del 2 de octubre . . . from *Molokai* by Mario Mendoza.

Este mensaje quizá . . . from *A los trece años de viaje* by Alejandro Núñez Alonso.

Viste [Paquito] modestamente . . . from *Mundo adolescente* by Luis Romero.

TEST 9

"Un maestro de la actuación" from *Más*, Volume IV, Number 2, March–April 1992, p. 8.

Hubo un instante . . . from *Lanchas en la bahía* by Manuel Rojas.

Estaba sofocado por el calor . . . from *La cama vacía* by Nicolás Suescún.

Algunos años mayor que yo . . . from *El humor de la melancolía* by R. H. Moreno Durán.

Contents

GETTING TO KNOW THE SAT SUBJECT TEST IN SPANISH

Introduction 3

SAT Subject Test in Spanish
  (Without Listening) 4
Preparing for the Test 4
Taking the Test 5
SAT Subject Test in Spanish with Listening 9
How to Use This Book 10
The Role of the Internet 11

Diagnostic Test 15

Answer Key 28
Diagnosing Your Needs 29
Answer Explanations 32

GRAMMAR REVIEW

1 Rules of Grammar 37

1. **Articles** 37
   1. The Definite Article 37
   2. The Neuter Article *lo* 39
   3. The Indefinite Article 39

2. **Nouns** 40
   1. Masculine Nouns 40
   2. Feminine Nouns 41
   3. Other Rules About Nouns 42
   4. Plural of Nouns 43

3. **Adjectives** 44
   1. Gender of Adjectives 44
   2. Plural of Adjectives 45
   3. Position of Adjectives 45
   4. Shortening of Adjectives 46
   5. Adjectives Used as Nouns 47
   6. Comparisons 47
   7. Possessive Adjectives 49
   8. Demonstrative Adjectives 51

4. **Adverbs** 51
   1. Formation of Adverbs 51
   2. Adverbial Phrases 52
   3. Common Adverbs 52

5. **Pronouns** 53
   1. Subject Pronouns 53
   2. Prepositional Pronouns 53
   3. Object Pronouns 54
   4. Possessive Pronouns 56
   5. Demonstrative Pronouns 56
   6. Relative Pronouns 57

6. **Verbs** 59
   1. Present Indicative 59
   2. Regular Verbs 59
   3. Irregular Verbs 60
   4. Verbs with Spelling Changes 63
   5. Stem-Changing Verbs 65
   6. Reflexive Verbs 68
   7. *Ser* and *Estar* 71
   8. Progressive Tense 73
   9. Passive Constructions 75
   10. *Gustar* 76
   11. Verbs like *Gustar* 76

7. **Preterit** 77
   1. Preterit Tense 77
   2. Regular Verbs 78
   3. Irregular Verbs in the Preterit 78
   4. Preterit of Verbs with Spelling Changes 80
   5. Verbs Ending in *-car*, *-gar*, and *-zar* 81
   6. Stem-Changing Verbs 83
   7. Verbs with Special Meaning in the Preterit 84

8. **Imperfect** 85
   1. Imperfect Tense 85
   2. Regular Verbs 86
   3. Irregular Verbs 86

9. Present Perfect   **86**

   1. Present Perfect Tense   86
   2. Irregular Past Participles   87

10. Pluperfect   **88**

   1. Pluperfect Tense   88

11. Future   **88**

   1. Future Tense   88
   2. Formation of the Future Tense   89
   3. Future Perfect Tense   89

12. Conditional   **89**

   1. Conditional Tense   89
   2. Formation of the Conditional   90
   3. Conditional Perfect Tense   90

13. Subjunctive   **91**

   1. Subjunctive Tense   91
   2. Regular Verbs   91
   3. Irregular Verbs in the First Person Indicative   91
   4. Irregular Verbs in the Subjunctive   92
   5. Verbs Ending in *-car, -gar,* and *-zar*   92
   6. Stem-Changing Verbs   92
   7. Uses of the Subjunctive   93
   8. Present Perfect Subjunctive   98
   9. Pluperfect Subjunctive   98
   10. Imperfect Subjunctive   98

14. Imperative   **102**

   1. Commands   102
   2. Formal (*Ud.* and *Uds.*) Commands   102
   3. Informal *Tú* Commands   103
   4. *Nosotros* Command   103
   5. *Vosotros* Command   104
   6. Indirect Commands   104
   7. Object Pronouns and Reflexive Pronouns with the Command   105
   8. Different Ways to Express Obligation   105

15. Negatives and Indefinites   **105**

   1. Negative and Indefinite Words   105
   2. Negative and Indefinite Adverbs   106
   3. *Pero, Sino, Sino Que*   106

16. Direct and Indirect Questions   **107**

   1. Interrogatives   107
   2. *Qué* versus *Cuál*   107

17. Exclamations   **108**

   1. *¡Qué…!*   108
   2. *¡Cuánto…! ¡Cuánta…! ¡Cuántos…! ¡Cuántas…!*   108
   3. *¡Cómo…!*   108
   4. *¡Quién…!*   108

18. Numbers, Dates, Time   **109**

   1. Cardinal Numbers   109
   2. Ordinal Numbers   110
   3. Months of the Year   111
   4. Days of the Week   111
   5. Dates   112
   6. Seasons   112
   7. Time of Day   112

19. Word Relationships   **114**

   1. Prepositions   114
   2. Common Prepositions   114
   3. Personal *a*   114
   4. Common Compound Prepositions   115
   5. *Para* and *Por*   115
   6. Verbs That Require the Preposition *a* Before an Infinitive   117
   7. Verbs That Require the Preposition *con* Before an Infinitive   117
   8. Verbs That Require the Preposition *de* Before an Infinitive   118
   9. Verbs That Require the Preposition *en* Before an Infinitive   118
   10. Verbs That <u>Do Not</u> Require a Preposition When Followed by an Infinitive   118

20. Connecting Words, Phrases, Clauses, and Sentences   **119**

   1. Conjunctions   119

2 Grammar Practice   **125**

Word Completion   125
Ser or *Estar*   128
Saber or *Conocer*   130
Por or *Para*   131
Use of Prepositions   132
Indicative, Imperative, and
    Subjunctive Tenses   134
Answer Key   144

LISTENING COMPREHENSION

3 Listening Comprehension Practice   **151**

Dialogues   151
Rejoinders   155
Answer Key   157
Tapescript for Listening Comprehension
    Practice   158

PRACTICE TESTS

Test 1   **173**

Answer Key   188
Answer Explanations   189

Test 2   **195**

Answer Key   206
Answer Explanations   207

Test 3   **213**

Answer Key   226
Answer Explanations   227

Test 4   **233**

Answer Key   247
Answer Explanations   248

Test 5   **253**

Answer Key   266
Answer Explanations   267

Test 6   **273**

Answer Key   288
Answer Explanations   289

Test 7   **295**

Answer Key   312
Answer Explanations   313
Tapescript for Listening
    Comprehension   316

Test 8   **327**

Answer Key   343
Answer Explanations   344
Tapescript for Listening
    Comprehension   347

Test 9   **357**

Answer Key   375
Answer Explanations   376
Tapescript for Listening
    Comprehension   379

APPENDIX

Synonyms   388
Antonyms   390
Words and Expressions Worth Noting   393
Idiomatic Expressions, Conjunctions,
    and Other Useful Phrases   397
Spanish–English Vocabulary   402

INDEX   **423**

GETTING TO KNOW THE SAT SUBJECT TEST IN SPANISH

Introduction

- Spanish without listening
- Spanish with listening component
- What to expect on each test
- Test-taking tips and strategies

This third edition of *SAT Subject Test: Spanish* has been fully revised after receiving feedback from teachers and students who have used the book. It has been designed to help you maximize the time you spend preparing for the exam and ultimately help you receive a high score on the test. You will now find a diagnostic test that will allow you to identify the areas that you will need to review further. For the most part, the level of difficulty has been kept on par with the actual tests. You will see how your performance improves as you go through the ten tests included in the book. Although some of the tests prepare you for the SAT Spanish with Listening test, you may also use them to get further practice with vocabulary, grammar, paragraph completions, and reading comprehension.

The SAT Subject Test in Spanish has been designed to assess your knowledge of Spanish. Although the Spanish program in each school is different, students usually take the SAT Subject Test in Spanish after at least three years of study. Some colleges require and some recommend several SAT Subject Tests. Even if the college you are planning to attend does not require Subject Tests, you may want to consider taking some of them in order to give the college a better picture of your academic preparation. Some colleges consider the SAT Subject Tests for placement or as another piece of information to advise you as to what courses you should take once you enroll. Remember that although the College Board does not differentiate between the students who have learned Spanish in the classroom and those who are native speakers when distributing the scores, the colleges will take your personal language experience into consideration.

There are two different types of SAT Spanish tests to choose from: Spanish and Spanish with Listening. Each test lasts one hour. Your decision should be based on your experience with the language. If you are accustomed to listening to Spanish on a regular basis in your daily life and if your classroom experience has exposed you to listening to speakers from different parts of the Spanish-speaking world on a regular basis, you may consider taking the test with listening. If you decide to take the test with listening, you should be aware that it is administered only in November; you should check with your school counselor for dates and centers. You may also want to visit the College Board site online *(www.collegeboard.org)*. If you are not sure which test you should take, check with the colleges you plan to attend.

Remember

You can take either the SAT Spanish or the SAT Spanish with Listening. However, the listening exam is given only in November.

You may also want to discuss this with your high school Spanish teacher. Some colleges consider that the Spanish with Listening test gives them information that helps them decide your placement in college level courses or to exempt you from their language requirements.

The date you choose to take the test will depend on your preparation and your needs. You should take the test when you feel you are ready for it and when the information is fresh in your mind. In general, students take the SAT Spanish test just before they finish their junior year or at the beginning of their senior year. If you are enrolled in an Advanced Placement course, it may work to your advantage to take the test in June after you have had the experience of reviewing grammar, acquiring new vocabulary, and learning the necessary skills to comprehend what you read.

SAT SUBJECT TEST IN SPANISH (WITHOUT LISTENING)

The following is an overview of the SAT Subject Test in Spanish *without* the listening comprehension component.

Part A—Vocabulary and Structure	Approximately 20 vocabulary and 12 structure questions
Part B—Paragraph Completion	2 to 3 passages with approximately 26 questions
Part C—Reading Comprehension	4 to 5 passages and/or authentic documents with approximately 27 questions
Total number of multiple-choice questions: 85	

PREPARING FOR THE TEST

The best way to prepare for the test is to review what you have learned in your Spanish courses. This book offers you a complete review of Spanish grammar. Some topics are very basic and you may just need to go over them quickly. Other topics may be new to you and you may have to spend more time studying and learning them.

For some of you, this may be the first test of this type you take in a foreign language. Thus, you may find the first test you take in this book more challenging than expected. Do not be discouraged. With practice and review you will build your confidence and do well on the test. The Diagnostic Test has been designed so that you can begin to identify those areas in which you need further work. Following the suggestions for what topics to study will get you on the right track to master the material you will encounter on the actual exam. You should keep in mind the time you have to prepare yourself and come up with a "schedule" as to how you will go about reviewing the material.

Familiarize yourself with the test. Know the number and types of questions you will have to answer. In this book you will be exposed to all the different types of questions that currently appear on the test. Become familiar with the directions. This way, you will not have to spend time reading them again at the test center.

TAKING THE TEST

It may be a good idea to answer first all the questions you find easier and those you are certain you can answer. It may be to your disadvantage to work on the test in the same order as the questions. If you spend too much time on a difficult question, you are taking away time that can be spent answering a question you know how to answer. If you spend too much time on those questions you find hard, you may become discouraged and give up too soon. Remember that you have to complete the test within the hour, and that you can go back to questions in any section that you did not answer.

When in doubt, eliminate the wrong choices. Once you have narrowed down the number of possible correct choices, it will be easier and safer for you to find the correct answer or take a guess. Taking the context of the sentence or the paragraph into consideration, you will have a good idea of what is needed to answer the question. Then, by eliminating the answers you definitely know are wrong, you should be able to narrow down the choices.

TIP

- Answer easy questions first.
- Skip difficult questions or questions for which you do not know the answer rather than spend time on them. Go back to them later if you have time.
- Guess only when you can eliminate at least one of the choices.
- Mark your answer sheet carefully.

If you are sure that one of the choices is absolutely wrong, you should guess. But if you can't do this, you should leave the question blank because you lose one-third of a point for each incorrect answer. Remember, you do not have to finish the entire test. Work with those questions you know how to answer first, and then, if time permits, go back and tackle those for which you have been able to eliminate one or more choices.

Do not forget to compare the number of the question you are answering with the number on the answer sheet, especially if you decide to leave a question or questions blank. It is not uncommon for students to get nervous and lose their place.

It may be a good idea to get the College Board's *Official Study Guide for all SAT Subject Tests*. Although this book contains tests for different subjects, it is limited in that it contains only one test for each subject. Still, it will allow you to become familiar with the instructions so that when you actually take the test, you do not have to spend time reading them again.

Part A: Vocabulary and Structure

In this part you will answer a series of multiple-choice questions dealing with vocabulary and structure (grammar).

Vocabulary Questions

You can prepare for the vocabulary section by reading as much as possible in Spanish. Although vocabulary lists help, you will remember more vocabulary when you see it used in context. You may consider preparing some index cards with the Spanish word on the front and its English equivalent on the back. You may also want to add words of the same family, antonyms, synonyms, idiomatic expressions, and even a sentence that helps you remember the word's meaning. For example:

> **cuidar**—to take care of, look after
> **cuidado**—care
> **descuidar**—to neglect, overlook
> **descuidarse**—to be careless
> **tener cuidado**—to be careful
> **Cuando mis padres salen por la noche, yo cuido a mis hermanos.**
> —When my parents go out at night, I take care of my brothers.

When answering a vocabulary question, try to get a general sense of the meaning of the sentence, and then begin eliminating those choices that have nothing to do with it. Underline the key words of the sentence. For example:

El <u>otoño</u> llegó y <u>vimos</u> cómo <u>se caían</u> . . . de los <u>árboles</u>.

(A) *las piernas*
(B) *las hojas*
(C) *los caminos*
(D) *los troncos*

TIP

Cognates can help you determine answers.

Otoño (autumn) is a fairly easy word that you learned in Spanish I; *vimos* comes from *ver*, to see; *caerse*, to fall; and *árboles*, tree. So, if you use your knowledge, you will come to the conclusion that the sentence has to do with something falling from the trees in the autumn. This will make it easier for you to narrow down the possible options. Then, you should eliminate those words you definitely know are wrong and do not fit in the context of the sentence (*piernas*, legs; *caminos*, roads.) *Tronco* and *hojas* have something to do with trees. *Tronco* is a cognate. You will finally come to the conclusion that the correct answer is *hojas* (leaves). You should use this technique any time you find yourself not really knowing what the sentence means. You have enough knowledge to be able to come to a fairly accurate conclusion.

Don't forget to use your knowledge of English, as some words may be cognates, but be aware of words that look alike in Spanish and English but that have very different meanings. In "Words and Expressions Worth Noting," in the appendix, you will find a list of "false" cognates; make sure you become familiar with them. Also, try to see if the word resembles another word you know in Spanish. It may be a derivative, which could help you choose the correct answer or understand the meaning of the sentence or passage.

Let's go over another vocabulary question:

TIP

Don't forget to think of words that you already know that seem to come from the same family (e.g., altura, alto, altitud; vestir, vestido, desvestir, vestimenta, etc.).

Mónica, te voy a enviar el regalo por . . . pues no podré visitarte hasta el mes próximo.

(A) *correo*
(B) *edificio*
(C) *sello*
(D) *cuadro*

TIP

Decide first if the sentence is testing grammar or vocabulary. This will help you focus better on the options from which you have to choose, since you will be looking for something different if the question tests vocabulary than if it tests grammar.

The key word in this sentence is *enviar* (to send), and the preposition *por* (by, through) can also help you eliminate some of the choices. These two words should give you a good idea of what the correct answer may be. You can easily eliminate *edificio* (building), and *cuadro* (picture) because they have little to do with "to send by." You should eliminate the words unrelated to the general "theme" of the sentence. Then, the choice is between *sello* (stamp) and *correo* (mail). If you have followed these steps, and you know the meaning of *sello* and *correo,* you will choose the correct answer: *correo.* Even if you don't know the meaning of these two words, you may be able take a chance and guess.

At times, vocabulary questions have choices that belong to the same category (i.e., *correo, sello*), but other times the four choices have nothing to do with one another. Keep this in mind. Be careful! If the four choices are within a particular category, it may be harder to come up with the right answer because the context becomes more crucial. You may also need to understand the subtleties of the meanings of the four choices. Keep in mind that sometimes the four choices are very similar in sound. Again, use the context to help you choose the right answer. As you study new vocabulary words, it may be a good idea to group them in categories. That way, if you recognize a word on the exam, you may be able to put it in a category, which will help you with the overall meaning of the sentence.

TIP

Eliminating words that have nothing to do with the "theme" of the sentence will allow you to think clearer and make a better choice.

Structure (Grammar) Questions

A question dealing with structure (grammar) is best approached by trying to get a general sense of its meaning. Again, if you have no idea what the sentence is about, mark it and go back if you have time at the end.

Find the subject of the sentence. Then, note the tense of the verb(s) and begin analyzing the options. If you don't recognize the tense, look for adverbs (*ayer, mañana, ahora,* etc.) that will help you identify the tense. If you find one or more answers that you are sure are incorrect, eliminate them and concentrate on those about which you have some knowledge.

If the options deal with object pronouns, decide who is receiving the action of the verb. Is the subject of the verb doing something *to* or *for* someone? If the answer is yes, then you can identify that person as the indirect object. If the word before the blank is a preposition, then you will need an infinitive (e.g., *dormir, caminar, salir*) or a prepositional pronoun (*mí, ti,* etc.). Remember to keep in mind those verbs of persuasion, desire, and doubt, among others, and impersonal expressions and conjunctions that require the subjunctive. You should also do a thorough review of those verbs that require a preposition (see the appendix, starting on page 387). Although you may not be able to remember each single verb that takes a preposition and which preposition it needs, try to concentrate on those that are most common. Repeat them out loud. Eventually it will help you to decide if it sounds right or not. These are just a few of the grammar points you may want to check as you try to answer the questions. As you work through the practice test, you may want to write down other points you need to keep in mind as you approach this section.

In this section the options are often different forms of a particular verb. If one of the answers sounds "right," this may help you eliminate some of the other choices.

Again, the same rule applies here: Answer first all the questions that you find easier and that you are certain you can answer. Make sure you mark those questions you find difficult so that if you have time at the end and want to go back, you can easily identify them.

Part B: Paragraph Completion

In this part of the test you will complete a series of paragraphs in which some words have been omitted. Some of these blanks deal with vocabulary, others with grammar. Read the entire passage very quickly. This will give you a general idea of the topic. In this part of the exam the overall context is particularly important. Keep in mind that at times the choice you make at the beginning of the paragraph may be affected by something that happens later on. Therefore, it is to your advantage to have a general idea of what happens in the entire passage. As you practice this part of the exam bear these questions in mind:

- In what tense is the passage written? Present? Past? Future?
- What is the general theme of the passage?
- Who is the narrator? A woman? A man? A young person?
- What register is being used? Formal (*Ud.*, *Uds.*)? Informal (*tú*, *vosotros*)?
- Is the blank testing vocabulary or grammar?

This is not an exhaustive list of questions. You may think of others that in your opinion may help you further.

Many of the suggestions you use to deal with the previous types of questions (vocabulary and structure) apply here, so use them to your advantage. Once you have selected the correct answer, read the sentence to yourself, keeping in mind the meaning of the sentence and the entire passage.

Although it may seem more difficult to skip some questions in this part, you should do it if you have no idea what the sentence means. Once you have finished the passage, you can go back. Having completed those sentences you found easy may give you a better understanding of the passage and therefore a better chance of answering a few more questions. Remember, you do not have to answer every single question in this section. Concentrate on those you know!

Once again, you can still eliminate an entire passage that you find difficult and go back to it later. If you do a quick read of the passage and realize that you don't know what the content means, it is a good idea to skip it and go back to it later if you have time.

Part C: Reading Comprehension

In this part of the exam you are asked to read several passages from fiction, historical works, advertisements, flyers, and so on, and answer questions about their content. The more you read in Spanish (newspaper articles, magazine articles, flyers, short stories, etc.), the better you will do in this section. When you read an article or story in Spanish, it is a good idea to write a few sentences summarizing what you have read in your own words in Spanish. Also, make a list of the most important (key) words you will need to tell someone what you have read. This will help you increase your vocabulary and reading skills.

During the test, you may want to answer questions about those passages of which you have a good understanding and then do those you find difficult. Do not be concerned if there are words in the passage you do not understand. Concentrate on the words you do know. Many students spend too much time trying to understand every single word in the passage or putting too much emphasis on the words they do not know. You need to develop the skill of using the context and what you know to make sense of the meaning of sentences and the overall content of the passage when you do not know every single word. This way you will be better prepared for the actual test. Try to understand the main ideas of the passage, its audience, tone, and general structure. Don't be afraid to underline or mark words and parts of sentences as you read, because this will help you go back and find the information you need to answer the questions. Also, you may want to keep in mind some of the questions dealing with Paragraph Completion discussed in the above section.

TIP

Concentrate on the words you know rather than those that you do not know.

You can save time by reading the questions first. The questions, more often than not, appear in the same order as the information in the selection. This way, you know what to look for. Look for key words; often the correct answer is a rewording of the information you find in the passage. If you can't find the right answer, try to eliminate answers you are sure are incorrect. Finally, remember that you do not have to answer every single question in each passage. It may be better to leave blank those questions that you are not comfortable answering and concentrate on those you know.

SAT SUBJECT TEST IN SPANISH WITH LISTENING

The following is an overview of the SAT test *with* the listening comprehension component.

TIP

Read the questions that follow the selection and underline key words before you start reading the passage or the ad.

Section I—Listening Comprehension	
Part A—Pictures	Approximately 10 questions
Part B—Rejoinders	Approximately 10 questions
Part C—Selections	Approximately 7 selections with approximately 13 questions
Section II—Reading	
Part A—Vocabulary and Structure	Approximately 8 vocabulary/ 9 structure questions
Part B—Paragraph Completion	2 passages with approximately 18 vocabulary and structure questions
Part C—Reading Comprehension	4 passages with approximately 16 questions
Total number of multiple-choice questions: 85	

All the suggestions and techniques you learned for the test without listening comprehension apply to this test also.

For the listening comprehension part of the test, keep the following in mind:

- A few days before the test, check the CD player and headphones you will be using. Become familiar with their operation and make sure that you have a set of fresh batteries. A set of extra batteries would not hurt! You may also want to play a CD of someone talking to learn how to adjust the volume.

- The best way to practice for the listening part of the test is to listen to Spanish as much as possible. Most textbook series are accompanied by listening comprehension CDs. If your teacher does not use them in the classroom, you may want to borrow them from him or her. Listen to the radio or watch television. The best programs are the news and soap operas. If it is your first time listening to the radio or watching television, you may want to start gradually, a few minutes at a time, to avoid frustration if you do not understand everything. As time passes, you should increase the amount of time you listen. On page 11 you will also find some suggestions for listening practice on the Internet.

- All the instructions you hear on the CD are also printed in your test booklet.

- You will be instructed not to stop or go back on the CD during the test.

- Read the options before you begin to listen. This will give you a general idea of the selection's theme.

- You may not understand everything you hear. Don't feel that you won't be able to answer any questions. Be patient. You may hear some of the information again.

- Try to get the general gist of the passage if everything else fails.

- Picture in your mind what you are hearing.

- If you do enough practice, you will know what works best for you (e.g., reading the question and options before the selection begins, taking notes, etc.)

HOW TO USE THIS BOOK

It will be best if you try to imitate the circumstances in which you will be taking the test. Find a quiet place at home and time yourself. Give yourself an hour to complete the test.

The book is divided into five distinct parts:

Getting to Know the SAT Subject Test in Spanish is an overview of both the test without listening and the test with listening. Guidelines are provided to help you prepare for the test and to understand the types of questions you will be asked. Following this introduction is a **Diagnostic Test** (without listening) that will help you identify your weak areas and direct you to the parts of the book that will help you strengthen those areas.

Grammar Review covers most of the territory you will need for the test. This part of the book is divided into two chapters.

Chapter 1 is a general review of Spanish grammar. The explanations in this section go from very basic structures to advanced. This section appears for reference purposes and is a way for you to review and to learn new material before you take the practice tests.

Chapter 2 has been designed to give you practice in those areas that are tested most often on the actual test and those areas in which students usually have difficulties. These include a section on nouns, gender, prepositions including *por* and *para*, the use of the indicative, imperative, and subjunctive, *ser* and *estar*,

¡Ojo!

In several places after a grammar explanation you will find ¡Ojo! (Careful! Look out!), which contains further information you should keep in mind.

and *saber* and *conocer*. Note that these questions are for practice purposes and that not all of them reflect the type of questions that appear on the actual test. For example, to review the articles, you have a section in which each question has only two choices. If you find that you are having difficulties with a particular grammar point, you should find this section helpful. The questions have been designed to do as practice before moving on to the actual test.

Listening Comprehension is the third part of this book. **Chapter 3** contains practice for the Spanish test with listening. It also has a complete script of all the passages that appear on the compact disc. You should use this script for reference only after you have listened to the CD and need to check or verify an answer. You may want to do this part before you do the actual test or if you need further practice.

Practice Tests. This part has nine practice tests, three with a listening section, and explanations for all the answers. You will also have an answer sheet for each test and a section for analyzing your results. You should take Test 1 first. Once you have taken it, analyze the results and pinpoint any weaknesses. Go back to the grammar review section if necessary and then continue with the other tests after you have done a thorough review of those areas you found difficult.

SCORING YOUR PRACTICE TESTS

This book offers you an overall guide to how well you are doing on the practice tests (see page 384). Because the number of students taking the test varies from year to year, there is no fixed set of guidelines for converting your raw score into a scaled score. Remember that the test is scored on a scale of 200–800 points.

The **Appendix** provides a number of useful lists:

- **Synonyms**
- **Antonyms**
- **Words and Expressions Worth Noting**. In this part you will find a list of words that you should learn to differentiate. You will also find a list of false cognates—words that are spelled almost the same in English, but whose meanings are quite different in Spanish.
- **Idiomatic Expressions, Conjunctions, and Other Useful Phrases**. This list provides you with the most common idiomatic expressions, conjunctions, and other useful phrases you should know before taking the test.
- **Spanish–English Vocabulary**. This glossary lists the Spanish words you should know and their English equivalents.

THE ROLE OF THE INTERNET

Regardless of which test you decide to take, there are a number of websites that will give you further practice in vocabulary, grammar, reading comprehension, listening comprehension, and so on. You only have to do a search using, for example, "Spanish listening comprehension practice," "grammar exercises in Spanish," or "podcasts in Spanish," and you will find a large number of sites. Many colleges and universities have their own sites that are free. These are usually the best in terms of accuracy and variety of exercises. Other sites, such as *www.audiria.com*, are also free and offer many types of exercises at different levels. One of the most popular sites among Spanish teachers is *www.bbcmundo.com*. Here you will find plenty of reading material and some interviews and reports you may enjoy. *Radio Naciones Unidas* and *Voz de América* also have short news segments that you can use as practice for the listening part of the exam, even though they are spoken at a fast pace. Check the sites of Spanish-speaking television stations (Univisión, Telemundo, and others), which have plenty of news segments you can listen to. Don't hesitate to download a few podcasts a week and listen to them at your leisure.

Diagnostic Test
ANSWER SHEET

1. Ⓐ Ⓑ Ⓒ Ⓓ
2. Ⓐ Ⓑ Ⓒ Ⓓ
3. Ⓐ Ⓑ Ⓒ Ⓓ
4. Ⓐ Ⓑ Ⓒ Ⓓ
5. Ⓐ Ⓑ Ⓒ Ⓓ
6. Ⓐ Ⓑ Ⓒ Ⓓ
7. Ⓐ Ⓑ Ⓒ Ⓓ
8. Ⓐ Ⓑ Ⓒ Ⓓ
9. Ⓐ Ⓑ Ⓒ Ⓓ
10. Ⓐ Ⓑ Ⓒ Ⓓ
11. Ⓐ Ⓑ Ⓒ Ⓓ
12. Ⓐ Ⓑ Ⓒ Ⓓ
13. Ⓐ Ⓑ Ⓒ Ⓓ
14. Ⓐ Ⓑ Ⓒ Ⓓ
15. Ⓐ Ⓑ Ⓒ Ⓓ
16. Ⓐ Ⓑ Ⓒ Ⓓ
17. Ⓐ Ⓑ Ⓒ Ⓓ
18. Ⓐ Ⓑ Ⓒ Ⓓ
19. Ⓐ Ⓑ Ⓒ Ⓓ
20. Ⓐ Ⓑ Ⓒ Ⓓ
21. Ⓐ Ⓑ Ⓒ Ⓓ
22. Ⓐ Ⓑ Ⓒ Ⓓ

23. Ⓐ Ⓑ Ⓒ Ⓓ
24. Ⓐ Ⓑ Ⓒ Ⓓ
25. Ⓐ Ⓑ Ⓒ Ⓓ
26. Ⓐ Ⓑ Ⓒ Ⓓ
27. Ⓐ Ⓑ Ⓒ Ⓓ
28. Ⓐ Ⓑ Ⓒ Ⓓ
29. Ⓐ Ⓑ Ⓒ Ⓓ
30. Ⓐ Ⓑ Ⓒ Ⓓ
31. Ⓐ Ⓑ Ⓒ Ⓓ
32. Ⓐ Ⓑ Ⓒ Ⓓ
33. Ⓐ Ⓑ Ⓒ Ⓓ
34. Ⓐ Ⓑ Ⓒ Ⓓ
35. Ⓐ Ⓑ Ⓒ Ⓓ
36. Ⓐ Ⓑ Ⓒ Ⓓ
37. Ⓐ Ⓑ Ⓒ Ⓓ
38. Ⓐ Ⓑ Ⓒ Ⓓ
39. Ⓐ Ⓑ Ⓒ Ⓓ
40. Ⓐ Ⓑ Ⓒ Ⓓ
41. Ⓐ Ⓑ Ⓒ Ⓓ
42. Ⓐ Ⓑ Ⓒ Ⓓ
43. Ⓐ Ⓑ Ⓒ Ⓓ
44. Ⓐ Ⓑ Ⓒ Ⓓ

45. Ⓐ Ⓑ Ⓒ Ⓓ
46. Ⓐ Ⓑ Ⓒ Ⓓ
47. Ⓐ Ⓑ Ⓒ Ⓓ
48. Ⓐ Ⓑ Ⓒ Ⓓ
49. Ⓐ Ⓑ Ⓒ Ⓓ
50. Ⓐ Ⓑ Ⓒ Ⓓ
51. Ⓐ Ⓑ Ⓒ Ⓓ
52. Ⓐ Ⓑ Ⓒ Ⓓ
53. Ⓐ Ⓑ Ⓒ Ⓓ
54. Ⓐ Ⓑ Ⓒ Ⓓ
55. Ⓐ Ⓑ Ⓒ Ⓓ
56. Ⓐ Ⓑ Ⓒ Ⓓ
57. Ⓐ Ⓑ Ⓒ Ⓓ
58. Ⓐ Ⓑ Ⓒ Ⓓ
59. Ⓐ Ⓑ Ⓒ Ⓓ
60. Ⓐ Ⓑ Ⓒ Ⓓ
61. Ⓐ Ⓑ Ⓒ Ⓓ
62. Ⓐ Ⓑ Ⓒ Ⓓ
63. Ⓐ Ⓑ Ⓒ Ⓓ
64. Ⓐ Ⓑ Ⓒ Ⓓ
65. Ⓐ Ⓑ Ⓒ Ⓓ
66. Ⓐ Ⓑ Ⓒ Ⓓ

67. Ⓐ Ⓑ Ⓒ Ⓓ
68. Ⓐ Ⓑ Ⓒ Ⓓ
69. Ⓐ Ⓑ Ⓒ Ⓓ
70. Ⓐ Ⓑ Ⓒ Ⓓ
71. Ⓐ Ⓑ Ⓒ Ⓓ
72. Ⓐ Ⓑ Ⓒ Ⓓ
73. Ⓐ Ⓑ Ⓒ Ⓓ
74. Ⓐ Ⓑ Ⓒ Ⓓ
75. Ⓐ Ⓑ Ⓒ Ⓓ
76. Ⓐ Ⓑ Ⓒ Ⓓ
77. Ⓐ Ⓑ Ⓒ Ⓓ
78. Ⓐ Ⓑ Ⓒ Ⓓ
79. Ⓐ Ⓑ Ⓒ Ⓓ
80. Ⓐ Ⓑ Ⓒ Ⓓ
81. Ⓐ Ⓑ Ⓒ Ⓓ
82. Ⓐ Ⓑ Ⓒ Ⓓ
83. Ⓐ Ⓑ Ⓒ Ⓓ
84. Ⓐ Ⓑ Ⓒ Ⓓ
85. Ⓐ Ⓑ Ⓒ Ⓓ

To compute your approximate scaled score:

_____ (number of correct answers) – _____ (number of incorrect answers) / 3 = _____ (raw score)

Now, go to page 29 to find out your approximate scaled score.

Diagnostic Test

Note: On the actual exam, because $\frac{1}{3}$ point will be deducted for each incorrect answer, it is generally recommended that you not answer questions you are unsure about. However, because this Diagnostic Test has been designed to assess your knowledge of Spanish before you begin preparing for the exam, you should answer *all* the questions.

PART A

Directions: Read the following statements and the four suggested completions. Then choose the most appropriate completion and fill in the corresponding oval on the answer sheet.

1. Carlos no es . . . ; siempre dice la verdad.

   (A) mentiroso
   (B) hermoso
   (C) extranjero
   (D) cuidadoso

2. ¿A qué . . . podemos entrar al cine sin problemas? Ya yo tengo diecisiete años.

   (A) años
   (B) época
   (C) edad
   (D) temporada

3. Camina hasta la Calle Soriano y dobla a la derecha en . . .

   (A) la ventana
   (B) el rincón
   (C) el andén
   (D) la esquina

4. Lleva un bocadillo en caso de que no te . . . la comida de la cafetería.

   (A) gusta
   (B) gustará
   (C) guste
   (D) gustara

5. Caridad, si . . . el coche aquí tendremos que caminar demasiado.

   (A) estacionamos
   (B) volamos
   (C) nadamos
   (D) partimos

6. No te olvides de llevar . . . paraguas. Parece que va a llover.

   (A) las
   (B) el
   (C) unas
   (D) uno

7. Después de vivir en una dictadura, apreciamos mucho la . . .

   (A) libertad
   (B) cantidad
   (C) luz
   (D) voz

8. Gregorio, ¿cuántas libras has perdido? Estás muy . . .

   (A) estrecho
   (B) simpático
   (C) divertido
   (D) delgado

9. Pasemos por el banco antes de ir al restaurante, necesito . . . dinero.

   (A) saltar
   (B) sacar
   (C) colocar
   (D) corregir

10. ¿ . . . cuánto tiempo vas a estar en el extranjero?

   (A) Para
   (B) Con
   (C) Por
   (D) De

11. Compra esas . . . que están allí, dicen que secan muy bien.

   (A) medias
   (B) toallas
   (C) faldas
   (D) corbatas

12. Antonio no . . . mucho a la calefacción. Te vas a quemar.

   (A) te desayunes
   (B) te toques
   (C) te vistas
   (D) te acerques

13. ¿Cuánto tiempo hace que no . . . al extranjero?

   (A) viajas
   (B) viajarás
   (C) viajarías
   (D) viajaras

14. No le lleves el regalo a Diego en esa caja. . . . en papel de regalo.

   (A) Envuélvelo
   (B) Devuélvelo
   (C) Ciérralo
   (D) Cúbrelo

15. Si a mí no me dan una . . . , no podré asistir a la universidad. Mis padres no tienen mucho dinero.

   (A) moneda
   (B) propina
   (C) cuenta
   (D) beca

16. No disfrutamos mucho del concierto pues había una señora que no . . . hablar.

   (A) pensaba de
   (B) salía de
   (C) servía de
   (D) dejaba de

17. Isidro me invitó . . . salir anoche.

   (A) a
   (B) por
   (C) en
   (D) de

18. Las . . . de este país no permiten que Guillermo pueda trabajar por más de tres meses.

   (A) razones
   (B) noticias
   (C) leyes
   (D) verdades

19. En las paredes de la galería había... de la familia Suárez.

   (A) pintores
   (B) cuadras
   (C) pedazos
   (D) retratos

20. Alberto y Celia no sabían que la obra de teatro era tan popular por eso tuvieron que . . . para comprar boletos.

   (A) hacer cola
   (B) hacer caso
   (C) hacer juego
   (D) hacer daño

21. Cuando Antonio bajó del tren,
Carolina . . . abrazó.

    (A) él
    (B) lo
    (C) se
    (D) la

22. Yo creo que no vamos a encontrar una
solución para . . . problema.

    (A) esto
    (B) eso
    (C) ese
    (D) esta

23. Según la policía . . . tres prisioneros de la
cárcel esta tarde.

    (A) ha huido
    (B) han huido
    (C) hubieran huido
    (D) hubiera huido

24. Antes de enviar el cheque, no te olvides de . . .

    (A) entrenarlo
    (B) compartirlo
    (C) borrarlo
    (D) firmarlo

25. Cuando el señor llegó al hospital, ya estaba
. . . enfermo.

    (A) grave
    (B) gravedad
    (C) gravísimo
    (D) gravemente

26. Mi primo no . . . hasta el año que viene.

    (A) se gradúe
    (B) se graduó
    (C) se gradúa
    (D) se graduaba

27. Hace mucho frío, Tomás. ¿Por qué no te
pones la camisa de . . . largas?

    (A) brazos
    (B) mangas
    (C) bolsillos
    (D) piernas

28. Después de mucho tiempo, Juan y Caridad
. . . buenos amigos.

    (A) se pusieron
    (B) se hicieron
    (C) se volvieron
    (D) se perdieron

29. Yo no estaba segura de que ellos . . . todo su
dinero.

    (A) invirtieran
    (B) inviertan
    (C) invirtieron
    (D) invertirán

30. Cuando . . . cayó su helado, Omar empezó a
llorar.

    (A) se le
    (B) se lo
    (C) le
    (D) lo

31. Por mucho tiempo, había sido difícil que
ellos . . . las instrucciones.

    (A) seguirían
    (B) siguieron
    (C) seguían
    (D) siguieran

32. Orlando, lee el periódico para que . . . lo que
pasa en el mundo.

    (A) supieras
    (B) sabrás
    (C) sepas
    (D) sabes

PART B

> **Directions:** In the following passages some words or phrases are missing. For each blank, four possible completions are given. Read the entire passage to get an idea of its content, then select the most appropriate completion, taking into consideration the overall meaning of the passage. Fill in the corresponding oval on the answer sheet.

Las delicias festivas de la cocina sefardita

Platos típicos de las fiestas de Hanukkah que llegaron a América con los inmigrantes españoles

Cuando los judíos sefarditas __(33)__ de España en 1942 llevaron a __(34)__ americanas un valioso legado gastronómico.

Estas tradiciones gastronómicas __(35)__ reflejan en las distintas festividades religiosas judías. Es el caso de los "fritos" que tradicionalmente comen los sefarditas en diciembre en la celebración de Hanukkah, conocido __(36)__ "El Festival de las Luces".

Durante Hanukkah, se preparan comidas simbólicas, como los birmuelos (buñuelos) fritos en __(37)__ de oliva, para conmemorar el __(38)__ de la lámpara del Templo de Jerusalén que estuvo __(39)__ durante ocho días después de la victoria de los Macabeos.

El menú de Hanukkah con __(40)__ sefarditas incluye comidas típicas españolas conocidas en el Caribe __(41)__ Hispanoamérica: Pastelicos de Carne, Armico de Pollo (pollo estofado) con Fidellos (vermicelli o fideos fritos), Fasoulias (habichuelas verdes) y birmuelos.

33. (A) salían
    (B) salieran
    (C) salieron
    (D) saldrían

34. (A) tierras
    (B) nubes
    (C) señales
    (D) maletas

35. (A) le
    (B) lo
    (C) las
    (D) se

36. (A) para
    (B) como
    (C) sino
    (D) pero

37. (A) aceite
    (B) azúcar
    (C) galleta
    (D) leche

38. (A) milagro
    (B) camino
    (C) regalo
    (D) saludo

39. (A) arreglada
    (B) puesta
    (C) cocinada
    (D) encendida

40. (A) tenedores
    (B) manteles
    (C) recetas
    (D) cubiertos

41. (A) y
    (B) e
    (C) u
    (D) o

Con etiqueta

¿Nunca ___(42)___ ha ocurrido encontrarse sentada a una mesa, disimulando entretenerse con la servilleta o aparentando no tener apetito ___(43)___ porque no sabe con ___(44)___ de los cuatro tenedores empezar sin meter la pata? Claro que, más vale esperar y tener paciencia que desesperarse y acabar ___(45)___ el panecillo y la mantequilla de su compañero de mesa. En mayor o menor medida a todos nos ha pasado ___(46)___ vez, y no por ser divertido o cómico resulta agradable de experimentar. Por eso le proponemos un consejo básico: respecto a ___(47)___ , estos siempre ___(48)___ colocan de fuera hacia dentro según se van a usar. Así que empiece a utilizar siempre el que está colocado en la parte exterior y ___(49)___ cambiando a medida que ___(50)___ los platos. En cuanto al plato del pan y la mantequilla, ___(51)___ está a la izquierda, ___(52)___ plato principal y con un cuchillo más pequeño ___(53)___ los otros. Así de sencillo. No existen más misterios.

42. (A) le
    (B) lo
    (C) la
    (D) se

43. (A) lentamente
    (B) fácilmente
    (C) ligeramente
    (D) simplemente

44. (A) quién
    (B) qué
    (C) cuál
    (D) cómo

45. (A) comido
    (B) comer
    (C) comiéndose
    (D) comerá

46. (A) algún
    (B) alguna
    (C) ningún
    (D) ninguna

47. (A) los cubiertos
    (B) los camareros
    (C) los postres
    (D) los manteles

48. (A) lo
    (B) las
    (C) le
    (D) se

49. (A) va
    (B) fuera
    (C) iría
    (D) vaya

50. (A) cambiarían
    (B) cambien
    (C) cambiaran
    (D) cambiaban

51. (A) el suyo
    (B) suyo
    (C) el tuyo
    (D) tuyo

52. (A) debajo del
    (B) adentro del
    (C) en lugar del
    (D) al lado del

53. (A) de
    (B) que
    (C) como
    (D) por

Benjamín se despertó con la cara __(54)__ de lluvia y miró alrededor, aturdido. De pie, a su lado, __(55)__ Herminia, con un gran paraguas __(56)__.

—Vamos a casa, anda —le dijo—. __(57)__ que te iba a encontrar aquí.

Benjamín se frotó los ojos. Se incorporó. __(58)__ dolía la espalda de dormir __(59)__ la piedra.

—¿Qué hora es?— __(60)__.

—Las tres de la tarde. Tienes la comida allí preparada y la cama hecha, por si quieres __(61)__. He aireado bien el cuarto.

—No, no. Debo __(62)__ dormido aquí bastante, era por la mañana cuando me dormí. Y __(63)__ sol.

54. (A) pintada
    (B) borrada
    (C) mojada
    (D) pensada

55. (A) estuviera
    (B) esté
    (C) haya estado
    (D) estaba

56. (A) abiertos
    (B) abiertas
    (C) abierto
    (D) abierta

57. (A) Sabía
    (B) Sabré
    (C) Sepa
    (D) Sabría

58. (A) Lo
    (B) La
    (C) Le
    (D) Se

59. (A) debajo
    (B) sobre
    (C) detrás
    (D) entre

60. (A) preguntc
    (B) preguntó
    (C) pidió
    (D) pedía

61. (A) bailar
    (B) vender
    (C) nacer
    (D) descansar

62. (A) habiendo
    (B) haber
    (C) habido
    (D) hay

63. (A) hacía
    (B) haría
    (C) hará
    (D) hizo

PART C

Directions: In this part you will read several passages that will test your comprehension. After each passage, a number of questions or incomplete statements appear. Choose the most appropriate answer or completion, taking into consideration the overall meaning of the passage. Fill in the corresponding oval on the answer sheet.

Sacos de exotismo y arroz

Además de nutritivo, el arroz está lleno de historia y sorpresas
por Copeland H. Marks

Line
(5)

La mayoría de las personas no aprecian suficientemente el arroz. Compran cartones y sacos de arroz en bodegas y supermercados y los llevan a sus hogares sin pensarlo dos veces. Pero este fabuloso y exótico grano con una historia antiquísima y del cual se alimentan miles de millones de personas tanto en Asia como en otros continentes merece mucho más que un uso rutinario.

El arroz es uno de los más antiguos cultivos alimenticios del hombre. En China ya se consideraba como alimento básico en el año 2800 antes de Cristo. Los griegos lo descubrieron gracias a las expediciones de Alejandro el Grande a Asia alrededor del año 320 antes de Cristo. Los moros lo introdujeron en España en el siglo VIII.

(10)

El viaje de Cristóbal Colón al Nuevo Mundo permitió el intercambio mutuo de alimentos entre ambos continentes, gracias a lo cual el arroz se enriqueció notablemente por las diferentes formas en que era cocinado según las costumbres y los ingredientes que se incorporaban en los diversos países.

(15)

A finales del siglo XIX y principios del XX comenzó la industria del arroz en Italia, el oeste de África, Estados Unidos y América Latina.

(20)

Cuando se habla de arroz hay que tener en cuenta las diferentes variedades que se pueden utilizar según se trate de platos dulces o salados.

En Birmania se cultiva un arroz rojo (que en realidad es rosado) y un arroz negro. Y en Indonesia existe un pegajoso y dulce arroz que al cocinarse se vuelve una masa densa y que se come solo o añadido a otros platos dulces.

(25)

En la India, el arroz se clasifica según la estación, su uso y precio. Está el arroz "nuevo", recientemente cosechado, suave y con tendencia a ser pegajoso como el cocido de avena. El arroz "viejo", cuanto más viejo mejor, madurado durante el almacenamiento y considerado superior. Y está el arroz de aldea casi tan pequeño como la cabeza de un alfiler.

(30)

En Pakistán se consume el famoso arroz de grano largo Basmati, calificado posiblemente como el mejor y cocinado con un sabor aromático único. Se presta para ser usado con el curry del subcontinente indú y con los platos de Persia.

América Latina es un continente arrocero. A los latinos les gusta tanto el arroz simple como las combinaciones sabrosas de la paella española. Aunque se coma de forma diaria, el arroz tiene una personalidad exótica. Se presta para modificaciones que enriquecen todas las mesas alrededor del mundo.

(35)

64. ¿Qué nos dice la selección sobre la mayoría de las personas y el arroz?

    (A) Que no le prestan mucha atención
    (B) Que no saben escoger el grano apropiado
    (C) Que no conocen su valor nutritivo
    (D) Que no piensan añadirlo a la alimentación diaria

65. ¿Cómo es la historia del arroz?

    (A) Muy controversial
    (B) Muy vieja
    (C) Muy insignificante
    (D) Muy desconocida

66. ¿Qué efecto tuvo el viaje de Colón al Nuevo Mundo con respecto al arroz?

    (A) Contribuyó a una gran variedad de preparaciones.
    (B) Ayudó a enriquecer a muchos cuando lo importaron.
    (C) Ayudó a verificar la verdadera historia del arroz.
    (D) Permitió que se conociera en España por primera vez.

67. Según la selección, ¿qué hay que tener en cuenta cuando se habla del arroz?

    (A) Que no todos tienen el mismo uso
    (B) Que no le da buen sabor a los platos dulces
    (C) Que su cultivo es muy diferente en cada país
    (D) Que su calidad depende del continente de origen

68. ¿Para qué parece ser usado el arroz que viene de Indonesia?

    (A) Para medicinas
    (B) Para postres
    (C) Para decorar
    (D) Para pegar

69. ¿Cuál arroz se considera el mejor de la India?

    (A) El que se cocina muy rápido
    (B) El que es más pequeño
    (C) El que fue cosechado hace mucho tiempo
    (D) El que es más pegajoso

70. ¿Qué característica ofrece el arroz de Pakistán?

    (A) Necesita ser cocinado en utensilios especiales.
    (B) Es mucho más pequeño que los otros.
    (C) Huele mejor antes de ser cocinado.
    (D) Va bien con ciertas comidas.

71. Al final de la selección, ¿qué ventaja expresa el autor sobre el arroz?

    (A) Que su cultivo en la América Latina es único
    (B) Que se presta para muchas comidas diferentes
    (C) Que contribuye a la economía de muchos países
    (D) Que en América Latina sólo se come en platos simples

Hace ya bastantes años, siendo estudiante de medicina, venía de Valparaíso a Santiago, de vuelta de vacaciones, acompañado de un compañero que tenía más o menos mi edad.

Line   Subimos al tren en la estación del Puerto. Viajábamos en tercera clase. Mi familia
(5)   era pobre y la de mi amigo también. Al llegar a la estación Bellavista, vimos que subía al tren un hombre esposado, pobremente vestido, acompañado de un gendarme armado con carabina y de un señor con facha de agente de policía. Como los dos únicos asientos desocupados del vagón eran los que estaban frente a nosotros, allí se instalaron el preso y el agente. El gendarme, luego de despedirse, bajó del tren.

(10)   Jóvenes, llenos aún de piedad para la desgracia ajena, nos sentimos impresionados ante aquel hombre, joven también, esposado y expuesto a la curiosidad de todos. Una vez sentado se arrimó bien a la ventanilla y miró por ella con insistencia, evitando nuestras miradas, que lo recorrían de arriba abajo.

72. ¿Qué hacía el narrador en Santiago?

(A) Paseaba
(B) Trabajaba
(C) Estudiaba
(D) Descansaba

73. ¿A dónde parecen ir el narrador y su compañero?

(A) A la cárcel
(B) A la escuela
(C) Al hospital
(D) Al trabajo

74. Por la descripción del hombre que subía al tren, sabemos que él iba o venía de

(A) una cárcel
(B) un hospital
(C) una boda
(D) una feria

75. El tren donde viajaban los personajes iba

(A) mojado
(B) entero
(C) roto
(D) lleno

76. ¿Qué parecían sentir el narrador y su amigo hacia el pasajero?

(A) Odio
(B) Lástima
(C) Temor
(D) Envidia

77. ¿Qué hacían el narrador y su compañero al final de la selección?

(A) Examinaban al hombre sentado enfrente de ellos.
(B) Miraban el paisaje por la ventanilla.
(C) Conversaban con el agente de policía.
(D) Paseaban por los pasillos del tren.

Tranquilidad para Ud. y su familia

Deje de preocuparse . . . una llamada de pocos minutos puede ayudarla a sentirse más tranquila.

Muchas veces las familias oyen hablar de problemas horribles con los seguros de salud. Nuestra organización es una organización sin fines de lucro. Se dedica a buscarle el seguro médico más adecuado para su familia a un costo que tendrá en cuenta sus ingresos y la cantidad de dinero que necesita mensualmente para pagar sus cuentas. Recuerde, aunque le parezca que lo que gana es demasiado y no le permitiría conseguir un seguro asequible, no siempre es así. Llame a uno de nuestros agentes y reciba la tranquilidad de mantener a su familia saludable.

78. ¿Cuál es el propósito de esta organización?

(A) Ofrecer servicios médicos a personas que no ganan mucho
(B) Ayudar a las familias a encontrar un seguro médico
(C) Educar a las familias sobre sus finanzas
(D) Proveer ayuda médica por teléfono

79. Según el anuncio, ¿qué considera esta organización al buscar seguros médicos?

(A) El número de personas en su familia
(B) Las enfermedades existentes antes de comprar un seguro
(C) El sueldo y los gastos de la familia
(D) Los problemas que ha tenido con otras compañías de seguros

80. ¿Por qué no compran seguro médico algunas familias?

(A) Saben que cuesta mucho.
(B) Tienen dificultad para entender la información.
(C) Disponen de poco tiempo para informarse.
(D) Piensan que ganan demasiado.

Una puerta hacia el empleo en la República Dominicana

Después de una década buscando su primer puesto de trabajo, Sugey González por fin ha logrado su meta. Desde hace unos meses, esta joven dominicana está *Line* trabajando como abogada en una prestigiosa consultoría de Santo Domingo. "Fue (5) una realidad muy dura porque uno piensa que va a salir de la universidad para un trabajo y no es así, porque no tenía ninguna experiencia laboral."

Desde 2007, más de 220 mil personas como González se han beneficiado de la intermediación y actividades de capacitación del Servicio Nacional de Empleo de República Dominicana (SENAE). Con apoyo del Banco Interamericano de (10) Desarrollo (BID), SENAE ha conseguido un empleo formal para uno de cada cuatro usuarios en un país que actualmente tiene una de las tasas de desempleo más altas de la región, de casi el 14 por ciento.

Uno de los retos principales del mercado laboral del país es conseguir que las empresas encuentren candidatos cualificados e idóneos para cubrir sus vacantes. (15) "Por el lado de la demanda de trabajo, necesitamos facilitar la creación de empresas" asegura Rolando Guzmán, rector del Instituto Tecnológico de Santo Domingo. "Y por el lado de oferta laboral necesitamos personas con las capacidades y competen- cias necesarias y adecuadas para las necesidades de las empresas." Y ahí es donde entra en juego el SENAE. A través de sus 16 oficinas territoriales, está fortaleciendo (20) el vínculo entre la oferta y la demanda laboral mediante talleres gratuitos dedicados a la orientación para búsqueda de empleo, y de programas de capacitación para ocupar puestos vacantes en las empresas.

Después de asistir a uno de estos cursos, Víctor Antonio Rivera, un trabajador en busca de empleo, nos cuenta que "había cosas que no sabía sobre cómo presen- (25) tar mi currículum, como por ejemplo lo de la foto, y las referencias que uno pone, sobre el conocimiento de la empresa, el puesto que uno busca, etcétera."

El SENAE apoya a encontrar trabajadores cualificados a miles de pequeñas empresas que no cuentan con recursos suficientes para realizar un proceso de selec- ción de personal por su cuenta. Pero también se organizan grandes ferias de empleo (30) para grandes y medianas empresas que buscan personas con perfiles particulares. "Es un servicio valiosísimo," explica Yakaira Matos, gerente de Recursos Humanos del Grupo Bravo. "Puedes convocar masivamente muchas personas con las condiciones que tú necesitas, tener una logística organizada y un lugar para recibir esas personas en condiciones favorables. Sin este tipo de ayuda sería casi imposible lograrlo."

(35) Sugey ya ha conseguido escapar de las estadísticas de desempleo de la República Dominicana. Ahora espera que, como ella, otros puedan aprovechar las oportuni- dades que le ayudaron a conseguir un empleo digno. "Ahora me siento bien porque tengo un trabajo, y me digo 'yo lo puedo hacer porque yo trabajo'."

81. ¿Qué le sucedió a Sugey González después de una década?

   (A) Se hizo abogada.
   (B) Consiguió un trabajo.
   (C) Empezó a trabajar en la universidad.
   (D) Perdió su interés en encontrar un trabajo.

82. ¿Cuál es el propósito de SENAE?

   (A) Contribuir dinero a los desempleados
   (B) Analizar el éxito de un banco
   (C) Ayudar a las personas que buscan un trabajo
   (D) Aumentar el sueldo de los trabajadores

83. ¿Qué tipo de programa ofrece SENAE?

   (A) Entrenamiento laboral
   (B) Evaluación de la clientela
   (C) Orientación para los dueños de empresas
   (D) Apoyo de la creatividad de los trabajadores

84. ¿Por qué ayuda SENAE a las empresas pequeñas?

   (A) Porque no parecen muy bien organizadas
   (B) Porque no tienen los medios para encontrar empleados
   (C) Porque no ofrecen condiciones de trabajo favorables
   (D) Porque no se comunican bien con empresas más grandes

85. ¿Qué espera Sugey ahora?

   (A) Que ella pueda conseguir un trabajo mejor
   (B) Que ella tenga la oportunidad de ganar tanto como antes
   (C) Que otros le enseñen a hacer su trabajo
   (D) Que otros se puedan beneficiar como ella

STOP

If there is still time remaining, you may review your answers.

Diagnostic Test

Answer Key
DIAGNOSTIC TEST

Part A

1. A	7. A	13. A	18. C	23. B	28. B
2. C	8. D	14. A	19. D	24. D	29. A
3. D	9. B	15. D	20. A	25. D	30. A
4. C	10. C	16. D	21. B	26. C	31. D
5. A	11. B	17. A	22. C	27. B	32. C
6. B	12. D				

Part B

33. C	39. D	44. C	49. D	54. C	59. B
34. A	40. C	45. C	50. B	55. D	60. B
35. D	41. B	46. B	51. A	56. C	61. D
36. B	42. A	47. A	52. D	57. A	62. B
37. A	43. D	48. D	53. B	58. C	63. A
38. A					

Part C

64. A	68. B	72. C	76. B	80. D	83. A
65. B	69. C	73. B	77. A	81. D	84. B
66. A	70. D	74. A	78. B	82. C	85. B
67. A	71. B	75. D	79. C		

The answer to some questions may depend on more than one statement in the passage. In that case more than one line will be listed in the Answer Explanations. When the answer depends on the overall meaning of the passage, the answer is indicated by "overall meaning."

DIAGNOSING YOUR NEEDS

This diagnostic test has been designed to help you determine what you need to study further. By calculating your correct and incorrect answers, you will get a good idea of the most important areas you need to work on.

Calculating Your Score

	Number Correct	Number Incorrect	Number Unanswered
Vocabulary Total Number of Questions: 32			
Grammar Total Number of Questions: 31			
Reading Comprehension Total Number of Questions: 22			

Number of correct answers: _____

Number of incorrect answers × .333: ⁻ _____

Total: _____

(round for raw score)

Raw Score	Scaled Score*
76–85	760–800
61–75	640–750
48–60	550–640
38–47	490–540
23–37	420–480
13–22	370–410
0–12	310–370
−15 to −1	230–310
−28 to −16	200–230

*Remember that the College Board's score conversion varies from exam to exam (see the explanation on page 11). Because the practice tests in this book do not have a large number of scores on which to base a scale, a general, approximate score range is given based on scores from past exams.

Planning Your Study

GRAMMAR REVIEW

The following chart specifies the grammar point of each individual question followed by the sections in the book where you can find explanations. Once you have taken the Diagnostic Test you should make a list of the questions you got wrong and use the chart below to find the area in which you need further practice and study:

If you got these questions wrong	Review these sections
4, 29, 31, 32, 50	Uses of the Subjunctive: 13.7.7, 13.7.3, 13.7.4, 13.7.7, and 13.7.6
6, 46	Gender of Nouns: 2.1, 15.1
10	*Por* and *Para:* 19.5
17	Verbs that Require a Preposition: 19.6
21	Direct Object Pronouns: 5.3.1
22	Demonstrative Adjectives: 3.8 and Gender of Nouns: 2.1
23	Present Perfect: 9
25	Adverbs: 4
26	Present Indicative: 6.1 Reflexive Verbs: 6.6
28	Using the Reflexive to Express the Idea of "to become": 6.6.4
30	Accidental or Unintended Situations: 6.6.6
33, 60, 55, 57, 63	Preterit and Imperfect Tenses: 8.1, 7.1
35, 48, 62	Reflexive Verbs: 6.6
41	Conjunctions: 20.1
42, 58	Indirect Object Pronouns: 5.3.3
44	*Qué* versus *Cuál:* 16.2
45	Gerunds and Use of Gerunds: 6.8.1
46	Negatives and Indefinites: 15
49	Formal Commands: 14.2
51	Stressed or Long Forms of the Possessive Adjectives: 3.7.2
53	Comparisons: 3.6
58	Informal Commands: 14.3
62	Idiomatic Expressions, Conjunctions, and Other Useful Phrases: pp. 397–401

VOCABULARY REVIEW

These questions test your vocabulary: 1, 2, 3, 5, 7, 8, 9, 11, 14, 15, 16, 18, 19, 20, 24, 27, 28, 34, 36, 37, 38, 39, 40, 43, 47, 52, 54, 61

On the actual exam, the number of vocabulary questions varies. You may realize that some of the words you didn't know are "basic" vocabulary words that you learned in Spanish I, II, and III. It may not be a bad idea to review the basic vocabulary dealing with school, home, stores, articles of clothing, colors, and so on. You may assume that these words are so basic that you do not need to review, but if you have not used them recently, you may have problems when you get to the actual exam. When you study vocabulary, keep these points in mind:

- You need to read as much as possible. Once you read an article or literary work, no matter how short it may be, write a summary. Also, think of what "key words" you would need in order to tell someone about what you have read. Make a list and review it from time to time.

- Look for cognates. There are many words that are very similar to words in English, and you may overlook their meaning.

- Look for words from the same family: *vivir, viviendo, la vida, el salvavidas, la vivienda,* and so on.

- Use the context to guess the meaning of words and expressions with which you are not familiar. Concentrate on those words you know rather than the ones you do not know. This will allow you to make connections and understand better when you read.

- Look at the list of Idiomatic Expressions, Conjunctions, and Other Useful Phrases on page 397, and study them on a regular basis.

You will find more tips on pages 4–12.

ANSWER EXPLANATIONS

Note: Some words that are cognates have not been translated.

Part A

1. **(A) mentiroso**–liar; hermoso–beautiful, extranjero–foreign, cuidadoso–careful

2. **(C) edad**–age; años–years, época–age, epoch, temporada–season

3. **(D) esquina**–corner; ventana–window, rincón–corner (inside), anden–platform (train)

4. **(C) guste**; the subjunctive is needed after *en caso de que*; *see* section 13.7.7

5. **(A) estacionar**–to park; volar–to fly, nadar–to swim, partir–to split up

6. **(B) el**; singular masculine article needed; *see* section 2.1

7. **(A) libertad**–freedom; cantidad–quantity, luz–light, voz–voice

8. **(D) delgado**–slim; estrecho–narrow, simpático–nice, divertido–amusing, entertaining

9. **(B) sacar**–to take out; saltar–to jump, colocar–to place, put, corregir–to correct

10. **(C) por**; *see* section 19.5.2

11. **(B) toallas**–towels; medias–stockings, faldas–skirts, corbatas–ties

12. **(D) acercarse**–to come near; desayunarse–to eat breakfast, tocarse–to touch oneself, vestirse–to get dressed

13. **(A) viajas**; *see* section 6.1

14. **(A) envolver**–to wrap; devolver–to return, cerrar–to close, cubrir–to cover

15. **(D) beca**–scholarship; moneda–coin, propina–tip, cuenta–account, bill

16. **(D) dejar de + infinitive**–to stop doing something; pensar de–to think about, salir de–to leave, servir de–to act as

17. **(A) invitar a**; *see* verbs that take a preposition, section 19.6

18. **(C) leyes**–laws; razones–reasons, noticias–news, verdades–truths

19. **(D) retratos**–portraits; pintores–painters, cuadras–(city) blocks, pedazos–pieces

20. **(A) hacer cola**–to line up; hacer caso–to pay attention, to notice, hacer juego–to match, go well together, hacer daño–to hurt

21. **(B) lo** (direct object pronoun); *see* section 5.3.1

22. **(C) ese**; a masculine singular adjective is needed (problema, masculine)

23. **(B) han**; present of *haber* is needed to form the present perfect; *see* section 9.1

24. **(D) firmar**–to sign; entrenar–to train, compartir–to share, borrar–to erase

25. **(D) gravemente** (adverb)

26. **(C) se gradúa**; the present indicative tense is needed to express future action (el año que viene); *see* section 6.1

27. **(B) mangas**–sleeves; brazos–arms, bolsillos–pockets, piernas–legs

28. **(B) se hicieron**; *see* section 6.6.4

29. **(A) invirtieran**; the subjunctive is needed after *no estar seguro*; *see* section 13.7.3

30. **(A) se le**; *see* section 6.6.6

31. **(D) siguieran**; the subjunctive is needed after *había sido difícil*; *see* section 13.7.4

32. **(C) sepas**; the subjunctive is needed after *para que*; *see* section 13.7.7

Part B

33. **(C) salieron**; the preterit is needed; *see* section 7.1

34. **(A) tierras**–lands; nubes–clouds, señales–signals, maletas–suitcases

35. **(D) se**; reflejarse–to be reflected

36. **(B) como**–as

37. **(A) aceite**–oil; azúcar–sugar, galleta–biscuit, cookie, leche–milk

38. **(A) milagro**–miracle; camino–road, regalo–gift, saludo–greeting

39. **(D) encender**–to light; arreglar–to fix, poner–to put, cocinar–to cook

40. **(C) recetas**–recipes; tenedores–forks, manteles–tablecloths, cubiertos–cutlery

41. **(B) e**–and; *y* becomes *e* in front of a word beginning with *i* or *hi*

42. **(A) le**; indirect object pronoun is needed

43. **(D) simplemente**–simply; lentamente–slowly, fácilmente–easily, ligeramente–lightly

44. **(C) cuál**; *see* section 16.2

45. **(C) comiéndose**; the present participle is needed after *acabar*

46. **(B) alguna (vez)**

47. **(A) cubiertos**–cutlery; camareros–waiters; postres–desserts, manteles–tablecloths

48. **(D) se**; colocarse–to place

49. **(D) vaya**; the formal command is needed

50. **(B) cambien**; the subjunctive is needed after *a medida que*; *see* section 13.7.6

51. **(A) el suyo**; *see* section 3.7.2

52. **(D) al lado de**–next to; debajo de–under, adentro de–inside, en lugar de–in place of

53. **(B) que**; *see* section 3.6.2

54. **(C) mojada**–wet; pintada–painted, borrada–erased, pensada–thought

55. **(D) estaba**; the imperfect is needed; *see* section 8.1

56. **(C) abierto**, a masculine singular adjective is needed (*paraguas*); *see* section 2.1

57. **(A) Sabía**; the imperfect is needed; *see* section 8.1

58. **(C)** **le**; the indirect object pronoun is needed

59. **(B)** **sobre**–on; debajo–underneath, detrás–behind, entre–between

60. **(B)** **preguntó**; the preterit is needed; preguntar–to ask a question; pedir–to request

61. **(D)** **descansar**–to rest; bailar–to dance, vender–to sell, nacer–to be born

62. **(B)** **haber**; the infinitive is needed

63. **(A)** **hacía**; the imperfect indicative is needed

Part C

The answer to some questions may depend on more than one statement in the passage. In that case more than one line will be listed. When the answer depends on the overall meaning of the passage, the answer is indicated by "overall meaning."

64. **(A)** Lines 4–6

65. **(B)** Lines 9–13

66. **(A)** Lines 14–17

67. **(A)** Lines 20–21

68. **(B)** Lines 23–24

69. **(C)** Lines 27–28

70. **(D)** Lines 31–33

71. **(B)** Lines 36–37

72. **(C)** Line 1

73. **(B)** Lines 6–7, 9

74. **(A)** Lines 6–7, 9

75. **(D)** Lines 7–8

76. **(B)** Lines 10–12

77. **(A)** Line 13

78. **(B)** Line 6

79. **(C)** Lines 7–8

80. **(D)** Lines 8–10

81. **(D)** Lines 5–6

82. **(C)** Lines 10–11

83. **(A)** Lines 14–15

84. **(B)** Lines 18–19

85. **(B)** Lines 30–32

GRAMMAR REVIEW

Rules of Grammar

• Parts of speech	• Questions
• All tenses	• Exclamations
• Commands	• Numbers, dates, time
• Negatives and indefinites	• Word relationships

1. ARTICLES

1.1 THE DEFINITE ARTICLE

The definite article in English has only one form. In Spanish it has four forms.

	Singular	Plural	
masculine	**el**	**los**	the
feminine	**la**	**las**	the

Definite articles must agree with the nouns in gender (masculine or feminine) and number (singular or plural).

el camino	**los caminos**	the road(s)
la puerta	**las puertas**	the door(s)

When the preposition **a** or **de** appears in front of the definite article **el**, a contraction is formed as follows:

a + **el** = **al** (to the, at the, etc.)

> **Hoy vamos al centro comercial.** / Today we are going to the shopping center.

de + **el** = **del** (from the, of the)

> **Ellos llegan del aeropuerto tarde.** / They arrive late from the airport.

But, a contraction is not formed with the personal pronoun **él.**

> **Voy a darle mi cámara a él.** / I am going to give my camera to him.
> **El coche no es de él.** / The car is not his.

The definite article **el** is used when followed by a feminine noun beginning with stressed **a** or **ha.**

> **el águila**   the eagle, but **las águilas**
> **el hacha**   the hatchet, but **las hachas**
> **el aula**   the classroom, but **las aulas**

The definite article is used with abstract nouns and nouns used in the general sense.

> **La amistad es importante.** / Friendship is important.

The definite article is used when talking about a person, before **señor, señora, señorita,** and all other titles.

> **La señora Márquez es mi tía.** / Mrs. Márquez is my aunt.
> **El doctor Fonseca es famoso.** / Dr. Fonseca is famous.

But, when addressing the person directly, the definite article is not used.

> **Señorita González, ¿está Ud. enferma?** / Miss González, are you sick?

The definite article is optional before the names of languages after **entender, escribir,** and **estudiar.**

> **Entiendes (el) portugués.** / You understand Portuguese.
> **Estudiamos (el) español.** / We study Spanish.

But, it is omitted with names of languages, usually immediately after **aprender, enseñar, hablar,** and **saber,** and after **en.**

> **Gilberto habla español muy bien.** / Gilberto speaks Spanish very well.
> **Esa novela está escrita en alemán.** / That novel is written in German.

The definite article is used before the days of the week (meaning *on*).

> **Salgo para Puerto Rico el lunes.** / I leave for Puerto Rico on Monday.

But, after the verb ser, the definite article is omitted.

> **Mañana es lunes.** / Tomorrow is Monday.

The definite article is also used to tell time.

> **Es la una.** / It is one o'clock.

The definite article is used before infinitives used as nouns.

> **El correr es beneficioso para la salud.** / Running is beneficial for your health.

The definite article is generally used when referring to articles of clothing or parts of the body instead of the possessive adjective.

> **Me cepillo los dientes.** / I brush my teeth.
> **Él se pone la camisa.** / He puts on his shirt.

When more than one noun is listed, the definite article appears in front of each noun.

> **Ella trae la pluma y el lápiz.** / She brings the pen and pencil.

1.2 THE NEUTER ARTICLE *LO*

The neuter article **lo** is used mainly before a masculine singular adjective or past participle, and sometimes before an adverb to express their use as abstract nouns.

> **Lo importante es estudiar.** / The important thing is to study.
> **Lo escrito es la verdad.** / What is written is the truth.
> **Ella no sabe lo difícil que es viajar sola.**
> She does not know how difficult it is to travel alone.

1.3 THE INDEFINITE ARTICLE

In English the indefinite article has two forms, *a* and *an*. In Spanish it has four forms.

	Singular		Plural	
masculine	**un**	a, an	**unos**	some, a few
feminine	**una**	a, an	**unas**	some, a few

Indefinite articles must agree with the nouns in gender (masculine or feminine) and number (singular or plural).

> **un edificio** a building   **unos edificios** some buildings
> **una casa** a house   **unas casas** some houses

The indefinite article is used with numbers to express approximation.

> **Compré unos diez libros.** / I bought about ten books.

The indefinite article is omitted in Spanish after the verb **ser** before occupations and professions.

> **Su padre es veterinario.** / His father is a veterinarian.

But, if the noun is modified, the indefinite article is used.

> **Su padre es un veterinario amable.** / His father is a kind veterinarian.

The indefinite article is also omitted after the verb **ser** before nationalities, religions, or political affiliations.

> **Santiago no es chileno, es argentino.**
> Santiago is not a Chilean, he is an Argentinian.
> **Eduardo es judío.** / Eduardo is a Jew.
> **Rosa es demócrata.** / Rosa is a Democrat.

But, if the noun is modified, then the indefinite article is needed.

> **Eduardo es un judío muy religioso.** / Eduardo is a very religious Jew.

The indefinite article is not used before **cien**/a (one) hundred, **mil**/a (one) thousand, otro/another, **medio(a)**/half, **cierto(a)**/certain, or **tal**/such.

> **Mil ciento noventa.** / A thousand one hundred and ninety.
> **Voy a visitarlo otro día.** / I am going to visit him another day.
> **Corremos una milla y media.** / We run a mile and a half.
> **Cierta profesora enseña la clase.** / A certain professor teaches the class.
> **Ellos no pueden haber hecho tal cosa.** / They could not have done such a thing.

The indefinite article is also omitted after phrases with **¡qué . . . !**

> **¡Qué jefe tan exigente!** / What a demanding boss!

2. NOUNS

Nouns are words that denote a person, place, or thing. In Spanish, nouns have gender: masculine or feminine.

One can tell the gender of a Spanish noun by its meaning according to its being.

Masculine		Feminine	
el hombre	the man	**la mujer**	the woman
el padre	the father	**la madre**	the mother
el actor	the actor	**la actriz**	the actress

One can also tell the gender of a Spanish noun by its ending. If you cannot tell the gender of the noun by either its being or the ending, you must learn it with its article.

2.1 MASCULINE NOUNS

Nouns that end in **-o** are generally masculine. Nouns that end in **-a** are generally feminine.

el cuarto	the room	**la ventana**	the window
el baño	the bathroom	**la puerta**	the door

There are some exceptions to this rule, and you must learn them with their article.

la mano	the hand	**la foto**	the photograph
la radio	the radio	**la moto**	the motorcycle

The following are some nouns that end in **-ma**, but are masculine.

el aroma	the aroma	**el poema**	the poem
el clima	the climate	**el problema**	the problem
el crucigrama	the crossword puzzle	**el programa**	the program
el diploma	the diploma	**el sistema**	the system
el drama	the drama	**el telegrama**	the telegram
el fantasma	the ghost	**el tema**	the theme
el idioma	the language	**el teorema**	the theorem

The following nouns are also masculine:

days of the week
 el miércoles / Wednesday
names of rivers
 el Nilo / the Nile
names of seas
 el Caribe / the Caribbean
names of oceans
 el Pacífico / the Pacific
names of mountains
 los Andes / the Andes

names of lakes
 el Superior / the Superior
numbers
 el cuatro / four
colors
 el verde / green
trees
 el manzano / the apple tree

Nouns with the following endings are masculine:

-aje
el garaje / the garage

-or
el dolor / the pain

-ambre
el alambre / the wire

Exceptions:

la labor / the labor
la flor / the flower

Compound nouns are also masculine.

el / los abrelatas	the can opener(s)	**el / los rascacielos**	the skyscraper(s)
el / los lavamanos	the washbasin(s)	**el / los sacapuntas**	the pencil
el / los parabrisas	the windshield(s)		sharpener(s)
el / los paraguas	the umbrella(s)		

2.2 FEMININE NOUNS

Nouns ending in **-a** are usually feminine.

la ventana / the window
la chimenea / the chimney

Some exceptions are

el poeta	/ the poet	**el planeta**	/ the planet
el día	/ the day	**el mediodía**	/ noon
el mapa	/ the map	**el tranvía**	/ the streetcar

The following nouns are feminine:

nouns ending in **-ción** and **-sión**
la canción / the song
la pasión / the passion

nouns ending in **-dad, -tad,** and **-tud**
la ciudad / the city
la libertad / the freedom
la actitud / the attitude

nouns ending in **-ie**
la serie / the series

nouns ending in **-umbre**
la costumbre / the custom

nouns ending in **-sis**
la diagnosis / the diagnosis

nouns ending in **-itis**
la bronquitis / the bronchitis

names of letters
la be / the *b*
la equis / the *x*

names of islands
las Azores / the Azores

2.3 OTHER RULES ABOUT NOUNS

Some nouns ending in **-a, -nte,** and **-ista** are invariable. Their endings do not change, but the article is used to identify its gender.

el atleta / la atleta   the athlete
el cantante / la cantante   the singer
el dentista / la dentista   the dentist

Some nouns have the same form for both genders, but the article does not change.

la víctima / the victim   **la persona** / the person
el personaje / the character   **la estrella** / the star (movie, etc.)
           (in a novel, etc.)   **el ángel** / the angel

María Felix fue una estrella del cine mexicano.
María Felix was a Mexican movie star.

Mario Moreno fue también una estrella.
Mario Moreno was also a movie star.

The feminine of nouns ending in **-és**, **-ín**, **-ón**, and **-or** is formed by adding an **-a**. In the feminine the accent is dropped. Note that these nouns usually refer to people and some animals.

el francés	the Frenchman	**el anfitrión**	the host
la francesa	the Frenchwoman	**la anfitriona**	the hostess
el bailarín	the male dancer	**el contador**	the male accountant
la bailarina	the female dancer	**la contadora**	the female accountant
el león	the male lion	**el faisán**	the male pheasant
la leona	the female lion	**la faisana**	the female pheasant

The following nouns change their meaning depending on the gender.

el capital	the capital (money)	**el guía**	the guide
la capital	the capital (city)	**la guía**	the telephone guide
el cometa	the comet	**el orden**	the order (sequence)
la cometa	the kite	**la orden**	the order (command or religious order)
el corte	the cut		
la corte	the court	**el papa**	the pope
el cura	the priest	**la papa**	the potato
la cura	the cure	**el policía**	the policeman
el editorial	the editorial	**la policía**	the police force
la editorial	the publishing house		

Some nouns have different forms for each gender. These nouns must be learned separately.

el actor	the actor	**el poeta**	the poet
la actriz	the actress	**la poetisa**	the poetess
el caballo	the horse	**el príncipe**	the prince
la yegua	the mare	**la princesa**	the princess
el gallo	the rooster	**el rey**	the king
la gallina	the hen	**la reina**	the queen
el héroe	the hero	**el toro**	the bull
la heroína	the heroine	**la vaca**	the cow
el hombre	the man	**el yerno**	the son-in-law
la mujer	the woman	**la nuera**	the daughter-in-law

2.4 PLURAL OF NOUNS

The plural of nouns ending in a vowel is generally formed by adding **-s** to the ending.

camisa	shirt	**estudiante**	student
camisas	shirts	**estudiantes**	students

If the noun ends in a consonant, or in **-y**, the plural is formed by adding **-es**.

árbol	tree	**rey**	king
árboles	trees	**reyes**	kings

If the noun ends in **-z**, the **-z** is changed to **-c** before adding **-es**.

lápiz   pencil
lápices   pencils

When forming the plural of compound nouns, the ending of the noun does not change; what differentiates the singular from the plural is the article.

el lavamanos	the washbasin	**el portaviones**	the aircraft carrier
los lavamanos	the washbasins	**los portaviones**	the aircraft carriers
el rompecabezas	the puzzle		
los rompecabezas	the puzzles		

---

3. ADJECTIVES

Adjectives are words that modify or describe a noun or a pronoun. Past participles can also be used as adjectives, and they usually follow the verb **estar**.

3.1 GENDER OF ADJECTIVES

An adjective agrees in gender (masculine or feminine) and number (singular or plural) with the noun or pronoun it modifies.

Adjectives that end in **-o** in the masculine singular change their endings as follows to agree with the noun they modify.

el cuaderno pequeño / the small notebook
los cuadernos pequeños / the small notebooks
la computadora rápida / the fast computer
las computadoras rápidas / the fast computers

Adjectives that do not end in -o in the masculine singular are invariable. That is to say, they remain unchanged.

el trabajo difícil / the difficult job
la lección difícil / the difficult lesson

But, adjectives of nationality that in the masculine singular form end in a consonant and other adjectives that end in **-án**, **-ín**, **-ón**, and **-or** add an **-a** to form the feminine. If the last syllable has a written accent and ends in **-n** or **-s**, the written accent is dropped.

alemán / alemana	German	**saltarín / saltarina**	restless, full
francés / francesa	French		of movement
haragán / haragana	lazy	**mandón / mandona**	bossy
		trabajador / trabajadora	hardworking

But, adjectives that end in **-or** in the comparative form (**mayor**, **peor**, **mejor**, etc.) do not change in the feminine.

mi hermana mayor / my oldest sister

3.2 PLURAL OF ADJECTIVES

The plural of adjectives is formed in the same way as the plural of nouns. If the adjective ends in a vowel, add **-s**. If it ends in a consonant, add **-es**.

alto / altos	tall
inteligente / inteligentes	intelligent
difícil / difíciles	difficult

If the adjective ends in **-z**, the **-z** changes to **-c** before adding **-es**.

feliz / felices	happy

If the adjective modifies two or more nouns, even if they are of different genders, the masculine plural is used.

La camisa y los pantalones son caros.
The shirt and the pants are expensive.

But, if it modifies two or more feminine nouns, the feminine plural is used.

La blusa y la falda amarillas son de Elisa.
The yellow blouse and yellow skirt are Elisa's.

3.3 POSITION OF ADJECTIVES

Descriptive adjectives are generally placed after the noun.

una mesa redonda / a round table

But, if the adjective denotes an inherent quality, a quality attributed to the noun, it is placed before the noun.

la oscura noche   the dark night   **la blanca nieve**   the white snow

The adjectives **otro**, **alguno (algún)**, **ninguno (ningún)**, **mucho**, **ambos**, **bastante**, **poco**, **suficiente**, and **varios** are customarily placed in front of the noun.

No tenemos suficientes libros. / We do not have enough books.
¿Ves algún barco? / Do you see any ships?

Demonstrative adjectives are always placed in front of the noun.

aquella montaña / that mountain

Possessive adjectives are customarily placed in front of the noun, but at times they may follow the noun. In this case, the long form of the adjective is used (see section 3.7.2).

Nuestros primos están en Inglaterra. / Our cousins are in England.
Elena es una prima mía. / Elena is a cousin of mine.

Numerical adjectives are usually placed in front of the noun.

diez habitaciones / ten rooms
la tercera vez / the third time

When a cardinal number is used in place of an ordinal number (usually beyond "tenth"), it follows the noun.

el siglo veinte / the twentieth century

Some adjectives change their meaning depending on the position. Some of the most common are:

un cantante pobre	a poor (not rich) singer
un pobre cantante	a poor (unfortunate) singer
un barrio grande	a large/big neighborhood
un gran barrio	a great neighborhood
un viejo amigo	an old (longtime) friend
un amigo viejo	an old (age) friend
la doctora única	the unique doctor
la única doctora	the only doctor
las canciones diferentes	the different songs
las diferentes canciones	the various songs
la secretaria misma	the secretary herself
la misma secretaria	the same secretary
los calcetines nuevos	the brand new (not old) socks
los nuevos calcetines	the new (different) socks
el edificio antiguo	an ancient building
el antiguo edificio	a former building

3.4 SHORTENING OF ADJECTIVES

Some adjectives in Spanish drop the final **-o** when they precede a masculine noun.

alguno	**primero**
bueno	**tercero**
malo	**uno**
ninguno	

el buen hombre / the good man
el primer capítulo / the first chapter

Note that **alguno** and **ninguno** placed before a masculine singular noun become **algún** and **ningún**.

algún día / some day
ningún edificio / no building

Grande becomes **gran** before a masculine or feminine singular noun, but its meaning changes to "great."

un barco grande / a big ship
un gran barco / a great ship

Santo becomes **San** before a masculine singular noun.

San Antonio
San José

If the noun begins with **to-** or **do-**, then **santo** is used.

> **Santo Tomás**
> **Santo Domingo**

Cualquiera becomes **cualquier** in front of a masculine or feminine singular noun.

> **cualquier cuarto** / any room
> **cualquier avenida** / any avenue

After a noun of either gender **cualquiera** is used. When it is used with people it is often pejorative.

> The plural form of **cualquiera** is **cualesquiera**, but its use is disappearing.

> **Elena no es una mujer cualquiera.**
> Elena is not just any woman.

Ciento becomes **cien** before a masculine or feminine plural noun, and when a number larger than itself follows.

> **cien dólares** / a hundred dollars
> **cien mil millas** / a hundred thousand miles
> **mil millones de ciudadanos** / a billion citizens

But, **ciento** is used for numbers between 101 and 199.

> **ciento dos hombres**
> **ciento noventa dólares**

3.5 ADJECTIVES USED AS NOUNS

An adjective preceded by an article or a demonstrative adjective may be used as a noun.

> **Los pobres no viven en ese barrio.**
> The poor people do not live in that neighborhood.
> **Esa joven dice adiós.**
> That young woman says good-bye.

In English, nouns can be used as adjectives. In Spanish this idea is expressed with the construction **de** + noun.

> **una caja de cartón** / a cardboard box
> **la cuenta de cheques** / the checking account

3.6 COMPARISONS

3.6.1 Comparison of Equality

To compare adjectives and adverbs in Spanish use the following construction:

> **tan** + adjective (adverb) + **como** / (as . . . as)

> **La película es tan interesante como el libro.**
> The film is as interesting as the book.
> **Ese hombre cocina tan bien como la cocinera.**
> That man cooks as well as the cook.

To compare in terms of a noun, use

tanto, tanta, tantos, tantas + noun + **como** / (as much . . . as) (as many . . . as)

Yo tengo tanto trabajo como Eduardo.
I have as much work as Eduardo.
Elena tiene tantas blusas como su hermana.
Elena has as many blouses as her sister.

3.6.2 Comparison of Inequality

The comparison of inequality is expressed in Spanish by placing **más** or **menos** before the adjective, adverb, or noun.

Nosotros somos más cariñosos que ella. / We are more affectionate than she is.
Ella lee más despacio que él. / She reads slower than he does.
Yo tengo más trabajo que tú. / I have more work than you do.

In comparisons, *than* is usually translated in Spanish as **que**, but before a cardinal number in affirmative statements it is expressed by **de**.

Compramos más de tres libras de queso.
We bought more than three pounds of cheese.

In negative sentences **que** is used and is translated as *only*.

No tiene más que cuatro hijos. / He has only four children.

3.6.3 Superlative

The superlative is formed by placing the definite article or the possessive pronoun before the comparative construction (**el/la/los/las** + **más/menos** + adjective + **de**).

David es el atleta más fuerte de la escuela.
David is the strongest athlete in the school.

Note that **de** is ordinarily used after the superlative in Spanish. In English it's followed by *in*.
There are four adjectives that have irregular forms when used in comparisons:

viejo	old
mayor	older
el (la) mayor de (age)	the oldest
joven	young
menor	younger
el (la) menor de (age)	the youngest
bueno	good
mejor	better
el (la) mejor de	the best
malo	bad
peor que	worse
el (la) peor de	the worst

If the comparison refers to size, **más grande** (bigger, larger, etc.), **más pequeño** (smaller, etc.) is used.

When the adverbs bien and mal are used in comparisons of inequality, they have irregular forms.

bien	**mejor que**	(better than)
mal	**peor que**	(worse than)

3.6.4 Absolute Superlative

The absolute superlative is expressed by dropping the final vowel of the adjective and adding **-ísimo** (**-a, -os, -as**).

Ricardo es inteligente. / Ricardo is intelligent.
Ricardo es inteligentísimo. / Ricardo is very (highly, extremely) intelligent.

If after dropping the final vowel the following letters remain, the following changes are necessary:

c → qu	**rico**	→	**riquísimo**
g → gu	**largo**	→	**larguísimo**
z → c	**feliz**	→	**felicísimo**

Muy + adjective can also be used to express the absolute superlative.

Ricardo es muy inteligente. / Ricardo is very intelligent.

3.7 POSSESSIVE ADJECTIVES

3.7.1 Short Forms of the Possessive Adjectives

Possessive adjectives are used to express possession or ownership.

Singular		Plural		
Masculine	Feminine	Masculine	Feminine	
mi	**mi**	**mis**	**mis**	my
tu	**tu**	**tus**	**tus**	your
su	**su**	**sus**	**sus**	his, her, your, its
nuestro	**nuestra**	**nuestros**	**nuestras**	our
vuestro	**vuestra**	**vuestros**	**vuestras**	your
su	**su**	**sus**	**sus**	your, their

Possessive adjectives agree in gender and number with the object possessed and not with the possessor.

Elena trae nuestros libros. / Elena brings our books.

The short forms of the possessive adjectives are placed before the nouns they modify.

Ellas son mis hermanas. / They are my sisters.

If a possessive adjective modifies two or more nouns, it is repeated before each noun.

Yo llevo mis lápices y mis cuadernos. / I take my pencils and my notebooks.

The definite article is used instead of the possessive adjective when referring to articles of clothing or parts of the body.

> **Quítate el abrigo.** / Take off your coat.
> **Me rompí la pierna.** / I broke my leg.

If the meaning of the possessive adjective **su** and **sus** is not clear, the following construction is used to clarify:

article + noun +	**de él**	his
	de ella	her
	de Ud.	your
	de ellos	their
	de ellas	their
	de Uds.	your

> **Vamos en su coche.**   or   **Vamos en el coche de él.** / We are going in his car.

3.7.2 Stressed or Long Forms of the Possessive Adjectives

Stressed or long forms of the possessive adjectives are placed after the noun. They are equivalent to the English (*of*) *mine,* (*of*) *yours,* etc.

Singular		Plural		
mío	**mía**	**míos**	**mías**	(of) mine
tuyo	**tuya**	**tuyos**	**tuyas**	(of) yours
suyo	**suya**	**suyos**	**suyas**	(of) his, hers, yours, its
nuestro	**nuestra**	**nuestros**	**nuestras**	(of) our
vuestro	**vuestra**	**vuestros**	**vuestras**	(of) yours
suyo	**suya**	**suyos**	**suyas**	(of) yours, theirs

If the verb ser links the noun with the possessive adjective, only this form can be used.

> **Los programas de computadora son míos.** / The computer programs are mine.

The long forms of the possessive adjectives are placed after the nouns they modify.

> **Jacinto fue de vacaciones con el tío suyo.** / Jacinto went on vacation with his uncle.

If the meaning of the possessive adjective **suyo**, **suya**, **suyos**, and **suyas** is not clear, the following is used to clarify:

el / la / los / las + noun + **de él**	his
el / la / los / las + noun + **de ella**	hers
el / la / los / las + noun + **de Ud.**	yours
el / la / los / las + noun + **de ellos**	theirs
el / la / los / las + noun + **de ellas**	theirs
el / la / los / las + noun + **de Uds.**	yours

> **Jacinto fue de vacaciones con el tío suyo (el tío de él).**
> Jacinto went on vacation with his uncle.

3.7.3 Possession or Ownership

Possession or ownership is expressed in Spanish by using **de** and the noun or pronoun.

> **La mochila es de Eduardo.** / The backpack is Eduardo's.

To ask the ownership of an object in Spanish, use the following question:

> **¿De quién es el disco compacto?** / Whose compact disc is it?

If the expected answer is plural, use:

> **¿De quiénes es el disco compacto?** / Whose compact disc is it?

3.8 DEMONSTRATIVE ADJECTIVES

Demonstrative adjectives are used to point out objects and to distinguish people or ideas from each other. They can do this by taking into consideration the proximity to the speaker or the time elapsed more definitely than the definite article.

	Singular	
Masculine	Feminine	
este	**esta**	this (near the person who is speaking, or present time)
ese	**esa**	that (near the person spoken to, or a period of time somewhat near)
aquel	**aquella**	that (away from both, or to a distant period of time)

	Plural	
Masculine	Feminine	
estos	**estas**	these
esos	**esas**	those
aquellos	**aquellas**	those

Demonstrative adjectives agree in gender (masculine or feminine) and number (singular or plural) with the nouns they modify.

> **este banco** / this bank
> **aquellas calles** / those streets

4. ADVERBS

Adverbs are words that modify a verb, an adjective, another adverb, a phrase, or a clause. They express the degree, cause, manner, place, time, etc. You can recognize them easily in English because they end in *-ly*.

4.1 FORMATION OF ADVERBS

Adverbs are formed by using the feminine singular form of the adjective and adding **-mente**. This ending corresponds to the English *-ly*.

> claro →   clara →   claramente
> inteligente → inteligente → inteligentemente

If the adjective has a written accent, the accent is kept after adding **-mente**.

> **rápido→**   **rápida→**   **rápidamente**
> **espontáneo→ espontánea→ espontáneamente**

If two or more adverbs are used successively, -mente is added only to the last adverb. The rest of the adverbs appear in the feminine form.

> **Ricardo sale lenta y tranquilamente.** / Ricardo leaves slowly and quietly.

Demasiado, **mejor**, **mucho**, **poco**, and **peor** when used as adverbs do not change form, but used as adjectives they must agree with the noun they modify.

> **Ella habla demasiado.** / She speaks too much.
> **Hay demasiadas personas en el teatro.**
> There are too many people in the theater.

4.2 ADVERBIAL PHRASES

Adverbial phrases can also be formed by using **con** + a noun.

> **Me habló inteligentemente.**
> **Me habló con inteligencia.**
> He spoke to me intelligently.

or by using **de manera** or **de modo** + an adjective.

> **Él terminó el discurso de manera apasidonada.** / He finished the speech passionately.

4.3 COMMON ADVERBS

There are many common adverbs you should learn. Here is a partial list.

a menudo	often	**de pronto**	suddenly
acaso	perhaps	**de repente**	suddenly
ahí	there (near the	**demasiado**	too much
	speaker or the	**despacio**	slowly
	person spoken to)	**en seguida**	right away
ahora	now	**luego**	then, afterward
ahora mismo	right now	**mal**	badly
allá	way over there	**mejor**	better
allí	there (far from the	**peor**	worse
	speaker or the	**por desgracia**	unfortunately
	person spoken to)	**quizás**	perhaps
antes	before	**rara vez**	rarely
apenas	hardly	**siempre**	always
aquí	here	**tal vez**	perhaps
bastante	enough	**tarde**	late
bien	well	**temprano**	early
con adelanto	ahead	**todavía**	still
con retraso	with delay	**todavía no**	not yet
de nuevo	again	**ya**	already
de prisa	in a hurry	**ya no**	no longer

5. PRONOUNS

Pronouns are words that take the place of a noun.

5.1 SUBJECT PRONOUNS

Subject pronouns replace the person or object referred to in a sentence.

Singular		Plural	
yo	I	**nosotros(as)**	we
tú	you (familiar)	**vosotros(as)**	you (familiar)
él	he, it	**ellos**	they
ella	she, it	**ellas**	they
usted	you (formal)	**ustedes**	you (formal)

Patricia no viene hoy pero Héctor sí. / Patricia is not coming today, but Héctor is.
Ella no viene hoy pero él sí. / She is not coming today, but he is.

Los leones están en la jaula. / The lions are in the cage.
Ellos están en la jaula. / They are in the cage.

Remember that unless you need to clarify or to emphasize, subject pronouns are generally not used in Spanish since the ending of the verb indicates the person.

Vosotros is the plural of **tú**. You should become familiar with it and its conjugation, but only for recognition. It may appear in reading passages, but usually it does not appear on other parts of the exam.

5.2 PREPOSITIONAL PRONOUNS

The following pronouns are used after a preposition:

Singular		Plural	
mí	me	**nosotros(as)**	us
ti	you	**vosotros(as)**	you
él	him, it	**ellos**	them
ella	her, it	**ellas**	them
Ud.	you	**Uds.**	you

La camisa, ¿es para mí? / The shirt—is it for me?
Sí, es para ti. / Yes, it is for you.

¡Ojo! Con followed by **mí** or **ti** becomes **conmigo** and **contigo**.

¿Vienes conmigo? / Are you coming with me?
Sí, voy contigo. / Yes, I am coming with you.

5.3 OBJECT PRONOUNS

5.3.1 Direct Object Pronouns

Direct objects receive the direct action of the verb. They answer the question <u>who?</u> or <u>what?</u> They can be replaced by the following pronouns:

Singular		Plural	
me	me	**nos**	us
te	you	**os**	you
lo	him, you, it	**los**	them, you
la	her, you, it	**las**	them, you

Nosotros vimos a María. / We saw María.
Nosotros la vimos. / We saw her.

Ella rompió el estante. / She broke the bookcase.
Ella lo rompió. / She broke it.

5.3.2 The Neuter Pronoun *Lo*

Lo is used to refer to or replace an idea or situation already mentioned. It can replace an adjective or a phrase.

—**¿Estás cansado?** / Are you tired?
—**Sí, lo estoy.** / Yes, I am.

—**¿Sabes que Elena viene mañana?** / Do you know Elena is coming tomorrow?
—**Sí, lo sé.** / Yes, I know (it). "It" replaces "Elena is coming tomorrow."

5.3.3 Indirect Object Pronouns

The indirect object indicates the person(s) or things(s) that are affected or receive the action of the verb. They answer the following questions: To whom? For whom? To what? For what? They can be replaced by the following pronouns:

Singular		Plural	
me	to me	**nos**	to us
te	to you	**os**	to you
le	to him, to her, to it, to you	**les**	to them, to you

Ella demostró sus habilidades al entrenador. / She showed her skills to the trainer.
Ella le demostró sus habilidades (a él). / She showed him her skills.

To clarify the pronoun **le** you may add **a él, a ella**, or **a Ud**. To clarify **les**, add **a ellos, a ella**s, or **a Uds**.
You may also add **a mí, a ti**, etc., to emphasize.

5.3.4 Position of Object Pronouns

1. Object pronouns are generally placed in front of the verb.
2. If two pronouns appear in a sentence, the indirect object pronoun is always placed before the direct object pronoun.

Ignacio me lo dio ayer. / Ignacio gave it to me yesterday.

3. If both pronouns begin with the letter **l**, the indirect becomes **se**.

		lo		se lo
le	+	la	=	se la
les		los		se los
		las		se las

Se lo dije a él. / I told it to him.
Dígaselo. / Tell it to him.
Voy a dárselo. / Se lo voy a dar. / I am going to give it to him/to her.

To clarify the pronoun se you may add **a él**, **a ella**, **a Ud.**, **a ellos**, **a ellas**, or **a Uds**.

Se lo voy a dar a ella. / I am going to give it to her.

4. Object pronouns are placed in front of a compound tense, immediately in front of the auxiliary verb **haber**.

Tú los has escrito. / You have written them.

5. Object pronouns are attached to affirmative commands.

¡Piénsalo con cuidado! / Think about it carefully!

6. Object pronouns are placed in front of negative commands.

No lo mires ahora. / Do not look at it now.
No se lo diga a él. / Do not tell it to him.

7. If the conjugated verb is followed by an infinitive, the object pronoun can be either placed before the conjugated verb or attached to the infinitive.

Espero venderla.
La espero vender.
I hope to sell it.

8. In the progressive, you can place the object pronoun either in front of the conjugated verb or attached to the present participle.

Lo estamos pensando.
Estamos pensándolo.
We are thinking about it.

¡Ojo! Generally speaking, any given clause in Spanish should not contain a direct object and its corresponding replacement pronoun.

Escribí el ensayo ayer. / I wrote the essay yesterday.
Lo escribí ayer. / I wrote it yesterday.

However, a single clause may contain an indirect object and its corresponding indirect object pronoun, especially when it clarifies the object pronoun.

Le escribí a mi tía. / I wrote to my aunt.

5.4 POSSESSIVE PRONOUNS

Possessive pronouns are formed by placing the definite article in front of the stressed or long form of the possessive adjective. Note that the possessive pronoun agrees in gender and number with the noun it replaces.

> **el mío, la mía, los míos, las mías** / mine
> **el tuyo, la tuya, los tuyos, las tuyas** / yours
> **el suyo, la suya, los suyos, las suyas** / his, hers, yours, its
> **el nuestro, la nuestra, los nuestros, las nuestras** / ours
> **el vuestro, la vuestra, los vuestros, las vuestras** / yours
> **el suyo, la suya, los suyos, las suyas** / yours, theirs

> **Tu computadora es vieja; la nuestra es nueva.**
> Your computer is old; ours is new.

But, if the sentence is an answer to the question *Whose?* after **ser**, the article may be omitted.

> **Es tuyo.** / It's yours.

The article is used if the sentence is an answer to the question *Which?*

> **¿Cuál es tu mochila?** / Which is your backpack?
> **La roja es la mía.** / The red one is mine.

If the meaning of the possessive pronouns **el suyo, la suya, los suyos,** and **las suyas** is not clear, the following is used to clarify:

> **el / la / los / las de + él**   his
> **el / la / los / las de + ella**   hers
> **el / la / los / las de + Ud.**   yours
> **el / la / los / las de + ellos**   theirs
> **el / la / los / las de + ellas**   theirs
> **el / la / los / las de + Uds.**   yours

> **Mis padres son comprensivos; los suyos (los de ellos) son muy estrictos.**
> My parents are understanding; theirs are very strict.

5.5 DEMONSTRATIVE PRONOUNS

Demonstrative pronouns replace nouns keeping the same gender and number as the nouns they replace. A written accent on demonstrative pronouns is no longer necessary, unless there is ambiguity. In this book we have used accents on all demonstrative pronouns to make it easier for you to distinguish between demonstrative adjectives and pronouns. You will find that in some reading selections there are no accents if the author has decided not to use them. In a testing situation demonstrative pronouns with accents or without accents will be accepted as a correct answer.

Singular			Plural		
Masculine	Feminine		Masculine	Feminine	
éste	**ésta**	this	**éstos**	**éstas**	these
ése	**ésa**	that	**ésos**	**ésas**	those
aquél	**aquélla**	that	**aquéllos**	**aquéllas**	those

No me gustan estos zapatos; me gustan aquéllos.
I do not like these shoes; I like those (over there).

Note the difference between Spanish and English when expressing the former (**aquél, aquella**, etc.) and the latter (**éste, ésta**, etc.). In Spanish the latter precedes the former.

García Márquez e Isabel Allende son mis autores favoritos. Ésta es chilena; aquél es colombiano.

Gabriel García Márquez and Isabel Allende are my favorite writers. The former is Colombian; the latter is Chilean.

A neuter demonstrative pronoun (**esto, eso**, and **aquello**) is used in Spanish to refer to an idea, a situation, a previous statement, or an object whose gender is not known.

Eso es verdad. / That (idea or statement) is true.
Aquello se parece un animal. / That (thing) looks like an animal.

5.6 RELATIVE PRONOUNS

Relative pronouns are used to connect a subordinate clause to a main clause.

5.6.1 *Que*

The relative pronoun **que** (that, which, who, whom) is used to refer to people or things. Although "that" may be omitted in English, it is never omitted in Spanish.

Leí el artículo que apareció en el periódico.
I read the article that appeared in the newspaper.
El chico que vino ayer es mi primo.
The boy who came yesterday is my cousin.

After a preposition (**a, de, en, con**, etc.), it refers only to things.

Ése es el teatro en que vimos la obra.
That is the theater in which we saw the play.

5.6.2 *Quien, Quienes*

Quien and **quienes** refer only to people. They are used mainly after the prepositions **a, de, en**, and **con**.

Ésa es la chica en quien confié.
That is the girl whom I trusted.

They can be used at the beginning of a sentence to express whoever, he who, one who, etc.

Quien estudia mucho recibe buenas notas.
Whoever (He who, etc.) studies a lot receives good grades.

After a preposition, **quien** and **quienes** are used to refer to people.

Allí vienen los policías de quienes te hablé.
There come the policemen about whom I talked to you.

Quien and **quienes** can be used in clauses that are set off by commas.

> **Los actores, quienes ganaron el premio, asistieron a la celebración.**
> The actors, who won the prize, attended the celebration.

5.6.3 *El cual, El que, La cual, La que, Los cuales, Los que, Las cuales, Las que*

These pronouns are used to express *the one(s) who, the one(s) which, who, that, whom, which* when there is a need for more clarity than **que**.

> **La profesora de inglés, la cual (la que) entró en la oficina, es la más popular.**
> The English teacher, (the one) who entered the office, is the most popular.

After a preposition, **el cual**, **el que**, **la cual**, etc. are used to refer to things.

> **Limpiamos los estantes encima de los cuales vamos a poner los libros.**
> We cleaned the bookshelves on top of which we are going to put the books.

Note that **lo cual** (which) and **lo que** (what, that which) are neuter phrases. They are used in sentences where the antecedent refers to a concept, an indefinite or general idea, rather than to a noun. The antecedent may be stated directly or implied by the context. **Lo cual** is never used to begin a sentence.

> **Ignacio está enfermo, lo cual (lo que) me preocupa.**
> Iganacio is sick, which worries me.
> **Lo que sucedió fue horroroso.**
> What (That which) happened was horrifying.

At the beginning of a sentence, **el que**, **los que**, etc. may be used instead of **quien** or **quienes**.

> **El que estudia mucho recibe buenas notas.**
> **Quien estudia mucho recibe buenas notas.**
> He who studies a lot receives good grades.

5.6.4 *Cuyo, Cuya, Cuyos, Cuyas*

Cuyo, **cuya**, **cuyos**, **cuyas** indicate possession and agree with the noun to which they refer (the person or thing being possessed) in gender and number.

> **Allí está la chica cuyos padres ganaron la lotería.**
> There is the girl whose parents won the lottery.

¡Ojo! When expressing *Whose*? in Spanish to ask who possesses something, you must use **¿De quién(es) . . . ?**

6. VERBS

6.1 PRESENT INDICATIVE

The present tense is used to express

- an action occurring in the present or that occurs regularly or habitually

  Lavo el coche. / I wash the car. or I am washing the car.
  Ella ve la televisión todas las noches. / She watches TV every night.

- an action that is going to take place in the near future. In this case there is a word or expression that indicates that the action is going to take place in the future.

  Visitamos a Gabriel esta noche. / We are going to visit Gabriel tonight.

- an action or event that started in the past and is continuing in the present with the following constructions:

  hace + expression of time + **que** + present tense
  present tense + **hace** + expression of time

  Hace dos días que estoy enfermo.
  Estoy enfermo hace dos días.
  I have been sick for two days.

  present tense + **desde hace** + expression of time
  Escribo desde hace una hora.
  I have been writing for an hour.

To ask a question use

  ¿Cuánto tiempo hace que . . . + present tense?
  ¿Cuánto hace que . . . + present tense?
  ¿Hace cuánto tiempo que . . . + present tense?
  How long have you (he, she, etc.) been . . . ?

  ¿Desde cuándo escribes? / How long have you been writing?

- the progressive tense

  ¿Qué limpias? / What are you cleaning?
  Limpio los estantes. / I am cleaning the bookshelves.

6.2 REGULAR VERBS

-ar
escuchar   to listen

Singular	Plural
yo escucho	nosotros(as) escuchamos
tú escuchas	vosotros(as) escucháis
él, ella, Ud. escucha	ellos, ellas, Uds. escuchan

-er
correr   to run

Singular	Plural
yo corro	**nosotros(as) corremos**
tú corres	**vosotros(as) corréis**
él, ella, Ud. corre	**ellos, ellas, Uds. corren**

-ir
subir   to go up

Singular	Plural
yo subo	**nosotros(as) subimos**
tú subes	**vosotros(as) subís**
él, ella, Ud. sube	**ellos, ellas, Uds. suben**

6.3 IRREGULAR VERBS

6.3.1 Irregular Verbs in the First Person Singular (*Yo*) Only

The asterisk denotes those verbs that do not carry a written accent in the second person plural (**vosotros**).

caber   to fit
quepo, cabes, cabe, cabemos, cabéis, caben

caer   to fall
caigo, caes, cae, caemos, caéis, caen

conocer   to know
conozco, conoces, conoce, conocemos, conocéis, conocen

dar   to give
doy, das, da, damos, dais,* dan

hacer   to do, to make
hago, haces, hace, hacemos, hacéis, hacen

poner   to put, to place
pongo, pones, pone, ponemos, ponéis, ponen

saber   to know
sé, sabes, sabe, sabemos, sabéis, saben

salir   to go out, to leave
salgo, sales, sale, salimos, salís, salen

traer   to bring
traigo, traes, trae, traemos, traéis, traen

valer   to be worth
valgo, vales, vale, valemos, valéis, valen

ver   to see
veo, ves, ve, vemos, veis,* ven

¡Ojo! You may want to review the following verbs that follow the same pattern as **poner:**

componer	to fix, to repair
disponer de	to have
exponer	to expose, to explain
imponer	to impose
oponerse a	to be against, to be opposed to
ponerse	to put on (+ adjective); to become
proponer	to propose
suponer	to suppose

¡Ojo! You may want to review the following verbs that follow the same pattern as **traer:**

atraer	to attract
contraer	to contract
distraer	to distract

¡Ojo! Saber and **conocer** have different meanings.

saber   to know a fact

Yo sé quien es el alcalde.
I know who the mayor is.

Nosotros sabemos la verdad.
We know the truth.

Followed by an infinitive, **saber** means to know how to do something.

Ellos saben nadar muy bien.
They know how to swim very well.

In the **preterit**, **saber** means to find out.

Ella supo la noticia anoche.
She found out the news last night.

conocer

to know a person, a place, or a thing (being familiar or acquainted with)

Tú no conoces a mi suegra.
You don't know my mother-in-law.

Ud. conoce la historia de Perú.
You know the history of Peru.

Él conoce Bogotá.
He knows Bogota.

In the preterit, **conocer** means to meet for the first time.

Ellas conocieron a Humberto la semana pasada.
They met Humberto last week.

6.3.2 Irregular Verbs in More Than One Person

decir   to say, to tell
digo, dices, dice, decimos, decís, dicen

estar   to be
estoy, estás, está, estamos, estáis, están

haber   to have (as an auxiliary verb)
he, has, ha, hemos, habéis, han

ir   to go
voy, vas, va, vamos, vais, van

oír   to hear
oigo, oyes, oye, oímos, oís, oyen

ser   to be
soy, eres, es, somos, sois, son

tener   to have
tengo, tienes, tiene, tenemos, tenéis, tienen

venir   to come
vengo, vienes, viene, venimos, venís, vienen

¡Ojo! To express *there is/there are*, use **hay** (the impersonal form of **haber**).

¡Ojo! You may want to review the following verbs that follow the same pattern as **tener:**

contener	to contain	**mantener**	to maintain, to support
detener	to detain	**obtener**	to obtain, to get
detenerse	to stop	**retener**	to retain
entretener	to entertain	**sostener**	to sustain

¡Ojo! You may want to review the following verbs that follow the same pattern as **venir:**

convenir	to agree, to be suitable (good for)
intervenir	to intervene

6.4 VERBS WITH SPELLING CHANGES

6.4.1 Verbs Ending in -*ger* or -*gir*

The following verbs change the *g* to a *j* before *a* and *o*:

coger   to grab, to seize
cojo, coges, coge, cogemos, cogéis, cogen

exigir   to require, to demand
exijo, exiges, exige, exigimos, exigís, exigen

¡Ojo! You may want to review the following verbs that follow the same pattern as **coger**:

encoger to shrink	**proteger** to protect
escoger to choose	**recoger** to pick up

¡Ojo! You may want to review the following verbs that follow the same pattern as **exigir**:

afligir to afflict
dirigir to direct
fingir   to pretend

¡Ojo! Besides having spelling changes, the following verbs ending in **-gir** also have changes in their stem.

elegir (e→i)   to elect
          elijo, eliges, etc.
corregir (e→i) to correct
          corrijo, corriges, etc.

6.4.2 Verbs Ending in -*guir*

The following verbs change the *gu* to *g* before *a* and *o*:

distinguir   to distinguish
distingo, distingues, distingue, distinguimos, distinguís, distinguen

¡Ojo! You may want to review the following verb that follows the same pattern as **distinguir**:

extinguir   to extinguish

¡Ojo! Besides having spelling changes, the following verbs ending in **-guir** also have changes in their stem.

seguir (e→i)   to continue, to follow
sigo, sigues, sigue, seguimos, seguís, siguen

conseguir (e→i) to obtain, to get
perseguir (e→i) to pursue, to persecute
proseguir (e→i) to continue, to proceed

6.4.3 Verbs That End in a Consonant + *-cer*

The following verbs change the *c* to *z* before *a* and *o*:

> **convencer** to convince
> **convenzo, convences, convence, convencemos, convencéis, convencen**

¡Ojo! You may want to review the following verbs that follow the same pattern as **convencer**:

> **vencer** to overcome, to conquer
> **ejercer** to practice a profession; to exercise; to exert

¡Ojo! Besides having spelling changes, the following verbs ending in a consonant + **-cer** also have changes in their stem:

> **torcer** (o → ue) to twist
> **tuerzo, tuerces, tuerce, torcemos, torcéis, tuercen**

> **cocer** (o → ue) to cook
> **torcerse** (o → ue) to sprain

6.4.4 Verbs That End in a Vowel + *-cer* or *-cir*

In the first person singular (**yo**), the *c* changes to *zc*.

> **conocer** to know
> **conozco, conoces, conoce, conocemos, conocéis, conocen**

¡Ojo! You may want to review the following verbs that follow the same pattern as **conocer**:

aborrecer	to hate, loathe	**establecer**	to establish
agradecer	to thank, to be grateful for	**merecer**	to deserve, to merit
		nacer	to be born
aparecer	to appear	**obedecer**	to obey
complacer	to please	**ofrecer**	to offer
crecer	to grow	**parecer**	to seem, to appear
desaparecer	to disappear	**parecerse a**	to resemble, to look like
desconocer	to be ignorant of	**permanecer**	to stay
enorgullecerse de	to take pride in	**pertenecer**	to belong
entristecerse	to become sad	**reconocer**	to recognize

6.4.5 Verbs That End in a Vowel + *-cir*

In the first person singular (**yo**), the *c* changes to *zc*.

> **conducir** to drive; to lead; to conduct
> **conduzco, conduces, conduce, conducimos, conducís, conducen**

¡Ojo! You may want to review the following verbs that follow the same pattern as **conducir**:

> **producir** to produce
> **traducir** to translate
> **reducir** to reduce

6.5 STEM-CHANGING VERBS

6.5.1 Stem-changing Verbs Ending in -*ar* and -*er*

In the following verbs ending in -*ar* and -*er* the vowel of the stem changes as follows:

$$e \rightarrow ie$$
$$o \rightarrow ue$$

in all forms except the first person plural (**nosotros**, **nosotras**) and the second person plural (**vosotros**, **vosotras**).

e to *ie*

comenzar   to begin
comienzo, comienzas, comienza, comenzamos, comenzáis, comienzan

¡**Ojo!** You may want to review the following verbs that follow the same pattern as **comenzar**:

acertar	to guess correctly	**encerrar**	to enclose, to lock in
apretar	to squeeze	**gobernar**	to govern
atravesar	to cross	**negar**	to deny
cerrar	to close	**nevar***	to snow
confesar	to confess	**pensar**	to think, to plan
despertar	to awaken	**recomendar**	to recommend
despertarse	to wake up	**sentar(se)**	to sit (to sit down)
empezar	to begin	**temblar**	to tremble

*Nevar is used only in the third person singular nieva.

querer   to want, to wish, to love a person
quiero, quieres, quiere, queremos, queréis, quieren

¡**Ojo!** You may want to review the following verbs that follow the same pattern as **querer**:

defender	to defend	**encender**	to light, to ignite
descender	to go down	**perder**	to lose
entender	to understand		

o to *ue*

almorzar   to have lunch
almuerzo, almuerzas, almuerza, almorzamos, almorzáis, almuerzan

¡**Ojo!** You may want to review the following verbs that follow the same pattern as **almorzar**:

acordarse (de)	to remember
acostar(se)	to put to bed, (to go to bed)
contar	to count, to tell
costar	to cost
demostrar	to demonstrate, to show

encontrar	to find
encontrarse	to find oneself, to be (situated/located)
encontrarse con	to meet, to run across/into
jugar (u→ue)	to play (a sport)
mostrar	to show
oler*	to smell
probar(se)	to try, to taste, (to try on)
recordar	to remember
resolver	to solve
rogar	to beg, to plead
sonar	to ring, to sound
soñar con	to dream about
tronar**	to thunder
volar	to fly

***Oler** is conjugated as follows: **huelo, hueles, huele, olemos, oléis, huelen.**
****Tronar** is used only in the third person singular **truena.**

poder   to be able
puedo, puedes, puede, podemos, podéis, pueden

¡Ojo! You may want to review the following verbs that follow the same pattern as **poder**:

conmover	to move, to affect deeply
devolver	to return, to give back
doler	to pain, to ache
envolver	to wrap
llover*	to rain
mover	to move
resolver	to solve, to resolve
soler**	to be in the habit of, to be accustomed to
volver	to return, to go back

***Llover** is used only in the third person singular **llueve.**
****Soler** (o→ue) is used as an auxiliary verb to express that the action of the main verb happens frequently, usually, or habitually.

María Luisa suele llegar a eso de las tres.
María Luisa tends to arrive/usually arrives around three o'clock.

6.5.2 Stem-changing Verbs Ending in -*ir*

In the following verbs ending in -**ir** the vowel of the stem changes as follows:

e→ie
o→ue
e→i

in all forms except the first person plural (**nosotros, nosotras**) and the second person plural (**vosotros, vosotras**).

e to *ie*

mentir   to lie
miento, mientes, miente, mentimos, mentís, mienten

¡Ojo! You may want to review the following verbs that follow the same pattern as **mentir**:

advertir	to notify, to warn	**hervir**	to boil
convertir	to convert	**preferir**	to prefer
convertirse en	to turn into, to become	**referirse (a)**	to refer (to)
divertir	to amuse	**sentir**	to regret, to feel sorry
divertirse	to have a good time	**sentirse**	to feel well, sick, etc.

o to *ue*

dormir   to sleep
duermo, duermes, duerme, dormimos, dormís, duermen

¡Ojo! You may want to review the following verbs that follow the same pattern as **dormir**:

dormirse to fall asleep
morir   to die

e to *i*

servir   to serve
sirvo, sirves, sirve, servimos, servís, sirven

¡Ojo! You may want to review the following verbs that follow the same pattern as **servir**:

conseguir*	to get, to obtain	**reírse****	to laugh
despedir	to fire, to let go	**repetir**	to repeat
despedirse de	to say good-bye to	**seguir***	to follow, to continue
impedir	to prevent	**sonreírse****	to smile
medir	to measure	**vestir**	to dress
pedir	to request, to ask for	**vestirse**	to get dressed

*Note that the first person singular (**yo**) of **seguir** is **sigo**, and of **conseguir** is **consigo**.
Reírse and **sonreírse** follow the same pattern as **servir**, but note the accent over the *i* (**sonrío, sonríes, sonríe, sonreímos, sonreís, sonríen**).

6.5.3 Verbs Ending in *-iar* and *-uar*

In the following verbs ending in **-iar** and **-uar** a written accent is needed in the *i* or the *u* of all forms, except the first person plural (**nosotros, nosotras**) and second person plural (**vosotros, vosotras**).

enviar   to send
envío, envías, envía, enviamos, enviáis, envían

actuar   to act
actúo, actúas, actúa, actuamos, actuáis, actúan

¡Ojo! You may want to review the following verbs that follow the same pattern as **enviar**:

confiar en	to trust, to confide in, to rely on	**fiarse (de)**	to trust
espiar	to spy	**guiar**	to guide
esquiar	to ski	**resfriarse**	to catch a cold
		variar	to vary

¡Ojo! You may want to review the following verbs that follow the same pattern as **actuar**:

continuar to continue
graduarse to graduate

6.5.4 Verbs Ending in *-uir*

In the following verbs ending in **-uir**, except those verbs ending in **-guir**, a *y* is added after the *u* in all forms except the first person plural (**nosotros, nosotras**) and the second person plural (**vosotros, vosotras**).

destruir to destroy
destruyo, destruyes, destruye, destruimos, destruís, destruyen

¡Ojo! You may want to review the following verbs that follow the same pattern as **destruir**:

atribuir	to attribute	**huir**	to flee
concluir	to conclude, to end	**incluir**	to include
construir	to construct, to build	**influir**	to influence
contribuir	to contribute	**sustituir**	to substitute
distribuir	to distribute		

6.6 REFLEXIVE VERBS

When the subject and the object of a verb are the same, we use a reflexive construction. In Spanish reflexive verbs can be easily recognized because the ending **-se** is attached to the infinitive.

6.6.1 Reflexive Pronouns

me	myself	**nos**	ourselves
te	yourself	**os**	yourselves
se	himself, herself, yourself, itself	**se**	themselves, yourselves

Me afeito todas las mañanas. / I shave (myself) every morning.

Ellos se bañan antes de vestirse.
They bathe (themselves) before getting dressed.

6.6.2 Common Reflexive Verbs

The following are some of the most common reflexive verbs:

acostarse (o→ue)	to go to bed
afeitarse	to shave
bañarse	to bathe, to take a bath
cansarse	to become tired
cepillarse	to brush oneself
desabrocharse	to undo one's buttons or fastenings
desayunarse	to have breakfast
despedirse de (e→i)	to say good-bye to
despertarse (e→ie)	to wake up
dormirse (o→ue)	to fall asleep
ducharse	to take a shower
lavarse	to wash oneself
levantarse	to get up
limpiarse	to clean oneself
maquillarse	to put makeup on
peinarse	to comb one's hair
pintarse	to put lipstick on
ponerse	to put (something) on
prepararse	to get ready
quitarse	to take off
vestirse (e→i)	to get dressed

¡Ojo! When using a reflexive verb with parts of the body or articles of clothing, do not use the possessive adjective. In Spanish you must use the definite article.

Cuando hace frío, me pongo los guantes. / When it's cold I put on my gloves.

Some reflexive verbs are used to express feelings, emotions, or physical change. This idea is usually expressed in English by "to get" or "to become."

aburrirse	to get bored
alegrarse	to become happy
asustarse	to become afraid, to get scared
calmarse	to calm down
cansarse	to get tired
casarse	to get married
desmayarse	to faint (become faint)
divertirse (e→ie)	to have a good time
enfadarse	to get angry
enojarse	to get angry
entristecerse	to become sad
entusiasmarse	to get excited
mojarse	to get wet
ofenderse	to get offended
preocuparse	to worry
resfriarse	to become cold, to get a cold
sorprenderse	to be surprised

The following verbs are used reflexively in Spanish but not in English:

acordarse (o→ue) **de**	to remember
apresurarse	to hurry
aprovecharse (de)	to take advantage (of)
arrepentirse (e→ie) **de**	to repent, to be sorry
atreverse a	to dare
burlarse de	to make fun of
casarse	to get married
desmayarse	to faint
enamorarse (de)	to fall in love (with)
enterarse (de)	to find out (about)
escaparse	to escape
irse	to leave, to go away
mudarse	to move
negarse (e→ie) **a**	to refuse to
olvidarse (de)	to forget
parecerse a	to resemble, to look like
quejarse de	to complain about
reírse (e→i)	to laugh at
tratarse de	to be concerned with, to be about (a question of)

6.6.3 Reciprocal Actions

In the plural, reflexive verbs are used to express a reciprocal action. In English this construction corresponds to "each other."

Elena y Roberto se saludan. / Elena and Roberto greet each other.
Nos conocimos en el teatro. / We met each other in the theater.

The phrase **el uno al otro** can be used to clarify or emphasize the idea of "each other." Note that this phrase must agree with the person or thing referred to.

Tus padres se quieren el uno al otro. / Your parents love each other.
Nuestras tías se miran la una a la otra. / Our aunts look at each other.

6.6.4 Using the Reflexive to Express the Idea of "To Become"

To express physical or emotional changes, where no effort is implied, use

ponerse + adjective

Ella se puso triste. / She became sad.

To express a sudden or involuntary change, use

volverse + adjective
Elena se volvió loca. / Elena became crazy.

To express social status or profession where effort is implied, use

hacerse + noun or adjective, or
llegar a ser + adjective

Eduardo se hizo psicólogo. / Eduardo became a psychologist.
José y Gerardo llegaron a ser amigos. / José and Gerardo became friends.

6.6.5 Some Idiomatic Uses of Reflexive Verbs

darse cuenta (de)	to realize
darse prisa	to hurry
echarse a + infinitive	to begin to
equivocarse	to be mistaken, to be wrong
hacerse + definite article + adjective	to pretend, to act like
hacerse daño	to hurt oneself
ponerse a + infinitive	to begin to
ponerse de acuerdo	to come to an agreement
quedarse	to remain, to stay
quedarse con	to keep, to hold onto
tratarse de	to be about

6.6.6 Accidental or Unintended Situations

In Spanish the following construction is used to express an accidental or unintended situation. Some of these situations involve verbs such as to forget, to lose, to break, to drop, etc.

$$
\text{se} + \begin{Bmatrix} \text{me} \\ \text{te} \\ \text{le} \\ \text{nos} \\ \text{os} \\ \text{les} \end{Bmatrix} + \begin{array}{c}\text{verb in the third person}\\\text{singular or plural}\end{array} + \text{object}
$$

Se me olvidó el libro. / I forgot the book.
A ella se le cayeron los vasos. / She dropped the glasses.

Keep in mind that the form of the verb will depend on the object or objects. To clarify or emphasize use **a mí**, **a ti**, **a él**, **a ella**, etc.

6.7 *SER* AND *ESTAR*

Both verbs **ser** and **estar** mean "to be," but they are not interchangeable.

6.7.1 Uses of *Ser*

Ser is used . . .

1. to express or identify what something or who someone is

   ¿Qué es eso? / What is that?
   Eso es un caballo. / That is a horse.
   Juan es mi primo. / Juan is my cousin.

2. to express an inherent characteristic or quality (not likely to be changed by an outside force). These include personality, physical appearance, relationships, religion, and profession.

   Ignacio es católico. / Ignacio is Catholic.
   Julián es joven. / Julían is young.
   Pedro y Raúl son hermanos. / Pedro and Raúl are brothers.

3. to express nationality or origin

   Carlos es de la República Dominicana.
   Carlos is from the Dominican Republic.

4. to express ownership or possession

   El coche es de José. / The car is José's.

5. to express the material that something is made of

   La mesa es de madera. / The table is (made out of) wood.

6. to express the time of day

   ¿Qué hora es? / What time is it?
   Es la una. / It's one o'clock.

7. to express the passive voice in the following construction (**ser** + past participle + **por**):

   El político es entrevistado por el periodista.
   The politician is interviewed by the reporter.

8. to express the idea of "taking place" or "happening"

   La graduación es el lunes. / The graduation is on Monday.

9. in impersonal expressions

   Es necesario llegar a tiempo. / It is necessary to arrive on time.

10. to express dates

    Mañana es el dos de julio. / Tomorrow is July 2.

6.7.2 Use of *Estar*

Estar is used . . .

1. to express location, either permanent or changeable

   El Museo del Prado está en Madrid. / The Prado Museum is in Madrid.
   Mis padres están en casa de Antonio. / My parents are in Antonio's house.

2. to express a changeable state or condition

   Yo estoy enfermo. / I am sick.
   La piscina está llena. / The swimming pool is full.

3. to express an action in progress (progressive tense), in the following construction (**estar** + present participle):

Estamos bailando un tango. / We are dancing a tango.

4. to express a state or condition resulting from a previous action

Todas las tiendas están cerradas hoy. / All the stores are closed today.

6.7.3 Adjectives That Change Meaning

The following are some adjectives that change their meaning when used with **ser** or **estar**:

	ser	**estar**
aburrido	boring	bored
alto	tall, high	in a high position
atento	courteous	attentive
bajo	short, low	in a low position
bueno	good (character)	tasty (food)
fresco	fresh, impudent	fresh
interesado	selfish	interested
listo	clever	ready
loco	silly, scatterbrained	insane
malo	bad (character)	sick, in bad health
nuevo	newly made	unused
orgulloso	proud (pejorative)	proud
rico	rich	delicious
seguro	safe	certain
verde	green	green (not ripe)
vivo	sharp, alert, astute	alive

6.8 PROGRESSIVE TENSE

The progressive tense is used to emphasize that the action is going on at the moment that it is stated.

Nosotros estamos organizando la fiesta. / We are organizing the party.

6.8.1 The Present Participle

The present participle is formed by dropping the ending of the infinitive and adding:

-ar → -ando	**escuchar**	(to listen)	**escuchando**
-er → -iendo	**correr**	(to run)	**corriendo**
-ir → -iendo	**subir**	(to go up)	**subiendo**

Some irregular present participles are

> **caer** (to fall)—**cayendo**
> **conseguir** (to get, to obtain)—**consiguiendo**
> **construir** (to construct, to build)—**construyendo**
> **corregir** (to correct)—**corrigiendo**
> **creer** (to believe)—**creyendo**
> **decir** (to tell, say)—**diciendo**
> **despedirse** (to say good-bye)—**despidiéndose**
> **destruir** (to destroy)—**destruyendo**
> **divertirse** (to enjoy oneself)—**divirtiéndose**
> **dormir** (to sleep)—**durmiendo**
> **huir** (to flee)—**huyendo**
> **ir** (to go)—**yendo**
> **leer** (to read)—**leyendo**
> **mentir** (to lie)—**mintiendo**
> **morir** (to die)—**muriendo**
> **oír** (to hear)—**oyendo**
> **pedir** (to ask for, to request)—**pidiendo**
> **poder** (to be able to)—**pudiendo**
> **reír** (to laugh)—**riendo**
> **repetir** (to repeat)—**repitiendo**
> **seguir** (to follow)—**siguiendo**
> **sentir** (to feel)—**sintiendo**
> **servir** (to serve)—**sirviendo**
> **traer** (to bring)—**trayendo**
> **venir** (to come)—**viniendo**
> **vestir** (to dress)—**vistiendo**

6.8.2 Forming the Progressive

The progressive is formed with the verb **estar** and the present participle.

> **Estoy leyendo ahora.** / I am reading now.

Other verbs can also be used to form the progressive: **andar**, **continuar**, **ir**, **seguir**, **venir**, etc.

> **Juan sigue cantando.** / Juan continues singing.

¡Ojo! The progressive can be expressed in other tenses too.

> **Tú estabas cantando cuando yo entré.** / You were singing when I entered.
> **Yo estaré trabajando hasta las tres.** / I will be working until three o'clock.
> **Anoche estuvimos leyendo hasta las once.**
> Last night we were reading until eleven o'clock.

6.8.3 Other Uses of the Present Participle

The present participle may be used also to express the phrase "by + present participle" in English. In Spanish the preposition is not used.

> **Pensando se comenten menos errores.** / By thinking, fewer errors are made.

The phrase "upon + present participle" in English is not expressed with the present participle in Spanish, but rather by the construction **al** + infinitive.

> **Al salir de la escuela, nos pusimos a cantar.**
> Upon leaving school, we began to sing.

6.9 PASSIVE CONSTRUCTIONS

6.9.1 The Passive Voice

In comparison with the active voice, in which the subject is acting, the passive voice is a construction in which the subject is acted upon.

The passive voice is formed as follows:

subject + **ser** + past participle + **por** + agent

Note that the past participle is being used as an adjective and must agree in gender and number with the word to which it refers.

Active voice:	**Elena escribe las postales.**
	Elena writes the postcards.
Passive voice:	**Las postales son escritas por Elena.**
	The postcards are written by Elena.

In general, Spanish uses the passive voice most often in the past, but it can be used in any tense.

> **El mural fue pintado por Diego Rivera.** / The mural was painted by Diego Rivera.

6.9.2 Other Ways to Express the Passive Voice

The passive voice can also be expressed as follows:

1. **Se** constructions, with the reflexive pronoun **se** and the third person singular or plural when the subject is not expressed or understood. In English this construction is equivalent to the passive voice or an impersonal statement translated as "they," "one," "people," or "you."

> **En este restaurante se come bien.** / In this restaurant one eats well.
> **Allí se venden alimentos ecuatorianos.** / Ecuadorian foods are sold there.

2. with the third person plural of the verb

> **En agosto cierran las tiendas.**
> In August the stores are closed. or They close the stores in August.

6.9.3 *Estar* with Past Participle

To describe the result of an action the past participle is used with **estar**. This construction describes the condition of something or someone after an action has taken place.

> **La puerta está abierta.** / The door is open.
> **Las paredes están pintadas.** / The walls are painted.

Note that the past participle agrees in gender and number with the subject.

6.10 *GUSTAR*

Gustar means "to like." To express that someone likes something in Spanish, the thing or person being liked is the subject of the sentence and the person who likes the thing or person is the indirect object. You may think of its meaning as "to be pleasing to."

The two forms of **gustar** you will most likely be using are the third person singular (**gusta**) and the third person plural (**gustan**).

Singular		Plural	
(a mí)	**me gusta(n)**	(a nosotros, *-as*)	**nos gusta(n)**
(a ti)	**te gusta(n)**	(a vosotros, *-as*)	**os gusta(n)**
(a él, a ella, a Ud.)	**le gusta(n)**	(a ellos, a ellas, a Uds.)	**les gusta(n)**

Gusta is used when someone likes a person or a thing or when someone likes to do something.

> **Me gusta Juan mucho.** / I like Juan a lot.
> **Me gusta cantar y bailar.** / I like to sing and dance.

Gustan is used when someone likes more than one person or thing.

> **Nos gustan sus tías.** / We like their aunts.
> **Te gustan las canciones alegres.** / You like happy songs.

To emphasize or clarify, use **a mí**, **a ti**, **a él**, etc.

> **A ellos les gusta la fiesta.** / They like the party.

6.11 VERBS LIKE *GUSTAR*

The following verbs are used like **gustar**:

aburrir	to bore	**importar**	to be important, to matter
agradar	to please	**interesar**	to interest
apetecer	to long for	**molestar**	to bother
convenir	to suit	**parecer**	to seem
doler (o→ue)	to hurt, to ache	**preocupar**	to worry
encantar	to love	**quedar**	to have left over
faltar	to lack	**sobrar**	to have in excess
fascinar	to fascinate	**sorprender**	to surprise
fastidiar	to bother, to annoy	**tocar**	to be one's turn
hacer falta	to need, to be lacking		

> **Me aburren las películas románticas.** / Romantic movies bore me.
> **Me hacen falta tres libros.** / I am lacking three books.

Note that although this explanation uses only examples in the present tense, the verb **gustar** and the other verbs like **gustar** can appear in any tense.

> **El año pasado me gustaron mis clases.** / Last year I liked my classes.
> **Te encantarán las ruinas.** / You will love the ruins.
> **Nos ha interesado la situación política en Latinoamérica.**
> We have been interested in the political situation in Latin America.

7. PRETERIT

7.1 PRETERIT TENSE

The preterit tense is used in Spanish to express

- a completed past action within specific points in time

  Llovió mucho ayer. / It rained a lot yesterday.
  Yo almorcé a la una. / I had lunch at one o'clock.
  Fuimos al cine el domingo. / We went to the movies on Sunday.

- the beginning or end of an action

  Juan empezó a leer a las dos y terminó a las cuatro.
  Juan began to read at two o'clock and finished at four.

- a sudden change or a reaction

  De repente el cielo se nubló. / Suddenly the sky became cloudy.

- a series of quick, consecutive actions in the past

  Me levanté, me bañé y me vestí. / I got up, I bathed, and I got dressed.

- actions that because of their nature are *not* usually repeated, are specific, and are sometimes sudden. Note that these verbs can also be used with a different intention in other tenses of the past.

casarse con	to get married
cumplir (años)	to turn a specific age
darse cuenta de	to realize
decidir	to decide
graduarse	to graduate
morir (o→ue)	to die
nacer	to be born
ponerse a	to begin to

  Antonio cumplió tres años ayer. / Antonio turned three years old yesterday.

  Me gradué de la escuela secundaria en 2011.
  I graduated from high school in 2011.

- the concept of "ago" in the following constructions:

  hace + expression of time + **que** + verb in the preterit
  verb in the preterit + **hace** + expression of time

  Hace tres días que Ernesto salió.
  Ernesto salió hace tres días.
  Ernesto left three days ago.

  To ask a question use

  ¿Cuánto (tiempo) hace que + verb in the preterit?

¡Ojo! The following expressions usually indicate the use of the preterit:

anoche	last night
anteanoche	night before last
anteayer	day before yesterday
ayer	yesterday
de pronto	suddenly
de repente	suddenly
en ese (aquel) momento (instante)	at that moment
entonces	then
finalmente	finally
la semana pasada, el mes pasado, etc.	last week, last month, last year
por fin	finally
por primera vez	for the first time
una noche, un día	one night, one day
una vez	once

En ese momento, ella corrió hacia mí. / At that moment, she ran toward me.
Ellos gritaron de repente. / They yelled suddenly.

7.2 REGULAR VERBS

-ar verbs
escuchar   to listen

yo escuché	nosotros(-as) escuchamos
tú escuchaste	vosotros(-as) escuchasteis
él, ella, Ud. escuchó	ellos, ellas, Uds. escucharon

-er and **-ir** verbs
correr   to run

yo corrí	nosotros(-as) corrimos
tú corriste	vosotros(-as) corristeis
él, ella, Ud. corrió	ellos, ellas, Uds. corrieron

subir   to go up

yo subí	nosotros(-as) subimos
tú subiste	vosotros(-as) subisteis
él, ella, Ud. subió	ellos, ellas, Uds. subieron

7.3 IRREGULAR VERBS IN THE PRETERIT

7.3.1

- The following verbs have an irregular stem in the preterit.
- They share the same endings.
- They do not carry a written accent in any of their forms.

andar   to walk **(anduv-)**
anduve, anduviste, anduvo, anduvimos, anduvisteis, anduvieron

tener   to have **(tuv-)**
tuve, tuviste, tuvo, tuvimos, tuvisteis, tuvieron

estar   to be **(estuv-)**
estuve, estuviste, estuvo, estuvimos, estuvisteis, estuvieron

haber (to have [as an auxiliary verb]) **(hub)**
hube, hubiste, hubo, hubimos, hubisteis, hubieron

poder to be able **(pud-)**
pude, pudiste, pudo, pudimos, pudisteis, pudieron

poner to put **(pus-)**
puse, pusiste, puso, pusimos, pusisteis, pusieron

saber to know **(sup-)**
supe, supiste, supo, supimos, supisteis, supieron

caber to fit **(cup-)**
cupe, cupiste, cupo, cupimos, cupisteis, cupieron

hacer to do, make **(hic-)**
hice, hiciste, hizo, hicimos, hicisteis, hicieron (Note→ **hizo**)

querer to want **(quis-)**
quise, quisiste, quiso, quisimos, quisisteis, quisieron

venir to come **(vin-)**
vine, viniste, vino, vinimos, vinisteis, vinieron

7.3.2

- The stem of the following verbs ends in *j*.
- They all have the same endings: **-e**, **-iste**, **-o**, **-imos**, **-isteis**, **-eron**.
- The third person plural (**ellos**, **ellas**, **Uds.**) is **-eron** and *not* -ieron, as in the regular verbs.
- These verbs do not carry a written accent in any of their forms.

traer to bring	**(traj-)**
traje	**trajimos**
trajiste	**trajisteis**
trajo	**trajeron**

¡Ojo! You may want to review the following verbs that follow the same pattern as **traer**:

atraer	to attract	**(atraj-)**	**producir**	to produce	**(produj-)**
conducir	to drive	**(conduj-)**	**traducir**	to translate	**(traduj-)**
decir	to say, tell	**(dij-)**			

7.3.3

- The following verbs take the endings of the regular **-er** verbs, but they have no written accents in the first person singular (**yo**) or the third person singular (**él**, **ella**, **Ud.**).
- These verbs do not carry a written accent in any of their forms.

dar to give
di, diste, dio, dimos, disteis, dieron

ver to see
vi, viste, vio, vimos, visteis, vieron

7.3.4

- The verbs **ir** and **ser** are irregular in the preterit.
- They are conjugated exactly the same way: **fui**, **fuiste**, **fue**, **fuimos**, **fuisteis**, **fueron**.
- These verbs do not carry a written accent in any of their forms.
- The meaning of these verbs is made clear by the context in which they appear.

Tomás fue al centro ayer. / Tomás went downtown yesterday.
El año pasado él fue el presidente del club.
Last year he was the club's president.

7.4 PRETERIT OF VERBS WITH SPELLING CHANGES

i to *y* (in the third person singular—**él**, **ella**, **Ud.**—and the third person plural—**ellos**, **ellas**, **Uds.**—*only*)

oír   to hear
oí, oíste, oyó, oímos, oísteis, oyeron

7.4.1 Verbs Ending in -*aer*

caer   to fall
caí, caíste, cayó, caímos, caísteis, cayeron

7.4.2 Verbs Ending in -*eer*

leer   to read
leí, leíste, leyó, leímos, leísteis, leyeron

7.4.3 Verbs Ending in -*uir*

huir   to flee
huí, huiste, huyó, huimos, huisteis, huyeron

¡Ojo! You may want to review the following verbs that follow the same pattern as **huir**:

concluir to conclude	**distribuir** to distribute
construir to build	**incluir** to include
contribuir to contribute	

- Note that **huir** and verbs like **huir** do not carry a written accent in the second person singular (**tú**) or the first and second person plural (**nosotros**, **nosotras**, **vosotros**, **vosotras**).

Exceptions:

1. The following verbs ending in **-guir** are regular in the preterit

    distinguir   to distinguish
    extinguir   to extinguish

2. The following verbs are irregular in the third person singular and plural

> **seguir**   to follow, continue
> **seguí, seguiste, siguió, seguimos, seguisteis, siguieron**

¡Ojo! You may want to review the following verbs that follow the same pattern as **seguir**:

> **conseguir**   to obtain, get, succeed in
> **perseguir**   to persue, persecute

7.5 VERBS ENDING IN -*CAR*, -*GAR*, AND -*ZAR*

In order to keep the sound of the last consonant of the infinitive, verbs ending in -**car**, -**gar**, and -**zar** change *in the first person singular (**yo**)*.

7.5.1 Verbs Ending in -*car* (c to qu)

> **buscar**   to look for
> **busqué, buscaste, buscó, buscamos, buscasteis, buscaron**

¡Ojo! You may want to review the following verbs that follow the same pattern as **buscar**:

acercarse	to come near, to approach
aplicar	to apply
arrancar	to pull out; to start (a motor)
chocar	to crash
colocar	to place, to put
complicar	to complicate
comunicar	to communicate
criticar	to criticize, to critique
dedicar	to dedicate, to devote
educar	to educate
embarcarse	to board, to go on board
equivocarse	to make a mistake; to be mistaken
explicar	to explain
fabricar	to make, to manufacture
indicar	to indicate
justificar	to justify, to give a reason for
marcar	to mark; to score (a point); to dial (telephone)
mascar	to chew
masticar	to chew
pescar	to fish
platicar	to chat, to converse
practicar	to practice
publicar	to publish
sacar	to take out
secar	to dry
suplicar	to beg, to implore
tocar	to touch; to play (music)

7.5.2 Verbs Ending in -*gar* (*g* to *gu*)

llegar to arrive
llegué, llegaste, llegó, llegamos, llegasteis, llegaron

¡**Ojo!** You may want to review the following verbs that follow the same pattern as **llegar:**

agregar	to add
ahogarse	to drown
apagar	to turn off
cargar	to carry, to load
castigar	to punish
colgar	to hang (up)
despegar	to take off (airplane)
encargar	to entrust, to put in charge; to order (goods)
encargarse de	to take charge of
entregar	to hand over, to deliver
fregar	to wash (dishes)
jugar	to play (a game, sports)
madrugar	to get up early
negar	to deny
obligar	to obligate
pagar	to pay
pegar	to hit, to strike; to glue
regar	to water (plants)
rogar	to beg
tragar	to swallow

7.5.3 Verbs Ending in -*zar* (*z* to *c*)

abrazar to hug
abracé, abrazaste, abrazó, abrazamos, abrazasteis, abrazaron

¡**Ojo!** You may want to review the following verbs that follow the same pattern as **abrazar:**

alcanzar	to reach, to catch up with
almorzar	to have lunch
amenazar	to threaten
aterrizar	to land
avanzar	to advance
comenzar	to begin, to start
cruzar	to cross
empezar	to begin, to start
especializarse en	to specialize (in), to major (in)
garantizar	to guarantee
gozar (de)	to enjoy
lanzar	to throw
realizar	to carry out, to attain, to achieve
rezar	to pray
tranquilizar	to calm down
tropezar	to trip, to stumble
utilizar	to use, to make use of

7.6 STEM-CHANGING VERBS

7.6.1

All stem-changing verbs ending in **-ar** and **-er** (*e* to *ie* or *o* to *ue*) have regular stems in the preterit.

Stem-changing verbs ending in **-ir** have a stem change in the preterit.

7.6.2 *e* to *i* (in the Third Person Singular and Plural Only)

mentir   to lie
mentí, mentiste, mintió, mentimos, mentisteis, mintieron

¡Ojo! You may want to review the following verbs that follow the same pattern as **mentir:**

advertir	to notify
convertir	to convert
convertirse en	to become; to turn into
divertirse	to enjoy oneself, to have a good time
preferir	to prefer
sentir	to feel; to regret, to feel sorry
sentirse	to feel

Remember: In the present tense the stem of these verbs changes the *e* to *ie*. (See pages 66–67.)

7.6.3 *o* to *u* (in the Third Person Singular and Plural Only)

dormir   to sleep
dormí, dormiste, durmió, dormimos, dormisteis, durmieron

¡Ojo! Another verb that follows the same pattern as **dormir** is **morir.**

Remember: In the present tense the stem of these verbs changes the *o* to *ue*. (See page 67.)

7.6.4 *e* to *i* (in the Third Person Singular and Plural Only)

servir   to serve
serví, serviste, sirvió, servimos, servisteis, sirvieron

¡Ojo! You may want to review the following verbs that follow the same pattern as **servir:**

conseguir	to get, to obtain
despedir	to dismiss, to fire (someone)
despedirse (de)	to say good-bye (to); to take leave (of)
medir	to measure
pedir	to ask for, to request
repetir	to repeat
seguir	to continue; to follow
vestir	to dress (someone)
vestirse	to get dressed

Remember: In the present tense the stem of these verbs changes the *e* to *i*. (See page 67.)

¡Ojo! The verbs **reír** and **sonreír** have accents on the second person singular, and on the first and second person plural.

reír to laugh
reí, reíste, rió, reímos, reísteis, rieron

sonreír to smile
sonreí, sonreíste, sonrió, sonreímos, sonreísteis, sonrieron

7.7 VERBS WITH SPECIAL MEANING IN THE PRETERIT

In the preterit, the following verbs have different meanings:

conocer to know

Ellos conocieron a Raúl en Madrid.
They *met* (for the first time) Raúl in Madrid.

poder to be able

Por fin pude hacer la tarea.
I finally *succeeded* in doing (*managed to do*) the homework.

no poder to not be able

No pude terminar todo el trabajo.
I *failed* to finish all the work.

querer to want

Quise abrir la ventana pero no pude.
I *tried* to open the window but did not succeed.

no querer to not want

No quisimos ir.
We *refused* to go.

saber to know

Yo supe eso anoche.
I *found* that *out* last night.

tener que to have to

Tuve que ayudar a mi compañero de clase.
I *was compelled* to help my classmate.

tener to have

Ayer yo tuve una carta de Ana.
Yesteday I *received* a letter from Ana.

8. IMPERFECT

8.1 IMPERFECT TENSE

The imperfect tense is used in Spanish to express

- a habitual, customary action

  Durante las vacaciones íbamos al campo.
  During the vacations we used to/would go to the country.

- an ongoing action in the past with no reference to its beginning or end

  Nos sentíamos muy triste en Alaska.
  We were feeling/used to feel very sad in Alaska.

- descriptions in the past, including the background information surrounding a past action

  Santiago era muy tímido / Santiago used to be very timid.
  Había muchos coches en la carretera. / There were many cars on the highway.
  Yo caminaba cuando empezó a llover. / I was walking when it began to rain.

- a state of mind with verbs such as **creer**, **pensar**, **querer**, **saber**, etc.

  Yo creía que Rosa estaba enferma. / I thought Rosa was sick.

- age in the past

  Ella sólo tenía doce años. / She was only twelve years old.

- time in the past

  Eran las nueve. / It was nine o'clock.

¡Ojo! The following expressions usually indicate the use of the imperfect:

a menudo	often, frequently	generalmente	generally
a veces	at times	mientras	while
algunas veces	sometimes	muchas veces	many times
cada...	each/every...	normalmente	normally
con frecuencia	frequently, often	por lo general	generally
constantemente	constantly	siempre	always
de costumbre	usually	todos los.../	every...
de vez en cuando	from time to time	todas las...	
frecuentemente	frequently		

José la acompañaba con frecuencia.
José used to/would accompany her frequently.

Nosotros lo visitábamos cada semana. / We used to visit him every week.

- the concept of "had been doing (something)" in the following constructions:

hacía + expression of time + **que** + verb in the imperfect
verb in the imperfect + **desde hacía** + expression of time

Hacía tres años que yo estudiaba música.
Estudiaba música desde hacía tres años.
I had been studying music for three years.

To ask a question use:

¿Cuánto tiempo hacía que + verb in the imperfect?
¿Desde cuándo + verb in the imperfect?

8.2 REGULAR VERBS

-ar
escuchar   to listen
escuchaba, escuchabas, escuchaba, escuchábamos,
escuchabais, escuchaban

-er
correr   to run
corría, corrías, corría, corríamos, corríais, corrían

-ir
subir   to go up; to climb
subía, subías, subía, subíamos, subíais, subían

8.3 IRREGULAR VERBS

There are only three irregular verbs in the imperfect tense.

ir   to go
iba, ibas, iba, íbamos, ibais, iban

ser   to be
era, eras, era, éramos, erais, eran

ver   to see
veía, veías, veía, veíamos, veíais, veían

9. PRESENT PERFECT

9.1 PRESENT PERFECT TENSE

The present perfect is used in Spanish to express an action or event that has been going on up to (and continues into) the present.

Nosotros hemos estado aquí por dos horas.
We have been here for two hours.

The present perfect is equivalent to the English *has/have* + past participle. Note that the past participle does not agree with the subject.

It is formed with the present of the verb **haber** and the past participle.

he		**hemos**	
has	+ past participle	**habéis**	+ past participle
ha		**han**	

Regular past participles:

-ar → -ado	**escuchar**	(to listen to)	**escuchado**
-er → -ido	**correr**	(to run)	**corrido**
-ir → -ido	**subir**	(to go up, to climb)	**subido**

9.2 IRREGULAR PAST PARTICIPLES

abrir	(to open)	**abierto**
cubrir	(to cover)	**cubierto**
decir	(to tell, to say)	**dicho**
escribir	(to write)	**escrito**
freír	(to fry)	**frito**
hacer	(to do, to make)	**hecho**
imprimir	(to print)	**impreso**
ir	(to go)	**ido**
morir	(to die)	**muerto**
oír	(to hear)	**oído**
poner	(to put)	**puesto**
reír	(to laugh)	**reído**
resolver	(to solve)	**resuelto**
romper	(to break)	**roto**
ver	(to see)	**visto**
volver	(to return)	**vuelto**

The past participles of compound verbs are also irregular:

describir	(to describe)	**descrito**
descubrir	(to discover)	**descubierto**
deshacer	(to undo)	**deshecho**
devolver	(to return)	**devuelto**, etc.

The past participles of some double-vowel verbs carry a written accent.

leer	(to read)	**leído**
poseer	(to possess)	**poseído**
traer	(to bring)	**traído**
caer	(to fall)	**caído**
creer	(to believe)	**creído**

¡Ojo! Verbs containing **-uir** do not carry a written accent.

huir	(to flee)	**huido**
influir	(to influence)	**influido**
construir	(to build)	**construido**

10. PLUPERFECT

10.1 PLUPERFECT TENSE

The pluperfect tense is used in Spanish to express an action or event that happened prior to another event in the past.

Carolina ya había entrado cuando empezó a llover.
Carolina had already entered when it began to rain.

The pluperfect is equivalent to the English *had* + past participle. Note that the past participle does not agree with the subject. It is formed with the imperfect of the verb **haber** and the past participle.

había			**habíamos**	
habías	} + past participle		**habíais**	} + past participle
había			**habían**	

11. FUTURE

11.1 FUTURE TENSE

The future is used to express a future action in Spanish as in English.

Un día nosotros compraremos una casa. / One day we will buy a house.

Remember, the present tense is often used instead of the future tense to express the immediate future.

Mañana compro ese vestido. / Tomorrow I am going to buy that dress.

The future is also used to express probability, speculation, or supposition in the present.

¿Quién será esa chica? / I wonder who that girl is.
Será la prima de José. / It is probably (It must be) Jose's cousin.

When expressing probability, speculation, or supposition, in the present, the following construction may be used also:

deber (present tense) + **de** + infinitive
Ella estará enferma.   or   **Ella debe de estar enferma.** / She is probably sick.

11.2 FORMATION OF THE FUTURE TENSE

The future indicative is formed by adding the following endings to the *entire* infinitive in all conjugations:

-é	-emos
-ás	-áis
-á	-án

escuchar	(to listen)	**escucharé**, **escucharás**, etc.
correr	(to run)	**correré**, **correrás**, etc.
subir	(to go up)	**subiré**, **subirás**, etc.

The following verbs are irregular in the future tense:

caber	(to fit)	**cabré**, etc.
decir	(to say, to tell)	**diré**, etc.
haber	(to have [as an auxiliary verb])	**habré**, etc.
hacer	(to do, to make)	**haré**, etc.
poder	(to be able)	**podré**, etc.
poner	(to put)	**pondré**, etc.
querer	(to want)	**querré**, etc.
saber	(to know)	**sabré**, etc.
salir	(to go out, to leave)	**saldré**, etc.
tener	(to have)	**tendré**, etc.
valer	(to be worth)	**valdré**, etc.
venir	(to come)	**vendré**, etc.

11.3 FUTURE PERFECT TENSE

The future perfect is used to express an action that will have been completed before a given time in the future.

> **Para mañana ya habremos terminado todos los libros.**
> For tomorrow we will have finished all the books.

The future perfect is equivalent to the English *will have* + past participle. It is formed with the future of the verb **haber** and the past participle.

habré			**habremos**	
habrás	} + past participle		**habréis**	} + past participle
habrá			**habrán**	

12. CONDITIONAL

12.1 CONDITIONAL TENSE

The conditional is used

- to express probability, supposition, or wonder in the past

> **¿A qué hora llegarían anoche?** / I wonder at what time they arrived last night.
> **Llegarían a medianoche.** / They probably arrived at midnight.

- in the result clause of a contrary-to-fact sentence

> **Si no estuviera enfermo, iría con Uds.** / If I weren't sick, I would go with you.

¡Ojo! Keep in mind that a habitual action in the past, which sometimes is translated in English with "would," is expressed with the imperfect in Spanish.

> **Por la mañana yo iba a las galerías de arte.**
> In the mornings I would go to the art galleries.

12.2 FORMATION OF THE CONDITIONAL

The conditional tense is formed by adding the following endings to the *entire* infinitive in all conjugations. Note that these endings are the same endings of the imperfect tense.

-ía	**-íamos**
-ías	**-ías**
-ía	**-ían**

escuchar	(to listen)	**escucharía, escucharías**, etc.
correr	(to run)	**correría, correrías**, etc.
subir	(to go up)	**subiría, subirías**, etc.

The following verbs are irregular in the conditional tense:

caber	(to fit)	**cabría**, etc.
decir	(to say, to tell)	**diría**, etc.
haber	(to have [as an auxiliary verb])	**habría**, etc.
hacer	(to do, to make)	**haría**, etc.
poder	(to be able)	**podría**, etc.
poner	(to put)	**pondría**, etc.
querer	(to want)	**querría**, etc.
saber	(to know)	**sabría**, etc.
salir	(to go out, to leave)	**saldría**, etc.
tener	(to have)	**tendría**, etc.
valer	(to be worth)	**valdría**, etc.
venir	(to come)	**vendría**, etc.

12.3 CONDITIONAL PERFECT TENSE

The conditional perfect is used to express an action that would have happened.

> **Yo habría comprado el apartamento, si hubiera tenido dinero.**
> I would have bought the apartment if I had had the money.

The conditional perfect is equivalent to the English *would have* + past participle. It is formed with the conditional of the verb haber and the past participle.

habría		**habríamos**	
habrías	+ past participle	**habríais**	+ past participle
habría		**habrían**	

13. SUBJUNCTIVE

13.1 SUBJUNCTIVE TENSE

In contrast to the indicative, which expresses facts and reality, the subjunctive expresses what one person wants or desires, suggests, or advises someone else to do. It also expresses feelings, emotions, or what is doubtful, unknown, or uncertain.

13.2 REGULAR VERBS

The following endings are added to the first person singular of the indicative.

-ar verbs:
-e, -es, -e, -emos, -éis, -en
escuche, escuches, escuche, escuchemos, escuchéis, escuchen

-er verbs:
-a, -as, -a, -amos, -áis, -an
corra, corras, corra, corramos, corráis, corran

-ir verbs:
-a, -as, -a, -amos, -áis, -an
suba, subas, suba, subamos, subáis, suban

13.3 IRREGULAR VERBS IN THE FIRST PERSON INDICATIVE

In the present indicative, the following verbs are irregular in the first person (yo). The present subjunctive is formed with the first person of these verbs and the endings above.

caber	(to fit)	**quepa, quepas**, etc.
caer	(to fall)	**caiga, caigas**, etc.
coger	(to grab)	**coja, cojas**, etc.
conducir	(to drive)	**conduzca, conduzcas**, etc.
conocer	(to know)	**conozca, conozcas**, etc.
decir	(to say, to tell)	**diga, digas**, etc.
destruir	(to destroy)	**destruya, destruyas**, etc.
hacer	(to do, to make)	**haga, hagas**, etc.
oír	(to hear)	**oiga, oigas**, etc.
poner	(to put)	**ponga, pongas**, etc.
salir	(to go out, to leave)	**salga, salgas**, etc.
tener	(to have)	**tenga, tengas**, etc.
traer	(to bring)	**traiga, traigas**, etc.
valer	(to be worth)	**valga, valgas**, etc.
venir	(to come)	**venga, vengas**, etc.
ver	(to see)	**vea, veas**, etc.

13.4 IRREGULAR VERBS IN THE SUBJUNCTIVE

The following verbs are irregular in the present subjunctive. Note that they do not follow the above rule.

dar	(to give)	**dé, des, dé, demos, deis, den**
estar	(to be)	**esté, estés, esté, estemos, estéis, estén**
haber	(to have [as an auxiliary verb])	**haya, hayas, haya, hayamos, hayáis, hayan**
ir	(to go)	**vaya, vayas, vaya, vayamos, vayáis, vayan**
saber	(to know)	**sepa, sepas, sepa, sepamos, sepáis, sepan**
ser	(to be)	**sea, seas, sea, seamos, seáis, sean**

13.5 VERBS ENDING IN -*CAR*, -*GAR*, AND -*ZAR*

-car	*c* to *qu*	
buscar	(to look for)	**busque, busques, busque, busquemos, busquéis, busquen**

-gar	*g* to *gu*	
llegar	(to arrive)	**llegue, llegues, llegue, lleguemos, lleguéis, lleguen**

-zar	*z* to *c*	
abrazar	(to hug, to embrace)	**abrace, abraces, abrace, abracemos, abracéis, abracen**

13.6 STEM-CHANGING VERBS

13.6.1 Stem-changing Verbs Ending in -*ar* and -*er*

e→ie
pensar (to think) **piense pienses, piense, pensemos, penséis, piensen**

o→ue
poder (to be able) **pueda, puedas, pueda, podamos, podáis, puedan**

13.6.2 Stem-changing Verbs Ending in -*ir*

e→ie
sentir (to regret, to feel) **sienta, sientas, sienta, sintamos, sintáis, sientan**

o→ue
dormir (to sleep) **duerma, duermas, duerma, durmamos, durmáis, duerman**

e→i
repetir (to repeat) **repita, repitas, repita, repitamos, repitáis, repitan**

Note that the **e** changes to **i** in all persons including **nosotros** and **vosotros**.

13.7 USES OF THE SUBJUNCTIVE

As stated before, in contrast to the indicative, which expresses facts and reality, the subjunctive expresses feelings or what is unknown.

The subjunctive is used in sentences that have two clauses. A clause contains a subject and a conjugated verb. The main clause can stand by itself, whereas the subordinate clause cannot. The subjunctive is used in the subordinate clause when the main clause indicates or refers to something that is not factual or true, and when it indicates a subjective reaction. If the main clause expresses a fact, the indicative is used in the subordinate clause. If the subject is the same in both clauses, the infinitive is often used.

The subjunctive is used in the subordinate clause when the verb in the main clause denotes the following:

13.7.1 Persuasion (Wish, Desire, Volition, or Influence)

aconsejar que	to advise
decir que	to say/tell that
dejar que	to allow that
desear que	to wish
escribir que	to write that
esperar que	to hope that
exigir que	to demand that
hacer que	to make someone do something
impedir que	to prevent that
insistir (en) que	to insist that
mandar que	to order that
ojalá que	I hope that
pedir que	to request that
permitir que	to allow that
preferir que	to prefer that
prohibir que	to prohibit that
querer que	to want that
recomendar que	to recommend that
rogar que	to beg that
sugerir que	to suggest that
suplicar que	to beg, to plead that

Mis padres exigen que yo regrese temprano.
My parents demand that I return early.

Ojalá que Pedro esté en la cafetería.
I hope that Pedro is in the cafeteria.

After the verbs **dejar**, **hacer**, **mandar**, **permitir**, and **prohibir** either the subjunctive or the infinitive may be used.

El profesor manda que nosotros salgamos.
El profesor nos manda salir (a nosotros).
The teacher orders us to leave.

Note that when the infinitive is used, very often an indirect object pronoun is placed before the main verb for emphasis or clarification.

13.7.2 Emotion or Feeling

alegrarse (de) que	to be glad that
estar contento (triste) de que	to be happy (sad) that
lamentar que	to regret that
parece mentira que	it seems impossible that
sentir que	to regret
sorprenderse (de) que	to be surprised that
temer que	to fear that
tener miedo (de) que	to be afraid that

Temo que vaya a llover. / I fear that it may rain.
Parece mentira que estés enfadado. / It seems impossible that you are angry.

13.7.3 Doubt, Denial, and Uncertainty

¿creer que . . . ?	to believe that . . . ?
dudar que	to doubt that
negar que	to deny that
no creer que	not to believe that
no estar seguro(a, os, as) de que	not to be sure that
no pensar que	not to think that

Dudas que el concierto empiece a tiempo.
You doubt that the concert may start on time.

No están seguros de que haya clase hoy.
They are not sure that there is class today.

But, **creer**, **no dudar**, and **no negar** are usually followed by the indicative.

No dudo que está enfermo. / I don't doubt that he is sick.

13.7.4 Impersonal Expressions

After the following impersonal expressions that express an emotion, feeling, doubt, uncertainty, etc., the subjunctive is needed.

basta que	it is sufficient that
es (una) lástima que	it is a pity that
es absurdo que	it is absurd that
es aconsejable que	it is advisable that
es bueno (malo) que	it is good (bad) that
es curioso que	it is curious that
es difícil (fácil) que	it is difficult (easy) that
es dudoso que	it is doubtful that
es escandaloso que	it is scandalous that
es extraño que	it is strange that
es importante que	it is important that
es imposible que	it is impossible that
es increíble que	it is incredible that
es indispensable que	it is necessary that
es justo que	it is just that
es mejor que	it is better that
es natural que	it is natural that
es necesario que	it is necessary that
es posible que	it is possible that

es preciso que	it is necessary that
es preferible que	it is preferable that
es probable que	it is probable that
es raro que	it is strange that
es ridículo que	it is ridiculous that
es sorprendente que	it is surprising that
es triste que	it is sad that
es una pena que	it is a pity that
importa que	it is important that
más vale que	it is better that
no es cierto que	it is not true that
no es seguro que	it is not sure that
puede ser que	it may be that

Es justo que ayudemos a nuestros vecinos.
It is just that we help our neighbors.

Es ridículo que el programa sea tan largo.
It is ridiculous that the program is so long.

13.7.5

If the impersonal expression expresses a fact or certainty, the indicative is used, not the subjunctive.

es cierto que	it is certain that
es claro que	it is clear that
es evidente que	it is evident that
es obvio que	it is obvious that
es seguro que	it is certain that
es verdad que	it is true that
estar seguro(a, os, as) de que	to be sure that
no hay duda de que	there is no doubt that

Es evidente que la economía ha mejorado.
It is evident that the economy has improved.

Estoy seguro de que Gerardo me quiere.
I am sure that Gerardo loves me.

13.7.6

With the following conjunctions either the indicative or the subjunctive can be used. If at the time of the action or event expressed by the main verb, the action or event introduced by the following conjunctions has not yet happened, the subjunctive is used as the speaker is speculating about what may happen sometime in the future or is referring to a hypothetical or unknown event or action.

a medida que	as
a pesar de que	in spite of the fact that
aunque	although, even if
cada vez que	each time that
cuando	when
de manera que	so that
de modo que	so that
después (de) que	after
en cuanto	as soon as

hasta que	until
luego que	as soon as
mientras que	as long as
tan pronto como	as soon as
una vez que	once

Pablo se acostará en cuanto llegue.
Pablo will go to bed as soon as he arrives.

Iré a clase aunque no sepa nada.
I will go to class although I may not know anything.

If the action is a fact, has taken place, or normally takes place, the indicative is used.

Pablo se acostó en cuanto llegó.
Pablo went to bed as soon as he arrived.

Voy a clase aunque no sé nada.
I go to class although I don't know anything.

13.7.7

The subjunctive is *always* used after the following conjunctions if there is a change of subjects.

a fin de que	in order that
a menos que	unless
a no ser que	unless
antes de que	before
con tal (de) que	provided that
en caso de que	in case that
para que	in order that, so that
sin que	without

Por favor, quítate los zapatos antes de entrar.
Please, take off your shoes before entering. (same subject)

Yo se lo pido antes de que él entre.
I request it from him before he enters. (different subjects)

13.7.8

If the subordinate clause introduces a person, place, or thing that is unknown, that you are not sure exists, or may not be found (nonexistent), the subjunctive is used.

Necesito una cama que quepa en este cuarto.
I need a bed that fits in this room.

¿Hay una película que no sea violenta?
Is there a movie that is not violent?

No hay nadie que quiera venir a la reunión.
There is no one who wants to come to the meeting.

But, if there is certainty, if the person, place, or thing is known, the indicative is used.

> **Compré una cama que cabe en este cuarto.**
> I bought a bed that fits in this room.

> **Sé que hay una película que no es violenta.**
> I know there is a movie that is not violent.

13.7.9 -*quiera* Compounds

When uncertainty exists, the subjunctive is used after the following **-quiera** compounds:

adondequiera	to wherever
comoquiera	however
cualquier, cualquiera, cualesquiera	whatever, whichever
cuandoquiera	whenever
dondequiera	wherever
quienquiera, quienesquiera	whoever

13.7.10

The subjunctive is used in the following constructions:

por + adjective or adverb + **que** + subjunctive

> **Por mucho que trabajes, no terminarás hoy.**
> No matter how much you work, you will not finish today.

subjunctive + **lo que** + subjunctive

> **Pienses lo que pienses, yo soy muy honesto.**
> No matter what you think, I am very honest.

13.7.11

Depending on the degree of certainty or uncertainty being expressed, **tal vez**, **quizás**, **a lo mejor**, and **posiblemente** may be followed by either the indicative or the subjunctive.

> **Tal vez llegaré a tiempo.** / Perhaps I will arrive on time.
> **Tal vez llegue a tiempo.** / Perhaps I will arrive on time.

13.7.12

The subjunctive is also used in the following construction to express a wish, desire, order, or command in an indirect manner without saying, "I want that . . . ," "I wish that . . . ," "I order that . . . ," etc.

¡Que + present subjunctive!

> **¡Que encuentres lo que buscas!** / May you find what you are looking for!
> **¡Que te diviertas!** / May you enjoy yourself!
> **¡Que me des el cuaderno!** / Give me the notebook!

13.8 PRESENT PERFECT SUBJUNCTIVE

The present perfect subjunctive is formed with the present subjunctive of the verb **haber** and the past participle.

haya			hayamos		
hayas	} + past participle		hayáis	} + past participle	
haya			hayan		

The present perfect subjunctive is used in the second clause of a sentence when the verb in the first clause is found in either the present, future, or present perfect tense, and the second clause refers to a past action.

Dudo que Marta haya dicho una mentira.
I doubt that Marta has told a lie.

Él te aconseja que hayas escrito la carta antes de la entrevista.
He advises you to have written the letter before the interview.

13.9 PLUPERFECT SUBJUNCTIVE

The pluperfect subjunctive is formed with the imperfect subjunctive of the verb **haber** and the past participle.

hubiera			hubiéramos		
hubieras	} + past participle		hubierais	} + past participle	
hubiera			hubieran		

13.10 IMPERFECT SUBJUNCTIVE

Although the imperfect subjunctive has two different sets of endings in Spanish (the **-ra** endings and the **-se** endings), you should concentrate on the -ra endings since they are more commonly used. For the purpose of the SAT exam, you should only be able to recognize the **-se** ending since it may appear in reading comprehension exercises, but not in the multiple-choice section.

For *all* verbs, both regular and irregular, the imperfect subjunctive is formed as follows:

1. use the third person plural (**ellos, ellas, Uds.**) of the preterit tense
2. drop the -ron form of the preterit tense
3. add   **-ra, -ras, -ra, -'ramos, -rais, -ran**
                   OR
      -se, -ses, -se, -'semos, -seis, sen

Please note that the **nosotros** form has a written accent on the vowel that precedes the ending.

For example:

Infinitive	Preterit	Imperfect Subjunctive
escuchar	**escucharon**	
yo escuchara		**nosotros/as escucháramos**
tú escucharas		**vosotros/as escucharais**
él, ella, Ud. escuchara		**ellos, ellas, Uds. escucharan**
poner	**pusieron**	
yo pusiera		**nosotros/as pusiéramos**
tú pusieras		**vosotros/as pusierais**
él, ella, Ud. pusiera		**ellos, ellas, Uds. pusieran**
venir	**vinieron**	
yo viniera		**nosotros/as viniéramos**
tú vinieras		**vosotros/as vinierais**
él, ella, Ud. viniera		**ellos, ellas, Uds. vinieran**

13.10.1 Uses of the Imperfect Subjunctive

The same rules that apply to the present subjunctive apply to the imperfect subjunctive. The major difference is that the imperfect subjunctive follows the imperfect, preterit, conditional, or pluperfect.

13.10.2 Sequence of Tenses

Tense in the main clause (indicative)	Tense/Mood in the dependent clause (subjunctive)
present	present subjunctive
future	(action has not
present perfect	yet happened)
command	

Juan me pide que ayude a mis amigos.
Juan asks me to help my friends.

El profesor querrá que salgamos temprano.
The professor will want (for) us to leave early.

Los doctores han recomendado que hagas ejercicio.
The doctors have recommended that you exercise.

¡Aconséjale que vaya a la entrevista!
Advise him to go to the interview!

Tense in the main clause (indicative)	Tense/Mood in the dependent clause (subjunctive)
imperfect	imperfect
preterit	subjunctive
pluperfect	or
conditional	pluperfect
	subjunctive

Ernesto dudaba que lloviera.
Ernesto doubted that it would rain.

Temieron que yo no me portara bien.
They feared that I would not behave well.

Habías negado que Juan dijera la verdad.
You had denied that Juan would tell the truth.

Esperaría que yo fuera a visitarla.
She would hope that I go to visit her.

Tense in the main clause (indicative)	Tense/Mood in the dependent clause (subjunctive)
present future present perfect command	present perfect subjunctive (past action)

Es / Será / Ha sido importante que ella haya terminado la carta.
It is / It will be / It has been important that she has finished the letter.

¡Insista Ud. en que ellos hayan terminado!
Insist that they have finished!

13.10.3

The imperfect or pluperfect subjunctive is always used after the expression **como si** (*as if*).

Ella corre como si huyera de alguien.
She runs as if she was fleeing from someone.

Ella corre como si se hubiera roto la pierna.
She runs as if she had broken her leg.

13.10.4 "If" Sentences

To express a situation that is true, that happens regularly, or that will happen, use the following constructions:

si (present tense), (present tense)   OR   (present tense) **si** (present tense)

Si camino por el parque, veo a Gerardo.
If I walk through the park, I see Gerardo.

Veo a Gerardo si camino por el parque.
I see Gerardo if I walk through the park.

si (present tense), (future tense)   OR   (future tense) **si** (present tense)

Si camino por el parque, veré a Gerardo.
If I walk through the park, I will see Gerardo.

Veré a Gerardo si camino por el parque.
I will see Gerardo if I walk through the park.

To express a contrary-to-fact idea in the present, an idea that is contrary to the truth or hypothetical, use the following constructions:

si (imperfect subjunctive), (conditional) OR (conditional) **si** (imperfect subjunctive)

Si caminara por el parque, vería a Gerardo.
If I walked through the park, I would see Gerardo.

Vería a Gerardo si caminara por el parque.
I would see Gerardo if I walked through the park.

To express a contrary-to-fact idea in the past, an idea that is contrary to the truth or hypothetical, use the following constructions:

si (pluperfect subjunctive), (perfect conditional)
OR
(perfect conditional) **si** (pluperfect subjunctive)

Si hubiera caminado por el parque, habría visto a Gerardo.
If I had walked through the park, I would have seen Gerardo.

Habría visto a Gerardo si hubiera caminado por el parque.
I would have seen Gerardo if I had walked through the park.

13.10.5 Ojalá

Ojalá (I wish, I hope) can be followed by the present subjunctive, present perfect subjunctive, imperfect subjunctive, or pluperfect subjunctive.

Ojalá + present subjunctive is used to wish or hope for the present or the future. The speaker wishes or hopes that something happens now or in the future.

Ojalá que ella me quiera. / I wish/hope that she loves me, or will love me.

Ojalá + present perfect subjunctive is used to wish or hope for the past. The speaker wishes or hopes for something to have happened.

Ojalá que ella me haya llamado. / I wish/hope she has called me.

Ojalá + imperfect subjunctive is used to wish or hope for the present or future. The speaker wishes or hopes that something will happen.

Ojalá que ella viniera a verme. / I wish/hope she would come to see me.

Ojalá + pluperfect subjunctive is used to wish or hope for the past. The speaker wishes or hopes that something had happened, but it didn't.

Ojalá que ella me hubiera visitado. / I wish/hope that she had visited me.

14. IMPERATIVE

14.1 COMMANDS

14.2 FORMAL (*UD*. AND *UDS*.) COMMANDS

Affirmative commands of **Ud.** and **Uds.** are expressed by adding the following endings to the stem of the regular verbs. Note that these endings are the same as the present subjunctive.

-ar verbs	**-e**	**Escuche Ud.**
	-en	**Escuchen Uds.**
-er verbs	**-a**	**Corra Ud.**
	-an	**Corran Uds.**
-ir verbs	**-a**	**Suba Ud.**
	-an	**Suban Uds.**

¡Firme Ud. aquí! / Sign here!
¡Escriban su dirección! / Write your address!

The negative is formed by placing **no** in front of the affirmative command.

¡No firme el contrato! / Do not sign the contract!
¡No escriban en ese espacio! / Do not write on that space!

Verbs that involve a consonant change or stem change in the first person singular (**yo**) of the present indicative use the first person to form the command. The endings are the same as those of the regular verbs.

salir	**salgo**	**Salga Ud.**
		Salgan Uds.
dormir	**duermo**	**Duerma Ud.**
		Duerman Uds.
traducir	**traduzco**	**Traduzca Ud.**
		Traduzcan Uds.
repetir	**repito**	**Repita Ud.**
		Repitan Uds.
envíar	**envío**	**Envíe Ud.**
		Envíen Uds.
dirigir	**dirijo**	**Dirija Ud.**
		Dirijan Uds.
jugar	**juego**	**Juegue Ud.**
		Jueguen Uds.
corregir	**corrija**	**Corrija Ud.**
		Corrijan Uds.

The following verbs are highly irregular in the **Ud.** and **Uds.** command form:

ser	**Sea Ud.**	**Sean Uds.**
dar	**Dé Ud.**	**Den Uds.**
estar	**Esté Ud.**	**Estén Uds.**

saber	Sepa Ud.	Sepan Uds.
ir	Vaya Ud.	Vayan Uds.

Verbs that end in **-car**, **-gar**, and **-zar** form the **Ud.** and **Uds.** command as follows:

-car	$c \rightarrow qu$	Busque Ud.	Busquen Uds.
-gar	$g \rightarrow gu$	Pague Ud.	Paguen Uds.
-zar	$z \rightarrow c$	Cruce Ud.	Crucen Uds.

14.3 INFORMAL *TÚ* COMMANDS

The informal affirmative command (tú) is the same as the third person singular (**él**, **ella**, **Ud.**) of the present indicative.

¡Dobla a la izquierda! / Turn left!
¡Repite esas frases! / Repeat those phrases!

There are some exceptions. The following verbs have irregular informal (**tú**) commands:

decir	di	salir	sal
hacer	haz	ser	sé
ir	ve	tener	ten
poner	pon	venir	ven

The negative informal command is expressed with the **tú** form of the present subjunctive.

-ar verbs	**-er** verbs	**-ir** verbs
tú escuches	tú corras	tú subas

¡No escuches esa canción! / Do not listen to that song!
¡No corras demasiado tarde! / Do not run too late!

14.4 *NOSOTROS* COMMAND

The **nosotros** command is equivalent to the English *Let's . . . !*

¡Caminemos en la playa! / Let's walk on the beach!
¡Escribamos una carta! / Let's write a letter!

The **nosotros** command can be expressed by:

- the **nosotros** form of the present subjunctive

    ¡Escuchemos la radio ahora! / Let's listen to the radio now!

                    OR

- by the construction vamos a + infinitive.

    ¡Vamos a lavarnos las manos! / Let's wash our hands!

The negative is formed by placing no in front of the affirmative command.

¡No escuchemos la radio ahora! / Let's not listen to the radio now!

The **nosotros** command of **ir** and **irse** is usually expressed with **vamos**.

> **¡Vamos al centro ahora!** / Let's go downtown now!
> **¡Vámonos ahora!** / Let's go away now!

The negative is expressed with the present subjunctive as follows:

> **¡No vayamos al centro ahora!** / Let's not go downtown now!
> **¡No nos vayamos ahora!** / Let's not go away now!

When forming the **nosotros** command of a reflexive verb, the final *-s* of the verb is dropped before adding the reflexive pronoun.

> **¡Lavémonos las manos!** / Let's wash our hands!

14.5 *VOSOTROS* COMMAND

The affirmative informal command is formed by changing the *-r* of the infinitive ending to *-d*.

> **salir   salid**
> **¡Salid inmediatamente de la casa!** / Leave the house immediately!
>
> **comer   comed**
> **¡Comed todos los vegetales!** / Eat all the vegetables!

If the verb is reflexive, the final *d* is dropped.

> **¡Bañaos temprano!** / Bathe early!

The **vosotros** command of **irse** is **idos**.

> **¡Idos ahora!** / Go away now!

The negative plural command (**vosotros**) is expressed with the **vosotros** form of the present subjunctive.

-ar verbs	**-er** verbs	**-ir** verbs
no escuchéis	**no comáis**	**no subáis**

> **¡No comáis en la sala!** / Do not eat in the living room!

14.6 INDIRECT COMMANDS

Indirect commands are expressed by **que** + the third person in the present subjunctive + subject (if expressed).

> **¡Que lo traiga Hugo!** / Let Hugo bring it!
> **¡Que te sientas mejor!** / May you feel better!
> **¡Que se diviertan!** / May you enjoy yourselves!

Note that in this construction the object pronouns or reflexive pronouns are placed before the verb.

14.7 OBJECT PRONOUNS AND REFLEXIVE PRONOUNS WITH THE COMMAND

Object pronouns (direct and indirect) and reflexive pronouns are attached to the end of the affirmative commands.

> **¡Cómprala!** / Buy it!
> **¡Siéntate en esa silla!** / Sit down on that chair!

An accent is needed if before adding the pronoun(s) the stress is on the next to the last syllable.

Object pronouns and reflexive pronouns are placed in front of the verb in negative commands.

> **¡No me la compres!** / Do not buy it for me!
> **¡No te peines ahora!** / Do not comb your hair now!

14.8 DIFFERENT WAYS TO EXPRESS OBLIGATION

tener que + infinitive   (to have to)

> **Tienen que terminar a tiempo.** / They have to finish on time.

deber + infinitive   (should, ought to)

> **Debes empezar ahora.** / You should begin now.

haber de + infinitive   (must)

> **Yo he de hablar con ellos.** / I must talk to them.

hay que + infinitive   (one must)

> **Hay que limpiar el cuarto.** / One must clean the room.

impersonal expression   (it is . . . to . . . + infinitive)

> **Es necesario tomar agua regularmente.**
> It is necessary to drink water regularly.

Note that no subject is required in the last two expressions because the statement is not intended for a person in particular, but is used as a general statement of obligation.

15. NEGATIVES AND INDEFINITES

15.1 NEGATIVE AND INDEFINITE WORDS

In Spanish, negation is expressed by placing **no** in front of the verb.

> **Ella no habla italiano.** / She doesn't speak Italian.

In compound tenses, **no** is placed in front of the auxiliary verb.

> **No ha hablado con Jorge.** / She has not spoken to Jorge.

If there are object pronouns in the sentence, **no** precedes the object pronouns.

> **No lo ha visto.** / She has not seen him.

Negative		Indefinite	
nada	nothing	**algo**	something, anything
nadie	no one, nobody	**alguien**	someone, somebody
nunca, jamás	never, not ever	**siempre**	always
ninguno (-a)	none, [not] any	**alguno (-a, -os, -as)** some, any	
ningún	none, [not] any	**algún**	some, any
o . . . o	either . . . or	**ni . . . ni**	neither . . . nor
tampoco	neither, not . . . either	**también**	also

If the negative words above follow the verb, the sentence requires **no** before the verb. If they are placed before the verb, then **no** is not necessary.

> **No viene nadie hoy.** / No one is coming today.
> **Nadie viene hoy.** / No one is coming today.

15.2 NEGATIVE AND INDEFINITE ADVERBS

ya	already	**todavía no**	not yet
todavía	still, not yet	**ya no**	no longer
siempre	always	**nunca, jamás**	never
también	also	**tampoco**	neither

15.3 *PERO, SINO, SINO QUE*

Pero is translated as "but."

> **Tengo que ir al centro pero no tengo tiempo.**
> I have to go downtown but I don't have time.

> **Carmen es inteligente, pero perezosa.**
> Carmen is intelligent but lazy.

If the beginning of a sentence is negative and the second part contradicts the first part, **sino** ("but rather," "but instead") is used.

> **No quiero ir al centro sino al parque.**
> I don't want to go downtown, but to the park instead.

> **No tenemos hambre, sino sed.**
> We are not hungry, but rather thirsty.

Sino que is used when the beginning of a sentence is negative and the second part introduces a clause with a conjugated verb.

> **Yo no leí el libro sino que vi la película.**
> I didn't read the book but rather (instead) I saw the movie.

16. DIRECT AND INDIRECT QUESTIONS

16.1 INTERROGATIVES

Interrogatives carry a written accent in direct as well as in indirect questions.

¿De quién son esos guantes? / Whose gloves are those?

Quiero saber de quién son esos guantes.
I want to know whose gloves those are.

¿Qué?	What?
¿Quién? ¿Quiénes?	Who?
¿A quién? ¿A quiénes?	Whom?
¿De quién? ¿De quiénes?	Whose?
¿Cuál? ¿Cuáles?	Which?
¿Cuánto? ¿Cuánta?	How much?
¿Cuántos? ¿Cuántas?	How many?
¿Dónde?	Where?
¿A dónde?	To where?
¿Por qué?	Why?
¿Cuándo?	When?
¿Cómo?	How?

16.2 *QUÉ* VERSUS *CUÁL*

Qué is used with the verb **ser** to ask for definitions.

¿Qué es un pronombre? / What is a pronoun?

Although **qué** usually means "what," it can also mean "which" when it is followed by a noun.

¿Qué libro compraste? / Which book did you buy?

Cuál, **cuáles** is used with the verb **ser** when different choices are involved.

¿Cuál es tu libro favorito? / Which is your favorite book?

With verbs other than **ser**, the following construction is used:

¿Cuál de los perros quieres adoptar? / Which of the dogs do you want to adopt?
¿Cuáles de las revistas prefieres? / Which of the magazines do you prefer?

17. EXCLAMATIONS

17.1 ¡QUÉ...!

¡Qué + an adverb or adjective!

> **¡Qué rápido corre Juan!** / How fast Juan runs!
> **¡Qué largo es ese río!** / How long that river is!

¡Qué + noun!

> **¡Qué compasión tienes!** / What compassion you have!

If a noun is modified by an adjective in an exclamation, **tan** or **más** is placed before an adjective.

> **¡Qué milagro tan (más) increíble!** / What an incredible miracle!

17.2 ¡CUÁNTO...!, ¡CUÁNTA...!, ¡CUÁNTOS...!, ¡CUÁNTAS...!

¡Cuánto + verb!

> **¡Cuánto trabaja José!** / How (much) José works!
> **¡Cuánto juegas!** / How much you play!

¡Cuánto/Cuánta + noun!

> **¡Cuánto jugo bebes!** / How much juice you drink!
> **¡Cuánta libertad tenemos!** / How much freedom we have!

¡Cúantos/Cuántas + noun!

> **¡Cuántas mentiras dices!** / How many lies you tell!
> **¡Cuántos bailes sabes!** / How many dances you know!

17.3 ¡CÓMO...!

¡Cómo + verb!

> **¡Cómo nieva!** / How it's snowing!

17.4 ¡QUIÉN...!

¡Quién + imperfect subjunctive!

> **¡Quién fuera rico!** / If only I/one were rich!

18. NUMBERS, DATES, TIME

18.1 CARDINAL NUMBERS

0	cero	28	veintiocho
1	uno, -a	29	veintinueve
2	dos	30	treinta
3	tres	31	treinta y uno, -a
4	cuatro	40	cuarenta
5	cinco	41	cuarenta y uno, -a
6	seis	50	cincuenta
7	siete	60	sesenta
8	ocho	70	setenta
9	nueve	80	ochenta
10	diez	90	noventa
11	once	100	ciento, cien
12	doce	101	ciento uno, -a
13	trece	200	doscientos, -as
14	catorce	300	trescientos, -as
15	quince	400	cuatrocientos, -as
16	dieciséis	500	quinientos, -as
17	diecisiete	600	seiscientos, -as
18	dieciocho	700	setecientos, -as
19	diecinueve	800	ochocientos, -as
20	veinte	900	novecientos, -as
21	veintinuno, -a	1.000	mil
22	veintidós	2.000	dos mil
23	veintitrés	2.001	dos mil uno
24	veinticuatro	100.000	cien mil
25	veinticinco	1.000.000	un millón
26	veintiséls	2.000.000	dos millones
27	veintisiete	1.000.000.000	mil millones

The numbers 16–19 and 21–29 can also be expressed as follows:

diez y seis
diez y siete
veinte y uno
veinte y dos, etc.

Tens above 29 are connected to units by **y**.

treinta y ocho
sesenta y dos

No connecting word is used to connect hundreds or thousands to tens or units.

doscientos veinte
mil novecientos

Uno becomes **un** in front of a masculine noun.

> **Ellos siembran un árbol.** / They plant a tree.
> **Escogieron a cincuenta y un soldados.** / They chose fifty-one soldiers.

In front of a feminine noun, **uno** becomes **una**.

> **Elena es una chica muy lista.** / Elena is a very clever girl.

In front of a masculine noun, **veintiuno** becomes **veintiún**.

> **Hay veintiún libros aquí.** / There are twenty-one books here.

Ciento becomes **cien** before a noun.

> **cien personas** / a hundred people
> **cien coches** / a hundred cars

but, **ciento** is used before another number.

> **ciento dos libros** / a hundred books

Compounds of **ciento** (200 to 900) change endings according to the gender of the noun following it.

> **Este libro tiene doscientas (trescientas**, etc.**) páginas.**
> This book has two hundred (three hundred, etc.) pages.

Cien and **mil** do not need the indefinite article as they do in English.

> **cien caballos** / a hundred horses
> **mil banderas** / a thousand flags

Millón is followed by **de** when followed by a noun.

> **un millón de habitantes** / a million inhabitants

But, if **millón** is followed by another number, **de** is not used.

> **un millón setecientos mil habitantes** / a million seven thousand inhabitants

18.2 ORDINAL NUMBERS

primero	first	**sexto**	sixth
segundo	second	**séptimo**	seventh
tercero	third	**octavo**	eighth
cuarto	fourth	**noveno**	ninth
quinto	fifth	**décimo**	tenth

Ordinal numbers change their endings according to the noun they modify.

Vamos a empezar la octava lección. / We are going to begin the eighth lesson.

Ordinal numbers above 10 are not usually used. They are expressed by cardinal numbers and are placed after the noun.

el siglo veinte / the twentieth century

Primero and tercero lose the final -o before a masculine singular noun.

el primer mes / the first month
el tercer ejercicio / the third exercise

The ordinal number **primero** is used for the first of the month. All other days of the month are expressed by cardinal numbers.

el primero de agosto / August 1st
el dos de agosto / August 2nd

18.3 MONTHS OF THE YEAR

enero	January	**julio**	July
febrero	February	**agosto**	August
marzo	March	**septiembre**	September
abril	April	**octubre**	October
mayo	May	**noviembre**	November
junio	June	**diciembre**	December

Months are not capitalized in Spanish as they are in English. Months of the year are masculine. The names of the months are accompanied by a definite article only when they are modified.

el próximo julio / next July

To ask for the month, use

¿En qué mes estamos? / What's the month?

18.4 DAYS OF THE WEEK

lunes	Monday	**viernes**	Friday
martes	Tuesday	**sábado**	Saturday
miércoles	Wednesday	**domingo**	Sunday
jueves	Thursday		

Days of the week are masculine.

The definite article is used with the days of the week in cases in which English uses *on*.

Voy a visitarte el lunes. / I am going to visit you on Monday.

Days of the week are not capitalized in Spanish as they are in English. All days of the week use the same form for the singular and plural except **sábado** and **domingo**, which form the plural by adding *-s*.

el lunes   los lunes
el sábado   los sábados

Days of the week accompanied by the plural definite article (**los**) is used to express a regular occurrence.

Visitamos a los Pérez los sábados. / We visit the Perezes on Saturdays.

To ask for the day of the week:

¿Qué día es hoy? / What day is today?
Hoy es martes. / Today is Tuesday.

18.5 DATES

To ask for the date in Spanish you may use the following:

¿A cuánto estamos? / What's the date?
Estamos a catorce de diciembre. / It is December 14th.
¿Cuál es la fecha de hoy? / What's today's date?
Hoy es el veinticinco de julio. / Today is July 25th.

The first of the month is the only date that is expressed in Spanish with the ordinal number **primero**. All other days of the month are expressed with cardinal numbers.

Hoy es el primero de junio. / Today is the first of June.
Mañana es el dos de junio. / Tomorrow is June 2nd.

Other expressions used to talk about dates:

a principios de / toward the beginning of
a mediados de / toward the middle of
a finales de / toward the end of

18.6 SEASONS

la primavera	spring	**el otoño**	fall
el verano	summer	**el invierno**	winter

18.7 TIME OF DAY

To ask the time of the day, Spanish uses

¿Qué hora es? / What time is it?

The verb **ser** and the feminine form of the definite article is used to express the hour of the day in Spanish.

Es la una. / It's one o'clock.
Son las tres. / It's three o'clock.

y is used to express the minutes past the hour.

> **Es la una y diez.** / It's one ten.

Between half past and the following hour the time is usually expressed by subtracting minutes (menos) from the upcoming hour.

> **Es la una menos diez.** / It is ten minutes to one.
> **Son las cinco menos veinte.** / It is twenty minutes to five.
>
> OR by using **falta(n)** + (number of minutes) + **para la/las...**
>
> **Faltan veinte minutos para las dos.** / It's twenty minutes to two.

Half and quarter are expressed by **media** and **cuarto**, respectively.

> **Es la una y media.** / It is one thirty.
> **Son las cinco menos cuarto.** / It is quarter to five.

If a definite time is mentioned, **de la mañana** (in the morning), **de la tarde** (in the afternoon), or **de la noche** (in the evening) is used. When a definite time is not expressed, use **por la mañana**, **por la tarde**, and **por la noche**.

> **Vamos a encontrarnos a tres de la tarde.**
> We are going to meet at three o'clock in the afternoon.
>
> **¿Por qué no nos encontramos por la tarde?**
> Why don't we meet in the afternoon?

Noon is expressed by **mediodía**, *midnight* by **medianoche**.

> **Vengo al mediodía.** / I come at noon.
> **Es medianoche.** / It's midnight.

At is expressed in Spanish by the preposition **a**.

> **¿A qué hora comienza la clase?** / At what time does the class begin?
> **La clase comienza a las tres.** / The class begins at three o'clock.

In the past, time of day is always expressed with the imperfect tense.

> **Eran las cinco.** / It was five o'clock.

En punto is used to express "sharp" or "on the dot."

> **Nos encontramos a las diez en punto.**
> We are meeting at ten o'clock sharp (on the dot).

A eso de is used to express "around."

> **Vi a Hugo a eso de las seis.** / I saw Hugo around six o'clock.

19. WORD RELATIONSHIPS

19.1 PREPOSITIONS

Prepositions are words that connect or establish a relation between words.

One of the most important things to remember about a preposition is that the *only* form of the verb that can follow is an infinitive.

19.2 COMMON PREPOSITIONS

The following are the most common prepositions in Spanish.

a	at; to	**hacia**	toward
ante	before; in the presence of	**hasta**	as far as; until; up to
bajo	under	**mediante**	by means of
con	with	**menos**	except
contra	against	**para**	for; in order to
de	of; from; about (concerning)	**por**	for; by; through;
desde	from; since		on account of
durante	during	**según**	according to
en	in; into; on; at	**sin**	without
entre	between	**sobre**	on; about (concerning)
excepto	except	**tras**	after; behind

19.3 PERSONAL *a*

When the direct object of the verb is a person, the preposition **a** is placed before it. This is referred to as the "personal **a**." The **a** is not translated in English.

> **Visitamos a Susana.** / We visit Susana.

Often the names of animals are personalized. In this case you must also use the personal **a**.

> **Tú bañas a Rover.** / You bathe Rover.

The personal a is also needed when the direct object is **alguno**, **cada uno**, **nadie**, or **ninguno**.

> **No conocí a nadie.** / I didn't meet anyone.

The personal **a** is also used with interrogatives.

> **¿A quién viste?** / Whom did you see?
> **¿A cuál chico le diste la pelota?** / To which boy did you give the ball?

19.4 COMMON COMPOUND PREPOSITIONS

The following are the most common compound prepositions:

a causa de	because of, on account of	**dentro de**	inside of, within
a fin de	in order to	**después de**	after
a fuerza de	by force of	**detrás de**	behind
a pesar de	in spite of	**en cuanto a**	as to, as for
acerca de	about, concerning	**en lugar de**	instead of
además de	besides, in addition to	**en vez de**	instead of
al lado de	alongside of, beside, next to	**encima de**	on; on top of
		enfrente de	opposite (to), facing
alrededor de	around	**frente a**	opposite, facing
antes de	before	**fuera de**	outside of, beyond
cerca de	near	**junto a**	next to, close to
debajo de	underneath	**lejos de**	far from
delante de	in front of	**respecto a**	in regard to

19.5 *PARA* AND *POR*

19.5.1 *Para*

Para is used to express

1. purpose, use

   Ese estante es para los zapatos. / That shelf is for the shoes.
   Necesito dinero para pagar el alquiler. / I need money to pay the rent.

2. destination (location or a recipient)

   Salimos para el centro en unos minutos.
   We leave for downtown in a few minutes.
   Esa camisa es para Jorge. / That shirt is for Jorge.

3. future time, deadline

   Tenemos que terminar el libro para el martes.
   We have to finish the book for Tuesday.

4. considering (that)

   Para un hombre tan rico, no ayuda mucho a los pobres.
   For (considering that he is) a rich man, he doesn't help the poor much.

19.5.2 *Por*

Por is used to express

1. reason or motive

   Dejé de visitar la capital por el ruido. / I stopped visiting the capital because of the noise.

2. exchange

   Le di mi bicicleta por su juego electrónico.
   I gave him my bicycle for his electronic game.

3. duration of time

   Vamos de vacaciones por dos semanas.
   We are going on vacation for two weeks.

4. through or along

   Caminé por el parque. / I walked through the park.

5. manner or means

   Hablé con ella por teléfono. / I spoke to her by phone.
   Manda el paquete por barco. / Send the package by ship.

6. the agent of the passive voice

   El mural fue pintado por Diego Rivera.
   The mural was painted by Diego Rivera.

7. instead of

   Escribió la carta por mí. / He wrote the letter for (instead of) me.

8. per

   Nos pagan diez dólares por hora. / They pay us ten dollars per hour.

9. with **estar** + **infinitive** to express "to be about to do something"

   Estábamos por subir a la montaña. / We were about to climb the mountain.

10. the object of an errand with verbs such as **ir, enviar, mandar, venir, volver, regresar, preguntar,** etc.

    Ella me envió por helado. / She sent me for ice cream.

19.6 VERBS THAT REQUIRE THE PREPOSITION *a* BEFORE AN INFINITIVE

acercarse a	to approach
acostumbrarse a	to get used to
acudir a	to hasten to
aprender a	to learn to
apresurarse a	to hurry to
atreverse a	to dare to
ayudar a	to help to
comenzar (ie) a	to begin to
convidar a	to invite
correr a	to run to
decidirse a	to decide to (make up one's mind)
dedicarse a	to devote oneself to
detenerse a	to stop to
echarse a	to begin to
empezar (ie) a	to begin to
enseñar a	to teach to
entrar a	to enter to
invitar a	to invite to
ir a	to go to
llegar a	to come to, succeed in
negarse (ie) a	to refuse to
obligar a	to oblige to
oponerse a	to be opposed to
ponerse a	to begin to
prepararse a	to prepare oneself to
resignarse a	to resign oneself to
resolverse (ue) a	to resolve to
salir a	to go out to
subir a	to go up
venir a	to come to
volver (ue) a	to do (an activity) again

Note that many of these verbs are verbs of motion, or verbs meaning "to begin."

19.7 VERBS THAT REQUIRE THE PREPOSITION *con* BEFORE AN INFINITIVE

amenazar con	to threaten to
casarse con	to marry
contar (ue) con	to count on
cumplir con	to fulfill (an obligation, duty)
soñar (ue) con	to dream about

19.8 VERBS THAT REQUIRE THE PREPOSITION *de* BEFORE AN INFINITIVE

acabar de	to have just
acordarse (ue) de	to remember to
alegrarse de	to be glad to
arrepentirse de	to repent of
cansarse de	to tire of
cesar de	to cease (doing something)
dejar de	to stop (doing something)
encargarse de	to take it upon oneself to
gozar de	to enjoy
ocuparse de	to be busy with
olvidarse de	to forget to
quejarse de	to complain
terminar de	to finish
tratar de	to try to
tratarse de	to be a question of

19.9 VERBS THAT REQUIRE THE PREPOSITION *en* BEFORE AN INFINITIVE

confíar en	to trust
consentir (ie) en	to consent to
consistir en	to consist
empeñarse en	to insist on, be determined to
insistir en	to insist
quedar en	to agree on
tardar en	to delay in
vacilar en	to hesitate to

19.10 VERBS THAT <u>DO NOT</u> REQUIRE A PREPOSITION WHEN FOLLOWED BY AN INFINITIVE

decidir	to decide to
desear	to want to
esperar	to hope, expect to
pensar (ie)	to plan to
poder (ue)	to be able to, can
preferir (ie)	to prefer to
querer (ie)	to want to
saber	to know how to
soler (ue)	to be accustomed to

20. CONNECTING WORDS, PHRASES, CLAUSES, AND SENTENCES

20.1 CONJUNCTIONS

A conjunction is a word that connects words, phrases, clauses, or sentences.

You should become familiar with the most common Spanish conjunctions. Remember that some conjunctions introduce clauses in which you must use the subjunctive.

a condición de que*	provided that
a fin de que*	so that; in order that
a menos que*	unless
a no ser que*	unless
a pesar de que	in spite of
antes (de) que*	before
apenas	hardly
así que	as soon as
aun	even, still
aunque	although
cada vez que	every time that
como	as, since, as long as
con tal (de) que*	provided that
cuando	when
de manera que	so that
de modo que	so that
desde que	since
después (de) que	after
en caso (de) que*	in case that
en cuanto	as soon as
hasta que	until
luego que	as soon as
mas	but
mientras que*	while, as long as
ni siquiera	not even
o	or (*u* if the following word begins with *o* or *ho*)
para que*	in order that, so that
por más que	no matter how, however much
porque	because
puesto que	although, since, inasmuch as
que	that
siempre que	as long as, whenever
sin embargo	nevertheless
sin que*	without
sino	but, but rather
tan pronto como	as soon as
una vez que	once, as soon as
ya que	since
y	and (*e* if the following word begins with *i* or *hi*)

* always followed by the subjunctive

Grammar Practice
ANSWER SHEET

Word Completion

1. Ⓐ Ⓑ	10. Ⓐ Ⓑ	19. Ⓐ Ⓑ	27. Ⓐ Ⓑ	35. Ⓐ Ⓑ	43. Ⓐ Ⓑ
2. Ⓐ Ⓑ	11. Ⓐ Ⓑ	20. Ⓐ Ⓑ	28. Ⓐ Ⓑ	36. Ⓐ Ⓑ	44. Ⓐ Ⓑ
3. Ⓐ Ⓑ	12. Ⓐ Ⓑ	21. Ⓐ Ⓑ	29. Ⓐ Ⓑ	37. Ⓐ Ⓑ	45. Ⓐ Ⓑ
4. Ⓐ Ⓑ	13. Ⓐ Ⓑ	22. Ⓐ Ⓑ	30. Ⓐ Ⓑ	38. Ⓐ Ⓑ	46. Ⓐ Ⓑ
5. Ⓐ Ⓑ	14. Ⓐ Ⓑ	23. Ⓐ Ⓑ	31. Ⓐ Ⓑ	39. Ⓐ Ⓑ	47. Ⓐ Ⓑ
6. Ⓐ Ⓑ	15. Ⓐ Ⓑ	24. Ⓐ Ⓑ	32. Ⓐ Ⓑ	40. Ⓐ Ⓑ	48. Ⓐ Ⓑ
7. Ⓐ Ⓑ	16. Ⓐ Ⓑ	25. Ⓐ Ⓑ	33. Ⓐ Ⓑ	41. Ⓐ Ⓑ	49. Ⓐ Ⓑ
8. Ⓐ Ⓑ	17. Ⓐ Ⓑ	26. Ⓐ Ⓑ	34. Ⓐ Ⓑ	42. Ⓐ Ⓑ	50. Ⓐ Ⓑ
9. Ⓐ Ⓑ	18. Ⓐ Ⓑ				

Ser or Estar

1. Ⓐ Ⓑ	6. Ⓐ Ⓑ	11. Ⓐ Ⓑ	16. Ⓐ Ⓑ	21. Ⓐ Ⓑ	26. Ⓐ Ⓑ
2. Ⓐ Ⓑ	7. Ⓐ Ⓑ	12. Ⓐ Ⓑ	17. Ⓐ Ⓑ	22. Ⓐ Ⓑ	27. Ⓐ Ⓑ
3. Ⓐ Ⓑ	8. Ⓐ Ⓑ	13. Ⓐ Ⓑ	18. Ⓐ Ⓑ	23. Ⓐ Ⓑ	28. Ⓐ Ⓑ
4. Ⓐ Ⓑ	9. Ⓐ Ⓑ	14. Ⓐ Ⓑ	19. Ⓐ Ⓑ	24. Ⓐ Ⓑ	29. Ⓐ Ⓑ
5. Ⓐ Ⓑ	10. Ⓐ Ⓑ	15. Ⓐ Ⓑ	20. Ⓐ Ⓑ	25. Ⓐ Ⓑ	30. Ⓐ Ⓑ

Saber or Conocer

1. Ⓐ Ⓑ	3. Ⓐ Ⓑ	5. Ⓐ Ⓑ	7. Ⓐ Ⓑ	9. Ⓐ Ⓑ	11. Ⓐ Ⓑ
2. Ⓐ Ⓑ	4. Ⓐ Ⓑ	6. Ⓐ Ⓑ	8. Ⓐ Ⓑ	10. Ⓐ Ⓑ	12. Ⓐ Ⓑ

Por or Para

1. _____	8. _____	14. _____	20. _____
2. _____	9. _____	15. _____	21. _____
3. _____	10. _____	16. _____	22. _____
4. _____	11. _____	17. _____	23. _____
5. _____	12. _____	18. _____	24. _____
6. _____	13. _____	19. _____	25. _____
7. _____			

Use of Prepositions

Section 1

1. _____	4. _____	7. _____	10. _____
2. _____	5. _____	8. _____	11. _____
3. _____	6. _____	9. _____	12. _____

Section 2

1. _____	4. _____	7. _____	10. _____
2. _____	5. _____	8. _____	11. _____
3. _____	6. _____	9. _____	12. _____

Section 3

1. _____	4. _____	7. _____	10. _____
2. _____	5. _____	8. _____	11. _____
3. _____	6. _____	9. _____	12. _____

Indicative, Imperative, and Subjunctive Tenses

Section 1

1. Ⓐ Ⓑ Ⓒ Ⓓ	4. Ⓐ Ⓑ Ⓒ Ⓓ	7. Ⓐ Ⓑ Ⓒ Ⓓ	10. Ⓐ Ⓑ Ⓒ Ⓓ
2. Ⓐ Ⓑ Ⓒ Ⓓ	5. Ⓐ Ⓑ Ⓒ Ⓓ	8. Ⓐ Ⓑ Ⓒ Ⓓ	11. Ⓐ Ⓑ Ⓒ Ⓓ
3. Ⓐ Ⓑ Ⓒ Ⓓ	6. Ⓐ Ⓑ Ⓒ Ⓓ	9. Ⓐ Ⓑ Ⓒ Ⓓ	12. Ⓐ Ⓑ Ⓒ Ⓓ

Section 2

1. Ⓐ Ⓑ Ⓒ Ⓓ	4. Ⓐ Ⓑ Ⓒ Ⓓ	7. Ⓐ Ⓑ Ⓒ Ⓓ	10. Ⓐ Ⓑ Ⓒ Ⓓ
2. Ⓐ Ⓑ Ⓒ Ⓓ	5. Ⓐ Ⓑ Ⓒ Ⓓ	8. Ⓐ Ⓑ Ⓒ Ⓓ	11. Ⓐ Ⓑ Ⓒ Ⓓ
3. Ⓐ Ⓑ Ⓒ Ⓓ	6. Ⓐ Ⓑ Ⓒ Ⓓ	9. Ⓐ Ⓑ Ⓒ Ⓓ	12. Ⓐ Ⓑ Ⓒ Ⓓ

Section 3

1. Ⓐ Ⓑ Ⓒ Ⓓ	4. Ⓐ Ⓑ Ⓒ Ⓓ	7. Ⓐ Ⓑ Ⓒ Ⓓ	10. Ⓐ Ⓑ Ⓒ Ⓓ
2. Ⓐ Ⓑ Ⓒ Ⓓ	5. Ⓐ Ⓑ Ⓒ Ⓓ	8. Ⓐ Ⓑ Ⓒ Ⓓ	11. Ⓐ Ⓑ Ⓒ Ⓓ
3. Ⓐ Ⓑ Ⓒ Ⓓ	6. Ⓐ Ⓑ Ⓒ Ⓓ	9. Ⓐ Ⓑ Ⓒ Ⓓ	12. Ⓐ Ⓑ Ⓒ Ⓓ

Section 4

1. Ⓐ Ⓑ Ⓒ Ⓓ	4. Ⓐ Ⓑ Ⓒ Ⓓ	7. Ⓐ Ⓑ Ⓒ Ⓓ	10. Ⓐ Ⓑ Ⓒ Ⓓ
2. Ⓐ Ⓑ Ⓒ Ⓓ	5. Ⓐ Ⓑ Ⓒ Ⓓ	8. Ⓐ Ⓑ Ⓒ Ⓓ	11. Ⓐ Ⓑ Ⓒ Ⓓ
3. Ⓐ Ⓑ Ⓒ Ⓓ	6. Ⓐ Ⓑ Ⓒ Ⓓ	9. Ⓐ Ⓑ Ⓒ Ⓓ	12. Ⓐ Ⓑ Ⓒ Ⓓ

Section 5

1. Ⓐ Ⓑ Ⓒ Ⓓ	4. Ⓐ Ⓑ Ⓒ Ⓓ	7. Ⓐ Ⓑ Ⓒ Ⓓ	10. Ⓐ Ⓑ Ⓒ Ⓓ
2. Ⓐ Ⓑ Ⓒ Ⓓ	5. Ⓐ Ⓑ Ⓒ Ⓓ	8. Ⓐ Ⓑ Ⓒ Ⓓ	11. Ⓐ Ⓑ Ⓒ Ⓓ
3. Ⓐ Ⓑ Ⓒ Ⓓ	6. Ⓐ Ⓑ Ⓒ Ⓓ	9. Ⓐ Ⓑ Ⓒ Ⓓ	12. Ⓐ Ⓑ Ⓒ Ⓓ

Section 6

1. Ⓐ Ⓑ Ⓒ Ⓓ
2. Ⓐ Ⓑ Ⓒ Ⓓ
3. Ⓐ Ⓑ Ⓒ Ⓓ

4. Ⓐ Ⓑ Ⓒ Ⓓ
5. Ⓐ Ⓑ Ⓒ Ⓓ
6. Ⓐ Ⓑ Ⓒ Ⓓ

7. Ⓐ Ⓑ Ⓒ Ⓓ
8. Ⓐ Ⓑ Ⓒ Ⓓ
9. Ⓐ Ⓑ Ⓒ Ⓓ

10. Ⓐ Ⓑ Ⓒ Ⓓ
11. Ⓐ Ⓑ Ⓒ Ⓓ
12. Ⓐ Ⓑ Ⓒ Ⓓ

Section 7

1. Ⓐ Ⓑ Ⓒ Ⓓ
2. Ⓐ Ⓑ Ⓒ Ⓓ
3. Ⓐ Ⓑ Ⓒ Ⓓ

4. Ⓐ Ⓑ Ⓒ Ⓓ
5. Ⓐ Ⓑ Ⓒ Ⓓ
6. Ⓐ Ⓑ Ⓒ Ⓓ

7. Ⓐ Ⓑ Ⓒ Ⓓ
8. Ⓐ Ⓑ Ⓒ Ⓓ
9. Ⓐ Ⓑ Ⓒ Ⓓ

10. Ⓐ Ⓑ Ⓒ Ⓓ
11. Ⓐ Ⓑ Ⓒ Ⓓ
12. Ⓐ Ⓑ Ⓒ Ⓓ

Section 8

1. Ⓐ Ⓑ Ⓒ Ⓓ
2. Ⓐ Ⓑ Ⓒ Ⓓ
3. Ⓐ Ⓑ Ⓒ Ⓓ

4. Ⓐ Ⓑ Ⓒ Ⓓ
5. Ⓐ Ⓑ Ⓒ Ⓓ
6. Ⓐ Ⓑ Ⓒ Ⓓ

7. Ⓐ Ⓑ Ⓒ Ⓓ
8. Ⓐ Ⓑ Ⓒ Ⓓ
9. Ⓐ Ⓑ Ⓒ Ⓓ

10. Ⓐ Ⓑ Ⓒ Ⓓ
11. Ⓐ Ⓑ Ⓒ Ⓓ
12. Ⓐ Ⓑ Ⓒ Ⓓ

Section 9

1. Ⓐ Ⓑ Ⓒ Ⓓ
2. Ⓐ Ⓑ Ⓒ Ⓓ
3. Ⓐ Ⓑ Ⓒ Ⓓ

4. Ⓐ Ⓑ Ⓒ Ⓓ
5. Ⓐ Ⓑ Ⓒ Ⓓ
6. Ⓐ Ⓑ Ⓒ Ⓓ

7. Ⓐ Ⓑ Ⓒ Ⓓ
8. Ⓐ Ⓑ Ⓒ Ⓓ
9. Ⓐ Ⓑ Ⓒ Ⓓ

10. Ⓐ Ⓑ Ⓒ Ⓓ
11. Ⓐ Ⓑ Ⓒ Ⓓ
12. Ⓐ Ⓑ Ⓒ Ⓓ

Section 10

1. Ⓐ Ⓑ Ⓒ Ⓓ
2. Ⓐ Ⓑ Ⓒ Ⓓ
3. Ⓐ Ⓑ Ⓒ Ⓓ

4. Ⓐ Ⓑ Ⓒ Ⓓ
5. Ⓐ Ⓑ Ⓒ Ⓓ
6. Ⓐ Ⓑ Ⓒ Ⓓ

7. Ⓐ Ⓑ Ⓒ Ⓓ
8. Ⓐ Ⓑ Ⓒ Ⓓ
9. Ⓐ Ⓑ Ⓒ Ⓓ

10. Ⓐ Ⓑ Ⓒ Ⓓ
11. Ⓐ Ⓑ Ⓒ Ⓓ
12. Ⓐ Ⓑ Ⓒ Ⓓ

Grammar Practice

Note that these exercises have been designed to give you practice on certain areas of Spanish grammar. Some of these exercises have only two choices. Remember that on the actual test, all questions have four choices from which you must choose the correct answer. For all questions without a fill-in rule, circle your answer and refer to the Answer Key on page 144.

WORD COMPLETION

In this section you will practice

1. nouns and gender
2. uses of the article

3. articles and their uses
4. prepositional pronouns

Directions: Choose the word or words that best complete(s) the following sentences.

1. ¿Por qué no vamos . . . parque hoy?

   (A) al
   (B) el

2. Yo no me quito . . . calcetines.

   (A) mis
   (B) los

3. Esas fresas son para . . .

   (A) tú
   (B) ti

4. Me imagino . . . nervioso que Uds. estaban.

   (A) lo
   (B) el

5. Dicen que . . . reyes de España llegan mañana.

   (A) las
   (B) los

6. Esas son las llaves . . . coche.

   (A) a él
   (B) del

7. Ella siempre fue . . . alumna ideal.

   (A) la
   (B) el

8. Eduardo pintó . . . águila negra.

   (A) la
   (B) el

9. Vamos a pasear . . . domingos.

   (A) en
   (B) los

10. Aquí están . . . fotos de mi viaje.

    (A) los
    (B) las

11. . . . raro es que Juan no esté aquí.

   (A) El
   (B) Lo

12. Yo no confío en . . .

   (A) ella
   (B) la

13. En el invierno . . . agua está muy fría.

   (A) el
   (B) la

14. ¿Por qué no vienes al centro con . . . ?

   (A) nos
   (B) nosotros

15. Ella tiene dos lápices en . . . mano.

   (A) la
   (B) el

16. ¿Es difícil . . . problema de álgebra?

   (A) la
   (B) el

17. Ya estudiamos . . . lección.

   (A) esa
   (B) ese

18. Antonio no es . . . persona interesante.

   (A) un
   (B) una

19. Los vegetales son buenos para . . . salud.

   (A) la
   (B) el

20. El señor Queredo es . . . periodista muy conservador.

   (A) una
   (B) un

21. Yo no conozco . . . poema de Neruda.

   (A) la
   (B) el

22. No quiero discutir . . . tema.

   (A) esa
   (B) ese

23. Voy a trabajar en . . . garaje.

   (A) el
   (B) la

24. Ella se lava . . . manos.

   (A) sus
   (B) las

25. Celia, ¿compraste . . . aceite para la cena?

   (A) la
   (B) el

26. Bogotá es . . . capital de Colombia.

   (A) la
   (B) el

27. El general nos dio . . . orden.

   (A) el
   (B) la

28. No me gustan . . . programas de misterio.

   (A) las
   (B) los

29. . . . lavamanos está muy sucio.

   (A) El
   (B) Los

30. Anoche conocí . . . poeta.

   (A) al
   (B) a la

31. Me encanta . . . rascacielos que se ve a la distancia.

    (A) el
    (B) los

32. ¿Cuánto pagaste por . . . flores?

    (A) esos
    (B) esas

33. Por favor, cierra . . . paraguas que llevas en la mano.

    (A) ese
    (B) esas

34. Ella me dijo todo a . . .

    (A) mí
    (B) yo

35. No han encontrado . . . cura para el cáncer.

    (A) la
    (B) el

36. No vas a poder abrirla. Necesitas . . . abrelatas.

    (A) un
    (B) unas

37. Para llegar más rápido, debes tomar . . . tranvía.

    (A) la
    (B) el

38. No sé si tengo . . . capital suficiente para comenzar un negocio.

    (A) el
    (B) la

39. Para la sopa necesitamos . . . papas.

    (A) unas
    (B) unos

40. ¿Por qué no vamos . . . jardín para ver las flores?

    (A) a la
    (B) al

41. Le dimos las tarjetas . . .

    (A) a él
    (B) al

42. Si sigues . . . orden de los números, encontrarás la dirección.

    (A) la
    (B) el

43. Siempre me dices . . . mismo.

    (A) el
    (B) lo

44. José tiene . . . compasión increíble.

    (A) una
    (B) un

45. Por favor, no corras en el maratón sin . . .

    (A) lo
    (B) él

46. . . . amistad vale mucho.

    (A) Una
    (B) Un

47. ¿Dónde pusiste . . . mapa?

    (A) el
    (B) la

48. Ese televisor no es de . . . calidad.

    (A) bueno
    (B) buena

49. No tenemos . . . costumbre de comer temprano.

    (A) el
    (B) la

50. Nunca vamos a erradicar . . . hambre en esos países.

    (A) la
    (B) el

SER OR *ESTAR*

In this section you will practice the uses of *ser* and *estar*. You may want to review section 6.7 on pages 71 to 73 before doing this exercise.

Directions: Choose the correct form of *ser* or *estar* according to the context.

1. Cuando llegamos a las montañas la temperatura ya . . . bastante fresca.

   (A) estaba
   (B) era

2. Esas novelas no me gustan; . . . aburridísimas.

   (A) son
   (B) están

3. ¿Ya sabes de dónde . . . ella?

   (A) está
   (B) es

4. La celebración . . . el veinticinco de julio.

   (A) estará
   (B) será

5. ¿ . . . tú el chico que me ayudó ayer?

   (A) Eres
   (B) Estás

6. Ya . . . la una y Roberto no . . . en la oficina.

   (A) es/está
   (B) está/es

7. Los arboles . . . demasiado lejos de la piscina.

   (A) están
   (B) son

8. El abogado le dice que no . . . necesario pagar la multa.

   (A) es
   (B) está

9. Ya nos vestimos. . . . listos para salir.

   (A) Somos
   (B) Estamos

10. . . . necesario que todos . . . allí a la misma hora.

    (A) Fue/estuviéramos
    (B) Estuvo/fuéramos

11. Ella tomará la medicina cuando . . . necesario.

    (A) sea
    (B) esté

12. Yo . . . muy orgulloso de los éxitos de Julián.

    (A) soy
    (B) estoy

13. El edificio . . . pintado por esa compañía el año pasado.

    (A) fue
    (B) estuvo

14. El reloj . . . de oro.

    (A) estaba
    (B) era

15. ¿Qué . . . aquello que vemos en el horizonte?

    (A) es
    (B) está

16. Esas plantas ya . . . muertas.

    (A) son
    (B) están

17. Hoy la farmacia . . . abierta hasta las once.

    (A) es
    (B) está

18. Ese . . . el chico que conocimos ayer.

    (A) es
    (B) está

19. El agua en ese pueblo . . . contaminada.

    (A) es
    (B) está

20. Ignacio siempre . . . un chico muy listo.

    (A) ha sido
    (B) ha estado

21. Juan siempre nos cuenta la misma historia. El . . . muy aburrido.

    (A) está
    (B) es

22. Las conferencias . . . a la una de la tarde.

    (A) están
    (B) son

23. El profesor . . . furioso todo el día.

    (A) había estado
    (B) había sido

24. Los billetes . . . de la familia Borges.

    (A) están
    (B) son

25. Moshe y Adam . . . unos judíos muy religiosos.

    (A) son
    (B) están

26. No compres esos melocotones, todavía . . . verdes.

    (A) están
    (B) son

27. ¿De quién . . . los bolígrafos que . . . en la mesa?

    (A) estarán/son
    (B) serán/están

28. El coche de Alberto . . . rojo.

    (A) estaba
    (B) era

29. No podemos ver la televisión cuando . . . estudiando.

    (A) estamos
    (B) somos

30. Ignacio . . . enfermo por una semana cuando . . . en Europa.

    (A) estuvo/estaba
    (B) fue/era

SABER OR CONOCER

In this section you will practice the uses of *saber* and *conocer*. You may want to review section 6.3.1 on pages 60 to 62 before doing this exercise.

Directions: Choose the correct form of *saber* or *conocer* according to the context.

1. ¿ . . . a qué hora es el baile?

   (A) Conoces
   (B) Sabes

2. Ellos no . . . a mis parientes de Chile cuando nos visitaron.

   (A) conocieron
   (B) supieron

3. Ellos . . . dibujar muy bien y por eso ganaron el premio.

   (A) sabían
   (B) conocían

4. La profesora . . . la geografía de esa región muy bien.

   (A) conoce
   (B) sabe

5. Yo . . . que él ha terminado el ensayo.

   (A) conozco
   (B) sé

6. Verónica nunca . . . quién llamó anoche.

   (A) supo
   (B) conoció

7. Si todos . . . a los músicos del grupo, ya nos los habrían presentado.

   (A) hubieran conocido
   (B) hubieran sabido

8. Si no acepto la oferta, nunca . . . a nadie.

   (A) sabré
   (B) conoceré

9. Hay que . . . conducir si el centro comerical está muy lejos.

   (A) conocer
   (B) saber

10. Hasta ayer no . . . de dónde era ella.

    (A) conocía
    (B) sabía

11. Tú . . . lo que pasó desde la semana pasada.

    (A) has sabido
    (B) has conocido

12. El antropólogo . . . la cultura maya desde su niñez.

    (A) conocía
    (B) sabía

POR OR *PARA*

In this section you will practice the uses of *por* and *para*. Before completing the sentences, you may want to review section 19.5 on pages 115 and 116.

Directions: Write either *por* or *para* to complete the following sentences.

1. ¿ _____ cuánto tiempo vas a México?

2. _____ una mujer tan trabajadora, ella no limpia mucho su casa.

3. Busco una revista _____ leer en el tren.

4. Ella fue _____ dinero al banco.

5. ¿ _____ qué son esos platos?

6. Ella no pudo ver el programa _____ trabajar tarde.

7. Les dieron cien dólares _____ los muebles.

8. Ese planeta fue descubierto _____ unos científicos en California.

9. ¿Cuándo sales _____ el Ecuador?

10. Limpié el cuarto _____ ti, así tú no lo tienes que hacer.

11. Siempre me llama _____ sacar la basura.

12. Anteayer Cecilia vino _____ los juguetes que había dejado aquí.

13. Los pasteles son _____ ti.

14. Hay que leer el libro _____ la semana que viene.

15. Llegué tarde a la fiesta _____ ustedes.

16. Mamá me mandó a la farmacia _____ aspirinas.

17. ¿Cuánto pagaste _____ esos bolígrafos? Dicen que son caros.

18. Me voy a quedar en su casa _____ tres meses.

19. No camines _____ la calle; hay mucho tráfico.

20. ¿ _____ quién es esa cámara?

21. Como no te vieron, ellos regresaron _____ ti.

22. Tengo que terminar el libro _____ mañana.

23. Beatriz juega muy bien _____ una chica con tan poca experiencia.

24. Yo no pude ir, por eso Julián fue _____ mí.

25. Ayer caminó _____ el parque cuando regresaba de la oficina.

USE OF PREPOSITIONS

In this section you will practice:

1. prepositions
2. verbs that require a preposition
3. verbs that do not require a preposition

You may want to review sections 19.6–19.10 in Chapter 1 before doing these exercises

> **Directions:** Choose among the prepositions *a, con, de,* and *en.* Write an X in the spaces where no preposition is needed.

Section 1

1. Confiamos _____ poder salir hoy.

2. Elena siempre me ayuda _____ limpiar la casa.

3. Yo me ocupo _____ invitar a los profesores.

4. ¿Cuándo vas a terminar _____ hacer la tarea?

5. Ellos se apresuraron _____ ayudarnos.

6. Ayer decidí _____ encontrarme con Ricardo.

7. ¿Por qué no vuelves _____ tocar mi canción favorita?

8. Ernesto me amenazó _____ ir a la policía.

9. Su esposo siempre insiste _____ dar un paseo por la tarde.

10. Jacinto, trata _____ descansar esta semana.

11. ¿Sabes _____ llegar a mi casa?

12. Espero _____ nadar en la piscina esta tarde.

Section 2

1. Ella acaba _____ llegar a Barcelona.

2. Ellos vienen _____ cenar con nosotros mañana.

3. Juan se acercó _____ ella para decirle algo importante.

4. Siempre me olvido _____ traer los guantes.

5. Mañana empezamos _____ pintar la casa.

6. Ellos quedaron _____ venir con nosotros.

7. Nosotros pensamos _____ regresar a las tres.

8. Yo estoy locamente enamorada _____ Gerardo.

9. María se echó _____ correr por el pasillo.

10. Mi abuela se empeña _____ escuchar música rock.

11. Lorenzo siempre se queja _____ tener que ir de compras.

12. No nos acordamos _____ cerrar la puerta.

Section 3

1. ¿Es verdad que tú te vas a casar _____ Diego?

2. Nosotros quedamos _____ vernos mañana.

3. Ellos sueñan _____ comprar un restaurante.

4. Nunca me arrepentiré _____ haber ido a Cuba.

5. Por favor, deja _____ llorar.

6. Ellos suelen _____ llegar muy temprano.

7. Tú no te atreves _____ hablar con el policía.

8. ¿Dónde aprendiste _____ bailar?

9. Tú te cansas _____ estudiar muy pronto.

10. Vamos a salir _____ comprar una grabadora.

11. Cuento _____ llegar a las tres en punto.

12. Yo no me acostumbro _____ levantarme tan temprano.

INDICATIVE, IMPERATIVE, AND SUBJUNCTIVE TENSES

In this section you will review different tenses of the indicative as well as the subjunctive and the imperative (command).

Directions: Choose the correct completion to the following sentences.

Section 1

1. Jesús, por favor, no te . . . en ese sillón.

   (A) duermes
   (B) duermas
   (C) hayas dormido
   (D) hubiste dormido

2. Es una pena que Ismael no . . . hablar con Juana.

   (A) quiso
   (B) quería
   (C) quiere
   (D) quiera

3. Solamente . . . terminar el informe, si me prestas la computadora.

   (A) podré
   (B) podría
   (C) pudiera
   (D) pude

4. Le prometí ir cuando yo . . .

   (A) pude
   (B) podía
   (C) pudiera
   (D) podría

5. Es evidente que ellos no . . . mucho.

   (A) hayan estudiado
   (B) estudien
   (C) estudiaran
   (D) estudian

6. En la esquina hay una chica que . . . flores artificiales.

   (A) venda
   (B) vender
   (C) vende
   (D) vendiera

7. Cuando tú . . . en Cuba, eras muy feliz.

   (A) estarás
   (B) estarías
   (C) estuvieras
   (D) estabas

8. Jorge me dijo que me dejaría las llaves aquí pero no las encuentro. ¿Dónde las . . . él?

   (A) hubiera puesto
   (B) pusiera
   (C) ponga
   (D) habrá puesto

9. Más vale que tú . . . ese problema con el dentista.

   (A) discutes
   (B) discutirás
   (C) discutas
   (D) discutías

10. ¿Por qué es imposible . . . los boletos esta noche?

    (A) comprar
    (B) comprados
    (C) comprado
    (D) comprando

11. Llovió por varias horas y de momento . . . el sol.

   (A) saldrá
   (B) saliera
   (C) salió
   (D) salga

12. No sé tu edad. ¿En qué año . . . tú?

   (A) nacías
   (B) naciste
   (C) nacerás
   (D) nazcas

Section 2

1. Haz las maletas ahora para que . . . listo temprano mañana.

   (A) estés
   (B) estás
   (C) estarás
   (D) estarías

2. Mamá permitió que Diego y yo . . . a la playa.

   (A) condujéramos
   (B) conducimos
   (C) conduciríamos
   (D) conduzcamos

3. Leonardo, . . . temprano para que no tengas que esperar mucho.

   (A) vengas
   (B) vienes
   (C) viniste
   (D) ven

4. Yo no . . . que Beatriz se había casado hasta la semana pasada.

   (A) supe
   (B) sabré
   (C) sé
   (D) sabría

5. Pedro, ¡ . . . todo lo que puedas para ayudarlo!

   (A) hagas
   (B) haz
   (C) haga
   (D) hayas hecho

6. Te prestaré los otros libros cuando me . . . los que tienes.

   (A) devolviste
   (B) devuelvas
   (C) devolverías
   (D) devolverás

7. Ellos . . . el coche si tuvieran un garaje.

   (A) compraron
   (B) compraban
   (C) compraran
   (D) comprarían

8. Es escandaloso que a esos chicos no les . . . ir a la excursión.

   (A) permitirán
   (B) permitirían
   (C) permiten
   (D) permitan

9. Si puede, Julio se quedará en cualquier hotel que . . . su tarjeta de crédito.

   (A) acepte
   (B) aceptará
   (C) aceptara
   (D) aceptó

10. Es tonto tener que . . . las calles cuando el meteorólogo dice que va a nevar en cualquier momento.

   (A) limpiado
   (B) limpiando
   (C) limpiar
   (D) limpiados

11. Ojalá que tú no . . . tan cansado mañana.

   (A) te sientas
   (B) te sentirás
   (C) te sientes
   (D) te sintieras

12. Se quedó con él hasta que . . . el entrenador al estadio.

   (A) llegue
   (B) llegaría
   (C) llegara
   (D) haya llegado

Section 3

1. Sentí mucho que tú no . . . en la celebración de la semana pasada.

   (A) estarás
   (B) estuvieras
   (C) estuviste
   (D) estarías

2. Hacía más de dos días que el cartero no . . .

   (A) vino
   (B) viniera
   (C) viene
   (D) venía

3. Anteanoche fui a mi restaurante favorito y allí . . . con Luis.

   (A) me encontraba
   (B) me encontrara
   (C) me encontré
   (D) me encuentro

4. ¡Qué calor hace! . . . en el río.

   (A) Báñese
   (B) Bañémonos
   (C) Bañemos
   (D) Bañamos

5. Para el año que viene yo ya . . . mis estudios de arquitectura.

   (A) habría terminado
   (B) he terminado
   (C) había terminado
   (D) habré terminado

6. Es natural que tú . . . nervioso antes del examen.

   (A) estás
   (B) estabas
   (C) estés
   (D) estuviste

7. Juan Carlos no me dejó . . . el cuarto.

   (A) limpio
   (B) limpiando
   (C) limpiar
   (D) limpie

8. Me alegra mucho que Uds. hayan decidido casarse. ¡Que . . . muy felices!

   (A) son
   (B) sean
   (C) serán
   (D) serían

9. No hay duda de que el director . . . a Susana injustamente.

   (A) acusara
   (B) acusó
   (C) acuse
   (D) haya acusado

10. Ayer cuando llegamos al estadio . . . más de dos mil personas.

   (A) habían
   (B) había
   (C) hubieron
   (D) hay

11. Temo que ellos . . . muy tarde.

   (A) terminen
   (B) terminan
   (C) terminarán
   (D) terminaban

12. No perderás peso a menos que . . . las recomendaciones del doctor.

   (A) sigues
   (B) seguirás
   (C) siguieras
   (D) sigas

Section 4

1. Estoy seguro de que reconocerás a Juan en cuanto lo . . .

    (A) vieras
    (B) verás
    (C) veas
    (D) verías

2. Sé que estás muy enojado pero yo te invité y tú no . . . ir.

    (A) querrías
    (B) querrás
    (C) quisiste
    (D) quisieras

3. No conozco a nadie que . . . ese puente.

    (A) haya cruzado
    (B) ha cruzado
    (C) había cruzado
    (D) habrá cruzado

4. Tan pronto como . . . a Gisela, salí corriendo.

    (A) vea
    (B) viera
    (C) vi
    (D) veré

5. Nosotros . . . a tiempo si no hubiera habido tanta nieve.

    (A) habríamos llegado
    (B) hemos llegado
    (C) habíamos llegado
    (D) habremos llegado

6. El entrenador hizo que nosotros . . . más de diez millas.

    (A) corrimos
    (B) corriéramos
    (C) correríamos
    (D) corríamos

7. ¿Por qué me miras como si yo te . . . hecho algo?

    (A) hubiera
    (B) haya
    (C) había
    (D) he

8. Por favor, Felipe, no . . . en la sala. Vas a ensuciar los muebles.

    (A) juegas
    (B) juegue
    (C) jugaste
    (D) juegues

9. Cuando yo llegué, él ya se . . .

    (A) habrá ido
    (B) había ido
    (C) ha ido
    (D) hubiera ido

10. Estamos seguros de que Diego . . . en el partido de hoy.

    (A) participará
    (B) participaría
    (C) participe
    (D) participara

11. Cuando fui a buscar a Dolores, ella ya se . . . ido.

    (A) ha
    (B) habrá
    (C) hubiera
    (D) había

12. Es justo que la profesora nos . . . salir temprano hoy.

    (A) deja
    (B) dejaría
    (C) dejará
    (D) deje

Section 5

1. El año pasado, por lo general . . . a la casa antes de las tres.

   (A) llegábamos
   (B) lleguemos
   (C) llegaríamos
   (D) llegáramos

2. Ellos no me prohiben . . . con los hermanos de Julia.

   (A) salido
   (B) salir
   (C) salía
   (D) salga

3. Aunque Diego prometió ir conmigo, a último momento él no . . . ir.

   (A) quiso
   (B) quisiera
   (C) querría
   (D) quiera

4. Eduardo ganará la competencia sin que . . . el piano.

   (A) hubiera practicado
   (B) habría practicado
   (C) haya practicado
   (D) había practicado

5. Profesora, . . . los exámenes antes del fin de semana, por favor.

   (A) corrige
   (B) corrigió
   (C) corrija
   (D) corregía

6. Guillermo prometió llamarme tan pronto como . . .

   (A) llegara
   (B) llagaría
   (C) llegó
   (D) llegaba

7. Nosotros dudábamos que . . . tanto durante el fin de semana.

   (A) llovió
   (B) llovería
   (C) llueva
   (D) lloviera

8. Si tú . . . lo que te sugerí, te habrías podido divertir más ahora.

   (A) habías hecho
   (B) habrás hecho
   (C) hubieras hecho
   (D) has hecho

9. Por mucho que . . . la chaqueta, no podrás ponértela hoy.

   (A) limpiaste
   (B) limpiarás
   (C) limpias
   (D) limpies

10. Si yo . . . su amigo, le diría la verdad.

    (A) soy
    (B) fui
    (C) era
    (D) fuera

11. María está enojada a pesar de que yo le . . . todo el dinero hace mucho tiempo.

    (A) devuelva
    (B) devolviera
    (C) devolví
    (D) devuelvo

12. ¿Cuántos años . . . tú cuando llegaste a este país?

    (A) tendrás
    (B) tenías
    (C) tuviste
    (D) tuvieras

Section 6

1. No creo que ellos . . . bailar.

   (A) saben
   (B) sabrán
   (C) sepan
   (D) sabían

2. ¿Desde cuándo . . . a la escuela en autobús cuando compraste el coche?

   (A) ibas
   (B) vas
   (C) fuiste
   (D) irías

3. No me . . . nada lo que hagas.

   (A) importan
   (B) importo
   (C) importas
   (D) importa

4. Nosotros necesitábamos varias personas que nos . . . a pintar la casa.

   (A) ayudaran
   (B) ayudarán
   (C) ayudarían
   (D) ayudaron

5. Si voy a Barcelona, . . . la Sagrada Familia.

   (A) visite
   (B) visitaré
   (C) visitara
   (D) visitaba

6. Señor Lozano, . . . un poco de paciencia. El doctor lo verá en unos minutos.

   (A) tenga
   (B) tendrá
   (C) tiene
   (D) tuviera

7. Ojalá que él me . . . lo que sentía antes de irse.

   (A) hubiera dicho
   (B) ha dicho
   (C) habrá dicho
   (D) había dicho

8. ¿Por qué no dejan tus padres que tú . . . el nuevo coche?

   (A) conduces
   (B) condujiste
   (C) conducirás
   (D) conduzcas

9. No hay nadie que . . . visto el accidente.

   (A) haya
   (B) había
   (C) habrá
   (D) habría

10. Cuando estaban en Bolivia ellos sólo . . . al mercado una vez.

    (A) fueran
    (B) fueron
    (C) iban
    (D) vayan

11. Los perros ladraban mientras les . . . de comer.

    (A) diéramos
    (B) damos
    (C) daríamos
    (D) dábamos

12. ¿Desde cuándo . . . tú el coche en ese garaje?

    (A) estacionaste
    (B) estacionas
    (C) estaciones
    (D) estacionaras

Section 7

1. Compraría esta cámara pero necesito una que . . . fotos digitales.

   (A) saca
   (B) sacaba
   (C) sacará
   (D) saque

2. ¿Cuánto tiempo hace que te . . . a Puerto Rico?

   (A) mudarías
   (B) mudaste
   (C) mudarás
   (D) mudarías

3. Carlos, por favor, no . . . esos documentos ahora.

   (A) traduzcas
   (B) traducías
   (C) traduce
   (D) tradujo

4. El año pasado, por primera vez me . . . un premio por mis notas.

   (A) dieran
   (B) darían
   (C) dieron
   (D) darán

5. Justino decidió quedarse en Lima pero su familia no lo . . . hasta ayer.

   (A) supo
   (B) sabe
   (C) supiera
   (D) sabrá

6. Cuando Rosa llegó a las montañas ya habían . . . tres pulgadas de nieve.

   (A) caerse
   (B) cayendo
   (C) caído
   (D) caídas

7. ¿Por qué insistes en que Leonardo . . . el nombre de todos los presidentes para la semana que viene?

   (A) supo
   (B) sabía
   (C) sabe
   (D) sepa

8. Dile a Rosa que no se . . . de devolver los libros.

   (A) olvide
   (B) olvidara
   (C) haya olvidado
   (D) hubiera olvidado

9. Ya sabes que no me gustan los perros. No . . . a esta casa.

   (A) los traes
   (B) los traigas
   (C) tráelos
   (D) tráigalos

10. Los turistas pidieron que el guía los . . . al templo.

    (A) llevaría
    (B) lleve
    (C) llevará
    (D) llevara

11. Juan actúa como si . . . tonto.

    (A) es
    (B) será
    (C) fue
    (D) fuera

12. Mi tío trajo sus discos favoritos a fin de que nosotros . . .

    (A) nos divirtiéramos
    (B) nos divertimos
    (C) nos divertiríamos
    (D) nos divertíamos

Section 8

1. Fuimos al supermercado después de que mi mamá nos . . .

   (A) llamará
   (B) llama
   (C) llamaría
   (D) llamó

2. ¿Por qué dejas que Pablo te . . . de esa manera?

   (A) habla
   (B) hable
   (C) hablará
   (D) hablara

3. Niegan que . . . paz en el mundo en los próximos diez años.

   (A) ha
   (B) haya
   (C) habría
   (D) hubiera

4. Es aconsejable que antes de salir Uds. . . . la ropa sucia.

   (A) recogerán
   (B) recojan
   (C) hubieran recogido
   (D) habrían recogido

5. No te preocupes, dondequiera que yo . . . , te llamaré.

   (A) estaba
   (B) estuviera
   (C) esté
   (D) haya estado

6. Cuando me fui, todos gritaron "¡Que te . . . bien!"

   (A) fuera
   (B) iba
   (C) vaya
   (D) va

7. Ha sido imposible que los niños . . . de jugar en la cocina.

   (A) dejen
   (B) dejarán
   (C) dejaran
   (D) dejaron

8. Si me despierto a las ocho, . . . a tiempo.

   (A) salí
   (B) salga
   (C) saliera
   (D) saldré

9. Habíamos decidido ir a esquiar en cuanto . . . en las montañas.

   (A) nevara
   (B) nevó
   (C) nevaría
   (D) nevará

10. Cada vez que veo esos cuadros, me pregunto cuánto . . . pagado ese señor por ellos.

    (A) habrían
    (B) habrá
    (C) habrán
    (D) han

11. ¿Es verdad que esa medicina . . . la artritis?

    (A) haya curado
    (B) cure
    (C) curara
    (D) cura

12. Hacía más de una semana que no lo . . .

    (A) veo
    (B) veía
    (C) vi
    (D) viera

Section 9

1. Es evidente que el jurado no . . . llegar a un acuerdo.

   (A) haya podido
   (B) pueda
   (C) podrá
   (D) hubiera podido

2. Si tú . . . ejercicios, no aumentarás de peso.

   (A) haces
   (B) hiciste
   (C) hacías
   (D) hagas

3. No estamos seguros de que . . . a nevar este fin de semana.

   (A) va
   (B) fuera
   (C) vaya
   (D) irá

4. Hace dos meses que él . . . de los Andes.

   (A) regreso
   (B) regresó
   (C) regrese
   (D) regresara

5. Es raro que José no . . . todavía.

   (A) haya llegado
   (B) ha llegado
   (C) había llegado
   (D) habrá llegado

6. Anoche ella . . . a la familia de su compañera de cuarto.

   (A) conoce
   (B) conoció
   (C) conocía
   (D) conociera

7. Yo . . . más temprano si los profesores no nos dieran tanta tarea.

   (A) me acostaré
   (B) me acostaría
   (C) me había acostado
   (D) me haya acostado

8. Saldremos a las ocho a no ser que . . . a llover temprano.

   (A) empieza
   (B) empezara
   (C) empiece
   (D) empezará

9. Es cierto que esas pastillas . . . muy peligrosas.

   (A) sean
   (B) hayan sido
   (C) fueran
   (D) son

10. Puede ser que el mecánico no . . . el coche hasta la semana próxima.

    (A) arreglara
    (B) arregló
    (C) arreglará
    (D) arregle

11. Cada vez que Ricardo me . . . , me daba muchos consejos.

    (A) llamaba
    (B) llamara
    (C) llame
    (D) llama

12. ¿Me vendrías a visitar si yo me . . . a la República Dominicana?

    (A) mudaría
    (B) mudé
    (C) mudaba
    (D) mudara

Section 10

1. Ellos siempre nos recomiendan . . .
a la misma hora todos los días.

   (A) salgamos
   (B) saliéramos
   (C) salir
   (D) saliendo

2. Ella vendrá a verme después de que
el juez . . . el veredicto.

   (A) leerá
   (B) leería
   (C) lee
   (D) haya leído

3. ¡Ojalá que nosotros . . . hacer
escala en Bogotá!

   (A) podíamos
   (B) pudimos
   (C) poderemos
   (D) podamos

4. Él baila como si le . . . la pierna.

   (A) doliera
   (B) duele
   (C) dolía
   (D) dolió

5. Tienes miedo de que . . . de
la noticia.

   (A) se enterarían
   (B) se enteraran
   (C) se hayan enterado
   (D) se habían enterado

6. ¿A qué hora te dijo que . . . el
avión?

   (A) haya aterrizado
   (B) hubo aterrizado
   (C) aterrice
   (D) aterrizaría

7. ¿Qué me sugieres que yo . . . ?

   (A) hiciera
   (B) haga
   (C) haré
   (D) hago

8. Una vez que te . . . , se darán
cuenta de que eres el candidato
ideal.

   (A) entrevistaron
   (B) entrevistaban
   (C) hayan entrevistado
   (D) habrán entrevistado

9. Ruégales a tus padres que . . . de
vacaciones el año que viene.

   (A) se irán
   (B) se van
   (C) se iban
   (D) se vayan

10. Nos aconsejaron que . . . el mismo
camino de siempre.

    (A) sigamos
    (B) siguiéramos
    (C) seguiremos
    (D) seguimos

11. Hace tres días que lo . . . sentado
en el café cerca de la playa.

    (A) vi
    (B) veré
    (C) vea
    (D) viera

12. Te daré un cheque de modo que
. . . suficiente dinero para el viaje.

    (A) tuvieras
    (B) tendrás
    (C) tengas
    (D) tienes

Answer Key
GRAMMAR PRACTICE

Word Completion

1.A	6.B	11.B	16.B	21.B	26.A	31.A	36.A	41.A	46.A
2.B	7.A	12.A	17.A	22.B	27.B	32.B	37.B	42.B	47.A
3.B	8.B	13.A	18.B	23.A	28.B	33.A	38.A	43.B	48.B
4.A	9.B	14.B	19.A	24.B	29.A	34.A	39.A	44.A	49.B
5.B	10.B	15.A	20.B	25.B	30.A	35.A	40.B	45.B	50.B

Ser or Estar

1.A	6.A	11.A	16.B	21.B	26.A
2.A	7.A	12.B	17.B	22.B	27.B
3.B	8.A	13.A	18.A	23.A	28.B
4.B	9.B	14.B	19.B	24.B	29.A
5.A	10.A	15.A	20.A	25.A	30.A

Saber or Conocer

1.B	3.A	5.B	7.A	9.B	11.A
2.A	4.A	6.A	8.B	10.B	12.A

Por or Para

1. Por	6. por	11. para	16. por	21. por
2. Para	7. por	12. por	17. por	22. para
3. para	8. por	13. para	18. por	23. para
4. por	9. para	14. para	19. por	24. por
5. Para	10. por	15. por	20. Para	25. por

Use of Prepositions

Section 1			Section 2			Section 3		
1. en	5. a	9. en	1. de	5. a	9. a	1. con	5. de	9. de
2. a	6. X	10. de	2. a	6. en	10. en	2. en	6. X	10. a
3. de	7. a	11. X	3. a	7. X	11. de	3. con	7. a	11. con
4. de	8. con	12. X	4. de	8. de	12. de	4. de	8. a	12. a

Indicative, Imperative, and Subjunctive Tenses

Section 1	Section 2	Section 3	Section 4	Section 5
1. B	1. A	1. B	1. C	1. A
2. D	2. A	2. D	2. C	2. B
3. A	3. D	3. C	3. A	3. A
4. C	4. A	4. B	4. C	4. C
5. D	5. B	5. D	5. A	5. C
6. C	6. B	6. C	6. B	6. A
7. D	7. D	7. C	7. A	7. D
8. D	8. D	8. B	8. D	8. C
9. C	9. A	9. B	9. B	9. D
10. A	10. C	10. B	10. A	10. D
11. C	11. A	11. A	11. D	11. C
12. B	12. C	12. D	12. D	12. B

Section 6	Section 7	Section 8	Section 9	Section 10
1. C	1. D	1. D	1. C	1. C
2. A	2. B	2. B	2. A	2. D
3. D	3. A	3. B	3. C	3. D
4. A	4. C	4. B	4. B	4. A
5. B	5. A	5. C	5. A	5. C
6. A	6. C	6. C	6. B	6. D
7. A	7. D	7. A	7. B	7. B
8. D	8. A	8. D	8. C	8. C
9. A	9. B	9. A	9. D	9. D
10. B	10. D	10. B	10. D	10. B
11. D	11. D	11. D	11. A	11. A
12. B	12. A	12. B	12. D	12. C

LISTENING COMPREHENSION

Listening Comprehension Practice
ANSWER SHEET

Dialogues

1. Ⓐ Ⓑ Ⓒ Ⓓ
2. Ⓐ Ⓑ Ⓒ Ⓓ
3. Ⓐ Ⓑ Ⓒ Ⓓ
4. Ⓐ Ⓑ Ⓒ Ⓓ
5. Ⓐ Ⓑ Ⓒ Ⓓ
6. Ⓐ Ⓑ Ⓒ Ⓓ
7. Ⓐ Ⓑ Ⓒ Ⓓ

8. Ⓐ Ⓑ Ⓒ Ⓓ
9. Ⓐ Ⓑ Ⓒ Ⓓ
10. Ⓐ Ⓑ Ⓒ Ⓓ
11. Ⓐ Ⓑ Ⓒ Ⓓ
12. Ⓐ Ⓑ Ⓒ Ⓓ
13. Ⓐ Ⓑ Ⓒ Ⓓ
14. Ⓐ Ⓑ Ⓒ Ⓓ

15. Ⓐ Ⓑ Ⓒ Ⓓ
16. Ⓐ Ⓑ Ⓒ Ⓓ
17. Ⓐ Ⓑ Ⓒ Ⓓ
18. Ⓐ Ⓑ Ⓒ Ⓓ
19. Ⓐ Ⓑ Ⓒ Ⓓ
20. Ⓐ Ⓑ Ⓒ Ⓓ
21. Ⓐ Ⓑ Ⓒ Ⓓ

22. Ⓐ Ⓑ Ⓒ Ⓓ
23. Ⓐ Ⓑ Ⓒ Ⓓ
24. Ⓐ Ⓑ Ⓒ Ⓓ
25. Ⓐ Ⓑ Ⓒ Ⓓ
26. Ⓐ Ⓑ Ⓒ Ⓓ
27. Ⓐ Ⓑ Ⓒ Ⓓ
28. Ⓐ Ⓑ Ⓒ Ⓓ

Rejoinders

1. Ⓐ Ⓑ Ⓒ Ⓓ
2. Ⓐ Ⓑ Ⓒ Ⓓ
3. Ⓐ Ⓑ Ⓒ Ⓓ
4. Ⓐ Ⓑ Ⓒ Ⓓ
5. Ⓐ Ⓑ Ⓒ Ⓓ

6. Ⓐ Ⓑ Ⓒ Ⓓ
7. Ⓐ Ⓑ Ⓒ Ⓓ
8. Ⓐ Ⓑ Ⓒ Ⓓ
9. Ⓐ Ⓑ Ⓒ Ⓓ
10. Ⓐ Ⓑ Ⓒ Ⓓ

11. Ⓐ Ⓑ Ⓒ Ⓓ
12. Ⓐ Ⓑ Ⓒ Ⓓ
13. Ⓐ Ⓑ Ⓒ Ⓓ
14. Ⓐ Ⓑ Ⓒ Ⓓ
15. Ⓐ Ⓑ Ⓒ Ⓓ

16. Ⓐ Ⓑ Ⓒ Ⓓ
17. Ⓐ Ⓑ Ⓒ Ⓓ
18. Ⓐ Ⓑ Ⓒ Ⓓ
19. Ⓐ Ⓑ Ⓒ Ⓓ
20. Ⓐ Ⓑ Ⓒ Ⓓ

Listening Comprehension Practice*

DIALOGUES

Directions: In this part of the exam you will listen to a number of selections. They can be conversations or short narratives. Printed in your test booklet, you will find one, two, or three questions, each with four possible answers. Press the Pause button on your CD player while you choose the best answer to each question according to the information you have heard. Fill in the corresponding ovals on your answer sheet, allowing 12 seconds for each question. When your answers are complete, press the Play button to continue with the next selection. You will not hear the questions or the possible answers. Now, get ready to listen to the first selection.

Note: The script for the Listening Comprehension selections begins on page 158.

Selección número 1

1. ¿Qué busca la señora?

   (A) Un traje.
   (B) Un chofer.
   (C) Un coche.
   (D) Un mecánico.

2. ¿Qué le dice el hombre a la señora?

   (A) Que alguien se llevó su coche.
   (B) Que el coche no está listo todavía.
   (C) Que tiene que regresar el próximo día.
   (D) Que su esposo no sabe dónde ella está.

3. ¿Dónde está probablemente el esposo ahora?

   (A) En su casa.
   (B) En el garaje.
   (C) En la tienda.
   (D) En su coche.

Selección número 2

4. ¿Qué quiere hacer Celia?

   (A) Ir al cine.
   (B) Comprar unos videos.
   (C) Vender su cámara de película.
   (D) Participar en un concurso.

*You will need a timer that can be set up to count seconds.

5. ¿Qué necesitan hacer Santiago y Celia?

   (A) Pensar en el tema de la película.
   (B) Comprar una cámara de películas.
   (C) Mirar un video sobre un concurso.
   (D) Reunirse con un director de cine.

6. ¿Qué va a pasar más tarde?

   (A) Ellos van a ir de compras.
   (B) Ellos van a encontrarse.
   (C) Ellos van a mirar un video.
   (D) Ellos van a hablar con los estudiantes.

Selección número 3

7. ¿Qué hace Vicente?

   (A) Pone los libros en orden.
   (B) Lee un libro nuevo.
   (C) Habla con la bibliotecaria.
   (D) Construye un estante.

8. ¿Qué decide hacer Isabel?

   (A) Ayudar a Vicente.
   (B) Comprarle un libro a Vicente.
   (C) Conversar con la bibliotecaria.
   (D) Organizar a los estudiantes.

9. ¿Cómo es la bibliotecaria?

   (A) Impaciente.
   (B) Desorganizada.
   (C) Amable.
   (D) Cómica.

Selección número 4

10. ¿Quiénes participan en la excursión?

   (A) Los nuevos estudiantes.
   (B) Los mejores estudiantes.
   (C) Los estudiantes que se gradúan.
   (D) Los estudiantes que regresan de la universidad.

11. ¿Cuándo va a ir Orlando a la excursión?

   (A) El año siguiente.
   (B) Ese mismo día.
   (C) En dos años.
   (D) En unos días.

Selección número 5

12. ¿Por qué está preocupada Yolanda?

   (A) Porque Juan no visita a sus primos.
   (B) Porque Juan no le compró un regalo.
   (C) Porque Juan lleva mucho equipaje.
   (D) Porque Juan va a mudarse a Cancún.

13. ¿Qué le promete Juan a Yolanda?

   (A) Que no va a necesitar su ayuda.
   (B) Que no se quedará por más de dos años.
   (C) Que le comprará un regalo en Cancún.
   (D) Que le va a llevar sus maletas.

Selección número 6

14. ¿Qué quiere saber la madre?

   (A) Lo que el hijo quiere comer.
   (B) Los ingredientes que necesita.
   (C) El tiempo que lleva cocinar la cena.
   (D) Si el chico tiene apetito.

15. ¿Por qué no cocina arroz con pollo la madre?

   (A) Porque no tiene suficiente tiempo.
   (B) Porque no tiene los ingredientes.
   (C) Porque prefiere hacer una tortilla.
   (D) Porque va a salir de compras pronto.

Selección número 7

16. ¿De qué se queja la señora?

  (A) Del color de las bolsas.
  (B) Del precio de las bolsas.
  (C) De la cantidad de basura.
  (D) De las decoraciones en la casa.

17. ¿Para qué son las bolsas?

  (A) Para ir de compras.
  (B) Para poner las botellas.
  (C) Para decorar la casa.
  (D) Para cubrir la basura.

Selección número 8

18. Según el esposo, ¿qué sucede con las aspirinas?

  (A) Son muy fuertes.
  (B) Son demasiado grandes.
  (C) Son bastante caras.
  (D) Son demasiado viejas.

19. ¿Qué debe hacer la señora?

  (A) Examinar la fecha regular-mente.
  (B) Limpiar el baño de vez en cuando.
  (C) Comprar aspirinas menos fuertes.
  (D) Tomar las medicinas cada día.

20. ¿Qué va a hacer la señora hoy?

  (A) Va a tomar unas aspirinas.
  (B) Va a bañarse con agua cali-ente.
  (C) Va a poner las aspirinas en otro lugar.
  (D) Va a poner la basura en otro lugar.

Selección número 9

21. ¿Qué problema tiene Rosa?

  (A) Se le mueren las plantas.
  (B) Se le olvida echarles agua a las plantas.
  (C) Le regalan muchas plantas.
  (D) Le prohíben echarles agua a las plantas.

22. ¿Qué va a hacer Rosa para solucionar el problema?

  (A) Va a echarles más agua a las plantas.
  (B) Va a cambiar el lugar de algunas plantas.
  (C) Va a darle algunas plantas a su amigo.
  (D) Va a ocuparse del jardín una vez por semana.

Selección número 10

23. ¿Qué está haciendo Soledad?

  (A) Está escuchando las noticias.
  (B) Está mirando una novela en la televisión.
  (C) Está escribiéndole a un artista.
  (D) Está leyendo un periódico.

24. ¿Qué piensa el amigo de Soledad?

  (A) Que el periódico no dice la verdad.
  (B) Que el divorcio es un escándalo.
  (C) Que no vale la pena escuchar las noticias.
  (D) Que Juan Miguel dice muchos chismes.

<u>Selección número 11</u>

25. ¿Por qué no puede ir al río la chica?

   (A) Porque no sabe nadar.
   (B) Porque no se divierte allí.
   (C) Porque su madre se lo prohíbe.
   (D) Porque va con su madre al campo.

26. ¿Qué deciden hacer los chicos?

   (A) Invitar a la madre de Graciela.
   (B) Ir al río pero no van a bañarse.
   (C) Visitar al chico que casi murió.
   (D) Nadar en un lugar que no es peligroso.

<u>Selección número 12</u>

27. ¿Qué problema tiene la señora?

   (A) No tiene donde pasar la noche.
   (B) No puede entrar en su habitación.
   (C) Se le perdió la reservación.
   (D) Se le olvidó una dirección.

28. ¿Qué decide hacer la señora al final?

   (A) Regresar a su habitación.
   (B) Volver más tarde.
   (C) Quedarse por más tiempo.
   (D) Hacer una reservación para las seis.

REJOINDERS

Directions: You will now listen to a selection of short exchanges or parts of conversations. Each selection is followed by four statements, designated (A), (B), (C), and (D). Neither these exchanges nor the statements are printed in your test booklet. After listening to the four statements, choose the statement that most logically continues or finishes the conversation and fill in the corresponding oval on your answer sheet.

To become familiar with this part of the test, listen to the following example:

You hear:
    (Male)   —No recuerdo donde puse los anteojos.

You also hear:
    (Female) (A) Allí están, sobre la mesa.
                  (B) Todos están de acuerdo.
                  (C) Se cubrió los ojos.
                  (D) Se le olvidó el disco.

The statement that continues the conversation in the most logical way is statement (A) "Allí están, sobre la mesa." For that reason, you should select answer (A).

Now get ready to listen to the first exchange and the four statements.

1. Now, select your answer on the answer sheet.

2. Now, select your answer on the answer sheet.

3. Now, select your answer on the answer sheet.

4. Now, select your answer on the answer sheet.

5. Now, select your answer on the answer sheet.

6. Now, select your answer on the answer sheet.

7. Now, select your answer on the answer sheet.

8. Now, select your answer on the answer sheet.

9. Now, select your answer on the answer sheet.

10. Now, select your answer on the answer sheet.

11. Now, select your answer on the answer sheet.

12. Now, select your answer on the answer sheet.

13. Now, select your answer on the answer sheet.

14. Now, select your answer on the answer sheet.

15. Now, select your answer on the answer sheet.

16. Now, select your answer on the answer sheet.

17. Now, select your answer on the answer sheet.

18. Now, select your answer on the answer sheet.

19. Now, select your answer on the answer sheet.

20. Now, select your answer on the answer sheet.

Answer Key
LISTENING COMPREHENSION PRACTICE

Dialogues

Selección número 1
1. C
2. A
3. A

Selección número 2
4. D
5. A
6. B

Selección número 3
7. A
8. A
9. C

Selección número 4
10. C
11. A

Selección número 5
12. C
13. A

Selección número 6
14. A
15. A

Selección número 7
16. A
17. B

Selección número 8
18. D
19. A
20. C

Selección número 9
21. A
22. B

Selección número 10
23. D
24. A

Selección número 11
25. C
26. B

Selección número 12
27. A
28. B

Rejoinders

1. C	5. B	9. B	12. A	15. D	18. A
2. D	6. C	10. C	13. A	16. B	19. C
3. C	7. D	11. D	14. B	17. A	20. A
4. A	8. A				

TAPESCRIPT FOR LISTENING COMPREHENSION PRACTICE

Dialogues

> **Directions:** In this part of the exam you will listen to a number of selections. They can be conversations or short narratives. Printed in your test booklet, you will find either one question or several questions with four possible answers. Choose the best answer to the question according to the information you hear. Then fill in the corresponding oval on the answer sheet.

(Narrator)   [Selección número 1. Escucha esta conversación en el taller de un mecánico.]

(Female)   —Señor, hace más de dos horas que estoy esperando.

(Male)   —¿Qué está esperando, señora?

(Female)   —Que me devuelvan mi coche . . . Lo traje para que lo arreglaran. Me dijeron que iba a estar listo a las tres y todavía no me han llamado.

(Male)   —¿Qué tipo de coche tiene?

(Female)   —Es un convertible azul. Lo traje ayer.

(Male)   —Un momento. [Pause]

(Female)   —¿Lo encontró? ¿Qué está pasando?

(Male)   —Señora su coche ya no está aquí. Un señor con el nombre de Juan Robles vino a buscarlo esta mañana.

(Female)   —Sí, es mi esposo. ¿Y se lo dieron?

(Male)   —Sí, nos dijo que Ud. le había dado permiso para recogerlo.

(Female)   —Ay, se me había olvidado. Le dije a mi esposo que viniera a buscarlo. Probablemente ya está en casa.

(Male)   —Bueno, me alegro de que todo esté en orden.

(Female)   —Muchas gracias y perdone que lo haya molestado.

Contesta las preguntas 1, 2, y 3   [36 seconds]

(Narrator)   [Selección número 2. Escucha esta conversación entre Santiago y Celia sobre un concurso en la escuela.]

(Female)   —Santiago, ¿quieres participar en el concurso que anunciaron?

(Male)   —¿Qué concurso?

(Female) —Es un concurso de video para la película más original de todos los estudiantes.

(Male) —Eso parece mucho trabajo.

(Female) —No, ya yo tengo una cámara y sólo necesitamos una buena idea para la película.

(Male) —Me interesa mucho la idea. Vamos a reunirnos más tarde y discutir lo que vamos a hacer.

(Female) —De acuerdo. Creo que podemos filmar una película muy interesante.

(Male) —Nos vemos a las tres. Yo ya voy a pensar en lo que podemos hacer.

(Female) —Yo también. Hasta más tarde, Santiago.

Contesta las preguntas 4, 5, y 6   [36 seconds]

(Narrator) [Selección número 3. Escucha esta conversación en la biblioteca de la escuela.]

(Female) —¿Qué haces aquí, Vicente?

(Male) —Estoy ayudando a la bibliotecaria. Han llegado todos estos libros y tienen que estar organizados en los estantes antes de mañana.

(Female) —¿Quieres que te ayude?

(Male) —Claro . . . si tienes tiempo.

(Female) —No tengo mucho tiempo pero te ayudaré por un rato.

(Male) —Gracias. Estoy seguro de que la bibliotecaria te lo agradecerá.

(Female) —Ella me ayuda mucho cuando necesito algún libro. Es un placer poder ayudarla.

Contesta las preguntas 7, 8, y 9   [36 seconds]

(Narrator) [Selección número 4. Escucha esta conversación en un pasillo de la escuela.]

(Male) —Oye, Dolores, ¿has visto lo entusiasmado que están los estudiantes?

(Female) —Sí, es que mañana nos vamos de excursión a la playa.

(Male) —Ay, se me había olvidado. ¿Es la excursión en la que sólo participan los estudiantes del último año?

(Female) —Sí, es la última vez que todos podemos estar juntos antes de la graduación.

(Male) —Qué buena idea. Bueno, a mí me toca el año próximo, pero ya tú estarás en la universidad.

(Female)	—Sí, y tú me tendrás que contar cómo te fue.
(Male)	—Por supuesto. Espero que podamos escribirnos regularmente.
(Female)	—Así lo espero.

Contesta las preguntas 10 y 11   [24 seconds]

(Narrator)	[Selección número 5. Escucha esta conversación entre dos amigos que van de viaje.]
(Female)	—Juan, estoy muy preocupada . . . ¿Por qué llevas tantas maletas? Sólo vamos a estar en Cancún por una semana.
(Male)	—No llevo mucha ropa, pero les prometí a mis primos llevarles algunos regalos para sus hijos.
(Female)	—Claro, se me había olvidado que ellos viven en Cancún.
(Male)	—Hace ya dos años que viven allí. No te preocupes, Yolanda cuando lleguemos compraré una maleta más pequeña y les dejo ésta allá.
(Female)	—Buena idea. Principalmente si viajamos a Mérida. Va a ser mucho mejor viajar con poco equipaje.
(Male)	—Por supuesto, te prometo que no vas a tener que ayudarme a cargar maletas pesadas.
(Female)	—Así espero.

Contesta las preguntas 12 y 13   [24 seconds]

(Narrator)	[Selección número 6. Escucha esta conversación entre una madre y su hijo.]
(Male)	—Voy a preparar la cena ahora. ¿Qué te apetece comer?
(Female)	—Ay mamá . . . ¿por qué no cocinas ese arroz con pollo que nos gusta tanto?
(Male)	—Lo haría si tuviera tiempo. Tengo todos los ingredientes pero necesitaría por lo menos una hora para prepararlo.
(Female)	—En ese caso, ¿por qué no cocinas una tortilla y papas fritas?
(Male)	—Bien . . . ve a lavarte las manos . . . la cena estará lista en unos minutos.

Contesta las preguntas 14 y 15   [24 seconds]

(Narrator)	[Selección número 7. Escucha esta conversación en la casa de una familia.]
(Female)	—¿Me trajiste las bolsas para la basura que te pedí?
(Male)	—Sí, aquí están.

(Female)	—[A bit annoyed] Pero, Manuel . . . no son verdes como te las había pedido.
(Male)	—Oye, no te quejes . . . son bolsas para la basura, no para decorar la casa.
(Female)	—Claro, no soy tan vanidosa. Es que con el nuevo programa de reciclaje tengo que separar la basura. Tengo que echar las botellas en bolsas verdes.
(Male)	—Ahora comprendo. No te preocupes, necesito salir esta tarde y te las compraré.

Contesta las preguntas 16 y 17   [24 seconds]

(Narrator)	[Selección número 8. Escucha esta conversación entre una mujer y su esposo.]
(Male)	—¿Tienes aspirinas, Natalia? No me siento bien.
(Female)	—Sí, están en el estante en el baño. [Pause] ¿Las encontraste?
(Male)	—Sí, pero estas aspirinas están vencidas. Fíjate en la fecha . . . son viejísimas.
(Female)	—Tienes razón. No me había dado de cuenta.
(Male)	—Mira, dicen que debes revisar el año de expiración de las medicinas regularmente y echar a la basura las que se vencen. Eso puede ser muy peligroso.
(Female)	—Lo sé. También hoy las voy a poner en otro cuarto. No es buena idea dejarlas en el baño por el calor y la humedad.

Contesta las preguntas 18, 19, y 20 [36 seconds]

(Narrator)	[Selección número 9. Escucha esta conversación en el jardín de una casa.]
(Male)	—Rosa, estas plantas están muertas.
(Female)	—No sé lo que les pasa. Les echo agua constantemente y mira cómo están.
(Male)	—Ése es el problema. Les estás echando demasiada agua. Debes hacerlo sólo una vez a la semana.
(Female)	—¿De veras? ¿Y éstas aquí? Están muy saludables.
(Male)	—Sí, éstas en el jardín necesitan agua constantemente pero ésas no.
(Female)	—De acuerdo. Es que se parecen mucho. Las pondré en el cuarto para no confundirlas.

Contesta las preguntas 21 y 22   [24 seconds]

(Narrator) [Selección número 10. Escucha esta conversación entre Soledad y un amigo.]

(Male) —¿Qué buscas Soledad?

(Female) —Estoy leyendo las noticias. Mira todo lo que dicen sobre los artistas de la televisión.

(Male) —Déjame ver. Por tu reacción parece que te sorprenden mucho.

(Female) —Sí, los Beltrán se divorcian y Juan Miguel no va a cantar más.

(Male) —Soledad, yo pensaba que leías un diario serio. Esta basura está llena de mentiras, chismes y escándalos. Lee algo que valga la pena.

Contesta las preguntas 23 y 24   [24 seconds]

(Narrator) [Selección número 11. Escucha esta conversación entre dos amigos.]

(Male) —¿Vienes al río con nosotros mañana, Graciela?

(Female) —No Jorge . . . no puedo, mamá no quiere que me bañe más en el río.

(Male) —¿Por qué? Lo pasamos muy bien.

(Female) —Alguien le dijo que es muy peligroso y que el año pasado a un chico se lo llevaba la corriente . . . casi murió.

(Male) —Ay, no lo sabía. Entonces yo no voy a bañarme tampoco. Pero, vamos de todos modos, así podremos disfrutar del campo y del aire libre.

(Female) —De acuerdo. Nos vemos mañana.

Contesta las preguntas 25 y 26   [24 seconds]

(Narrator) [Selección número 12. Escucha esta conversación entre un empleado y una señora.]

(Male) —Lo siento, señora pero no tenemos ninguna habitación disponible.

(Female) —No es posible. Acabo de llegar y necesito un lugar donde quedarme esta noche. ¡No hay un cuarto en toda la ciudad!

(Male) —Es verdad. Lo único que le puedo sugerir es que regrese más tarde. Siempre hay personas que no aparecen aunque tienen reservación.

(Female) —No tengo otra alternativa. ¿A qué hora debo regresar?

(Male) —Después de las seis.

Contesta las preguntas 27 y 28   [24 seconds]

REJOINDERS

Directions: You will now listen to a selection of short exchanges or parts of conversations. Each selection is followed by four statements, designated (A), (B), (C), and (D). Neither these exchanges nor the statements are printed in your test booklet. After listening to the four statements, choose the statement that most logically continues or finishes the conversation and fill in the corresponding oval in your answer sheet.

To become familiar with this part of the test, listen to the following example:

You hear:
(Male) —No recuerdo donde puse los anteojos.

You also hear:
(Female) (A) Allí están, sobre la mesa.
(B) Todos están de acuerdo.
(C) Se cubrió los ojos.
(D) Se le olvidó el disco.

The statement that continues the conversation in the most logical way is statement (A) "Allí están, sobre la mesa." For that reason, you should select answer (A).

Now get ready to listen to the first exchange and the four statements.

Número 1.

(Female) —¡Ay qué calor hace! Mira cómo estoy sudando.

(Male) —¿Por qué no nos sentamos debajo de aquel árbol?

(Female) (A) Hay muchas flores en esta casa.
(B) Este asiento no es muy cómodo.
(C) Buena idea. Allí no hace mucho sol.
(D) Sí, esa señora necesita un asiento.

[7 seconds]

Número 2.

(Male) —Aquí tiene señora, pescado frito y patatas.

(Female) —Oiga, ¡este pescado ya está frío!

(Male) (A) Sí, todavía está nevando.
(B) No, no oigo las noticias nunca.
(C) Por supuesto. Aquí todo es muy fresco.
(D) Lo siento, es que estamos muy ocupados.

[7 seconds]

Número 3.

(Male) —Hace más de un mes que no limpias tu cuarto.

(Female) (A) Ya son las dos y media.

(B) Me baño todos los días.

(C) Pero no está muy sucio.

(D) Ese jabón no me gusta.

[7 seconds]

Número 4.

(Female) —¿Qué te pasa? Pareces muy cansado.

(Male) —No pude dormir bien anoche.

(Female) (A) Ve a casa y duerme una siesta.

(B) ¡Despierta Julio! Ya llegamos.

(C) Me parezco mucho a mi hermana.

(D) Estoy cansada de trabajar tanto.

[7 seconds]

Número 5.

(Male) —El avión llegó con retraso.

(Female) (A) El reloj no funciona.

(B) Hacía mal tiempo.

(C) Llegó muy temprano.

(D) El aeropuerto está cerca.

[7 seconds]

Número 6.

(Male) —Bueno Sandra, tengo que irme.

(Female) —¿Por qué no te quedas con nosotros un rato más?

(Male) (A) Le temo a las ratas.

(B) Se queja demasiado.

(C) Tengo una cita.

(D) No tenemos más.

[7 seconds]

Número 7.

(Male)   —No puedo encontrar nada.

(Female)   —¿Qué estás buscando en esa caja, Alberto?

(Male)   (A) Los paquetes son muy caros.

            (B) Las cajas son muy pesadas.

            (C) Los juegos comienzan a las tres.

            (D) Los juguetes que compré ayer.

[7 seconds]

Número 8.

(Male)   —¡Ay! ¡Se me cayeron todos los huevos!

(Female)   (A) Lo siento.

            (B) ¡Qué suerte!

            (C) ¡Feliz año nuevo!

            (D) Ya se fueron.

[7 seconds]

Número 9.

(Male)   —Mira, ya terminé el problema de álgebra.

(Female)   —Creo que has cometido un error.

(Male)   (A) Comí demasiado.

            (B) Nunca me equivoco.

            (C) Gracias, ya comí.

            (D) Yo nunca tengo problemas.

[7 seconds]

Número 10.

(Male)   —Si vamos en coche, el viaje será más interesante.

(Female)   —No vale la pena ir en coche.

(Male)   (A) Vale más que el otro.

            (B) Claro, él me da pena.

            (C) Es verdad. Hay mucho tráfico.

            (D) Es uno de los coches más caros.

[7 seconds]

Número 11.

(Female)   ¿Fuiste a la fiesta anoche?

(Male)   —Sí, te vi, pero no me saludaste.

(Female)   (A) Saludos a tus padres.

(B) Se lo diste ayer.

(C) Va a llover esta noche.

(D) Estaba muy ocupada.

[7 seconds]

Número 12.

(Female)   —Esta noche voy a cenar con mi novio.

(Male)   —¿Cuánto tiempo hace que no sales con él?

(Female)   (A) Hace ya varios días.

(B) Hace mal tiempo.

(C) Vio una obra de teatro.

(D) Corre más de diez millas.

[7 seconds]

Número 13.

(Male)   —¿Por qué estás tan contenta Julia?

(Female)   —Mañana cumplo dieciocho años.

(Male)   (A) No sabía que eras tan joven.

(B) Lo compré hace un año.

(C) Tu respuesta es incorrecta.

(D) Me gusta ese tamaño.

[7 seconds]

Número 14.

(Female)   —Ayer fui a hablar con mi tía sobre mis planes para la universidad.

(Male)   —¿Le pediste consejos?

(Female)   (A) No, no tenía dinero.

(B) Por supuesto, me dio muchos.

(C) Sí, pero los perdí.

(D) Claro, me los devolvió.

[7 seconds]

Número 15.

(Male)   —Hasta luego, Rosario. Me voy en tu coche.

(Female)   —Ten cuidado, hay mucho tráfico.

(Male)   (A) Siempre cuida a sus hermanos.

(B) El autobús es muy cómodo.

(C) Le hemos dado mucho dinero.

(D) Voy a conducir con cuidado.

[7 seconds]

Número 16.

(Male)   —¿Dónde queda el centro comercial?

(Female)   —Siga derecho hasta el final de la calle.

(Male)   (A) Tú no tienes ningún derecho.

(B) Espero que no me pierda.

(C) Ellos no se van a callar.

(D) Terminamos todo el trabajo.

[7 seconds]

Número 17.

(Female)   —¿Por qué no nos encontramos cuando salgas del cine?

(Male)   —De acuerdo, la película dura unas tres horas.

(Female)   (A) Uy, es demasiado larga.

(B) Sí, es muy dura.

(C) Claro, es muy temprano.

(D) Pues, búscala en la tienda.

[7 seconds]

Número 18.

(Female)   —Este verano voy de vacaciones con todos mis primos.

(Male)   —Pues, yo prefiero viajar solo.

(Female)   (A) ¿No te deprimes?

(B) ¿Cuánto cuesta?

(C) ¿Cancelaron el viaje?

(D) ¿No tienes tiempo libre?

[7 seconds]

Número 19.

(Male) —Devuelve esos libros a la biblioteca.

(Female) (A) La librería está cerrada.

(B) Vuelvo a buscar los libros.

(C) No puedo, todavía los necesito.

(D) No vuelvo a esa clase.

[7 seconds]

Número 20.

(Male) —La catedral queda a cinco cuadras de aquí.

(Female) (A) Gracias, no me parece muy lejos.

(B) No, es demasiado cara.

(C) Ignacio es muy religioso.

(D) Me encantan esos cuadros.

[7 seconds]

PRACTICE TESTS

Practice Test 1
ANSWER SHEET

1. Ⓐ Ⓑ Ⓒ Ⓓ	23. Ⓐ Ⓑ Ⓒ Ⓓ	45. Ⓐ Ⓑ Ⓒ Ⓓ	67. Ⓐ Ⓑ Ⓒ Ⓓ
2. Ⓐ Ⓑ Ⓒ Ⓓ	24. Ⓐ Ⓑ Ⓒ Ⓓ	46. Ⓐ Ⓑ Ⓒ Ⓓ	68. Ⓐ Ⓑ Ⓒ Ⓓ
3. Ⓐ Ⓑ Ⓒ Ⓓ	25. Ⓐ Ⓑ Ⓒ Ⓓ	47. Ⓐ Ⓑ Ⓒ Ⓓ	69. Ⓐ Ⓑ Ⓒ Ⓓ
4. Ⓐ Ⓑ Ⓒ Ⓓ	26. Ⓐ Ⓑ Ⓒ Ⓓ	48. Ⓐ Ⓑ Ⓒ Ⓓ	70. Ⓐ Ⓑ Ⓒ Ⓓ
5. Ⓐ Ⓑ Ⓒ Ⓓ	27. Ⓐ Ⓑ Ⓒ Ⓓ	49. Ⓐ Ⓑ Ⓒ Ⓓ	71. Ⓐ Ⓑ Ⓒ Ⓓ
6. Ⓐ Ⓑ Ⓒ Ⓓ	28. Ⓐ Ⓑ Ⓒ Ⓓ	50. Ⓐ Ⓑ Ⓒ Ⓓ	72. Ⓐ Ⓑ Ⓒ Ⓓ
7. Ⓐ Ⓑ Ⓒ Ⓓ	29. Ⓐ Ⓑ Ⓒ Ⓓ	51. Ⓐ Ⓑ Ⓒ Ⓓ	73. Ⓐ Ⓑ Ⓒ Ⓓ
8. Ⓐ Ⓑ Ⓒ Ⓓ	30. Ⓐ Ⓑ Ⓒ Ⓓ	52. Ⓐ Ⓑ Ⓒ Ⓓ	74. Ⓐ Ⓑ Ⓒ Ⓓ
9. Ⓐ Ⓑ Ⓒ Ⓓ	31. Ⓐ Ⓑ Ⓒ Ⓓ	53. Ⓐ Ⓑ Ⓒ Ⓓ	75. Ⓐ Ⓑ Ⓒ Ⓓ
10. Ⓐ Ⓑ Ⓒ Ⓓ	32. Ⓐ Ⓑ Ⓒ Ⓓ	54. Ⓐ Ⓑ Ⓒ Ⓓ	76. Ⓐ Ⓑ Ⓒ Ⓓ
11. Ⓐ Ⓑ Ⓒ Ⓓ	33. Ⓐ Ⓑ Ⓒ Ⓓ	55. Ⓐ Ⓑ Ⓒ Ⓓ	77. Ⓐ Ⓑ Ⓒ Ⓓ
12. Ⓐ Ⓑ Ⓒ Ⓓ	34. Ⓐ Ⓑ Ⓒ Ⓓ	56. Ⓐ Ⓑ Ⓒ Ⓓ	78. Ⓐ Ⓑ Ⓒ Ⓓ
13. Ⓐ Ⓑ Ⓒ Ⓓ	35. Ⓐ Ⓑ Ⓒ Ⓓ	57. Ⓐ Ⓑ Ⓒ Ⓓ	79. Ⓐ Ⓑ Ⓒ Ⓓ
14. Ⓐ Ⓑ Ⓒ Ⓓ	36. Ⓐ Ⓑ Ⓒ Ⓓ	58. Ⓐ Ⓑ Ⓒ Ⓓ	80. Ⓐ Ⓑ Ⓒ Ⓓ
15. Ⓐ Ⓑ Ⓒ Ⓓ	37. Ⓐ Ⓑ Ⓒ Ⓓ	59. Ⓐ Ⓑ Ⓒ Ⓓ	81. Ⓐ Ⓑ Ⓒ Ⓓ
16. Ⓐ Ⓑ Ⓒ Ⓓ	38. Ⓐ Ⓑ Ⓒ Ⓓ	60. Ⓐ Ⓑ Ⓒ Ⓓ	82. Ⓐ Ⓑ Ⓒ Ⓓ
17. Ⓐ Ⓑ Ⓒ Ⓓ	39. Ⓐ Ⓑ Ⓒ Ⓓ	61. Ⓐ Ⓑ Ⓒ Ⓓ	83. Ⓐ Ⓑ Ⓒ Ⓓ
18. Ⓐ Ⓑ Ⓒ Ⓓ	40. Ⓐ Ⓑ Ⓒ Ⓓ	62. Ⓐ Ⓑ Ⓒ Ⓓ	84. Ⓐ Ⓑ Ⓒ Ⓓ
19. Ⓐ Ⓑ Ⓒ Ⓓ	41. Ⓐ Ⓑ Ⓒ Ⓓ	63. Ⓐ Ⓑ Ⓒ Ⓓ	85. Ⓐ Ⓑ Ⓒ Ⓓ
20. Ⓐ Ⓑ Ⓒ Ⓓ	42. Ⓐ Ⓑ Ⓒ Ⓓ	64. Ⓐ Ⓑ Ⓒ Ⓓ	
21. Ⓐ Ⓑ Ⓒ Ⓓ	43. Ⓐ Ⓑ Ⓒ Ⓓ	65. Ⓐ Ⓑ Ⓒ Ⓓ	
22. Ⓐ Ⓑ Ⓒ Ⓓ	44. Ⓐ Ⓑ Ⓒ Ⓓ	66. Ⓐ Ⓑ Ⓒ Ⓓ	

To compute your approximate scaled score:

____ (number of correct answers) – ____ (number of incorrect answers) / 3 = ____ (raw score)

Now, go to page 386 to find out your approximate scaled score.

Practice Test 1

PART A

Directions: Read the following statements and the four suggested completions. Then choose the most appropriate completion and fill in the corresponding oval on the answer sheet.

1. ¡Qué raro que Humberto no haya llegado . . . ! Él siempre llega a tiempo.

   (A) nada
   (B) bastante
   (C) todavía
   (D) siempre

2. Gerardo no podía creer lo que le dije, por eso seguía repitiendo . . .

   (A) ¿De veras?
   (B) ¿Qué tal?
   (C) ¡Salud!
   (D) ¡Bienvenido!

3. Tengo que llevar el coche al mecánico pues el motor está haciendo mucho . . .

   (A) viento
   (B) sudor
   (C) ruido
   (D) camino

4. Cuando era pequeña, mi abuela siempre me . . . cuentos de hadas.

   (A) repasaba
   (B) contaba
   (C) respondía
   (D) charlaba

5. Finalmente anteayer . . . el paquete que me había enviado Diego.

   (A) llegó
   (B) llegaba
   (C) llegará
   (D) llegara

6. En esa clase es necesario prestar mucha atención y tomar . . .

   (A) apuntes
   (B) notas
   (C) escritos
   (D) letras

7. Me sorprendió . . . viejo que estaba Ignacio.

   (A) el
   (B) uno
   (C) lo
   (D) un

8. Esa camisa parece demasiado grande. ¿Por qué no te la . . . antes de comprarla?

   (A) sacas
   (B) mojas
   (C) pruebas
   (D) tratas

9. Señora Robles, no . . . Ud. los zapatos. El piso está muy sucio.

   (A) se quita
   (B) se quitara
   (C) se quitaba
   (D) se quite

10. El policía les prohibió a los chicos . . . la calle.

    (A) cruzar
    (B) cruzaron
    (C) cruzarían
    (D) cruzaran

11. Hay que terminar el trabajo inmediatamente. Pienso que Caridad debe hacerlo porque ella es muy . . .

    (A) profunda
    (B) lenta
    (C) antigua
    (D) capaz

12. Deja la carne en el horno, parece . . .

    (A) cruda
    (B) hecha
    (C) mojada
    (D) tostada

13. Uy, Alfredo, mamá no quiere que yo hable tanto por teléfono; tengo que . . . ahora.

    (A) colgar
    (B) dejar
    (C) seguir
    (D) buscar

14. ¿Ves . . . en el horizonte? Es un barco.

    (A) aquel
    (B) aquello
    (C) ese
    (D) este

15. Yo no creía que él . . . tanto viajar en tren.

    (A) odiaría
    (B) odió
    (C) odiara
    (D) odiaba

16. No pudimos comprar la casa porque nos . . . falta diez mil dólares.

    (A) hacía
    (B) hacíamos
    (C) hacían
    (D) hicieran

17. En la entrevista yo respondí a las preguntas del director con mucha . . .

    (A) tranquilamente
    (B) tranquilidad
    (C) tranquila
    (D) tranquilo

18. Cuando reconoció al hombre que le había robado el bolso, ella gritó ¡Ése es el . . . !

    (A) enfermero
    (B) deportista
    (C) periodista
    (D) ladrón

19. ¿Cuánto . . . por limpiar la chimenea?

    (A) fijan
    (B) cargan
    (C) cobran
    (D) rompen

20. Si no estás contento con el servicio que recibiste, debes presentar una . . .

    (A) queja
    (B) mentira
    (C) propina
    (D) lástima

21. Hoy tuvimos una gran sorpresa. . . . a quién encontramos en la calle.

    (A) Saluda
    (B) Adivina
    (C) Sigue
    (D) Pide

22. Dolores, sé que vas a tener mucho trabajo la semana próxima. . . . conmigo; yo te ayudaré.

    (A) Piensa
    (B) Cuenta
    (C) Sueña
    (D) Entrega

23. El campesino no permitió que ellos . . . las manzanas.

    (A) recogieron
    (B) recogieran
    (C) recogerían
    (D) recogerán

24. Tendremos que cenar con ellos aunque no . . . ganas.

    (A) tengamos
    (B) tuviéramos
    (C) tuvimos
    (D) teníamos

25. Ésa es la única tienda donde yo . . . vegetales frescos.

    (A) consigo
    (B) consiga
    (C) consiguiera
    (D) haya conseguido

26. Si haces lo que te dije, tú no . . . ningún problema con las autoridades.

    (A) tuvieras
    (B) tendrás
    (C) tenías
    (D) tuviste

27. Orlando ya estaba llegando al final del maratón pero . . . se cayó y no pudo terminarlo.

    (A) desafortunadamente
    (B) igualmente
    (C) cuidadosamente
    (D) naturalmente

28. ¿Por qué estabas tan seguro de que yo . . . la respuesta?

    (A) haya sabido
    (B) sabía
    (C) hubiera sabido
    (D) sepa

PART B

Directions: In the following passages some words or phrases are missing. For each blank, four possible completions are given. Read the entire passage to get an idea of its content, then select the most appropriate completion, taking into consideration the overall meaning of the passage. Fill in the corresponding oval on the answer sheet.

Flores para escribir

¿Te gustan las flores? Estas flores no __(29)__ encuentran en las plantas. Son pequeñas pizarras para que __(30)__ escribir y dibujar en ellas. Cuestan menos __(31)__ cinco dólares y las puedes __(32)__ en cualquier tienda de juguetes. Hay mucha variedad: dalias, margaritas, claveles y muchas otras de colores muy __(33)__ . También vienen con una cajita de __(34)__ y un borrador.

29. (A) le
    (B) se
    (C) la
    (D) les

30. (A) puedas
    (B) podrás
    (C) puedes
    (D) podrías

31. (A) de
    (B) con
    (C) en
    (D) por

32. (A) cobrar
    (B) enviar
    (C) perder
    (D) conseguir

33. (A) vivos
    (B) altos
    (C) estrechos
    (D) ligeros

34. (A) bolígrafos
    (B) cuadernos
    (C) tizas
    (D) mochilas

Está entre nosotros

Hace 20 años Puerto Rico y el béisbol sufrieron un ___(35)___ golpe al perecer Roberto Clemente en un accidente aéreo, en un viaje que él ___(36)___ organizó para socorrer a las víctimas del terremoto de Nicaragua. Clemente, más ___(37)___ un pelotero, es el santo patrono del béisbol latino.

Jugó 18 años con los Piratas de Pittsburg y fue el ___(38)___ hispano en sumar 3,000 hits e ingresar en el Salón de la Fama. Todas las ___(39)___ los Piratas dedican una noche en su honor. El béisbol de grandes ligas otorga un ___(40)___ cívico anual que ___(41)___ su nombre, el *Roberto Clemente Humanitarian Award*. Y es que su espíritu no ___(42)___ nunca.

35. (A) duro
    (B) despacio
    (C) pcsado
    (D) limpio

36. (A) propio
    (B) mismo
    (C) igual
    (D) alguno

37. (A) que
    (B) de
    (C) cual
    (D) con

38. (A) primitivo
    (B) primario
    (C) primero
    (D) primer

39. (A) salidas
    (B) reuniones
    (C) temporadas
    (D) canciones

40. (A) precio
    (B) pueblo
    (C) pedazo
    (D) premio

41. (A) da
    (B) lleva
    (C) muda
    (D) vale

42. (A) muriera
    (B) muera
    (C) morirá
    (D) haya muerto

Inclinado estaba y llorando, cuando sintió que ____(43)____ mano le acariciaba la cansada cabeza y que una ____(44)____ de mujer, con un dulce acento español, le ____(45)____ :

—Llore, hijo, llore.

Una nueva ola de llanto le arrasó los ojos y lloró con ____(46)____ fuerza como la primera vez, pero ahora no angustiosamente ____(47)____ con alegría, sintiendo que una gran frescura lo penetraba, apagando eso caliente que le había estrangulado la garganta. Mientras lloraba parecióle que su vida y sus sentimientos se limpiaban ____(48)____ un vaso bajo un chorro de agua, recordando la claridad y firmeza de otros días.

Cuando pasó el acceso de llanto ____(49)____ limpió con su pañuelo los ojos y ____(50)____ , ya tranquilo. Levantó la ____(51)____ y miró a la señora, pero ésta no le miraba ya, miraba ____(52)____ la calle a un punto lejano, y su rostro estaba triste.

En la mesita, ante él ____(53)____ un nuevo vaso ____(54)____ de leche y otro platillo colmado de vainillas; comió lentamente, sin ____(55)____ en nada, como si nada le hubiera pasado, como si estuviera en su casa y su madre ____(56)____ esa mujer que estaba ____(57)____ del mostrador.

43. (A) un
    (B) una
    (C) uno
    (D) el

44. (A) voz
    (B) lengua
    (C) palabra
    (D) mirada

45. (A) decía
    (B) diría
    (C) dijera
    (D) dirá

46. (A) menor
    (B) tanta
    (C) muy
    (D) mucha

47. (A) pero
    (B) sino
    (C) sino que
    (D) sin que

48. (A) así
    (B) pues
    (C) como
    (D) luego

49. (A) les
    (B) se
    (C) los
    (D) lo

50. (A) la cara
    (B) la lengua
    (C) el corazón
    (D) el hueso

51. (A) cabeza
    (B) uña
    (C) rodilla
    (D) espalda

52. (A) entre
    (B) en
    (C) sin
    (D) hacia

53. (A) había
    (B) hubo
    (C) habrá
    (D) habría

54. (A) completo
    (B) roto
    (C) pesado
    (D) lleno

55. (A) pensado
    (B) pensando
    (C) pensar
    (D) pensada

56. (A) era
    (B) sería
    (C) fue
    (D) fuera

57. (A) antes
    (B) adentro
    (C) detrás
    (D) desde

PART C

> **Directions:** In this part you will read several passages that will test your comprehension. After each passage, a number of questions or incomplete statements appear. Choose the most appropriate answer or completion, taking into consideration the overall meaning of the passage. Fill in the corresponding oval on the answer sheet.

Miré por la ventana y no pude ver nada. Era una de esas noches de invierno con vientos fuertes y nieve en las que nadie se atreve a salir a la calle, a menos que tenga que hacerlo. Mi madre era una de esas personas. Tenía que ir a su trabajo de
Line limpiar oficinas en el centro de Chicago. La vi por la ventana con sus ojos cansados
(5) junto a mi hermano César.

A los empleados les permitían llevar a sus hijos al trabajo el primer viernes de cada mes. En aquél entonces yo tenía unos 12 años y César, 10. Ella trabajaba de lunes a sábado de 11 P.M. a 6 A.M. Y todos los primeros viernes, César iba con ella. Mas yo siempre tenía alguna excusa para no ir. No me veía pasando la noche despi-
(10) erto limpiando oficinas.

Esos sábados siguientes, César regresaba entusiasmado y me contaba cómo había ayudado a mamá y jugado al escondite con los hijos de los otros empleados. Sin embargo, más que nuestra compañía, mi mamá deseaba que viéramos cómo se ganaba la vida. Pero yo no fui ni una vez a ver qué era lo que hacía. Estando en la
(15) escuela secundaria, le pregunté a mi hermano por qué le gustaba tanto ir a esas oficinas. Su respuesta no fue precisamente la que yo esperaba. Me dijo que no era que le gustase limpiar, sino que disfrutaba estar con mamá. Me sentí avergonzado.

Años más tarde, luego de graduarse de la universidad en contabilidad, César obtuvo un empleo en el mismo edificio donde mamá y él limpiaban oficinas. El
(20) primer día de trabajo, mamá lo despidió con un beso. Él la abrazó y los dos se echaron a llorar.

Al verlos me di cuenta del enorme sacrificio de mi madre, y de la calidez y amor de mi hermano. Él supo desde niño lo que a mí me tomó años aprender: hay oportunidades que se dan sólo una vez en la vida. Mamá murió hace dos años y
(25) no pasa un sólo día en el que no piense en ella. Cómo me gustaría haber limpiado esas oficinas.

58. ¿Por qué no pudo ver nada el narrador al mirar por la ventana?

    (A) Porque había mucha gente en la calle
    (B) Porque hacía mal tiempo
    (C) Porque no había luces en las calles
    (D) Porque habían cubierto las ventanas

59. ¿Quién tenía que salir a la calle esa noche?

    (A) Su madre
    (B) Él mismo
    (C) Su jefe
    (D) El primo

60. ¿Por qué tenía que salir a la calle esta persona?

   (A) Porque tenía que ir a su empleo
   (B) Porque César no se sentía bien
   (C) Porque quería regresar a su casa
   (D) Porque el narrador se lo pidió

61. ¿Cuándo podían los trabajadores llevar a los hijos al trabajo?

   (A) Cualquier día menos el viernes
   (B) Cualquier día de la semana
   (C) Una vez al mes
   (D) Una vez por semana

62. Según el narrador, parece que él no acompañaba a su madre y a su hermano porque

   (A) no le gustaba trabajar
   (B) no le gustaba su hermano
   (C) lo invitaban a último momento
   (D) tenía que limpiar su oficina

63. ¿Cómo se sentía César al regresar los sábados?

   (A) Muy cansado
   (B) Muy animado
   (C) Muy enojado
   (D) Muy tranquilo

64. A la madre le gustaba que sus hijos fueran con ella para que ellos

   (A) la entretuvieran un poco
   (B) ganaran dinero también
   (C) vieran el trabajo que hacía
   (D) no estuvieran solos en la casa

65. El narrador se sentía avergonzado porque él nunca

   (A) ganó suficiente dinero
   (B) habló con su hermano
   (C) acompañó a su madre
   (D) terminó sus estudios

66. ¿Cómo parece ser la relación entre la madre y César?

   (A) Muy unida
   (B) Muy problemática
   (C) Llena de celos
   (D) Totalmente artificial

67. ¿Cómo parece sentirse el narrador al final de la selección?

   (A) Arrepentido
   (B) Exitoso
   (C) Satisfecho
   (D) Agotado

Questions 68–70 refer to the following advertisement.

68. ¿Quiénes estarían interesados en este anuncio?

(A) Las personas que son dueñas de casa
(B) Las personas que necesitan seguro médico
(C) Las personas que trabajan para la policía
(D) Las personas que se pierden fácilmente

69. ¿Qué dice el anuncio sobre otras compañías?

(A) Que no colaboran con la policía
(B) Que no le dan el servicio que prometen
(C) Que sus clientes están muy satisfechos
(D) Que tardan más en responder a una crisis

70. Si una persona llama a esta compañía, podría

(A) visitar la oficina más cercana
(B) ahorrar mucho dinero
(C) hablar con personas que usan sus servicios
(D) recibir información de la policía

Donar esperanza, buen regalo para esta Navidad

Navidad, esa época en la que la palabra generosidad está en boca de casi todo el mundo. Aguinaldos y traídos se convierten en la mejor expresión de afecto *Line* hacia aquellas personas—familiares y amigos—que representan algo importante en (5) nuestras vidas y a las que buscamos agradecer con un detalle.

Pero también es la oportunidad de dar afecto a quienes, sin conocerlos, podemos brindarles alegría y apoyo.

Regalar esperanza

Es así como son varias las personas o empresas que han adoptado la costumbre (10) de no enviar a sus amigos, clientes, socios o aliados, algún tipo de regalo en esta época. En su lugar realizan una donación a una entidad solidaria en nombre de esa persona a quien quieren reconocer con un detalle y se lo comunican mediante una tarjeta. Una forma de alegrar el corazón y aliviar la situación de una persona o un grupo familiar en situación de necesidad.

(15) De acuerdo con *Zulma Patricia Trujillo*, directora de mercadeo de la Fundación Ximena Rico Llano, es una práctica que ha tomado fuerza, especialmente por parte de las empresas. Señala que por temas de ética, las organizaciones consideran que es una buena alternativa para brindar mayor acercamiento con la comunidad y además evitar malas interpretaciones en torno a la relación que pueden tener con sus socios (20) o clientes. También, señala, "hay más conciencia de la función social de las empresas y su responsabilidad para apoyar a grupos que lo necesitan."

Esta estrategia, por ejemplo, la empleó el Grupo Éxito. Así—cuenta Daniela Ruiz, asistente de comunicaciones de la Fundación Éxito—los públicos especiales de esta organización empresarial recibieron este año una tarjeta en la que se les (25) comunicaba una donación hecha por el Grupo a nombre de ellos, en favor de la Fundación, que trabaja en programas de nutrición infantil, con niños de 0 a 2 años.

Esta es una figura que en la medida que las empresas y las personas conocen es más reconocida. "Este año su utilización fue más usual", recalca Zulma Patricia Trujillo.

(30) Incluso destaca que aunque el tema de las donaciones tiene un beneficio tributario, muchas empresas ni siquiera reclaman el certificado respectivo porque para ellas lo importante no es obtener este descuento en sus impuestos, sino ayudar.

71. Además de ser generosos con nuestros familiares y amigos, la Navidad nos ofrece la oportunidad de

    (A) expresar gratitud a los clientes
    (B) agradecer la generosidad de otros
    (C) reconocer lo que es importante en el mundo
    (D) ayudar a personas desconocidas

72. Últimamente se ha adoptado la costumbre de

    (A) hacer un donativo a organizaciones solidarias
    (B) recoger regalos para quienes no tienen una familia
    (C) enviar tarjetas a personas sin conocerlas
    (D) reconocer en público a las entidades solidarias

73. ¿Qué beneficios trae la nueva costumbre para las empresas?

    (A) Atraer a nuevos consumidores a su empresa
    (B) Enseñar ética a los miembros de la comunidad
    (C) Tener mejores relaciones públicas con la comunidad
    (D) Hacer a los ciudadanos más responsables

74. ¿Qué hizo el Grupo Éxito?

    (A) Donó dinero a una fundación.
    (B) Nombró a una nueva asistente.
    (C) Envió comida a niños pequeños.
    (D) Estableció una nueva fundación.

75. ¿Qué es lo importante para muchas empresas?

    (A) Recibir descuentos para sus negocios
    (B) Contribuir para el beneficio de otros
    (C) Ser reconocidas por sus empleados
    (D) Mantener el espíritu de alegría

Hielo de la Antártida es más grueso de lo pensado

El hielo marino de la Antártida es mucho más grueso de lo que se creía, **según un estudio divulgado este martes en Australia,** el cual se cree ayudará a entender los efectos del cambio climático en el planeta.

Line Anteriormente se calculaba que el grosor* del hielo marino era de un metro, pero las
(5) investigaciones lideradas por Guy Williams, experto de la Universidad de Tasmania, **señalan que la media es de 1,4 a 5,5 metros,** e incluso en los casos más extremos llega a los diez metros de espesor.

Las imágenes tomadas en el pasado con los satélites muestran que la cubierta del hielo marino está reduciéndose significativamente **en el Ártico debido al cambio**
(10) **climático**, pero paradójicamente aumenta en la zona de la Antártida, de acuerdo a la ABC.

Estas mediciones con los satélites necesitaban validarse desde la Tierra y en el caso de la Antártida estos trabajos se hacían mediante perforaciones y observaciones desde los barcos, los que indicaban que el grosor de la mayoría de los hielos
(15) marinos era de menos de un metro.

Pero para efectos de este estudio, que fue publicado en la revista científica Nature Geosciece, **se utilizaron robots submarinos para esclarecer la sospecha de Williams y sus colegas**, quienes creían que las mediciones no eran correctas porque los rompehielos prefieren navegar por zonas en que no se les dificulte el paso.

(20) Además "**cuando se revisan los conjuntos de datos no se hallan perforaciones que superen los seis metros**", explicó Williams al considerar los límites humanos en este tipo de tareas.

Por ello, el experto de la Universidad de Tasmania y sus compañeros **contrataron los servicios de vehículos autónomos para medir el grosor de los hielos marinos**
(25) en tres zonas antárticas.

"Esto nos proporcionó una nueva visión de los hielos marinos antárticos con tres mapas tridimensionales", acotó Williams, quien enfatizó que tuvo **la oportunidad de descubrir un nuevo mundo**.

*grosor = thickness

76. Como resultado de sus investigaciones, Guy Williams pudo declarar que

    (A) el grosor del hielo marítimo era más de lo que se creía
    (B) el hielo había disminuido en la Antártida muy rápidamente
    (C) los satélites no habían funcionado bien durante las investigaciones
    (D) las medidas del pasado eran tan precisas como ahora

77. ¿Cuál es la diferencia entre el Ártico y la Antártida?

    (A) El grosor del hielo en la Antártida es menos que el del Ártico.
    (B) El cambio climático las afecta de maneras diferentes.
    (C) Las perforaciones en el hielo no han aumentado en la Antártida.
    (D) Los satélites no han podido mostrar la condición del Ártico.

78. ¿Qué sospechaban Williams y sus colegas?

    (A) Que los humanos no podrían llegar a estos lugares
    (B) Que la navegación fue prohibida por muchos años
    (C) Que los robots submarinos no funcionaban bien
    (D) Que los cálculos del pasado no eran correctos

79. ¿Qué beneficio tuvieron los mapas?

    (A) Poder navegar con más facilidad
    (B) Descubrir tres nuevas zonas antárticas
    (C) Ver mejor los hielos marinos
    (D) Localizar a los robots submarinos con más exactitud

A las doce y media de la noche, Raúl González, que dormía en su pieza de interno del Hospital San Rafael, despertó violentamente. Se sentó en la cama y balbuceó, medio dormido:

—¡Qué! ¡Qué pasa!

Line
(5) Nadie respondió . . . Esperó un momento, volvió a repetir la pregunta y obtuvo el mismo resultado. ¡Qué raro! En medio de su sueño había sentido claramente que alguien golpeaba la puerta llamándole por su nombre.

"¿Habré soñado?", se preguntó.

Echó una mirada a su alrededor. La habitación estaba débilmente alumbrada *(10)* por el reflejo de la bombilla eléctrica del pasillo; el tragaluz, abierto; la puerta cerrada; las sillas, el velador y la mesa guardaban la misma posición que tenían cuando él se acostó; enfrente, entre la puerta y el rincón, se veía el ropero, juntas las sueltas hojas de su puerta, con su mismo aspecto de viejo asmático.

—¡Bueno!—murmuró Raúl González—. ¿Qué le vamos a hacer? Seguiremos *(15)* durmiendo. Parece que he soñado.

Se acostó de nuevo; se acomodó bien en la cama, buscando su postura favorita para conciliar el sueño, y ya cerraba los ojos cuando oyó distintamente tres golpes que parecían dados con los nudillos de la mano sobre la pared.

—¡Esto sí que no es sueño, pues! —exclamó, sentándose de nuevo—. ¿Quién *(20)* llama?—gritó con una voz fuerte, tan fuerte que él mismo se asustó.

80. Al principio de la selección cuando Raúl González se despertó parece estar

(A) contento
(B) asustado
(C) escondido
(D) resfriado

81. ¿Qué encontró raro Raúl González?

(A) Que nadie le contestara
(B) Que la puerta estuviera abierta
(C) Que se sintiera agotado
(D) Que hubiera tanta luz

82. Al mirar alrededor del cuarto Raúl González vio que

(A) le habían robado la ropa
(B) la mesa ya no estaba allí
(C) nada había cambiado de lugar
(D) un viejo había entrado

83. ¿Qué decide hacer Raúl González?

(A) Acostarse otra vez
(B) Salir del cuarto
(C) Quedarse sentado en la cama
(D) Cambiar la posición de la cama

84. ¿Qué sucedió cuando Raúl González cerraba los ojos?

(A) La pared comenzó a moverse.
(B) Sintió una mano que lo tocaba.
(C) Alguien gritó su nombre.
(D) Oyó otro ruido de nuevo.

85. ¿De qué se dio cuenta Raúl González al final de la selección?

(A) De que alguien lo golpeaba
(B) De que no soñaba
(C) De que alguien gritaba
(D) De que no podía hablar

If there is still time remaining, you may review your answers.

Answer Key
PRACTICE TEST 1

Part A

1. C	6. A	11. D	16. C	21. B	26. B
2. A	7. C	12. A	17. B	22. B	27. A
3. C	8. C	13. A	18. D	23. B	28. B
4. B	9. D	14. B	19. C	24. A	
5. A	10. A	15. C	20. A	25. A	

Part B

29. B	34. C	39. C	44. A	49. B	54. D
30. A	35. A	40. D	45. A	50. A	55. C
31. A	36. B	41. B	46. B	51. A	56. D
32. D	37. A	42. C	47. B	52. D	57. C
33. A	38. D	43. B	48. C	53. A	

Part C

58. B	63. B	68. A	73. C	78. D	82. C
59. A	64. C	69. B	74. A	79. C	83. A
60. A	65. C	70. C	75. B	80. B	84. D
61. C	66. A	71. D	76. A	81. A	85. B
62. A	67. A	72. A	77. B		

The answer to some questions may depend on more than one statement in the passage. In that case more than one line will be listed in the Answer Explanations. When the answer depends on the overall meaning of the passage, the answer is indicated by "overall meaning."

ANSWER EXPLANATIONS

Note: Some words that are cognates have not been translated.

Part A

1. **(C) todavía**–yet; nada–nothing, bastante–enough, siempre–always; llegar a tiempo–to arrive on time

2. **(A) ¿De veras?**–Really?; ¿Qué tal?–How goes it?, ¡Salud!–Good health!, ¡Bienvenido!–Welcome!

3. **(C) ruido**–noise; viento–wind, sudor–sweat, camino–road

4. **(B) contar**–to tell (a story); repasar–to review, responder–to answer, charlar–to chat; cuentos de hadas–fairy tales

5. **(A)** the preterit is needed; *see* section 7.1

6. **(A) tomar apuntes**–to take notes; notas–notes, escritos–writings, letras–letters; prestar atención–to pay attention

7. **(C) lo**; lo + adjective–how old . . . ; *see* section 1.2

8. **(C) probarse**–to try on; sacar–to take out, mojar–to wet, tratar–to try

9. **(D) se quite**–negative formal command; piso–floor, sucio–dirty

10. **(A) cruzar**; after *prohibir* the infinitive may be used; *see* section 13.7.1

11. **(D) capaz**–capable; profunda–deep, lenta–slow, antigua–old

12. **(A) cruda**–raw; hecha–done, mojada–wet, tostada–toasted; carne–meat

13. **(A) colgar**–to hang up; dejar–to leave, seguir–to follow, continue, buscar–to look for

14. **(B) aquello**; *see* section 5.5

15. **(C) odiara**; the subjunctive is needed after *no creer*; *see* section 13.7.3

16. **(C) hacían**; the plural is needed; *see* sections 6.10 and 6.11

17. **(B) tranquilidad**; a noun is needed

18. **(D) ladrón**–thief; enfermero–nurse, deportista–athlete, periodista–newspaperman; although any of these words could be correct, because of the context, thief is the most appropriate response; robo–theft

19. **(C) cobrar**–to charge; fijar–to fix, cargar–to load, romper–to break; limpiar–to clean

20. **(A) queja**–complaint; mentira–lie, propina–tip, lástima–pity (¡Qué lástima!–What a pity!)

21. **(B) adivinar**–to guess; saludar–to greet, seguir–to follow, continue, pedir–to request

22. **(B) contar con**–to rely or to count on; pensar–to think, soñar–to dream, entregar–to hand over, to deliver

23. **(B) recogieran**; the subjunctive is needed after *permitir*; *see* section 13.7.1; campesino–farmer

24. **(A)** **tengamos**; the subjunctive is needed after *aunque*; *see* section 13.7.6

25. **(A)** **consigo**; the present indicative is needed; conseguir–to get

26. **(B)** **tendrás**; the future is needed

27. **(A)** **desafortunadamente**–unfortunately; igualmente–equally, cuidadosamente–carefully, naturalmente–naturally

28. **(B)** **sabía**; the imperfect indicative is needed; *see* section 8.1

Part B

29. **(B)** **se**; no se encuentran–are not found

30. **(A)** **puedas**; the subjunctive is needed after *para que*; see section 13.7.7

31. **(A)** **de**; *see* section 3.6.2

32. **(D)** **conseguir**–to get; cobrar–to charge, enviar–to send, perder–to lose

33. **(A)** **vivos**–bright; altos–tall, estrechos–narrow, ligeros–light

34. **(C)** **tizas**–chalks; bolígrafos–ballpoint pens, cuadernos–notebooks, mochilas–knapsacks

35. **(A)** **duro**–hard; despacio–slow, pesado–heavy, limpio–clean

36. **(B)** **mismo**–himself; propio–own, igual–equal, alguno–some

37. **(A)** **que**–than; *see* section 3.6.2

38. **(D)** **primer**–first; *see* section 3.4

39. **(C)** **temporadas**–seasons; salidas–exits, reuniones–meetings, canciones–songs

40. **(D)** **premio**–prize; precio–price, pueblo–village, town, pedazo–piece

41. **(B)** **llevar**–to carry; dar–to give, mudar–to move, valer–to be worth

42. **(C)** **morirá**; the future is needed

43. **(B)** una; *see* section 2.1; acariciar–to caress

44. **(A)** **voz**–voice; lengua–tongue, language, palabra–word, mirada–look

45. **(A)** **decía**; the imperfect indicative is needed

46. **(B)** **tanta**–as much; menor–younger, muy–very, mucha–much

47. **(B)** **sino**–but, *see* section 15.3

48. **(C)** **como**–as, like; así–so, thus, pues–then, luego–then, next

49. **(B)** **se**–limpiarse–to wipe oneself

50. **(A)** **cara**–face; lengua–tongue, corazón–heart, hueso–bone

51. **(A)** **cabeza**–head; uña–nail, rodilla–knee, espalda–back

52. **(D)** **hacia**–toward; entre–between, sin–without

53. **(A)** **había**–the imperfect indicative is needed; *see* section 8.1

54. **(D)** **lleno**–full; roto–broken, pesado–heavy

55. **(C)** **pensar**; the infinitive is needed after a preposition

56. **(D)** **fuera**; the imperfect subjunctive is needed after *como si*; *see* section 13.10.3

57. **(C)** **detrás**–behind; antes–before, adentro–inside, desde–from

Part C

The answer to some questions may depend on more than one statement in the passage. In that case more than one line will be listed. When the answer depends on the overall meaning of the passage, the answer is indicated by "overall meaning."

58. **(B)** Lines 1–2

59. **(A)** Line 3

60. **(A)** Lines 3–4

61. **(C)** Lines 6–7

62. **(A)** Lines 9–10

63. **(B)** Lines 11–12

64. **(C)** Lines 13–14

65. **(C)** Lines 16–17

66. **(A)** Overall meaning

67. **(A)** Lines 24–26

68. **(A)** Lines 1–4

69. **(B)** Lines 7–8

70. **(C)** Lines 9–11

71. **(D)** Lines 6–7

72. **(A)** Lines 11–13

73. **(C)** Lines 17–21

74. **(A)** Lines 23–26

75. **(B)** Line 32

76. **(A)** Lines 5–8

77. **(B)** Lines 9–12

78. **(D)** Lines 18–19

79. **(C)** Lines 27–28

80. **(B)** Lines 2–4

81. **(A)** Lines 5–7

82. **(C)** Lines 9–13

83. **(A)** Lines 14–15, 16

84. **(D)** Lines 17–18

85. **(B)** Line 19

Practice Test 2
ANSWER SHEET

1. Ⓐ Ⓑ Ⓒ Ⓓ
2. Ⓐ Ⓑ Ⓒ Ⓓ
3. Ⓐ Ⓑ Ⓒ Ⓓ
4. Ⓐ Ⓑ Ⓒ Ⓓ
5. Ⓐ Ⓑ Ⓒ Ⓓ
6. Ⓐ Ⓑ Ⓒ Ⓓ
7. Ⓐ Ⓑ Ⓒ Ⓓ
8. Ⓐ Ⓑ Ⓒ Ⓓ
9. Ⓐ Ⓑ Ⓒ Ⓓ
10. Ⓐ Ⓑ Ⓒ Ⓓ
11. Ⓐ Ⓑ Ⓒ Ⓓ
12. Ⓐ Ⓑ Ⓒ Ⓓ
13. Ⓐ Ⓑ Ⓒ Ⓓ
14. Ⓐ Ⓑ Ⓒ Ⓓ
15. Ⓐ Ⓑ Ⓒ Ⓓ
16. Ⓐ Ⓑ Ⓒ Ⓓ
17. Ⓐ Ⓑ Ⓒ Ⓓ
18. Ⓐ Ⓑ Ⓒ Ⓓ
19. Ⓐ Ⓑ Ⓒ Ⓓ
20. Ⓐ Ⓑ Ⓒ Ⓓ
21. Ⓐ Ⓑ Ⓒ Ⓓ
22. Ⓐ Ⓑ Ⓒ Ⓓ

23. Ⓐ Ⓑ Ⓒ Ⓓ
24. Ⓐ Ⓑ Ⓒ Ⓓ
25. Ⓐ Ⓑ Ⓒ Ⓓ
26. Ⓐ Ⓑ Ⓒ Ⓓ
27. Ⓐ Ⓑ Ⓒ Ⓓ
28. Ⓐ Ⓑ Ⓒ Ⓓ
29. Ⓐ Ⓑ Ⓒ Ⓓ
30. Ⓐ Ⓑ Ⓒ Ⓓ
31. Ⓐ Ⓑ Ⓒ Ⓓ
32. Ⓐ Ⓑ Ⓒ Ⓓ
33. Ⓐ Ⓑ Ⓒ Ⓓ
34. Ⓐ Ⓑ Ⓒ Ⓓ
35. Ⓐ Ⓑ Ⓒ Ⓓ
36. Ⓐ Ⓑ Ⓒ Ⓓ
37. Ⓐ Ⓑ Ⓒ Ⓓ
38. Ⓐ Ⓑ Ⓒ Ⓓ
39. Ⓐ Ⓑ Ⓒ Ⓓ
40. Ⓐ Ⓑ Ⓒ Ⓓ
41. Ⓐ Ⓑ Ⓒ Ⓓ
42. Ⓐ Ⓑ Ⓒ Ⓓ
43. Ⓐ Ⓑ Ⓒ Ⓓ
44. Ⓐ Ⓑ Ⓒ Ⓓ

45. Ⓐ Ⓑ Ⓒ Ⓓ
46. Ⓐ Ⓑ Ⓒ Ⓓ
47. Ⓐ Ⓑ Ⓒ Ⓓ
48. Ⓐ Ⓑ Ⓒ Ⓓ
49. Ⓐ Ⓑ Ⓒ Ⓓ
50. Ⓐ Ⓑ Ⓒ Ⓓ
51. Ⓐ Ⓑ Ⓒ Ⓓ
52. Ⓐ Ⓑ Ⓒ Ⓓ
53. Ⓐ Ⓑ Ⓒ Ⓓ
54. Ⓐ Ⓑ Ⓒ Ⓓ
55. Ⓐ Ⓑ Ⓒ Ⓓ
56. Ⓐ Ⓑ Ⓒ Ⓓ
57. Ⓐ Ⓑ Ⓒ Ⓓ
58. Ⓐ Ⓑ Ⓒ Ⓓ
59. Ⓐ Ⓑ Ⓒ Ⓓ
60. Ⓐ Ⓑ Ⓒ Ⓓ
61. Ⓐ Ⓑ Ⓒ Ⓓ
62. Ⓐ Ⓑ Ⓒ Ⓓ
63. Ⓐ Ⓑ Ⓒ Ⓓ
64. Ⓐ Ⓑ Ⓒ Ⓓ
65. Ⓐ Ⓑ Ⓒ Ⓓ
66. Ⓐ Ⓑ Ⓒ Ⓓ

67. Ⓐ Ⓑ Ⓒ Ⓓ
68. Ⓐ Ⓑ Ⓒ Ⓓ
69. Ⓐ Ⓑ Ⓒ Ⓓ
70. Ⓐ Ⓑ Ⓒ Ⓓ
71. Ⓐ Ⓑ Ⓒ Ⓓ
72. Ⓐ Ⓑ Ⓒ Ⓓ
73. Ⓐ Ⓑ Ⓒ Ⓓ
74. Ⓐ Ⓑ Ⓒ Ⓓ
75. Ⓐ Ⓑ Ⓒ Ⓓ
76. Ⓐ Ⓑ Ⓒ Ⓓ
77. Ⓐ Ⓑ Ⓒ Ⓓ
78. Ⓐ Ⓑ Ⓒ Ⓓ
79. Ⓐ Ⓑ Ⓒ Ⓓ
80. Ⓐ Ⓑ Ⓒ Ⓓ
81. Ⓐ Ⓑ Ⓒ Ⓓ
82. Ⓐ Ⓑ Ⓒ Ⓓ
83. Ⓐ Ⓑ Ⓒ Ⓓ
84. Ⓐ Ⓑ Ⓒ Ⓓ
85. Ⓐ Ⓑ Ⓒ Ⓓ

To compute your approximate scaled score:

_____ (number of correct answers) – _____ (number of incorrect answers) / 3 = _____ (raw score)

Now, go to page 386 to find out your approximate scaled score.

Practice Test 2

PART A

Directions: Read the following statements and the four suggested completions. Then choose the most appropriate completion and fill in the corresponding oval on the answer sheet.

1. ¿Has perdido peso? Esa camisa te queda muy . . .

   (A) ancha
   (B) corta
   (C) entera
   (D) sucia

2. ¡Ay qué pena! No puedo pagar la cuenta, se me . . . la cartera.

   (A) peinó
   (B) perdió
   (C) paseó
   (D) paró

3. Ya verás . . . bien que tú saldrás en el examen.

   (A) uno
   (B) un
   (C) el
   (D) lo

4. Ellos no tuvieron ningún problema en Lima. Podían caminar . . . por las calles.

   (A) librado
   (B) libre
   (C) libertad
   (D) libremente

5. No cabe . . . , Joaquín es culpable.

   (A) duda
   (B) mentira
   (C) razón
   (D) lugar

6. Si lavas esos suéteres en agua caliente, . . .

   (A) se escogen
   (B) se encogen
   (C) se extinguen
   (D) se entregan

7. El tren tardó mucho . . . llegar a la estación.

   (A) hacia
   (B) en
   (C) con
   (D) desde

8. Quisiera comprar un coche pero me hace . . . demasiado dinero.

   (A) casi
   (B) falta
   (C) tiempo
   (D) mucho

9. Lorenzo tiene que ir a la corte pues fue . . . de un horroroso accidente.

   (A) testigo
   (B) conductor
   (C) abogado
   (D) mesero

10. No te olvides de . . . bien la comida, así comes menos.

    (A) masticar
    (B) suplicar
    (C) equivocar
    (D) pescar

11. El profesor mandó . . . tres capítulos para mañana.

    (A) leamos
    (B) leyéramos
    (C) leer
    (D) leeríamos

12. Cristina siempre llega a las diez . . .

    (A) en cambio
    (B) en seguida
    (C) en punto
    (D) en cuanto

13. Cuando aprendí a conducir yo sólo . . . catorce años.

    (A) tenía
    (B) tuviera
    (C) tengo
    (D) tuve

14. Corriendo por la playa se me llenaron de . . . los zapatos.

    (A) olas
    (B) arena
    (C) carteras
    (D) calcetines

15. Ese joven es muy guapo. Él . . . a un actor famoso.

    (A) se parece
    (B) se mira
    (C) se prueba
    (D) se despide

16. ¡Qué frías tengo las manos! Se me olvidaron los . . .

    (A) espejuelos
    (B) guantes
    (C) bolsillos
    (D) cinturones

17. El micrófono no funciona, yo no . . . nada.

    (A) oigo
    (B) oiría
    (C) oyera
    (D) oiga

18. Le echamos . . . agua a las plantas para que no se murieran.

    (A) bastante
    (B) antes
    (C) acaso
    (D) temprano

19. Cuando ellos caminaban por la plaza, . . . perdieron los pasaportes.

    (A) se lo
    (B) se los
    (C) se le
    (D) se les

20. ¿Cuántos billetes te . . . ? Necesito dos para mis primos.

    (A) queda
    (B) quedas
    (C) quedo
    (D) quedan

21. Siempre hemos deseado que Roberto . . . con Susana.

    (A) se case
    (B) se casó
    (C) se casa
    (D) se casará

22. Ayer le dijimos a Jorge que . . . de limpiar antes de las dos.

    (A) terminará
    (B) termina
    (C) terminara
    (D) haya terminado

23. Me fui temprano porque había . . . gente.

   (A) demasiado
   (B) demasiada
   (C) demasiados
   (D) demasiadas

24. Por favor, Miguel, te ruego que le . . . la verdad a Consuelo.

   (A) dices
   (B) dirías
   (C) dirás
   (D) digas

25. Era curioso que su familia no lo . . . en el hospital.

   (A) visitara
   (B) visitó
   (C) visitaba
   (D) había visitado

26. Queríamos llevar el coche al mecánico . . . no tuvimos tiempo.

   (A) pero
   (B) sino
   (C) sino que
   (D) pero que

27. Tomás fue a la corte . . . hablar con el juez.

   (A) con
   (B) de
   (C) para
   (D) por

28. Mientras caminaba por la calle, su abuela . . . dos veces.

   (A) se caerá
   (B) se cayera
   (C) se cae
   (D) se cayó

29. Esperábamos que Elisa . . . a visitarnos antes de salir para Madrid.

   (A) vino
   (B) viniera
   (C) venía
   (D) vendría

30. Cuando tú llegaste, ya Hugo . . . a su casa.

   (A) había regresado
   (B) ha regresado
   (C) hubiera regresado
   (D) habrá regresado

31. Dime cuáles son . . . temas que discutieron.

   (A) las
   (B) unas
   (C) los
   (D) algún

32. ¿Qué hora . . . cuando ocurrió el accidente?

   (A) fuera
   (B) era
   (C) fue
   (D) será

33. . . . lavamanos que compraste no cabe en el cuarto de baño.

   (A) Esas
   (B) Ese
   (C) Esos
   (D) Esto

34. Dolores fue a la escuela a pesar de que no . . . bien.

   (A) se sintiera
   (B) se sentía
   (C) se sienta
   (D) se sentirá

35. Si terminas todo lo que tienes que hacer, ¿ . . . tú a cenar con nosotros?

   (A) vayas
   (B) irás
   (C) has ido
   (D) fueras

36. No hay duda de que nosotros . . . la respuesta.

   (A) sepamos
   (B) supiéramos
   (C) sabemos
   (D) hayamos sabido

PART B

Directions: In the following passages some words or phrases are missing. For each blank, four possible completions are given. Read the entire passage to get an idea of its content, then select the most appropriate completion, taking into consideration the overall meaning of the passage. Fill in the corresponding oval on the answer sheet.

Fue un día de febrero, en el cuarenta y nueve, un día gris y frío que ni Sabina ___(37)___ yo jamás ___(38)___ . La mañana anterior, Andrés nos lo había dicho. En realidad, lo había dicho varias ___(39)___ a lo largo de aquel último año. Pero aquella mañana, una extraña ___(40)___ en su mirada y en su voz nos advirtió que al fin había tomado la decisión definitiva. Ni su madre ni yo le respondimos. Sabina ___(41)___ a llorar en algún cuarto y yo seguí ___(42)___ junto al fuego, inmóvil, sin mirarle, como si no le ___(43)___ . Él ya sabía ___(44)___ yo pensaba. Se lo había dicho ___(45)___ el primer día. Si ___(46)___ de Ainieile, si nos abandonaba y abandonaba a su destino la casa ___(47)___ su abuelo había levantado con tantos sacrificios, nunca más volvería a entrar en ___(48)___ , nunca más volvería a ser mirado ___(49)___ un hijo.

37. (A) ni
    (B) no
    (C) y
    (D) o

38. (A) olvidáramos
    (B) olvidaríamos
    (C) olvidó
    (D) olvida

39. (A) veces
    (B) horas
    (C) décadas
    (D) incidentes

40. (A) ventaja
    (B) tristeza
    (C) brisa
    (D) guerra

41. (A) se despertó
    (B) se cayó
    (C) se arregló
    (D) se escondió

42. (A) sentando
    (B) sentado
    (C) sentar
    (D) sentarse

43. (A) hubiera oído
    (B) haya oído
    (C) había oído
    (D) he oído

44. (A) que
    (B) lo que
    (C) cual
    (D) lo cual

45. (A) clara
    (B) claro
    (C) claridad
    (D) claramente

46. (A) se levantaba
    (B) se tiraba
    (C) se marchaba
    (D) se encontraba

47. (A) quien
    (B) cual
    (C) que
    (D) cuyo

48. (A) ella
    (B) la
    (C) él
    (D) le

49. (A) pues
    (B) aun
    (C) así
    (D) como

Por las tardes el mar nos recibía a todos como si ___(50)___ iguales. No veíamos a ___(51)___. Éramos nosotros cuatro, solos, y cuando el mayor decía: ___(52)___ hay que regresar, todos sabíamos que había que regresar porque ___(53)___ la noche.

Y la noche, en un ___(54)___ en donde hay mar, es de los pescadores, no de nosotros.

Se trataba ___(55)___ llegar antes de que las luces de la casa ___(56)___ encendidas, porque si no, a mi hermano mayor le iba mal. Corríamos como locos, como si nos ___(57)___ los monstruos de los libros que ___(58)___. Conocíamos cada vericueto de la vereda que llevaba del mar a nuestra casa, pero a medida que se iba ___(59)___, nos llenábamos de temor. Pensábamos que una culebra podría estar anillada ahí en donde íbamos a ___(60)___ nuestros pies ___(61)___. Creo que hasta sentíamos frío.

50. (A) seríamos
    (B) seremos
    (C) fuéramos
    (D) éramos

51. (A) nadie
    (B) nada
    (C) alguno
    (D) alguien

52. (A) más
    (B) ya
    (C) contra
    (D) hasta

53. (A) se acercaba
    (B) se conseguía
    (C) se paseaba
    (D) se ponía

54. (A) océano
    (B) lugar
    (C) pez
    (D) cuarto

55. (A) a
    (B) por
    (C) con
    (D) de

56. (A) estaban
    (B) estuvieran
    (C) estuvieron
    (D) estarían

57. (A) perseguirían
    (B) perseguían
    (C) persiguieron
    (D) persiguieran

58. (A) leíamos
    (B) medíamos
    (C) arreglábamos
    (D) preguntábamos

59. (A) levantando
    (B) oscureciendo
    (C) sorprendiendo
    (D) aclarando

60. (A) poner
    (B) poniendo
    (C) puesto
    (D) puestos

61. (A) peinados
    (B) enojados
    (C) descalzos
    (D) caminados

PART C

Directions: In this part you will read several passages that will test your comprehension. After each passage, a number of questions or incomplete statements appear. Choose the most appropriate answer or completion, taking into consideration the overall meaning of the passage. Fill in the corresponding oval on the answer sheet.

Yo vivía—sobrevivía—, lo he repetido, por el amor y para el amor. Fuera de él, de mi amado, de su presencia, de su recuerdo, todo actuaba para mí en un mundo aparte. Y aun encontrándome inmediata a mi familia, entre ella y yo, se abría un abismo invisible y transparente, que nos separaba mil leguas.

Line
(5)   Salíamos también de noche, Luis y yo, como novios oficiales que éramos. No existe paseo que no hayamos recorrido juntos, ni crepúsculo en que no hayamos deslizado nuestro idilio. De noche, cuando había luna y la temperatura era dulce, gustábamos de extender nuestros paseos hasta las afueras de la ciudad, donde nos sentíamos más libres, más puros y más amantes.

62. Al principio de la selección es claro que la narradora está

    (A) locamente enamorada
    (B) verdaderamente agotada
    (C) sobreviviendo una enfermedad
    (D) viviendo muy lejos de su familia

63. ¿Cómo parece ser la relación que tiene la narradora con su familia?

    (A) Muy cariñosa
    (B) Muy distanciada
    (C) Muy artificial
    (D) Muy violenta

64. ¿Qué hacen Luis y la narradora por las noches?

    (A) Discuten el futuro de su relación.
    (B) Prefieren no salir de paseo.
    (C) Caminan alrededor de la ciudad.
    (D) Corren alrededor de la ciudad.

65. Al salir a las afueras de la ciudad, Luis y la narradora parecen sentirse

    (A) muy felices
    (B) encarcelados
    (C) casi inmorales
    (D) bastante deprimidos

Cuando me entró apetito eran más de las cuatro, y en los cafés del pueblo ya no daban comidas calientes. Pedí un bocadillo y un refresco en la terraza de un hotel de media categoría. En una mesa cercana había dos señoras y una chica como de
Line diecisiete años, vestida de negro. Hablaban las señoras de la muerte del padre de
(5) la chica, hermano también de la más sentenciosa de ellas dos, mujer refranera. La otra escuchaba y suspiraba con mucha compasión, mientras que la chica, de la cual hablaban como un objeto, sin el menor cuidado de herirla, miraba a lo lejos con una mirada tristísima, las manos cruzadas sobre la falda negra, sin intervenir. Supe la situación económica tan precaria en que se había quedado y me enteré de vicios de
(10) su padre. Una vez se cruzaron sus ojos con los míos. Yo ya había acabado de comer y pensaba dar un largo paseo. No me hubiera importado llevármela de compañera aquella tarde, y me daba pena levantarme y dejarla con su tía y la otra, condenada a aquella conversación de recuerdos y reflexiones sobre el muerto.

66. La narradora tuvo que pedir un bocadillo porque

(A) no le gustaban las comidas calientes
(B) no había cafés abiertos
(C) era tarde para otro tipo de comida
(D) parecía que no tenía mucho apetito

67. Por la manera que estaba vestida la chica parece que

(A) era muy pobre
(B) llevaba un uniforme
(C) llevaba la última moda
(D) estaba de luto

68. ¿Quién era una de las señoras que hablaba?

(A) La tía de la chica
(B) La tía de la otra señora
(C) La esposa del hombre muerto
(D) La madre de la chica

69. ¿Cómo hablaban de la chica?

(A) Con mucho cariño
(B) Con mucha pasión
(C) Sin prestarle mucha atención
(D) Sin tratar de conocerla mejor

70. La señora que hablaba sobre el padre de la chica dijo que él

(A) tenía malas costumbres
(B) tenía mucho dinero
(C) era muy generoso
(D) era muy compasivo

71. ¿Qué planeaba hacer la narradora después de comer?

(A) Hablar con las señoras
(B) Caminar por un rato
(C) Visitar a la chica
(D) Ir de compras

72. ¿Qué siente la narradora hacia la chica?

(A) Odio
(B) Lástima
(C) Desprecio
(D) Antipatía

Escáner en tu mano

Si eres una persona que tiene que escanear documentos para tenerlos accesibles en tu computadora, has encontrado la solución ideal. Este escáner, que puedes sujetar en las manos, te ayudará con cualquier proyecto, pasatiempo o para compartir con amigos y familiares documentos como fotografías, recetas o artículos de la prensa. Sólo tienes que seleccionar si quieres escanear en blanco y negro o en color. Pásalo por encima del documento y en segundos ya lo tienes en la computadora.

- Portátil, rápido, fiable, fácil de utilizar y con resolución hasta 800 × 800 dpi.

- Funciona con dos pilas AA que te pueden durar por unos 150 escaneos.

- Disponible en cualquier lugar que venda artículos de computación.

73. ¿Cuál es una de las ventajas de este aparato?

(A) Lo puedes usar para programar tu computadora.
(B) Lo puedes comprar en diferentes tamaños.
(C) Lo puedes llevar contigo a cualquier lugar.
(D) Lo puedes usar para imprimir documentos.

Cuando su marido regresó ahora sí para quedarse en su casa bajo el puente de Xallitic, doña Clemencia supo que no era el mismo. Estaba preparada para eso, pues los años de ausencia, el sentimiento de que había perdido algo muy importante en su
Line vida, las noches solitarias sin ver las estrellas y los días envueltos en bruma cuidando
(5) las flores y los pájaros que eran multitud en su patio, le habían dado paciencia y una especie de humor escéptico hacia el mundo y sus desventuras. No existía nada que la hiciera derramar una lágrima o lanzar un suspiro. Las cosas eran extrañas, el mundo tenía su misterio. Era necesario aceptarlo. Para qué complicarse la vida.

Su marido llegó sin avisar. Tocó a la puerta. No utilizó su llave, acaso porque
(10) la había perdido o porque ya no sentía esa casa como su hogar. No miró con cariño de padre las buganvillas que coronaban el arco de la entrada, ni se detuvo a oler las rosas de quince especies y de colores inconcebibles tan hermosos, que aromaban el corredor, ni les susurró palabras incomprensibles a los pericos[1] australianos que antes fueron su debilidad. ¿Qué había sucedido allá? Nada dijo ese día, y nada iba
(15) a decir. Simplemente tiró el fardo de sus cosas sobre un sillón y se sentó a esperar. ¿Qué? La muerte, el decantamiento[2] de la rutina. ¿Había algo más?

[1]**pericos**—parakeets
[2]**decantamiento**—preference

74. Cuando su marido regresó, Clemencia se dio cuenta de que él

   (A) se iría muy pronto
   (B) estaba un poco loco
   (C) se sentía muy solo
   (D) había cambiado

75. Durante la ausencia de su esposo, Clemencia se sentía

   (A) sola
   (B) avergonzada
   (C) impaciente
   (D) enloquecida

76. Clemencia parece ser una persona

   (A) bastante misteriosa
   (B) demasiado impaciente
   (C) resignada a su situación
   (D) decidida a buscar aventuras

77. ¿Qué sabemos sobre la llegada de su esposo?

   (A) Que antes de llegar él se había perdido
   (B) Que él se sentía muy alegre ahora
   (C) Que ella no sabía que él regresaba
   (D) Que él le había echado mucho de menos

78. Al regresar, el esposo de Clemencia parece no apreciar

   (A) las cosas que apreciaba antes
   (B) los misterios del mundo
   (C) el cariño con el que su esposa lo trataba
   (D) las emociones que traían las aventuras

79. Se puede inferir que durante la ausencia de su esposo, Clemencia

   (A) se había mudado a una nueva casa
   (B) había comprado unos pericos australianos
   (C) dejó de cultivar flores en el jardín
   (D) mantuvo la casa en buenas condiciones

80. Por lo que nos dice el narrador sobre los pericos australianos, sabemos que antes de partir

   (A) el esposo no los comprendía
   (B) al esposo le parecía que tenían mal olor
   (C) el esposo los dejaba volar por el corredor
   (D) al esposo le gustaban mucho

El dolor me obligó a doblar el cuerpo sobre la mesa pero cuando Sonia pro-
puso que buscáramos un hospital alegué[1] de inmediato que no era nada grave.
Sin embargo, sólo conseguí dar dos chupadas débiles al cigarrillo que acababa de
encender, acosado de nuevo, como en el carro, por una tos seca.

Line
(5)   Antes de salir preguntamos a la mujer que nos atendió por la Pensión Fortuna,
recomendada por el dueño del último hotel donde dormimos. Encontramos poca
gente afuera. No cra difícil adivinar que todo el mundo se acostaría antes de las
ocho. Madrugarían al día siguiente. Dudé que yo pudiera dormir bien esa noche.
Tal vez, pensé, tendría que esperar, sentado contra la cabecera de la cama, a que
(10) amaneciera. Caminamos despacio. Sonia se había echado sobre los hombros un suéter de lana. Yo avanzaba unos pasos más atrás, cargando con dificultad las maletas.
El esfuerzo me recordó las noches cuando tenía que espantar gente de las puertas del
camerino[2] o cuando después, tarde en la noche, tenía que soportar fatigosas reuniones rodeado de imbéciles con poses eruditas y comentarios siempre interesantes.
(15) Tipos que podían llegar a ser aburridos hasta la irritación, pero con ninguno había
tenido que entenderme a golpes.

[1]**alegué**—I asserted
[2]**camerino**—dressing room

81. ¿Qué le dijo el narrador a Sonia al principio
de la selección?

(A) Que deberían ir al hospital
(B) Que no quería dejar de fumar
(C) Que le dolía mucho el cuerpo
(D) Que no estaba muy enfermo

82. El narrador nos dice que en el lugar donde
estaba, todo el mundo

(A) se acostaba temprano
(B) se levantaba muy tarde
(C) pasaba la noche en las calles
(D) temía dormir antes de las ocho

83. ¿Qué sospechaba el narrador que ocurriría esa
noche?

(A) Que pasaría la noche despierto
(B) Que no encontraría un hotel
(C) Que pronto se podría acostar
(D) Que no amanecería nunca

84. ¿Qué llevaba el narrador en las manos?

(A) Un suéter de lana
(B) El equipaje
(C) La ropa de cama
(D) Un despertador

85. ¿Qué nos dice el narrador sobre las personas
con quienes se reunía en el pasado?

(A) Lo ayudaban a no aburrirse.
(B) Aprendía mucho de ellas.
(C) Les molestaban mucho.
(D) Les echaba mucho de menos.

STOP

If there is still time remaining, you may review your answers.

Answer Key
PRACTICE TEST 2

Part A

1. A	7. B	13. A	19. D	25. A	31. C
2. B	8. B	14. B	20. D	26. A	32. B
3. D	9. A	15. A	21. A	27. C	33. B
4. D	10. A	16. B	22. C	28. D	34. B
5. A	11. C	17. A	23. B	29. B	35. B
6. B	12. C	18. A	24. D	30. A	36. C

Part B

37. A	42. B	46. C	50. C	54. B	58. A
38. B	43. A	47. C	51. A	55. D	59. B
39. A	44. B	48. A	52. B	56. B	60. A
40. B	45. D	49. D	53. A	57. D	61. C
41. D					

Part C

62. A	66. C	70. A	74. D	78. A	82. A
63. B	67. D	71. B	75. A	79. D	83. A
64. C	68. A	72. B	76. C	80. D	84. B
65. A	69. C	73. C	77. C	81. D	85. C

The answer to some questions may depend on more than one statement in the passage. In that case more than one line will be listed in the Answer Explanations. When the answer depends on the overall meaning of the passage, the answer is indicated by "overall meaning."

ANSWER EXPLANATIONS

Note: Some words that are cognates have not been translated.

Part A

1. **(A)** **ancha**–wide; corta–short, entera–whole, sucia–dirty; **te queda ancha**–it is too big on you

2. **(B)** **perder**–to lose; peinarse–to comb one's hair, pasear–to take a walk, parar–to stop

3. **(D)** **lo + adverb**–how well; *see* section 1.2; salir bien (mal)–to do well (badly)

4. **(D)** **libremente**–freely; libre–free, libertad–freedom

5. **(A)** **no caber duda**–there is no doubt; mentira–lie, razón–reason, lugar–place

6. **(B)** **encogerse**–to shrink; escoger–to choose, extinguir–to extinguish, entregarse–to surrender

7. **(B)** **tardar en**–to be long in

8. **(B)** **hacer falta**–to be lacking; casi–almost, tiempo–time, mucho–much, a lot

9. **(A)** **testigo**–witness; abogado–lawyer, mesero–waiter

10. **(A)** **masticar**–to chew; suplicar–to beg, equivocar–to mistake, pescar–to fish

11. **(C)** **leer**; *see* section 13.7.1

12. **(C)** **en punto**–on the dot; en cambio–on the other hand, en seguida–at once, right away, en cuanto–as soon as

13. **(A)** **tenía**; the imperfect is needed; *see* section 8.1

14. **(B)** **arena**–sand; ola–wave, cartera–wallet, calcetín–sock

15. **(A)** **parecerse**–to look like; mirarse–to look at oneself, probarse–to try on, despedirse–to say good-bye

16. **(B)** **guantes**–gloves; espejuelos–eyeglasses, bolsillos–pockets, cinturones–belts

17. **(A)** **oigo**; the present is needed

18. **(A)** **bastante**–enough; antes–before, acaso–perhaps, maybe, temprano–early

19. **(D)** **se les**; *see* section 6.6.6

20. **(D)** **quedan**–to have left; *see* sections 6.10 and 6.11

21. **(A)** **se case**; the subjunctive is needed after *desear*; *see* section 13.7.1

22. **(C)** **terminara**; the subjunctive is needed; *see* section 13.7.1

23. **(B)** **demasiada** (adjective), agrees with *gente*

24. **(D)** **digas**; the subjunctive is needed after *rogar*; *see* section 13.7.1

25. **(A)** **visitara**; the subjunctive is needed after *ser curioso que*; *see* section 13.7.4

26. **(A)** **pero**–but; *see* section 15.3

27. **(C)** **para**; *see* section 19.5.1

28. **(D)** **se cayó**; the preterit is needed; *see* section 7.1

29. **(B)** **viniera**; the subjunctive is needed after *esperar*; *see* section 13.7.1

30. **(A)** **había regresado**; the pluperfect is needed; *see* section 10.1

31. **(C)** **los**; temas (masculine)

32. **(B)** **era**; the imperfect is needed; *see* section 8.1

33. **(B)** **ese**; *lavamanos* is singular here (no cabe–it does not fit); *see* section 2.1

34. **(B)** **se sentía**; the indicative is needed; *see* section 13.7.6

35. **(B)** **irás**; *see* section 13.10.4

36. **(C)** **sabemos**; the indicative is needed after *no hay duda*; *see* section 13.7.5

Part B

37. **(A)** **ni**; *see* section 15.1

38. **(B)** **jamás olvidaríamos**–would never forget

39. **(A)** **varias veces**–several times

40. **(B)** **tristeza**–sadness; ventaja–advantage, brisa–breeze, guerra–war

41. **(D)** **esconderse**–to hide oneself; despertarse–to wake up, caerse–to fall down, arreglarse–to get dressed up

42. **(B)** **sentado**–seated (adjective)

43. **(A)** **hubiera oído**; the subjunctive is needed after *como si*; *see* section 13.10.3

44. **(B)** **lo que**; *see* section 5.6.3

45. **(D)** **claramente**; an adverb is needed

46. **(C)** **marcharse**–to go away; levantarse–to get up, tirarse–to throw oneself, encontrarse–to find oneself

47. **(C)** **que**–that; *see* section 5.6.1

48. **(A)** **ella**; *see* section 5.2

49. **(D)** **como**–as; pues–then, aun–even, así–so, thus

50. **(C)** **fuéramos**; the subjunctive is needed after *como si*; *see* section 13.10.3

51. **(A)** **nadie**–nobody, no one; *see* section 15.1

52. **(B)** **ya**–already; más–more, contra– against, hasta–until

53. **(A)** **acercarse**–to approach; conseguir–to get, obtain, pasearse–to go for a walk, ponerse–to put on

54. **(B)** **lugar**–place; pez–fish, cuarto–room

55. **(D)** **tratar de**–to try to

56. **(B)** **estuvieran**; the subjunctive is needed after *antes de que*; *see* section 13.7.7

57. **(D)** **persiguieran**; the subjunctive is needed after *como si*; *see* section 13.10.3

58. **(A)** **leer**–to read; medir–to measure, arreglar–to fix, preguntar–to ask

59. **(B)** **oscurecer**–to get dark; levantar–to raise, lift, sorprender–to suprise, aclarar–to clear up

60. **(A)** **poner**; ir a + infinitive; *see* section 19.1

61. **(C)** **descalzo**–barefoot; peinado–combed, enojado–angry, caminado–walked

Part C

The answer to some questions may depend on more than one statement in the passage. In that case more than one line will be listed. When the answer depends on the overall meaning of the passage, the answer is indicated by "overall meaning."

62. **(A)** Lines 1–3

63. **(B)** Lines 3–4

64. **(C)** Lines 5–9

65. **(A)** Lines 8–9

66. **(C)** Lines 1–2

67. **(D)** Lines 4–5

68. **(A)** Lines 4–5

69. **(C)** Lines 6–8

70. **(A)** Lines 8–10

71. **(B)** Line 11

72. **(B)** Lines 11–13

73. **(C)** Lines 1–2, 6, 15

74. **(D)** Line 2

75. **(A)** Lines 3–4

76. **(C)** Lines 8–9

77. **(C)** Line 10

78. **(A)** Lines 11–15

79. **(D)** Lines 5–6, 11–14

80. **(D)** Lines 14–15

81. **(D)** Lines 1–2

82. **(A)** Lines 7–8

83. **(A)** Line 8

84. **(B)** Lines 11–12

85. **(C)** Lines 15–16

Practice Test 3
ANSWER SHEET

1. Ⓐ Ⓑ Ⓒ Ⓓ
2. Ⓐ Ⓑ Ⓒ Ⓓ
3. Ⓐ Ⓑ Ⓒ Ⓓ
4. Ⓐ Ⓑ Ⓒ Ⓓ
5. Ⓐ Ⓑ Ⓒ Ⓓ
6. Ⓐ Ⓑ Ⓒ Ⓓ
7. Ⓐ Ⓑ Ⓒ Ⓓ
8. Ⓐ Ⓑ Ⓒ Ⓓ
9. Ⓐ Ⓑ Ⓒ Ⓓ
10. Ⓐ Ⓑ Ⓒ Ⓓ
11. Ⓐ Ⓑ Ⓒ Ⓓ
12. Ⓐ Ⓑ Ⓒ Ⓓ
13. Ⓐ Ⓑ Ⓒ Ⓓ
14. Ⓐ Ⓑ Ⓒ Ⓓ
15. Ⓐ Ⓑ Ⓒ Ⓓ
16. Ⓐ Ⓑ Ⓒ Ⓓ
17. Ⓐ Ⓑ Ⓒ Ⓓ
18. Ⓐ Ⓑ Ⓒ Ⓓ
19. Ⓐ Ⓑ Ⓒ Ⓓ
20. Ⓐ Ⓑ Ⓒ Ⓓ
21. Ⓐ Ⓑ Ⓒ Ⓓ
22. Ⓐ Ⓑ Ⓒ Ⓓ

23. Ⓐ Ⓑ Ⓒ Ⓓ
24. Ⓐ Ⓑ Ⓒ Ⓓ
25. Ⓐ Ⓑ Ⓒ Ⓓ
26. Ⓐ Ⓑ Ⓒ Ⓓ
27. Ⓐ Ⓑ Ⓒ Ⓓ
28. Ⓐ Ⓑ Ⓒ Ⓓ
29. Ⓐ Ⓑ Ⓒ Ⓓ
30. Ⓐ Ⓑ Ⓒ Ⓓ
31. Ⓐ Ⓑ Ⓒ Ⓓ
32. Ⓐ Ⓑ Ⓒ Ⓓ
33. Ⓐ Ⓑ Ⓒ Ⓓ
34. Ⓐ Ⓑ Ⓒ Ⓓ
35. Ⓐ Ⓑ Ⓒ Ⓓ
36. Ⓐ Ⓑ Ⓒ Ⓓ
37. Ⓐ Ⓑ Ⓒ Ⓓ
38. Ⓐ Ⓑ Ⓒ Ⓓ
39. Ⓐ Ⓑ Ⓒ Ⓓ
40. Ⓐ Ⓑ Ⓒ Ⓓ
41. Ⓐ Ⓑ Ⓒ Ⓓ
42. Ⓐ Ⓑ Ⓒ Ⓓ
43. Ⓐ Ⓑ Ⓒ Ⓓ
44. Ⓐ Ⓑ Ⓒ Ⓓ

45. Ⓐ Ⓑ Ⓒ Ⓓ
46. Ⓐ Ⓑ Ⓒ Ⓓ
47. Ⓐ Ⓑ Ⓒ Ⓓ
48. Ⓐ Ⓑ Ⓒ Ⓓ
49. Ⓐ Ⓑ Ⓒ Ⓓ
50. Ⓐ Ⓑ Ⓒ Ⓓ
51. Ⓐ Ⓑ Ⓒ Ⓓ
52. Ⓐ Ⓑ Ⓒ Ⓓ
53. Ⓐ Ⓑ Ⓒ Ⓓ
54. Ⓐ Ⓑ Ⓒ Ⓓ
55. Ⓐ Ⓑ Ⓒ Ⓓ
56. Ⓐ Ⓑ Ⓒ Ⓓ
57. Ⓐ Ⓑ Ⓒ Ⓓ
58. Ⓐ Ⓑ Ⓒ Ⓓ
59. Ⓐ Ⓑ Ⓒ Ⓓ
60. Ⓐ Ⓑ Ⓒ Ⓓ
61. Ⓐ Ⓑ Ⓒ Ⓓ
62. Ⓐ Ⓑ Ⓒ Ⓓ
63. Ⓐ Ⓑ Ⓒ Ⓓ
64. Ⓐ Ⓑ Ⓒ Ⓓ
65. Ⓐ Ⓑ Ⓒ Ⓓ
66. Ⓐ Ⓑ Ⓒ Ⓓ

67. Ⓐ Ⓑ Ⓒ Ⓓ
68. Ⓐ Ⓑ Ⓒ Ⓓ
69. Ⓐ Ⓑ Ⓒ Ⓓ
70. Ⓐ Ⓑ Ⓒ Ⓓ
71. Ⓐ Ⓑ Ⓒ Ⓓ
72. Ⓐ Ⓑ Ⓒ Ⓓ
73. Ⓐ Ⓑ Ⓒ Ⓓ
74. Ⓐ Ⓑ Ⓒ Ⓓ
75. Ⓐ Ⓑ Ⓒ Ⓓ
76. Ⓐ Ⓑ Ⓒ Ⓓ
77. Ⓐ Ⓑ Ⓒ Ⓓ
78. Ⓐ Ⓑ Ⓒ Ⓓ
79. Ⓐ Ⓑ Ⓒ Ⓓ
80. Ⓐ Ⓑ Ⓒ Ⓓ
81. Ⓐ Ⓑ Ⓒ Ⓓ
82. Ⓐ Ⓑ Ⓒ Ⓓ
83. Ⓐ Ⓑ Ⓒ Ⓓ
84. Ⓐ Ⓑ Ⓒ Ⓓ
85. Ⓐ Ⓑ Ⓒ Ⓓ

To compute your approximate scaled score:

_____ (number of correct answers) − _____ (number of incorrect answers) / 3 = _____ (raw score)

Now, go to page 386 to find out your approximate scaled score.

Practice Test 3

PART A

Directions: Read the following statements and the four suggested completions. Then choose the most appropriate completion and fill in the corresponding oval on the answer sheet.

1. No uses ese . . . Esa carta debe ir por correo aéreo.

   (A) sello
   (B) viaje
   (C) estante
   (D) avión

2. ¡Qué manos tan sucias! Lávatelas con . . .

   (A) jabón
   (B) reloj
   (C) piedra
   (D) tierra

3. En la clase de arte nosotros . . . todos los días.

   (A) apagamos
   (B) dibujamos
   (C) gastamos
   (D) estacionamos

4. . . . una lista de todo lo que necesitas antes de ir de compras.

   (A) Hagas
   (B) Harías
   (C) Haz
   (D) Haga

5. Si quieres llegar al otro lado del río necesitas cruzar . . .

   (A) la alfombra
   (B) la chaqueta
   (C) el premio
   (D) el puente

6. A nosotros no nos . . . llevar sandalias; preferimos llevar zapatos.

   (A) gusta
   (B) gustan
   (C) gustamos
   (D) gustas

7. Ayer corrí demasiado; . . . las piernas.

   (A) me duelen
   (B) me quitan
   (C) me faltan
   (D) me tocan

8. Cuando me encontré con Juan, no pudimos hablar mucho porque él tenía . . .

   (A) éxito
   (B) razón
   (C) prisa
   (D) suerte

9. Como no conocíamos . . . nadie, no nos quedamos mucho tiempo en la fiesta.

    (A) a
    (B) con
    (C) por
    (D) de

10. El autobús estaba lleno y tuve que ir . . . durante el viaje.

    (A) de prisa
    (B) de pronto
    (C) de memoria
    (D) de pie

11. Todos los veranos nosotros . . . en ese río cuando no había mucha gente nadando.

    (A) pescábamos
    (B) recordábamos
    (C) enviábamos
    (D) encontrábamos

12. Es absurdo que el carpintero no . . . nuestra casa.

    (A) ha terminado
    (B) haya terminado
    (C) había terminado
    (D) habrá terminado

13. Si no comprendiste el cuento, léelo . . .

    (A) con adelanto
    (B) tal vez
    (C) de nuevo
    (D) rara vez

14. No salgas ahora; dicen que viene una . . .

    (A) torre
    (B) carretera
    (C) tormenta
    (D) cosecha

15. ¿Por qué no damos un paseo en barco en el . . . ?

    (A) lago
    (B) camino
    (C) traje
    (D) billete

16. Rebeca no cree que . . . boletos para el concierto.

    (A) había
    (B) habrá
    (C) habría
    (D) haya

17. Hugo, . . . tu abrigo detrás de la puerta.

    (A) aprende
    (B) cuelga
    (C) envía
    (D) presenta

18. Mañana tengo que . . . a mis primos mientras sus padres van de compras.

    (A) crecer
    (B) cumplir
    (C) cuidar
    (D) cazar

19. No te olvides de escribir la . . . de tu nacimiento en el formulario.

    (A) mesa
    (B) luna
    (C) tela
    (D) fecha

20. Mi padre siempre pone todos los recibos en un . . .

    (A) sello
    (B) piso
    (C) pastel
    (D) sobre

21. ¡Mira cómo brillan las estrellas en el . . . !

    (A) cielo
    (B) equipo
    (C) escritorio
    (D) cajón

22. En la clase de física, yo siempre me siento en la primera . . .

    (A) frente
    (B) fila
    (C) fábrica
    (D) falda

23. ¿Estás . . . ? Te estás durmiendo; parece que no te interesa el partido.

    (A) aburrido
    (B) sucio
    (C) lleno
    (D) celoso

24. Fernando se fue antes de que yo lo . . .

    (A) veía
    (B) vería
    (C) vi
    (D) viera

25. ¿Hay alguien que . . . dónde están los ingredientes para la sopa?

    (A) sabe
    (B) supo
    (C) sabía
    (D) sepa

26. . . . un candidato tan popular, no recibió muchos votos en las elecciones.

    (A) Por
    (B) De
    (C) Entre
    (D) Para

27. Luis llegó el sábado pero yo no lo . . . hasta ayer.

    (A) sé
    (B) supe
    (C) sabré
    (D) sabría

28. ¿Cuánto tiempo . . . que asistías a la clase de baile?

    (A) hace
    (B) hizo
    (C) hacía
    (D) hará

29. Esperamos que Ignacio . . . ir con nosotros.

    (A) pueda
    (B) pudo
    (C) podía
    (D) puede

30. Cuando me despedía de él, le di . . . mano.

    (A) la
    (B) el
    (C) un
    (D) su

31. Cuando vengo a visitarlos siempre les . . . flores.

    (A) traía
    (B) traje
    (C) traeré
    (D) traigo

32. Si estoy solo, . . . mirando la televisión.

    (A) me entretenía
    (B) me entretengo
    (C) me entretuviera
    (D) me entretuve

33. Es importante no . . . tanto a los amigos.

    (A) criticado
    (B) criticados
    (C) criticando
    (D) criticar

PART B

Directions: In the following passages some words or phrases are missing. For each blank, four possible completions are given. Read the entire passage to get an idea of its content, then select the most appropriate completion, taking into consideration the overall meaning of the passage. Fill in the corresponding oval on the answer sheet.

Delicias navideñas

La mesa es el centro de atracción en estos días y los platos que desfilan por ella se transforman en una fiesta de formas, olores y sabores sin igual.

Navidad. Es tiempo de   (34) , de luces y arbolitos cargados de ilusiones. Y es tiempo del rencuentro familiar. Quien no asocie las fiestas navideñas con   (35)   vividos alrededor de la mesa o incluso entre el vaivén de las cacerolas y los suculentos olores de guisos en la cocina, probablemente no sepa   (36)   es Navidad. Cada plato, cualquiera que   (37)   el país o las tradiciones que   (38)   en su elaboración, tiene como ingrediente común el cariño y el esmero con que la cocinera o cocinero de turno lo preparara   (39)   siempre en los suyos.

La mesa navideña es símbolo de unidad familiar y,   (40)   unos días, se convierte en el escenario exclusivo por donde desfilarán relatos, anécdotas y buenos   (41)   formulados bajo innumerables brindis. La comida se trans-forma en un desfile festivo de olores y sabores que   (42)   grabados, un año más, en la memoria de   (43)   lo celebran.

---

34. (A) muebles
    (B) regalos
    (C) pájaros
    (D) edificios

35. (A) recuerdos
    (B) pensamientos
    (C) peligros
    (D) gritos

36. (A) cuáles
    (B) cual
    (C) que
    (D) qué

37. (A) sea
    (B) es
    (C) esté
    (D) está

38. (A) se cobran
    (B) se sigan
    (C) se dejen
    (D) se cuiden

39. (A) pensado
    (B) pensar
    (C) pensando
    (D) pensados

40. (A) entre
    (B) sobre
    (C) por
    (D) dentro

41. (A) paisajes
    (B) jardines
    (C) sueños
    (D) deseos

42. (A) quedarán
    (B) quedara
    (C) queden
    (D) habrían quedado

43. (A) que
    (B) quienes
    (C) cuales
    (D) cual

Sentado a la cabecera de la mesa, Ricardo Hernández ___(44)___ pausadamente. La luz le daba ___(45)___ , iluminando la parte superior de su cabeza alargada, ___(46)___ de pelo castaño, liso y muy ___(47)___ , que se detenía en la línea larga y precisa de la alta frente. ___(48)___ más pequeño que cualquiera de los que allí ___(49)___ y tan delgado como Queltehue, aunque elástico y decidido en los movimientos.

44. (A) volaba
    (B) corría
    (C) comía
    (D) caminaba

45. (A) de arriba abajo
    (B) de hoy en adelante
    (C) de mala gana
    (D) de ninguna manera

46. (A) devuelta
    (B) puesta
    (C) cubierta
    (D) resuelta

47. (A) grande
    (B) alto
    (C) corto
    (D) estrecho

48. (A) Fue
    (B) Era
    (C) Estuvo
    (D) Estaba

49. (A) sean
    (B) eran
    (C) estén
    (D) estaban

El padre de Nené la quería mucho. Dicen que no trabajaba bien cuando no __(50)__ por la mañana a "la hijita". Él no le decía Nené, sino "la hijita". Cuando su papá venía del trabajo, siempre __(51)__ ella a recibirlo con los __(52)__ abiertos, como un __(53)__ que abre las alas __(54)__ volar, y su papá la alzaba del suelo, como __(55)__ coge de un rosal una rosa. Ella lo miraba con mucho cariño, como si __(56)__ preguntase cosas y él la miraba con los ojos tristes, como si quisiese echarse a __(57)__ . Pero en seguida __(58)__ contento, se montaba a Nené en el hombro, y entraban __(59)__ en la casa, __(60)__ el himno nacional.

50. (A) vería
    (B) viera
    (C) hubiera visto
    (D) había visto

51. (A) salió
    (B) salía
    (C) salga
    (D) saliera

52. (A) pies
    (B) dedos
    (C) brazos
    (D) hombros

53. (A) perrito
    (B) gatito
    (C) caballito
    (D) pajarito

54. (A) por
    (B) para
    (C) a
    (D) de

55. (A) que
    (B) cual
    (C) quienes
    (D) quien

56. (A) le
    (B) la
    (C) lo
    (D) les

57. (A) traer
    (B) subir
    (C) llorar
    (D) apagar

58. (A) se miraba
    (B) se vestía
    (C) se ponía
    (D) se llevaba

59. (A) juntos
    (B) alejados
    (C) sentados
    (D) acostados

60. (A) cantar
    (B) cantado
    (C) cantando
    (D) cantados

PART C

Directions: In this part you will read several passages that will test your comprehension. After each passage, a number of questions or incomplete statements appear. Choose the most appropriate answer or completion, taking into consideration the overall meaning of the passage. Fill in the corresponding oval on the answer sheet.

Questions 61–62 refer to the following advertisement.

Lámparas Claraluz

Nuestra compañía quiere que Ud. esté contento con su compra…

¿Llegó la mercancía rota?

¿Le hacen falta piezas?

¿Necesita asistencia técnica?

Llame gratis a nuestro número de teléfono. Proveemos pronto envío de piezas defectuosas o no incluidas y asistencia técnica. Favor no devolver la mercancía antes de hablar con uno de nuestros técnicos.

Estamos disponibles de 9 AM a 6 PM (lunes a viernes)

1-800-555-7681

61. ¿Cuál es el propósito de este anuncio?

(A) Anunciar una nueva línea de lámparas
(B) Encontrar empleados que sirvan de técnicos
(C) Ofrecer un servicio para que los clientes queden satisfechos
(D) Describir cómo los clientes pueden ordenar las lámparas

62. ¿Cuándo deben llamar las personas?

(A) Cuando deseen pedir una cita con la compañía
(B) Cuando no hayan recibido la mercancía a tiempo
(C) Cuando tengan problemas con la mercancía
(D) Cuando deseen dar sugerencias a la compañía

Traductores sin licencia

Los niños que traducen a sus padres corren el peligro de frustrarse si los padres no los apoyan.

Line
(5) Entre los hispanos, es frecuente que los adultos vayan acompañados de niños a las consultas de los doctores, al mercado o a una reunión de vecinos. Y no es una casualidad. Los niños acompañan a sus padres para servir de traductores y para ayudar a que los adultos, que no hablan inglés, puedan entenderse en el mundo de habla inglesa.

(10) Este hecho, que se impone como una necesidad, puede ser frustrante o enriquecedor para el niño, dependiendo de cómo se maneje. Roberto Redondo, de la National Hispanic University de San José (NHU), California, recuerda con orgullo haber sido el traductor oficial de su familia. "Era estupendo sentir que yo podía ayudar y hacer algo que mis padres no podían", afirma.

(15) En cambio, para su colega Tina Martínez, el mismo recuerdo tiene tintes sombríos. "Fue una experiencia frustrante", cuenta. "Yo era muy chica y no conocía muchas de las palabras que tenía que traducir, ni siquiera en español. Mis padres se enfurecían y gritaban. ¿Para qué estudias entonces? Sentía que fracasaba en los dos idiomas".

(20) Patricia Ovaneo, de la NHU, se asustaba. "Cuando estás traduciendo, todos se olvidan de que eres una niña", comenta. Una vez tuvo que acompañar a su madre y explicar allí el serio problema de salud de la señora y solicitar que le hicieran varias pruebas médicas. "No entendía lo que pasaba y no conocía los términos en medicina, así que todo salió al revés", dice.

(25) Los niños traductores de sus padres desempeñan un papel muy importante en la supervivencia de la familia. Pero también pueden caer en una "tierra de nadie" donde se mezcla la responsabilidad del niño con la del adulto. Ellos dependen de sus padres, pero también tienen que cuidarlos. Para evitar consecuencias negativas, los expertos afirman que es preciso apoyar y comprender muy bien a estos jóvenes traductores.

63. ¿Para qué acompañan los niños a sus padres?

   (A) Para mostrarles lo que ellos saben
   (B) Para ayudarlos a comunicarse
   (C) Para aprender inglés juntos con ellos
   (D) Para enseñarles a ahorrar dinero

64. Los resultados del trabajo que hacen los niños dependen de

   (A) la manera en que los padres actúan
   (B) la frecuencia de la necesidad
   (C) la educación de los niños
   (D) la amabilidad de los vecinos

65. ¿Por qué se sentía orgulloso Roberto Redondo?

   (A) Por su éxito en los estudios
   (B) Por su trabajo en la universidad
   (C) Por su ayuda a la comunidad
   (D) Por su ayuda a la familia

66. ¿Por qué fue frustrante la experiencia de Tina Martínez?

    (A) Porque sus padres no comprendían su falta de conocimientos
    (B) Porque sus padres no le permitían estudiar español
    (C) Porque no recordaba las experiencias de su niñez
    (D) Porque no podía pasar tiempo con sus padres

67. ¿Cómo se sentía Patricia Ovaneo sobre lo que hacía?

    (A) Satisfecha
    (B) Asustada
    (C) Orgullosa
    (D) Resentida

68. ¿Qué contribuyó negativamente a la experiencia de Patricia Ovaneo?

    (A) Su relación con su madre
    (B) Su interés por la medicina
    (C) Su enfermedad
    (D) Su edad

69. ¿Por qué pueden caer los niños en una "tierra de nadie"?

    (A) Por sentirse confusos
    (B) Por vivir sin adultos
    (C) Por no tener responsabilidades
    (D) Por no poder asistir a la escuela

Apenas llegamos a la habitación 92, cogí la llave y cerré la puerta por dentro. Me apoyé allí mismo, sin avanzar.

Line
(5)
Carlos, que había entrado antes que yo y estaba inspeccionando el cuarto, se volvió y me miró con sorpresa. Tenía que contárselo todo de un tirón[1] para que no me siguiera mirando. Noté que iba a salirme la voz entrecortada:

—Carlos, aquí nos conocen. Te lo aseguro. Sospechan de nosotros.

—¿Qué sospechan? ¿Qué dices? Explícate.

—Nos mira toda la gente. La señora del autobús ha fingido no reconocerme y no me ha querido saludar. Dicen que somos extranjeros—expliqué todo seguido.

(10)
Y luego me paré porque no me acordaba de más cosas.

Carlos no respondió al principio. Estaba liando un pitillo. Luego levantó los ojos y me miró, como esperando a que siguiera.

—Bueno, ¿y qué?

(15)
—Nosotros no somos extranjeros, ¿verdad?, ¿verdad que no? La señora ha dicho que sí. Por favor, déjame ver los pasaportes.

[1]**de un tirón**—at once

70. Después de llegar al cuarto y cerrar la puerta, la narradora

    (A) tiró las llaves
    (B) tocó a la puerta
    (C) se quedó en la puerta
    (D) se cayó al suelo

71. Al mirar Carlos a la narradora, ella sentía la necesidad de

    (A) pedirle que se vaya
    (B) decirle algo
    (C) continuar gritando
    (D) salir de allí corriendo

72. Según la narradora, las personas en este lugar

    (A) evitaban mirarlos
    (B) los saludaban afectuosamente
    (C) los estaban persiguiendo
    (D) desconfiaban de ellos

73. La manera de actuar de la narradora parece indicar que ella estaba

    (A) satisfecha
    (B) preocupada
    (C) distraída
    (D) feliz

74. Al final de la selección, la narradora se preguntaba si

    (A) la señora se había robado los pasaportes
    (B) la señora era extranjera
    (C) ellos iban a viajar al extranjero de nuevo
    (D) ellos eran ciudadanos de ese lugar

Quizá lo que más se envidiaba de Ivo era la posesión de la codiciada llave de la torrecita[1]. Ésta era, en efecto, una pequeña torre situada en un ángulo de la escuela, en cuyo interior se guardaban los libros de lectura. Allí entraba Ivo a buscarlos, y
Line allí volvía a dejarlos, al terminar la clase. La señorita Leocadia se lo encomendó[2] a
(5) él, nadie sabía en realidad por qué.

Ivo estaba muy orgulloso de esta distinción, y por nada del mundo la hubiera cedido. Un día, Mateo Heredia, el más aplicado y estudioso de la escuela, pidió encargarse[3] de la tarea—a todos nos fascinaba el misterioso interior de la torrecita, donde no entramos nunca—, y la señorita Leocadia pareció acceder. Pero Ivo se le-
(10) vantó, y acercándose a la maestra empezó a hablarle en su voz baja, bizqueando los ojos y moviendo mucho las manos, como tenía por costumbre. La maestra dudó un poco, y al fin dijo:

—Quede todo como estaba. Que siga encargándose Ivo de la torrecita.

[1]**torrecita**—small tower
[2]**encomendó**—entrusted
[3]**encargarse**—to take charge

75. ¿Qué sentían otras personas por Ivo?

(A) Lástima
(B) Orgullo
(C) Miedo
(D) Celos

76. ¿Qué hacía Ivo en la clase de la señorita Leocadia?

(A) Se encargaba de traer y llevar los libros.
(B) Limpiaba el lugar donde estaban los libros.
(C) Siempre iba a esconder la llave.
(D) Le decía quien no hacía la tarea.

77. ¿De qué estaba muy orgulloso Ivo?

(A) De ser el mejor estudiante de la clase
(B) De poder llevarse los libros a su casa
(C) De ayudar a la señorita Leocadia
(D) De ser el mejor amigo de Mateo Heredia

78. ¿Qué quería Mateo Heredia?

(A) Hacer su tarea en la torrecita
(B) Hacer el trabajo de Ivo
(C) Destruir la torrecita
(D) Estudiar con la señorita Leocadia

79. Al final de la selección, sabemos que la señorita Leocadia ha decidido

(A) satisfacer a Ivo
(B) encargarse ella de la torrecita
(C) darle a Mateo la llave de la torrecita
(D) permitir que Ivo haga las tareas de Mateo

Severina movió la cabeza y se cruzó de brazos: luego los descruzó para dejarlos caer como dos leñas[1] sobre la mesa y su mirada se quedó fija en un punto muy lejano, en donde se materializaban personajes del pasado que la visitaban con frecuencia y la dejaban aterrada. Ahora los invocaba y Consuelo esperó sus palabras.

Line
(5)   —Antonina, la hermana de Pablo, era la doncella[2] de tu tía. ¿Comprendes? La guardaba[3] en casa, aunque no sirviera para nada, porque le daba pena la pobre mujer. Estaba un poco chalada[4] y era tan pobre . . . La señora Adelina le consentía todo y Antonina a veces se vestía de señorita, paseaba por la casa con batas de encaje, desayunaba en la terraza, rezaba mucho y a veces quería meterse de monja y mar-
(10) chaba con las Clarisas. Volvía unos meses más tarde. ¡Pobre Antonina! También ella era muy buena, una inocente, y sus hermanos le tenían envidia y la envidia ¡mata! ¡Mata, te lo digo yo!

[1]**leñas**—logs
[2]**doncella**—maid
[3]**la guardaba**—she kept her
[4]**chalada**—mad

80. ¿Qué hacía Severina al principio de la selección?

(A) Cortaba unos árboles.
(B) Jugaba en la mesa.
(C) Caminaba temerosa con Consuleo por el bosque.
(D) Pensaba en personas que había encontrado antes.

81. ¿Qué efecto tienen "los personajes del pasado" en Severina?

(A) La asustaban.
(B) La ponían alegre.
(C) La volvían loca.
(D) La inmovilizaban.

82. La tía guardaba a Antonina en su casa porque

(A) le daba lástima
(B) era hermana de ella
(C) trabajaba muy bien
(D) así lo quería Pablo

83. ¿Qué sabemos sobre el trabajo que hacía Antonina?

(A) No lo hacía muy bien.
(B) Nunca lo terminaba a tiempo.
(C) Le había permitido ganar mucho dinero.
(D) Lo hacía con mucho gusto siempre.

84. Por la descripción de Antonina, sabemos que ella era

(A) religiosa
(B) orgullosa
(C) antipática
(D) trabajadora

85. ¿Qué sabemos de los hermanos de Antonina?

(A) Eran muy compasivos.
(B) Querían abandonarla.
(C) Tenían celos de ella.
(D) Habían asesinado a alguien.

STOP

If there is still time remaining, you may review your answers.

Answer Key
PRACTICE TEST 3

Part A

1. A	7. A	13. C	19. D	24. D	29. A
2. A	8. C	14. C	20. D	25. D	30. A
3. B	9. A	15. A	21. A	26. D	31. D
4. C	10. D	16. D	22. B	27. B	32. B
5. D	11. A	17. B	23. A	28. C	33. D
6. A	12. B	18. C			

Part B

34. B	39. C	44. C	49. D	53. D	57. C
35. A	40. C	45. A	50. D	54. B	58. C
36. D	41. D	46. C	51. B	55. D	59. A
37. A	42. A	47. C	52. C	56. A	60. C
38. B	43. B	48. B			

Part C

61. C	66. A	70. C	74. D	78. B	82. A
62. C	67. B	71. B	75. D	79. A	83. A
63. B	68. D	72. D	76. A	80. D	84. A
64. A	69. A	73. B	77. C	81. A	85. C
65. D					

The answer to some questions may depend on more than one statement in the passage. In that case more than one line will be listed in the Answer Explanations. When the answer depends on the overall meaning of the passage, the answer is indicated by "overall meaning."

ANSWER EXPLANATIONS

Note: Some words that are cognates have not been translated.

Part A

1. **(A) sello**–stamp; viaje–trip, estante–bookshelf, avión–airplane

2. **(A) jabón**–soap; reloj–watch, piedra–stone, tierra–earth, world

3. **(B) dibujar**–to draw; apagar–to turn off, gastar–to spend, estacionar–to park

4. **(C) haz**; familiar singular command *(tú)* is needed

5. **(D) puente**–bridge; alfombra–rug, chaqueta–jacket, premio–prize

6. **(A) gusta**; singular form is needed when *gustar* is followed by an infinitive; *see* section 6.10

7. **(A) dolerle**–to hurt; quitarle–to take off, faltarle–to be lacking, tocarle–to be someone's turn

8. **(C) tener prisa**–to be in a hurry; tener éxito–to be successful, tener razón–to be right, tener suerte–to be lucky

9. **(A) a**–personal *a* is needed; *see* section 19.3

10. **(D) de pie**–standing up; de prisa–in a hurry, de pronto–suddenly, de memoria–from memory

11. **(A) pescar**–to fish; recordar–to remember, enviar–to send, encontrar–to find

12. **(B) haya terminado**; the subjunctive is needed after *es absurdo*; *see* section 13.7.4

13. **(C) de nuevo**–again; con adelanto–early, tal vez–perhaps, rara vez–rarely

14. **(C) tormenta**–storm; torre–tower, carretera–highway, cosecha–harvest

15. **(A) lago**–lake; camino–road, traje–suit, billete–ticket

16. **(D) haya**; the subjunctive is needed after *es una pena*; *see* section 13.7.4

17. **(B) colgar**–to hang; aprender–to learn, envíar–to send, presentar–to present, to introduce (a person)

18. **(C) cuidar**–to take care of; crecer–to grow, cumplir–to fulfill, to attain, cazar–to hunt

19. **(D) fecha**–date; mesa–table, luna–moon, tela–material

20. **(D) sobre**–envelope; sello–stamp, piso–floor, pastel–cake, pie; recibo–receipt

21. **(A) cielo**–sky; equipo–team, escritorio–desk, cajón–big box; brillar–to shine, estrella–star

22. **(B) fila**–row; frente–front, forehead, fábrica–factory, falda–skirt

23. **(A) aburrido**–bored; sucio–dirty, lleno–full, celoso–jealous

24. **(D) viera**; the subjunctive is needed after *antes de que*; *see* section 13.7.7

25. **(D) sepa**; the subjunctive is needed after an indefinite antecedent; *see* section 13.7.8

26. **(D) para**; *see* section 19.5.1

27. **(B) supe**; the preterit is needed; *see* section 7.7

28. **(C) hacía**; the imperfect is needed; *see* section 8.1

29. **(A) pueda**; the subjunctive is needed after *esperar*; *see* section 13.7.1

30. **(A) la**; mano (feminine); *see* section 2.1

31. **(D) traigo**; the present is needed

32. **(B) me entretengo**; the present is needed

33. **(D) criticar**; the infinitive is needed; *see* section 13.7

Part B

34. **(B) regalos**–gifts; muebles–furniture, pájaros–birds, edificios–buildings

35. **(A) recuerdos**–memories; pensamientos–thoughts, peligros–dangers, gritos–shouts

36. **(D) qué**–what; *see* section 16.2

37. **(A) sea**; the subjunctive is needed after cualquiera; *see* section 13.7.9

38. **(B) se sigan**–are followed; se cobran–are charged, se dejen–are left, se cuiden–are taken care of

39. **(C) pensando en**–thinking about; the present participle is needed

40. **(C) por**; *see* section 19.5.2

41. **(D) deseos**–wishes; paisajes–landscapes, jardines–gardens, sueños–dreams

42. **(A) quedarán**–will remain; the future is needed

43. **(B) quienes**; *see* section 5.6.2

44. **(C) comer**–to eat; volar–to fly, correr–to run, caminar–to walk

45. **(A) de arriba abajo**–from top to bottom; de hoy en adelante–from today on, de mala gana–reluctantly, de ninguna manera–by no means

46. **(C) cubierta**–covered; devuelta–returned, puesta–put, resuelta–solved

47. **(C) corto**–short; grande–big, alto–tall, estrecho–narrow

48. **(B) Era**; the imperfect is needed; *see* section 8.1

49. **(D) estaban**; the imperfect is needed; *see* section 8.1

50. **(D) había visto**; the pluperfect is needed; *see* section 10.1

51. **(B) salía**; the imperfect is needed; *see* section 8.1

52. **(C) brazos**–arms; pies–feet, dedos–fingers, hombros–shoulders

53. **(D) pajarito**–little bird; perrito–little dog, gatito–little cat, caballito–little horse

54. **(B) para**; *see* section 19.5.1

55. **(D) quien**; *see* section 5.6.2

56. **(A) le** (indirect object pronoun); *see* section 5.3.3

57. **(C) llorar**–to cry; traer–to bring, subir–to go up, apagar–to turn off

58. **(C) ponerse contento**–to become happy; mirarse–to look at oneself, vetirse–to get dressed, llevarse–to carry off, take away

59. **(A) juntos**–together; alejados–removed, sentados–sitting, acostados–lying down

60. **(C) cantando**; the present participle is needed

Part C

The answer to some questions may depend on more than one statement in the passage. In that case more than one line will be listed. When the answer depends on the overall meaning of the passage, the answer is indicated by "overall meaning."

61. **(C)** Overall meaning

62. **(C)** Lines 8–9

63. **(B)** Lines 1–8

64. **(A)** Overall meaning

65. **(D)** Lines 10–13

66. **(A)** Lines 15–18

67. **(B)** Line 19

68. **(D)** Lines 19–20

69. **(A)** Lines 25–27

70. **(C)** Lines 1–2

71. **(B)** Lines 4–5

72. **(D)** Line 6

73. **(B)** Overall meaning

74. **(D)** Lines 14–15

75. **(D)** Line 1

76. **(A)** Lines 3–4

77. **(C)** Lines 4–6

78. **(B)** Lines 7–8

79. **(A)** Line 13

80. **(D)** Lines 2–4

81. **(A)** Line 4

82. **(A)** Lines 6–7

83. **(A)** Line 6

84. **(A)** Line 9

85. **(C)** Lines 11–12

Practice Test 4

ANSWER SHEET

1. Ⓐ Ⓑ Ⓒ Ⓓ	23. Ⓐ Ⓑ Ⓒ Ⓓ	45. Ⓐ Ⓑ Ⓒ Ⓓ	67. Ⓐ Ⓑ Ⓒ Ⓓ
2. Ⓐ Ⓑ Ⓒ Ⓓ	24. Ⓐ Ⓑ Ⓒ Ⓓ	46. Ⓐ Ⓑ Ⓒ Ⓓ	68. Ⓐ Ⓑ Ⓒ Ⓓ
3. Ⓐ Ⓑ Ⓒ Ⓓ	25. Ⓐ Ⓑ Ⓒ Ⓓ	47. Ⓐ Ⓑ Ⓒ Ⓓ	69. Ⓐ Ⓑ Ⓒ Ⓓ
4. Ⓐ Ⓑ Ⓒ Ⓓ	26. Ⓐ Ⓑ Ⓒ Ⓓ	48. Ⓐ Ⓑ Ⓒ Ⓓ	70. Ⓐ Ⓑ Ⓒ Ⓓ
5. Ⓐ Ⓑ Ⓒ Ⓓ	27. Ⓐ Ⓑ Ⓒ Ⓓ	49. Ⓐ Ⓑ Ⓒ Ⓓ	71. Ⓐ Ⓑ Ⓒ Ⓓ
6. Ⓐ Ⓑ Ⓒ Ⓓ	28. Ⓐ Ⓑ Ⓒ Ⓓ	50. Ⓐ Ⓑ Ⓒ Ⓓ	72. Ⓐ Ⓑ Ⓒ Ⓓ
7. Ⓐ Ⓑ Ⓒ Ⓓ	29. Ⓐ Ⓑ Ⓒ Ⓓ	51. Ⓐ Ⓑ Ⓒ Ⓓ	73. Ⓐ Ⓑ Ⓒ Ⓓ
8. Ⓐ Ⓑ Ⓒ Ⓓ	30. Ⓐ Ⓑ Ⓒ Ⓓ	52. Ⓐ Ⓑ Ⓒ Ⓓ	74. Ⓐ Ⓑ Ⓒ Ⓓ
9. Ⓐ Ⓑ Ⓒ Ⓓ	31. Ⓐ Ⓑ Ⓒ Ⓓ	53. Ⓐ Ⓑ Ⓒ Ⓓ	75. Ⓐ Ⓑ Ⓒ Ⓓ
10. Ⓐ Ⓑ Ⓒ Ⓓ	32. Ⓐ Ⓑ Ⓒ Ⓓ	54. Ⓐ Ⓑ Ⓒ Ⓓ	76. Ⓐ Ⓑ Ⓒ Ⓓ
11. Ⓐ Ⓑ Ⓒ Ⓓ	33. Ⓐ Ⓑ Ⓒ Ⓓ	55. Ⓐ Ⓑ Ⓒ Ⓓ	77. Ⓐ Ⓑ Ⓒ Ⓓ
12. Ⓐ Ⓑ Ⓒ Ⓓ	34. Ⓐ Ⓑ Ⓒ Ⓓ	56. Ⓐ Ⓑ Ⓒ Ⓓ	78. Ⓐ Ⓑ Ⓒ Ⓓ
13. Ⓐ Ⓑ Ⓒ Ⓓ	35. Ⓐ Ⓑ Ⓒ Ⓓ	57. Ⓐ Ⓑ Ⓒ Ⓓ	79. Ⓐ Ⓑ Ⓒ Ⓓ
14. Ⓐ Ⓑ Ⓒ Ⓓ	36. Ⓐ Ⓑ Ⓒ Ⓓ	58. Ⓐ Ⓑ Ⓒ Ⓓ	80. Ⓐ Ⓑ Ⓒ Ⓓ
15. Ⓐ Ⓑ Ⓒ Ⓓ	37. Ⓐ Ⓑ Ⓒ Ⓓ	59. Ⓐ Ⓑ Ⓒ Ⓓ	81. Ⓐ Ⓑ Ⓒ Ⓓ
16. Ⓐ Ⓑ Ⓒ Ⓓ	38. Ⓐ Ⓑ Ⓒ Ⓓ	60. Ⓐ Ⓑ Ⓒ Ⓓ	82. Ⓐ Ⓑ Ⓒ Ⓓ
17. Ⓐ Ⓑ Ⓒ Ⓓ	39. Ⓐ Ⓑ Ⓒ Ⓓ	61. Ⓐ Ⓑ Ⓒ Ⓓ	83. Ⓐ Ⓑ Ⓒ Ⓓ
18. Ⓐ Ⓑ Ⓒ Ⓓ	40. Ⓐ Ⓑ Ⓒ Ⓓ	62. Ⓐ Ⓑ Ⓒ Ⓓ	84. Ⓐ Ⓑ Ⓒ Ⓓ
19. Ⓐ Ⓑ Ⓒ Ⓓ	41. Ⓐ Ⓑ Ⓒ Ⓓ	63. Ⓐ Ⓑ Ⓒ Ⓓ	85. Ⓐ Ⓑ Ⓒ Ⓓ
20. Ⓐ Ⓑ Ⓒ Ⓓ	42. Ⓐ Ⓑ Ⓒ Ⓓ	64. Ⓐ Ⓑ Ⓒ Ⓓ	
21. Ⓐ Ⓑ Ⓒ Ⓓ	43. Ⓐ Ⓑ Ⓒ Ⓓ	65. Ⓐ Ⓑ Ⓒ Ⓓ	
22. Ⓐ Ⓑ Ⓒ Ⓓ	44. Ⓐ Ⓑ Ⓒ Ⓓ	66. Ⓐ Ⓑ Ⓒ Ⓓ	

To compute your approximate scaled score:

_____ (number of correct answers) − _____ (number of incorrect answers) / 3 = _____ (raw score)

Now, go to page 386 to find out your approximate scaled score.

Practice Test 4

PART A

Directions: Read the following statements and the four suggested completions. Then choose the most appropriate completion and fill in the corresponding oval on the answer sheet.

1. Éste es el . . . cuento que leemos esta semana.

   (A) tercero
   (B) tercer
   (C) trío
   (D) tres

2. Soledad me dijo que anoche había soñado con . . .

   (A) él
   (B) le
   (C) lo
   (D) se

3. Tina se sintió mal porque . . . vino a visitarla.

   (A) algún
   (B) alguna
   (C) nadie
   (D) nada

4. El servicio en ese restaurante fue malísimo por eso no le dejé una . . . al camarero.

   (A) cuenta
   (B) bolsa
   (C) cabeza
   (D) propina

5. Es importante usar crema protectora aunque el cielo esté un poco . . .

   (A) limpio
   (B) caliente
   (C) fresco
   (D) nublado

6. Ayer salimos . . . cine a las cuatro en punto.

   (A) al
   (B) del
   (C) en el
   (D) con el

7. Nevaba mucho y había mucho tráfico; por eso hubo muchos accidentes en . . .

   (A) las iglesias
   (B) las aceras
   (C) las carreteras
   (D) las cuadras

8. Hace más de tres años que yo no como . . . ; soy completamente vegetariano.

   (A) legumbres
   (B) árboles
   (C) carne
   (D) postres

9. Es necesario . . . dinero para no tener problemas en el futuro.

 (A) ahorrar
 (B) salvar
 (C) quedar
 (D) tocar

10. Jorge no pudo abrir la puerta porque había dejado . . . dentro de la casa.

 (A) las luces
 (B) los muebles
 (C) los vasos
 (D) las llaves

11. Es justo que nosotros . . . a tiempo.

 (A) comamos
 (B) comimos
 (C) comemos
 (D) comeremos

12. ¿Por qué no nos encontramos . . . las tres?

 (A) en lugar de
 (B) a eso de
 (C) acerca de
 (D) encima de

13. Susana, córtate las . . . . No sé cómo puedes tocar el piano.

 (A) piernas
 (B) narices
 (C) rodillas
 (D) uñas

14. En el verano siempre llevo camisetas de . . . porque son más frescas.

 (A) madera
 (B) algodón
 (C) lana
 (D) papel

15. A ellos . . . molesta el ruido que hace ese coche.

 (A) le
 (B) los
 (C) lo
 (D) les

16. Yo no . . . cómo voy a poder terminar este trabajo a tiempo.

 (A) conozco
 (B) conocía
 (C) sé
 (D) sabía

17. Esta maleta es mía; aquélla es . . .

 (A) su
 (B) suya
 (C) ella
 (D) la

18. Todas la mañanas yo le preparo . . . de jamón y queso a mi hermanito.

 (A) un jabón
 (B) un bocadillo
 (C) una cuchara
 (D) una canción

19. El año escolar es demasiado largo. En muchas escuelas las clases terminan . . . junio.

 (A) a lo largo de
 (B) a fines de
 (C) a través de
 (D) a pesar de

20. Si él . . . a clase a tiempo, tendría menos problemas con los profesores.

 (A) llegara
 (B) llegaba
 (C) llegaría
 (D) llegó

21. Cuando llegamos a la estación todavía . . . media hora para la salida del tren.

 (A) echaba
 (B) faltaba
 (C) encontraba
 (D) hacía

22. Me gusta la comida española porque usan mucho el . . . de oliva.

 (A) refresco
 (B) tenedor
 (C) cuchillo
 (D) aceite

23. Ese vestido es demasiado grande. Necesitas una . . . más pequeña.

    (A) salida
    (B) receta
    (C) talla
    (D) mitad

24. Celeste quería trabajar en esa compañía pero . . . a una mujer con más experiencia.

    (A) escogieron
    (B) mostraron
    (C) escondieron
    (D) molestaron

25. No te olvides de reciclar todas las botellas . . .

    (A) aburridas
    (B) vacías
    (C) felices
    (D) estimadas

26. ¡Qué desorden! ¡ . . . todos los juguetes, Alberto!

    (A) Recoge
    (B) Pinta
    (C) Enciende
    (D) Cobra

27. No pude comer el pan que nos sirvieron; estaba muy . . .

    (A) corto
    (B) duro
    (C) cómodo
    (D) ancho

28. Mira el mapa; aquí está . . . capital que buscabas.

    (A) esa
    (B) ese
    (C) esto
    (D) eso

29. Anteayer nosotros nos quedamos en la cuidad porque no . . . en el coche.

    (A) cupimos
    (B) cabremos
    (C) cupiéramos
    (D) quepamos

30. Quisiera comprar esa revista pero sólo me . . . dos dólares.

    (A) queda
    (B) quedó
    (C) quedan
    (D) quedaran

31. Ella recomendó que yo . . . a la entrevista con mi abogado.

    (A) iría
    (B) vaya
    (C) iré
    (D) fuera

32. Tuvieron que cancelar el concierto al aire libre porque comenzó a . . .

    (A) lloviznar
    (B) secar
    (C) tocar
    (D) enfriar

33. Parecía mentira que ellos no nos . . . la verdad.

    (A) hubieran dicho
    (B) habían dicho
    (C) han dicho
    (D) habrán dicho

34. Yo me acerqué . . . la actriz cuando la vi entrar.

    (A) a
    (B) de
    (C) por
    (D) para

35. Yolanda nos pide que nosotros . . . a tiempo.

    (A) salimos
    (B) salgamos
    (C) salíamos
    (D) saldremos

PART B

> **Directions:** In the following passages some words or phrases are missing. For each blank, four possible completions are given. Read the entire passage to get an idea of its content, then select the most appropriate completion, taking into consideration the overall meaning of the passage. Fill in the corresponding oval on the answer sheet.

Angela se encontró con ___(36)___ muchedumbre de hombres y mujeres agitados que avanzaba calle abajo. Desde que el presidente ___(37)___ el país se veía a menudo este tipo de manifestación que, a fin de cuentas, no resolvía nada. Eso sí, la desesperación ___(38)___. El desempleo, el alto precio de los víveres, el costo de la vivienda, entre otros problemas, no permitían que los ciudadanos ___(39)___ a tener la esperanza que habían perdido ___(40)___ los años. Angela había participado en estas manifestaciones ___(41)___, pero hoy había decidido que no ___(42)___ a su casa sin ser arrestada antes. Para ella, era fundamental ___(43)___ a sus amigos que ella verdaderamente creía en la causa por ___(44)___ sus compatriotas luchaban.

36. (A) uno
    (B) una
    (C) un
    (D) unos

37. (A) ha abandonado
    (B) había abandonado
    (C) habrá abandonado
    (D) hubo abandonado

38. (A) aumente
    (B) aumentaba
    (C) aumentara
    (D) aumenta

39. (A) volverían
    (B) volvieran
    (C) volverán
    (D) volvieron

40. (A) a través de
    (B) a cambio de
    (C) en lugar de
    (D) en caso de

41. (A) detrás
    (B) además
    (C) antes
    (D) todavía

42. (A) regresaría
    (B) regreso
    (C) regresara
    (D) ha regresado

43. (A) mostrarles
    (B) regalarle
    (C) abrazarle
    (D) colgarle

44. (A) las cuales
    (B) los cuales
    (C) el cual
    (D) la cual

Para muchos padres los cuentos de hadas traen recuerdos de una ___(45)___ agradable. Los cuentos como La Caperucita Roja, Blancanieves, o Cenicienta que en un pasado no sólo entretenían ___(46)___ enseñaban algunas lecciones, ahora ___(47)___ atacados por psicólogos que consideran que estos ___(48)___ y situaciones ficticias sólo interfieren en el razonamiento y desarrollo de una personalidad normal. Si esto ___(49)___ verdad, la generación que tuvo estas experiencias no podría funcionar en la sociedad hoy en día.

45. (A) vejez
    (B) joya
    (C) niñez
    (D) mentira

46. (A) sino
    (B) pero
    (C) pero que
    (D) sino que

47. (A) son
    (B) sean
    (C) estuvieran
    (D) hayan estado

48. (A) personajes
    (B) jueces
    (C) trabajadores
    (D) cirujanos

49. (A) era
    (B) fue
    (C) será
    (D) fuera

Amanecía cuando escuché la puerta. _____(50)_____ principio, creí que _____(51)_____ la puerta de la calle y pensé que Andrés _____(52)_____ a marchar sin _____(53)_____. Pero los pasos cruzaron el pasillo, subieron muy despacio _____(54)_____ y se pararon finalmente ante este cuarto. Andrés tardó bastante en decidirse. Cuando _____(55)_____ hizo, se quedó quieto _____(56)_____ la puerta, mirándome en silencio, sin _____(57)_____ siquiera[1] a acercarse hasta la cama. Yo le sostuve unos instantes la mirada y, _____(58)_____, antes de que _____(59)_____ decir nada, me volví y me quedé mirando a la ventana hasta que [él] _____(60)_____ marchó.

[1]**siquiera**—even

50. (A) El
    (B) A
    (C) Al
    (D) Del

51. (A) es
    (B) era
    (C) está
    (D) estaba

52. (A) se irá
    (B) se iba
    (C) se haya ido
    (D) irse

53. (A) despedirse
    (B) quitarse
    (C) olvidarse
    (D) ponerse

54. (A) la escalera
    (B) la pared
    (C) el camino
    (D) el bosque

55. (A) la
    (B) lo
    (C) los
    (D) las

56. (A) arriba de
    (B) dentro de
    (C) al lado de
    (D) después de

57. (A) atreverse
    (B) levantarse
    (C) mudarse
    (D) parecerse

58. (A) vez
    (B) tarde
    (C) rato
    (D) luego

59. (A) puede
    (B) podrá
    (C) podría
    (D) pudiera

60. (A) le
    (B) lo
    (C) se
    (D) la

PART C

Directions: In this part you will read several passages that will test your comprehension. After each passage, a number of questions or incomplete statements appear. Choose the most appropriate answer or completion, taking into consideration the overall meaning of the passage. Fill in the corresponding oval on the answer sheet.

—¿Usted busca a alguien?

—No precisamente.

—No puede engañarme. Cuando me mira como usted lo está haciendo conmigo, es porque se busca a alguien.

Line
(5)   Ante situación tan directa, es difícil ocultar los sentimientos.

—Tiene usted razón, busco a una persona.

—¿Y cree que va a encontrarla en este tren?

—Sí. Esa persona se montó un día en un tren como éste.

—Los trenes tienen sus diferencias. La máquina, el silbido, el humo, sus hora-
(10) rios de viaje. Una persona puede perderse en tantos trenes que viajan por el mundo. Los trenes no siempre son los mismos, aunque se parezcan entre ellos.

—Es posible. Pero tengo una corazonada[1].

—Quisiera ayudarlo en su corazonada, aunque poco creo en las corazonadas. Esa persona, ¿cómo es físicamente?

(15)   Vuelvo a la vieja reconstrucción parcial de mi padre. El hombre se ríe. Se explaya en ademanes con sus manos que me brindan confianza. Sus ojos no son brillantes y alegres.

—Busca a un medio hombre.

—No, a un hombre completo.

(20)   —Entonces precise más sus rasgos[2]. Yo lo ayudaré a buscarlo en el tren, si por casualidad se montó en este viaje . . .

[1]**corazonada**—hunch
[2]**rasgos**—features

61. ¿Qué parece notar el hombre al principio de la selección?

    (A) La necesidad de tener que esconderse
    (B) La voz familiar de la persona que habla
    (C) La precisión de la respuesta
    (D) La manera que lo miran

62. ¿Qué no puede ocultar el narrador?

    (A) El error
    (B) El miedo
    (C) La verdad
    (D) La alegría

63. ¿Qué dice el hombre sobre los trenes?

    (A) Que no son todos iguales
    (B) Que no son incómodos
    (C) Que tienen buenos horarios
    (D) Que siempre llegan a tiempo

64. ¿Qué le pide el hombre al narrador?

    (A) El horario de los trenes
    (B) Una descripción de una persona
    (C) Una foto de su padre
    (D) Los detalles de un viaje

65. ¿Por qué le dice el hombre al narrador "Busca a un medio hombre"?

    (A) Porque le hacen falta las manos
    (B) Porque sus ojos no brillan
    (C) Porque no puede ver todo su cuerpo
    (D) Porque no le ha dado muchos detalles

66. ¿Qué decide hacer el hombre al final de la selección?

    (A) Asistir al narrador en su búsqueda
    (B) Darle la mano para despedirse de él
    (C) Buscar otro tren que lo lleve a su destino
    (D) Terminar la conversación con el narrador

Question 67 refers to the following advertisement.

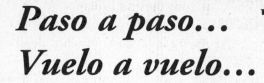

Paso a paso...
Vuelo a vuelo...

Hemos creado la compañía más popular en el continente americano. Con vuelos directos a diez países de habla hispana, le aseguramos un viaje placentero y con horarios que satisfacen todas las necesidades sea por negocios o por vacaciones. No olvide...

Aguila

Por las nubes a su destino.

67. ¿Cuál es una ventaja de esta compañía?

(A) Tiene buenos itinerarios.
(B) Ofrece vacaciones muy baratas.
(C) Garantiza ayuda a cualquier negocio.
(D) Organiza viajes a lugares exóticos.

Agua y más agua pero ni una gota para beber... por lo menos por unas horas...

Hoy durante las horas de las 9 de la mañana hasta la 1 de la tarde nuestra compañía limpiará los tanques de agua que suministran el agua a este edificio para mantener el agua limpia, pura y en abundancia.

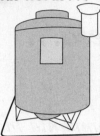

Le sugerimos que...

- llene varios recipientes con agua para sus necesidades inmediatas

- cierre todos los grifos

Su cooperación es primordial. Estamos seguros de que Ud. apreciará el agua limpia una vez que se complete la limpieza.

68. ¿Qué problema existe en este edificio?

(A) Los tanques de agua están sucios.
(B) El agua sólo está disponible por unas horas.
(C) No se puede beber el agua por las mañanas.
(D) No se permite usar agua por varias horas al día.

Ya no sabíamos si Javier volvería. Su última carta no mencionaba su deseo de regresar. Demasiados incidentes desagradables habían pasado entre él y yo. De aquellos momentos de ternura e íntimas conversaciones sólo quedaban pocos rastros. Los últimos años habían sido de reproches, constantes argumentos y días silenciosos en los cuales las miradas frías herían como un puñal en el corazón. No sé por qué por varios días había presentido su regreso.

— ¿Pensativa como siempre?

Me sobresaltó aquella voz que tantas veces había querido oír de nuevo. No me podía mover. Un dolor en el pecho me paralizaba. Sentí que se acercaba a mí por sus pasos. Me acarició el cabello con la mano.

— ¿Eres tú, Javier?—le pregunté sin volverme.

No me respondió. Entonces me volví y le toqué las mejillas. Sentí sus lágrimas. Era la primera vez que me veía desde que yo había perdido la vista. Y así fue como comenzamos a querernos de nuevo después de la dura separación.

69. ¿Cómo era la relación entre los dos personajes al principio de la selección?

   (A) Vergonzosa
   (B) Encantadora
   (C) Tensa
   (D) Intima

70. Por lo que dice la narradora, podemos decir que ella

   (A) había olvidado su relación con Javier
   (B) había buscado a Javier por varios países
   (C) sabía que Javier nunca regresaría
   (D) quería que Javier regresara

71. ¿Cómo parecía sentirse el hombre al final de la selección?

   (A) Triste
   (B) Entusiasmado
   (C) Orgulloso
   (D) Relajado

72. ¿Qué sabemos de la narradora al final de la selección?

   (A) Que era sorda
   (B) Que era muda
   (C) Que era calva
   (D) Que era ciega

El día había comenzado como cualquier otro. Al atardecer la gente se apresuraba por las calles como si huyeran de alguna catástrofe. Los andenes de los trenes estaban llenos. Las voces de los vendedores ambulantes y el sabroso olor a comida se mezclaban con el ruido de los coches y autobuses que apenas se movían. Una que otra motocicleta, como la mía se hacía paso, entre el tráfico, sin prestar mucha atención a los semáforos. Al cruzar la Avenida Colón, sentí un fuerte golpe en la pierna derecha, seguido por otro golpe en la cabeza. De momento sentí como si la cabeza me fuera a explotar y en un instante, completa oscuridad, voces apenas perceptibles y un agudo dolor por todo el cuerpo.

—Póngale la máscara de oxígeno. Ud., López, dele anestesia total. Lo tenemos que operar inmediatamente.

Esas fueron las últimas palabras que creo que oí en mi estado de completa confusión.

73. ¿Cómo había comenzado el día?

(A) Muy inquietante
(B) Muy extraño
(C) Muy normal
(D) Muy misterioso

74. ¿Qué le sucedió al narrador?

(A) Tuvo un accidente.
(B) Se cayó del andén.
(C) Sintió que lo empujaban.
(D) Se quedó dormido.

75. ¿Dónde estaba el narrador al final de la selección?

(A) En un camión
(B) En una motocicleta
(C) En un hospital
(D) En una farmacia

Las flores ya estaban marchitas. Las hojas de los árboles comenzaban a cubrir el suelo mojado por las constantes lluvias de toda una semana. De vez en cuando una bandada de pájaros se veía en el horizonte en su viaje anual a tierras más cálidas. Pronto el invierno tocaba a la puerta. En esta parte del país era considerado uno de los peores. Los ciudadanos ya estaban acostumbrados y durante el verano hacían todo lo posible para hacer los preparativos que les permitiera sobrevivir el largo invierno.

Gustavo pensaba que nunca se acostumbraría a esta región. Había llegado allí con su familia para comenzar una nueva vida después de recibir su libertad tras cinco años en una cárcel en el sur del país. Nunca pudieron comprobar que había sido él la persona que había robado el banco. Abogados, testigos, exámenes médicos, pruebas de ADN… nada… todo había sido un gran error pero nadie pudo comprobar su inocencia… y ahora empezaba una vida nueva en un lugar donde el tiempo definitivamente no le había dado la bienvenida que él esperaba.

76. ¿Cómo se podría describir la actitud de los ciudadanos hacia el clima?

(A) Reconciliatoria
(B) Resignada
(C) Violenta
(D) Pesimista

77. ¿De dónde venía Gustavo cuando llegó a esta parte del país?

(A) De un hospital
(B) De una prisión
(C) De un banco
(D) De una corte

78. Gustavo tuvo que pasar tiempo en el sur del país porque

(A) fue el único lugar donde pudo encontrar trabajo
(B) el clima era mejor para su salud
(C) había sido acusado de un crimen
(D) su familia se había mudado allí

79. ¿Por qué pensaba él que no había recibido la bienvenida que esperaba?

(A) Porque nadie lo saludaba
(B) Porque hacía mal tiempo
(C) Porque había perdido todo su dinero
(D) Porque sufría de una enfermedad contagiosa

En el comedor, Consuelo trató de evitar las miradas de todos y fijó la vista en el fondo de su plato. Entró la chica de cabello teñido metida en un pantalón estrecho y un tricot grueso con cuello de tortuga, que la hizo muy semejante a ese animal. La
Line chica silbó un aire de moda y ordenó un filete con patatas; ella no comería el menú
(5) sucio y raquítico. Su voz áspera cubrió las otras voces excitadas de los comensales que hablaban de una huelga cuyas consecuencias podían resultar fatales.

—Callen, callen, que no pasará nada. En España nunca pasa nada—ordenó Amparo, y el sonido de su voz produjo que Consuelo dejara caer el tenedor sobre el plato.

(10)   —Mañana se servirá usted misma su café—le avisó Juanín.

—¿Aquí habrá huelga?—le preguntó Consuelo.

—En todas partes, y los comercios que abran serán cerrados a pedradas.

Se preparaba el desorden y las viejas jugadoras, de maquillaje cargado, parecían eufóricas. Salió a la calle y vio venir hacia ella al relojero, amparado en su paraguas
(15) y esquivando los charcos.

—¿Paseando tan tarde?

—Usted también irá a la huelga—contestó ella.

—¿Qué huelga? Parece usted demasiado interesada. Aquí no habrá ninguna huelga.

80. ¿Qué trataba de evitar Consuelo?

(A) Que le quitaran la comida
(B) Que le cortaran el pelo
(C) Que la miraran
(D) Que la tocaran

81. ¿A qué se parecía la chica que entró?

(A) A un pantalón
(B) A un caballo
(C) A una patata
(D) A una tortuga

82. ¿Qué hizo la chica que entró?

(A) Pidió comida.
(B) Gritó excitada.
(C) Cantó una canción.
(D) Cubrió la comida.

83. ¿De qué hablaban las personas en este lugar?

(A) De una protesta
(B) De una enfermedad
(C) De las elecciones
(D) De la comida

84. Por la descripción, ¿qué tiempo hacía cuando Consuelo salió a la calle?

(A) Hacía calor.
(B) Hacía viento.
(C) Llovía.
(D) Hacía sol.

85. Por la respuesta del relojero sabemos que

(A) él no está de acuerdo con Consuelo
(B) a él no le gusta pasear por la calle
(C) a Consuelo no le importa lo que pasa
(D) a Consuelo no le interesa hablar con él

STOP

Answer Key
PRACTICE TEST 4

Part A

1. B	7. C	13. D	19. B	25. B	31. D
2. A	8. C	14. B	20. A	26. A	32. A
3. C	9. A	15. D	21. B	27. B	33. A
4. D	10. D	16. C	22. D	28. A	34. A
5. D	11. A	17. B	23. C	29. A	35. B
6. B	12. B	18. B	24. A	30. C	

Part B

36. B	41. C	45. C	49. D	53. A	57. A
37. B	42. A	46. D	50. C	54. A	58. D
38. B	43. A	47. A	51. B	55. B	59. D
39. B	44. D	48. A	52. B	56. C	60. C
40. A					

Part C

61. D	66. A	70. D	74. A	78. C	82. A
62. C	67. A	71. A	75. C	79. B	83. A
63. A	68. A	72. D	76. B	80. C	84. C
64. B	69. C	73. C	77. B	81. D	85. A
65. D					

The answer to some questions may depend on more than one statement in the passage. In that case more than one line will be listed in the Answer Explanations. When the answer depends on the overall meaning of the passage, the answer is indicated by "overall meaning."

ANSWER EXPLANATIONS

Note: Some words that are cognates have not been translated.

Part A

1. **(B) tercer**; *see* section 18.2, trío–trio

2. **(A) él**, prepositional pronoun; *see* section 5.2

3. **(C) nadie**–nobody, no one; *see* section 15.1

4. **(D) propina**–tip; cuenta–account, bill, bolsa–bag, cabeza–head

5. **(D) nublado**–cloudy; limpio–clean, caliente–hot, fresco–cool

6. **(B) del**; salir de + el = salir del

7. **(C) carreteras**–highways; iglesias–churches, aceras–sidewalks, cuadras–(city) blocks

8. **(C) carne**–meat; legumbres–vegetables, árboles–trees, postres–desserts

9. **(A) ahorrar**–to save (money); salvar–to save, rescue, quedar–to remain, tocar–to play, touch

10. **(D) llaves**–keys; luces–lights, muebles–furniture, vasos–glasses

11. **(A) comamos**; the subjunctive is needed after *es justo*; *see* section 13.7.4

12. **(B) a eso de**–at about; en lugar de–in place of, acerca de–about, encima de–on top of

13. **(D) uñas**–nails; piernas–legs, narices–noses, rodillas–knees

14. **(B) algodón**–cotton; madera–wood, lana–wool, papel–paper

15. **(D) les** (indirect object pronoun); *see* section 5.3.3

16. **(C) sé, saber**–to know (a fact)

17. **(B) suya**; possessive pronoun is needed; *see* section 5.4

18. **(B) bocadillo**–sandwich; jabón–soap, cuchara–spoon, canción–song

19. **(B) a fines de**–toward the end of; a lo largo de–along, a través de–through, across, a pesar de–in spite of

20. **(A) llegara**; the subjunctive is needed (contrary-to-fact statement); *see* section 13.10.4

21. **(B) faltaba media hora**–there was one half hour to go; echar–to throw, encontrar–to find, hacer–to do, make

22. **(D) aceite**–oil; refresco–soft drink, tenedor–fork, cuchillo–knife

23. **(C) talla**–size; salida–exit, receta–recipe, mitad–half

24. **(A) escoger**–to choose; mostrar–to show, esconder–to hide, molestar–to annoy, bother

25. **(B) vacías**–empty; aburridas–bored, felices–happy, estimadas–esteemed

26. **(A) recoger**–to pick up; pintar–to paint, encender–to light, to turn on, cobrar–to charge

27. **(B) duro**–hard; corto–short, cómodo–comfortable, ancho–wide

28. **(A)** **esa**; feminine demonstrative adjective is needed; *see* section 2.3

29. **(A)** **cupimos**; the preterit is needed; *see* section 7.1

30. **(C)** **quedan**; the plural form of the verb in the present is needed; *see* sections 6.10 and 6.11

31. **(D)** **fuera**; the subjunctive is needed after *recomendar*; *see* section 13.7.1

32. **(A)** **lloviznar**–to drizzle; secar–to dry, tocar–to play, touch, enfriar–to cool, chill

33. **(A)** **hubieran dicho**; the subjunctive is needed after *parecer mentira*; *see* section 13.7.2

34. **(A)** **a, acercarse a**–to approach

35. **(B)** **salgamos**; the subjunctive is needed after *pedir*; *see* section 13.7.1

Part B

36. **(B)** **una**; the feminine form is needed; *see* section 2.2

37. **(B)** **había abandonado**; the pluperfect indicative is needed; *see* section 10.1

38. **(B)** **aumentaba**; the imperfect indicative is needed; *see* section 8.1

39. **(B)** **volvieran**; the imperfect subjunctive is needed; *see* section 13.7.1, 13.10.2

40. **(A)** **a través de**–throughout; a cambio de–in exchange for, en lugar de–instead of, en caso de (que)–in the event that

41. **(C)** **antes**–before; detrás–behind, además–besides, todavía–still

42. **(A)** **regresaría**; the conditional is needed

43. **(A)** **mostrarles**–to show them; regalar–to give (as a present), abrazar–to hug, colgar–to hang, put up

44. **(D)** **la cual**; *see* section 5.6.3

45. **(C)** **niñez**–childhood; estación–station, joya–piece of jewelry, mentira–lie

46. **(D)** **sino que**; *see* section 15.3

47. **(A)** **son**; *see* section 6.9.1

48. **(A)** **personajes**–characters; jueces–judges, trabajadores–workers, cirujanos–surgeons

49. **(D)** **fuera**; the imperfect subjunctive is needed; *see* section 13.10.4

50. **(C)** **al, al principio**–at the beginning

51. **(B)** **era**; the imperfect is needed; *see* section 8.1

52. **(B)** **se iba**; the imperfect is needed; *see* section 8.1

53. **(A)** **despedirse**–to say good-bye; quitarse–to take off, olvidarse–to forget, ponerse–to put on

54. **(A)** **escalera**–stair; pared–wall, camino–road, bosque–forest

55. **(B)** **lo**; *see* section 5.3.1

56. **(C)** **al lado de**–next to; arriba de–on top of, dentro de–inside, después de–after

57. **(A)** **atreverse**–to dare; levantarse–to get up, mudarse–to move, parecerse–to look like

58. **(D)** **luego**–later; vez–time (una vez–once), tarde–late, un rato–a while

59. **(D)** **pudiera**; the subjunctive is needed after *antes de que*; *see* section 13.7.7

60. **(C)** **se**, marcharse–to go away, leave

Part C

The answer to some questions may depend on more than one statement in the passage. In that case more than one line will be listed. When the answer depends on the overall meaning of the passage, the answer is indicated by "overall meaning."

61. **(D)** Lines 4–5

62. **(C)** Line 5

63. **(A)** Lines 9–11

64. **(B)** Line 14

65. **(D)** Lines 15, 20

66. **(A)** Lines 20–21

67. **(A)** Lines 6–8

68. **(A)** Lines 6–11, 16–18

69. **(C)** Lines 2–5

70. **(D)** Line 8

71. **(A)** Lines 12–13

72. **(D)** Line 13

73. **(C)** Line 1

74. **(A)** Lines 6–9

75. **(C)** Lines 10–11

76. **(B)** Lines 5–7

77. **(B)** Lines 9–10

78. **(C)** Lines 10–13

79. **(B)** Lines 13–14

80. **(C)** Line 1

81. **(D)** Line 3

82. **(A)** Line 5

83. **(A)** Lines 5–6

84. **(C)** Lines 14–15

85. **(A)** Lines 18–19

Practice Test 5

ANSWER SHEET

1. Ⓐ Ⓑ Ⓒ Ⓓ
2. Ⓐ Ⓑ Ⓒ Ⓓ
3. Ⓐ Ⓑ Ⓒ Ⓓ
4. Ⓐ Ⓑ Ⓒ Ⓓ
5. Ⓐ Ⓑ Ⓒ Ⓓ
6. Ⓐ Ⓑ Ⓒ Ⓓ
7. Ⓐ Ⓑ Ⓒ Ⓓ
8. Ⓐ Ⓑ Ⓒ Ⓓ
9. Ⓐ Ⓑ Ⓒ Ⓓ
10. Ⓐ Ⓑ Ⓒ Ⓓ
11. Ⓐ Ⓑ Ⓒ Ⓓ
12. Ⓐ Ⓑ Ⓒ Ⓓ
13. Ⓐ Ⓑ Ⓒ Ⓓ
14. Ⓐ Ⓑ Ⓒ Ⓓ
15. Ⓐ Ⓑ Ⓒ Ⓓ
16. Ⓐ Ⓑ Ⓒ Ⓓ
17. Ⓐ Ⓑ Ⓒ Ⓓ
18. Ⓐ Ⓑ Ⓒ Ⓓ
19. Ⓐ Ⓑ Ⓒ Ⓓ
20. Ⓐ Ⓑ Ⓒ Ⓓ
21. Ⓐ Ⓑ Ⓒ Ⓓ
22. Ⓐ Ⓑ Ⓒ Ⓓ

23. Ⓐ Ⓑ Ⓒ Ⓓ
24. Ⓐ Ⓑ Ⓒ Ⓓ
25. Ⓐ Ⓑ Ⓒ Ⓓ
26. Ⓐ Ⓑ Ⓒ Ⓓ
27. Ⓐ Ⓑ Ⓒ Ⓓ
28. Ⓐ Ⓑ Ⓒ Ⓓ
29. Ⓐ Ⓑ Ⓒ Ⓓ
30. Ⓐ Ⓑ Ⓒ Ⓓ
31. Ⓐ Ⓑ Ⓒ Ⓓ
32. Ⓐ Ⓑ Ⓒ Ⓓ
33. Ⓐ Ⓑ Ⓒ Ⓓ
34. Ⓐ Ⓑ Ⓒ Ⓓ
35. Ⓐ Ⓑ Ⓒ Ⓓ
36. Ⓐ Ⓑ Ⓒ Ⓓ
37. Ⓐ Ⓑ Ⓒ Ⓓ
38. Ⓐ Ⓑ Ⓒ Ⓓ
39. Ⓐ Ⓑ Ⓒ Ⓓ
40. Ⓐ Ⓑ Ⓒ Ⓓ
41. Ⓐ Ⓑ Ⓒ Ⓓ
42. Ⓐ Ⓑ Ⓒ Ⓓ
43. Ⓐ Ⓑ Ⓒ Ⓓ
44. Ⓐ Ⓑ Ⓒ Ⓓ

45. Ⓐ Ⓑ Ⓒ Ⓓ
46. Ⓐ Ⓑ Ⓒ Ⓓ
47. Ⓐ Ⓑ Ⓒ Ⓓ
48. Ⓐ Ⓑ Ⓒ Ⓓ
49. Ⓐ Ⓑ Ⓒ Ⓓ
50. Ⓐ Ⓑ Ⓒ Ⓓ
51. Ⓐ Ⓑ Ⓒ Ⓓ
52. Ⓐ Ⓑ Ⓒ Ⓓ
53. Ⓐ Ⓑ Ⓒ Ⓓ
54. Ⓐ Ⓑ Ⓒ Ⓓ
55. Ⓐ Ⓑ Ⓒ Ⓓ
56. Ⓐ Ⓑ Ⓒ Ⓓ
57. Ⓐ Ⓑ Ⓒ Ⓓ
58. Ⓐ Ⓑ Ⓒ Ⓓ
59. Ⓐ Ⓑ Ⓒ Ⓓ
60. Ⓐ Ⓑ Ⓒ Ⓓ
61. Ⓐ Ⓑ Ⓒ Ⓓ
62. Ⓐ Ⓑ Ⓒ Ⓓ
63. Ⓐ Ⓑ Ⓒ Ⓓ
64. Ⓐ Ⓑ Ⓒ Ⓓ
65. Ⓐ Ⓑ Ⓒ Ⓓ
66. Ⓐ Ⓑ Ⓒ Ⓓ

67. Ⓐ Ⓑ Ⓒ Ⓓ
68. Ⓐ Ⓑ Ⓒ Ⓓ
69. Ⓐ Ⓑ Ⓒ Ⓓ
70. Ⓐ Ⓑ Ⓒ Ⓓ
71. Ⓐ Ⓑ Ⓒ Ⓓ
72. Ⓐ Ⓑ Ⓒ Ⓓ
73. Ⓐ Ⓑ Ⓒ Ⓓ
74. Ⓐ Ⓑ Ⓒ Ⓓ
75. Ⓐ Ⓑ Ⓒ Ⓓ
76. Ⓐ Ⓑ Ⓒ Ⓓ
77. Ⓐ Ⓑ Ⓒ Ⓓ
78. Ⓐ Ⓑ Ⓒ Ⓓ
79. Ⓐ Ⓑ Ⓒ Ⓓ
80. Ⓐ Ⓑ Ⓒ Ⓓ
81. Ⓐ Ⓑ Ⓒ Ⓓ
82. Ⓐ Ⓑ Ⓒ Ⓓ
83. Ⓐ Ⓑ Ⓒ Ⓓ
84. Ⓐ Ⓑ Ⓒ Ⓓ
85. Ⓐ Ⓑ Ⓒ Ⓓ

To compute your approximate scaled score:

_____ (number of correct answers) − _____ (number of incorrect answers) / 3 = _____ (raw score)

Now, go to page 386 to find out your approximate scaled score.

Practice Test 5

PART A

Directions: Read the following statements and the four suggested completions. Then choose the most appropriate completion and fill in the corresponding oval on the answer sheet.

1. Por salir sin zapatos ahora tienes . . . muy sucios.

   (A) los pies
   (B) los brazos
   (C) los hombros
   (D) los ojos

2. El profesor no había . . . que el examen era hoy.

   (A) visto
   (B) dicho
   (C) hecho
   (D) puesto

3. Mis . . . acaban de llegar de Bolivia. Este fin de semana toda la familia va a estar junta.

   (A) miembros
   (B) parejas
   (C) personajes
   (D) parientes

4. Si no recibes el paquete que te envié por correos, habla con el . . . que trae la correspondencia.

   (A) mesero
   (B) entrenador
   (C) cartero
   (D) dependiente

5. Me encanta el invierno porque podemos patinar en el . . .

   (A) hierro
   (B) hielo
   (C) techo
   (D) cielo

6. No he visto a . . . en esa tienda. Yo creo que es demasiado cara.

   (A) nadie
   (B) ningún
   (C) nada
   (D) nunca

7. En la esquina, . . . a la izquierda y allí está la tienda.

   (A) cruza
   (B) toca
   (C) dobla
   (D) baja

8. Hay muchas frutas en las . . . de los árboles.

   (A) ramas
   (B) raíces
   (C) hojas
   (D) flores

9. Él no tuvo . . . cuando trató de correr en el maratón.

(A) lugar
(B) éxito
(C) cuentas
(D) costumbres

10. Mañana tengo una . . . con el dueño del almacén donde quiero trabajar.

(A) película
(B) lectura
(C) entrevista
(D) mochila

11. Esta mañana me desperté muy temprano porque el teléfono . . . a las seis.

(A) siguió
(B) soñó
(C) sintió
(D) sonó

12. Esos . . . de Goya fueron descubiertos en una casa abandonada.

(A) cuadros
(B) lugares
(C) pintores
(D) vidrios

13. La familia Roca fue al zoológico primero y . . . fue de compras.

(A) pues
(B) entonces
(C) anterior
(D) tarde

14. No pude ver bien la obra de teatro porque me senté . . . un señor muy alto.

(A) al lado de
(B) detrás de
(C) al fondo de
(D) encima de

15. Ese hombre está locamente enamorado . . . su esposa.

(A) a
(B) con
(C) en
(D) de

16. Le compramos varios libros a Gerardo para que no . . .

(A) se aburriera
(B) se mojara
(C) se vistiera
(D) se despertara

17. Regresemos a casa; no me . . . bien desde esta mañana.

(A) quedo
(B) caigo
(C) muero
(D) siento

18. Préstame unas . . . para cortar esas flores.

(A) tijeras
(B) cucharas
(C) tazas
(D) piedras

19. José, ayúdame a . . . el armario; quiero ponerlo cerca de la cama.

(A) toser
(B) tardar
(C) empujar
(D) echar

20. Nos encantó la película. Cuando salimos del cine todos estábamos . . . todavía.

(A) riéndonos
(B) quejándonos
(C) despidiéndonos
(D) cansándonos

21. Este verano Mariano quiere trabajar de . . . en la piscina.

    (A) sacapuntas
    (B) paraguas
    (C) lavamanos
    (D) salvavidas

22. ¿ . . . cuándo no vas a Europa, Cecilia?

    (A) Desde
    (B) Entre
    (C) Para
    (D) Según

23. En cuanto Alberto llegó, nosotros . . . la cena.

    (A) serviremos
    (B) servimos
    (C) serviríamos
    (D) sirvamos

24. Señor Juárez, . . . presento a mi tío Carlos y a su esposa Elsa.

    (A) se
    (B) los
    (C) le
    (D) les

25. Antes de decidir lo que vas a hacer, piensa . . . las consecuencias.

    (A) a
    (B) en
    (C) con
    (D) por

26. El año pasado el director nos . . . salir a menudo de la escuela para almorzar.

    (A) permitía
    (B) permite
    (C) permita
    (D) permitiría

27. Esos televisores nuevos tienen más de . . . canales.

    (A) ciento
    (B) cien
    (C) cientos
    (D) centenario

28. Si tuviera tiempo, . . . al lago por unos días.

    (A) iría
    (B) iré
    (C) iba
    (D) fui

29. Ya . . . las diez y Humberto todavía no había llegado.

    (A) era
    (B) eran
    (C) fue
    (D) fueron

30. Susana, ve al cuarto y . . . las tareas antes de salir.

    (A) haces
    (B) haga
    (C) hagas
    (D) haz

31. Carmen prefiere que yo . . . las raquetas de tenis.

    (A) llevaré
    (B) llevé
    (C) lleve
    (D) llevo

32. Tráeme . . . abrelatas que está en la cocina, por favor.

    (A) las
    (B) los
    (C) el
    (D) la

33. ¡Qué cómico! Esos chicos no . . . bailar.

    (A) sepan
    (B) saben
    (C) conocen
    (D) conozcan

34. Hace más de una hora que estamos esperando el tren. ¿Cuándo . . . ?

    (A) llegué
    (B) llegará
    (C) llegara
    (D) llegue

35. Ellos siguieron . . . en el campo hasta que empezó a llover.

    (A) trabajado
    (B) trabajar
    (C) trabajando
    (D) trabajados

36. Quédate en la casa hasta que yo . . .

    (A) regrese
    (B) regresaré
    (C) regresé
    (D) regresara

37. Me puse los zapatos cuando me pidieron que . . .

    (A) salga
    (B) saliera
    (C) saldría
    (D) salía

38. Su madre les prohibiría cruzar la calle si ella . . . lo peligroso que es.

    (A) sabría
    (B) supo
    (C) supiera
    (D) sabrá

39. Niegan que . . . clases mañana.

    (A) hay
    (B) haya
    (C) habrá
    (D) hubo

PART B

Directions: In the following passages some words or phrases are missing. For each blank, four possible completions are given. Read the entire passage to get an idea of its content, then select the most appropriate completion, taking into consideration the overall meaning of the passage. Fill in the corresponding oval on the answer sheet.

Una colección de todos

Si estaba pensando en deshacerse de ese montón de documentos y fotografías viejas de su familia, no lo __(40)__ . Futuras generaciones de investigadores pueden sacarles provecho. La *Chicano Research Collection*, una colección organizada __(41)__ el servicio de bibliotecas de la universidad del estado de Arizona, __(42)__ todo tipo de información relacionada con la historia de los chicanos en el suroeste de EE. UU. Para ampliar su fondo, la colección cuenta con la aportación de personas que tengan libros, fotografías, publicaciones o __(43)__ material sobre los mexicoamericanos y quieran donarlo. Los organizadores del archivo esperan que éste __(44)__ en la mejor fuente de información de EE. UU.

La colección __(45)__ creada en 1970, bajo el nombre de *Chicano Studies Collection*, con el objetivo de reunir trabajos sobre los chicanos de EE. UU., que reflejaran su historia y su pensamiento. En el fondo, latía __(46)__ interés de reconocer la herencia mexicoamericana. "Es importante que __(47)__ las contribuciones de los chicanos en EE. UU. para tener una perspectiva más equilibrada de la historia", dice Christine Marín, curadora de la colección. Si desea donar material o informarse, __(48)__ las oficinas de la colección.

40. (A) hace
    (B) haz
    (C) haga
    (D) hará

41. (A) a
    (B) de
    (C) por
    (D) hasta

42. (A) reúne
    (B) reúna
    (C) reuniera
    (D) hubiera reunido

43. (A) alguno
    (B) alguna
    (C) cualquiera
    (D) cualquier

44. (A) se convertiría
    (B) se convierta
    (C) se convierte
    (D) se convertirá

45. (A) fue
    (B) era
    (C) sería
    (D) sea

46. (A) una
    (B) uno
    (C) la
    (D) el

47. (A) se reconocían
    (B) se reconozcan
    (C) se reconocerán
    (D) se reconoce

48. (A) llame
    (B) llama
    (C) llamará
    (D) llamara

Durante años, los latinoamericanos ___(49)___ a España desde "la madre patria" hasta "la tierra de los conquistadores". Pero, muy ___(50)___ vez se exploran sus raíces. Si bien Andalucía y el País Vasco ___(51)___ encuentran en los extremos geográficos y culturales opuestos, su influencia mora y vasca le ___(52)___ color al panorama cultural español ya de por sí diverso.

San Sebastián se anida entre la bahía de Vizcaya y los Pirineos, ___(53)___ la frontera francesa. Es una ciudad cosmopolita ___(54)___ ciudadanos se apasionan por su cocina y deportes, tanto como por su política. Su sofisticación cultural y elegantes balnearios atraen a visitantes internacionales y se le conoce como la Riviera Francesa de España. Aunque ___(55)___ podría pasarse todas las vacaciones relajándose en sus playas, ___(56)___ de los vascos es su cocina. En la parte vieja de la ciudad, puedes saborear delicias del mar y luego dar una caminata ___(57)___ la playa La Concha.

Al otro extremo de la península ibérica, en la ciudad de Granada, en la región de Andalucía, se perfilan las torres de la Alhambra, el palacio moro compuesto de distintos ___(58)___ y hermosos ___(59)___. A poca distancia de este baluarte de la cultura árabe ___(60)___ el Albaicín, uno de los barrios moros más grandes que aún existen en España. Sus callejuelas de adoquines repletas de pequeñas tiendas te llevan a Sacromonte, cuyas cuevas vibran con el ritmo flamenco de los gitanos. Tras visitar esta provincia, entiendes por qué ___(61)___ la fuente de inspiración del poeta Federico García Lorca, quien ___(62)___ y murió en Granada.

49. (A) llamen
    (B) hayan llamado
    (C) hubieran llamado
    (D) han llamado

50. (A) raramente
    (B) rarísima
    (C) rara
    (D) raro

51. (A) las
    (B) le
    (C) se
    (D) lo

52. (A) avisan
    (B) pintan
    (C) piden
    (D) agregan

53. (A) cerca de
    (B) después de
    (C) encima de
    (D) enfrente de

54. (A) cuya
    (B) cuyos
    (C) quien
    (D) quienes

55. (A) algún
    (B) uno
    (C) un
    (D) algunos

56. (A) el dolor
    (B) la mentira
    (C) la razón
    (D) el orgullo

57. (A) a lo largo de
    (B) a causa de
    (C) a diferencia de
    (D) a la distancia de

58. (A) caminos
    (B) techos
    (C) edificios
    (D) ríos

59. (A) jamones
    (B) jurados
    (C) juguetes
    (D) jardines

60. (A) encontrarás
    (B) encontraste
    (C) encontrabas
    (D) encontraras

61. (A) fuera
    (B) fue
    (C) hubiera sido
    (D) haya sido

62. (A) nacerá
    (B) nacía
    (C) ha nacido
    (D) nació

PART C

Directions: In this part you will read several passages that will test your comprehension. After each passage, a number of questions or incomplete statements appear. Choose the most appropriate answer or completion, taking into consideration the overall meaning of the passage. Fill in the corresponding oval on the answer sheet.

Pedro salió de la casa sin decir una palabra. Saltó al caballo y antes de echarse al camino miró a Azucena con una mirada que indudablemente mostraba sus sentimientos por ella. Azucena no se movió. Permaneció como una estatua sin poder
Line decir una palabra. Sin duda estaba afligida. Por mucho tiempo sospechaba que ese
(5) momento llegaría y aunque había repetido un sinnúmero de veces lo que le iba a decir a Pedro cuando el momento llegara, olvidó todo lo que había planeado.

Al mirar a Pedro de nuevo, listo para partir, no pudo contener las lágrimas. Pedro no pudo pasar por alto la magnitud del momento. Instantáneamente reconoció lo que iba a dejar atrás. No se pudo contener. Bajó del caballo y lentamente
(10) comenzó a caminar, calculando sus pasos, lleno de una emoción como nunca había experimentado antes. Le acarició la cara. Ella respondió con una sonrisa y en voz baja enunció sus deseos: "Comencemos de nuevo."

63. ¿Cómo es el ambiente al principio de la selección?

(A) Irritante
(B) Tenso
(C) Agradable
(D) Tranquilo

64. Después de que Pedro salió de la casa, él

(A) le gritaba a un caballo
(B) le hablaba a Azucena
(C) se bajaba de un caballo
(D) se iba a marchar

65. Azucena por mucho tiempo sospechaba que

(A) este incidente ocurriría eventualmente
(B) el incidente se repetiría muchas veces
(C) Pedro siempre había sido feliz sin ella
(D) Pedro quería olvidarla para siempre

66. ¿Cómo reaccionó Azucena cuando miró a Pedro de nuevo?

(A) Se echó a correr.
(B) Se entristeció.
(C) Se cubrió los ojos.
(D) Se empezó a reír.

67. ¿Cómo reaccionó Pedro cuando se dio cuenta de la importancia del momento?

(A) Reconsideró la situación.
(B) Decidió huir inmediatamente.
(C) Dejó de mirar a Azucena.
(D) Ayudó a Azucena a subir al caballo.

68. El final de la selección se puede describir como

(A) intrigante
(B) agitado
(C) conciliatorio
(D) temeroso

Yo hacía un gran esfuerzo para que aquellos días desaparecieran de mi memoria permanentemente. Quizás inconscientemente quería que las horas y los días pasaran desapercibidos. Estaba distraído y sentía un profundo resentimiento por lo que
Line había sucedido en la florería unos días antes . . . la florería donde había trabajado
(5) desde que había llegado a este país . . . la florería que me había dado el capital para poder ser propietario de una modesta casa en las afueras de la ciudad . . .

Todo sucedió cuando Eduardo, el jefe, empezó a sospechar que alguien tomaba dinero de la caja de seguridad. Esas sospechas nos hicieron a todos los que trabajamos allí muy ansiosos y paranoicos. Nos sentíamos como que alguien estaba a
(10) nuestra espalda siguiendo nuestros movimientos, nuestras pisadas, las palabras que ya no nos atrevíamos a decir en voz alta.

Por las noches contábamos rápidamente el dinero. Al día siguiente, lo hacíamos de nuevo para llenar el formulario y llevarlo al banco. Esa mañana me di cuenta de que la cantidad era mucho más pequeña que la noche anterior. Cuando fui a
(15) hablar con Eduardo, él ya sabía la razón de mi presencia. No encontró el valor para mirarme. Sin permitirme decir una palabra, simplemente me dijo: "Nuestra relación ha llegado a su fin. Lo siento. No podemos seguir trabajando juntos."

69. Al principio de la selección el narrador deseaba

(A) recibir un aumento de sueldo
(B) encontrar una distracción
(C) olvidar lo que había sucedido
(D) mudarse lejos de la florería

70. ¿Qué le permitió al narrador el trabajo en la florería?

(A) Quedarse en el país
(B) Empezar otro negocio
(C) Sentirse menos ofendido
(D) Comprar una casa

71. ¿Qué sucedía en la florería?

(A) Alguien se robaba el dinero.
(B) Alguien servía de espía para el jefe.
(C) El jefe no permitía que los empleados conversaran.
(D) El jefe no dejaba que nadie contara el dinero.

72. Antes de hablar con el jefe, el narrador se dio cuenta de que

(A) ganaba menos que antes
(B) faltaba dinero
(C) no podía hablar honestamente
(D) no había hecho un buen trabajo

73. ¿Cómo era el ambiente en la florería?

(A) Desagradable
(B) Violento
(C) Animado
(D) Festivo

74. ¿Qué sucedió al final de la selección?

(A) El narrador compró la florería.
(B) El jefe le ofreció un nuevo puesto al narrador.
(C) El jefe decidió irse a otra florería.
(D) El narrador perdió su trabajo.

Questions 75–76 refer to the following advertisement.

LA MEJOR CREMA EN EL MERCADO

Les da el brillo que merecen sus zapatos. Los protege de la lluvia y de la nieve.

Su color neutral le permite usarla en zapatos marrones o negros… ¡y sus manos, . . . limpias!

¡Cómprela! ¡Usela! Y… ¡Brille!

75. ¿Cuál es una ventaja de esta crema?

    (A) Ayuda a evitar accidentes en la nieve.
    (B) Se puede usar en zapatos de cualquier color.
    (C) Contribuye a hacer más suave los zapatos.
    (D) Hace que sus zapatos resplandezcan.

76. ¿Qué dice el anuncio sobre el color de la crema?

    (A) No se puede usar con zapatos de colores.
    (B) No ensucia las manos de quien la use.
    (C) Está disponible en tres colores.
    (D) Protege los pies de quien la use.

Llegó hasta las primeras calles de la ciudad y en una de ellas encontró una lechería. Era un negocio muy claro y limpio, lleno de mesitas con cubiertas de mármol. Detrás de un mostrador estaba de pie una señora rubia con un delantal blanquísimo.

Line   Eligió ese negocio. La calle era poco transitada. Habría podido comer en uno
(5)   de esos figones que estaban junto al muelle, pero se encontraban llenos de gente que jugaba y bebía.

En la lechería no había sino un cliente. Era un vejete de anteojos, que con la nariz metida entre las hojas de un periódico, leyendo, permanecía inmóvil, como pegado a la silla. Sobre la mesita había un vaso de leche a medio consumir.

(10)   Esperó que se retirara, paseando por la acera, sintiendo que poco a poco se le encendía en el estómago la quemadura de antes, y esperó cinco, diez, hasta quince minutos. Se cansó y paróse a un lado de la puerta, desde donde lanzaba[1] al viejo unas miradas que parecían pedradas[2].

¡Qué diablos leería con tanta atención! Llegó a imaginarse que era un enemigo
(15)   suyo, quien, sabiendo sus intenciones, se hubiera propuesto entorpecerlas. Le daban ganas de entrar y decirle algo fuerte que le obligara a marcharse, una grosería o una frase que le indicara que no tenía derecho a permanecer una hora sentado, y leyendo, por un gasto tan reducido.

Por fin el cliente terminó su lectura, o por lo menos, la interrumpió. Se bebió
(20)   de un sorbo el resto de la leche que contenía el vaso, se levantó pausadamente, pagó y dirigióse a la puerta. Salió; era un vejete encorvado, con trazas de carpintero o barnizador.

Apenas estuvo en la calle, afirmóse los anteojos, metió de nuevo la nariz entre las hojas del periódico y se fue, caminando despacito y deteniéndose cada diez pasos
(25)   para leer con más detenimiento.

[1]**lanzaba**—was throwing
[2]**pedradas**—hits from a stone

---

77. ¿Quién parece ser la señora rubia?

   (A) Una cantante
   (B) Una enfermera
   (C) Una monja
   (D) Una dependienta

78. En la calle donde la persona que se describe había encontrado el negocio, había

   (A) personas bebiendo
   (B) poca gente
   (C) gente jugando
   (D) muchos coches

79. El señor que estaba en la lechería parece estar

   (A) muy concentrado en la lectura
   (B) peleando con la señora que le sirve
   (C) oliendo la comida que le traen
   (D) nervioso al ver a la persona que se describe

80. ¿Qué esperaba la persona que se describe?

   (A) Que saliera la señora
   (B) Que se llenara al lechería
   (C) Que terminara el juego
   (D) Que se fuera el cliente

81. Después de pararse a un lado de la puerta, la persona que se describe

    (A) empezó a lanzar piedras
    (B) saludó al cliente
    (C) siguió mirando al cliente
    (D) continuó leyendo el periódico

82. ¿De qué tenía ganas la persona que se describe?

    (A) De leer el periódico del cliente
    (B) De sentarse en la acera
    (C) De pedirle al cliente que se fuera
    (D) De marcharse del lugar donde estaba

83. ¿Cómo se puede describir la actitud de la persona que está fuera del negocio?

    (A) Impaciente
    (B) Avergonzada
    (C) Comprensible
    (D) Cariñosa

84. ¿Qué hizo el cliente antes de levantarse?

    (A) Le gritó a la señora.
    (B) Terminó lo que bebía.
    (C) Le dio el periódico a la señora.
    (D) Empezó a hablar solo.

85. Podemos decir que cuando el viejo salió a la calle

    (A) no podía mover las piernas
    (B) no tenía prisa
    (C) se le había olvidado el periódico
    (D) se sentía intranquilo

STOP

If there is still time remaining, you may review your answers.

Answer Key
PRACTICE TEST 5

Part A

1. A	8. A	15. D	22. A	28. A	34. B
2. B	9. B	16. A	23. B	29. B	35. C
3. D	10. C	17. D	24. C	30. D	36. A
4. C	11. D	18. A	25. B	31. C	37. B
5. B	12. A	19. C	26. A	32. C	38. C
6. A	13. B	20. A	27. B	33. B	39. B
7. C	14. B	21. D			

Part B

40. C	44. B	48. A	52. D	56. D	60. A
41. C	45. A	49. D	53. A	57. A	61. B
42. A	46. D	50. C	54. B	58. C	62. D
43. D	47. B	51. C	55. B	59. D	

Part C

63. B	67. A	71. A	75. D	79. A	83. A
64. D	68. C	72. B	76. B	80. D	84. B
65. A	69. C	73. A	77. D	81. C	85. B
66. B	70. D	74. D	78. B	82. C	

The answer to some questions may depend on more than one statement in the passage. In that case more than one line will be listed in the Answer Explanations. When the answer depends on the overall meaning of the passage, the answer is indicated by "overall meaning."

ANSWER EXPLANATIONS

Note: Some words that are cognates have not been translated.

Part A

1. **(A) pies**–feet; brazos–arms, hombros–shoulders, ojos–eyes

2. **(B) dicho**–said, told; visto–seen, hecho–done, made, puesto–put

3. **(D) parientes**–relatives; miembros–members, parejas–couples

4. **(C) cartero**–mailman; mesero–waiter, entrenador–trainer, dependiente–clerk

5. **(B) hielo**–ice; hierro–iron, techo–roof, cielo–sky

6. **(A) nadie**–nobody, no one; *see* section 15.1

7. **(C) doblar la esquina**–to turn the corner; cruzar–to cross, tocar–to play, touch, bajar–to go down

8. **(A) ramas**–branches; raíces–roots, hojas–leaves, flores–flowers

9. **(B) tener éxito**–to be successful; tener lugar–to take place, cuentas–bills, costumbres–customs

10. **(C) entrevista**–interview; película–movie, lectura–reading, mochila–knapsack

11. **(D) sonar**–to ring; seguir–to follow, continue, soñar–to dream, sentir–to feel

12. **(A) cuadros**–pictures, paintings; lugares–places, pintores–painters, vidrios–glasses

13. **(B) entonces**–then; pues–then, anterior–previous, tarde–late

14. **(B) detrás de**–behind; al lado de–next to, al fondo de–at the bottom of, encima de–on top of

15. **(D) de**, enamorarse de; *see* section 6.6.2

16. **(A) aburrirse**–to get bored; mojarse–to get wet, vestirse–to get dressed, despertarse–to wake up

17. **(D) sentir**–to feel; quedar–to stay, remain, caer–to fall, morir–to die

18. **(A) tijeras**–scissors; cucharas–spoons, tazas–cups, piedras–stones

19. **(C) empujar**–to push; toser–to cough, tardar–to take a long time, echar–to throw

20. **(A) reírse**–to laugh; quejarse–to complain, despedirse–to say good-bye, cansarse–to get tired

21. **(D) salvavidas**–lifeguard; sacapuntas–pencil sharpener, paraguas–umbrella, lavamanos–washbasin

22. **(A) desde**–since; *see* section 6.1; entre–between, según–according to

23. **(B) servimos**; the preterit is needed; *see* section 7.1

24. **(C) le** (indirect object pronoun); *see* section 5.3.3

25. **(B) pensar en**–to think about

26. **(A) nos permitía**; the imperfect is needed; *see* section 8.1

27. **(B) cien**; *cien* is needed in front of a noun; *see* section 18.1

28. **(A) iría**; the conditional is needed (contrary-to-fact statement); *see* section 13.10.4

29. **(B) eran**; the imperfect is needed; *see* section 8.1

30. **(D) haz**; the familiar command is needed; *see* section 14.3

31. **(C) lleve**; the subjunctive is needed after *preferir*

32. **(C) el**; a masculine article is needed

33. **(B) saben**, saber + infinitive–to know how to do something

34. **(B) llegará**; the future is needed to express probability in the present; *see* section 11.1

35. **(C) trabajando**; the present participle is needed; *see* section 6.8.2

36. **(A) regrese**; the subjunctive is needed after *hasta que*; *see* section 13.7.6

37. **(B) saliera**; the subjunctive is needed after *pedir*; *see* section 13.7.1

38. **(C) supiera**; the subjunctive is needed (contrary-to-fact statement); *see* section 13.10.4

39. **(B) haya**; the subjunctive is needed after *negar*; *see* section 13.7.3

Part B

40. **(C) haga**; negative command is needed

41. **(C) por**; *see* section 19.5.2

42. **(A) reúne**; the present indicative is needed

43. **(D) cualquier**–any; *cualquier* is needed in front of a masculine noun

44. **(B) convierta**; the subjunctive is needed after *esperar*

45. **(A) fue**; the preterit is needed; *see* section 7.1

46. **(D) el interés**; masculine singular article is needed

47. **(B) se reconozcan**; the subjunctive is needed after *es importante*

48. **(A) llame**; the formal command is needed

49. **(D) han llamado**–have called; the present perfect is needed; *see* section 9.1

50. **(C) rara**–rare; *vez* is a feminine noun

51. **(C) se**, encontrarse–to be (situated)

52. **(D) agregar**–to add; avisar–to warn, pintar–to paint, pedir–to request

53. **(A) cerca de**–near; después de–after, encima de–on top of, enfrente de–opposite, facing

54. **(B) cuyos**–whose; *see* section 5.6.4

55. **(B) uno**–one, you (indefinite subject)

56. **(D) orgullo**–pride; dolor–pain, mentira–lie, razón–reason

57. **(A) a lo largo de**–along; a causa de–on account of, a diferencia de–in contrast to, a la distancia de–at a distance of

58. **(C)** **edificios**–buildings; caminos–roads, techos–roofs, ríos–rivers

59. **(D)** **jardines**–gardens; jamones–hams, jurados–juries, juguetes–toys

60. **(A)** **encontrarás**; the future is needed

61. **(B)** **fue**; the preterit is needed; *see* section 7.1

62. **(D)** **nació**; the preterit is needed; *see* section 7.1

Part C

The answer to some questions may depend on more than one statement in the passage. In that case more than one line will be listed. When the answer depends on the overall meaning of the passage, the answer is indicated by "overall meaning."

63. **(B)** Lines 1–6

64. **(D)** Lines 1–2

65. **(A)** Lines 4–5

66. **(B)** Line 7

67. **(A)** Lines 8–12

68. **(C)** Lines 8–12

69. **(C)** Lines 1–3

70. **(D)** Lines 5–6

71. **(A)** Lines 7–8

72. **(B)** Lines 13–14

73. **(A)** Overall meaning

74. **(D)** Lines 24, 31–33

75. **(D)** Lines 3–4, 8

76. **(B)** Line 7

77. **(D)** Lines 1–3

78. **(B)** Line 4

79. **(A)** Lines 8–10

80. **(D)** Line 11

81. **(C)** Lines 13–14

82. **(C)** Lines 16–17

83. **(A)** Overall meaning

84. **(B)** Lines 20–21

85. **(B)** Lines 25–26

Practice Test 6
ANSWER SHEET

1. Ⓐ Ⓑ Ⓒ Ⓓ
2. Ⓐ Ⓑ Ⓒ Ⓓ
3. Ⓐ Ⓑ Ⓒ Ⓓ
4. Ⓐ Ⓑ Ⓒ Ⓓ
5. Ⓐ Ⓑ Ⓒ Ⓓ
6. Ⓐ Ⓑ Ⓒ Ⓓ
7. Ⓐ Ⓑ Ⓒ Ⓓ
8. Ⓐ Ⓑ Ⓒ Ⓓ
9. Ⓐ Ⓑ Ⓒ Ⓓ
10. Ⓐ Ⓑ Ⓒ Ⓓ
11. Ⓐ Ⓑ Ⓒ Ⓓ
12. Ⓐ Ⓑ Ⓒ Ⓓ
13. Ⓐ Ⓑ Ⓒ Ⓓ
14. Ⓐ Ⓑ Ⓒ Ⓓ
15. Ⓐ Ⓑ Ⓒ Ⓓ
16. Ⓐ Ⓑ Ⓒ Ⓓ
17. Ⓐ Ⓑ Ⓒ Ⓓ
18. Ⓐ Ⓑ Ⓒ Ⓓ
19. Ⓐ Ⓑ Ⓒ Ⓓ
20. Ⓐ Ⓑ Ⓒ Ⓓ
21. Ⓐ Ⓑ Ⓒ Ⓓ
22. Ⓐ Ⓑ Ⓒ Ⓓ

23. Ⓐ Ⓑ Ⓒ Ⓓ
24. Ⓐ Ⓑ Ⓒ Ⓓ
25. Ⓐ Ⓑ Ⓒ Ⓓ
26. Ⓐ Ⓑ Ⓒ Ⓓ
27. Ⓐ Ⓑ Ⓒ Ⓓ
28. Ⓐ Ⓑ Ⓒ Ⓓ
29. Ⓐ Ⓑ Ⓒ Ⓓ
30. Ⓐ Ⓑ Ⓒ Ⓓ
31. Ⓐ Ⓑ Ⓒ Ⓓ
32. Ⓐ Ⓑ Ⓒ Ⓓ
33. Ⓐ Ⓑ Ⓒ Ⓓ
34. Ⓐ Ⓑ Ⓒ Ⓓ
35. Ⓐ Ⓑ Ⓒ Ⓓ
36. Ⓐ Ⓑ Ⓒ Ⓓ
37. Ⓐ Ⓑ Ⓒ Ⓓ
38. Ⓐ Ⓑ Ⓒ Ⓓ
39. Ⓐ Ⓑ Ⓒ Ⓓ
40. Ⓐ Ⓑ Ⓒ Ⓓ
41. Ⓐ Ⓑ Ⓒ Ⓓ
42. Ⓐ Ⓑ Ⓒ Ⓓ
43. Ⓐ Ⓑ Ⓒ Ⓓ
44. Ⓐ Ⓑ Ⓒ Ⓓ

45. Ⓐ Ⓑ Ⓒ Ⓓ
46. Ⓐ Ⓑ Ⓒ Ⓓ
47. Ⓐ Ⓑ Ⓒ Ⓓ
48. Ⓐ Ⓑ Ⓒ Ⓓ
49. Ⓐ Ⓑ Ⓒ Ⓓ
50. Ⓐ Ⓑ Ⓒ Ⓓ
51. Ⓐ Ⓑ Ⓒ Ⓓ
52. Ⓐ Ⓑ Ⓒ Ⓓ
53. Ⓐ Ⓑ Ⓒ Ⓓ
54. Ⓐ Ⓑ Ⓒ Ⓓ
55. Ⓐ Ⓑ Ⓒ Ⓓ
56. Ⓐ Ⓑ Ⓒ Ⓓ
57. Ⓐ Ⓑ Ⓒ Ⓓ
58. Ⓐ Ⓑ Ⓒ Ⓓ
59. Ⓐ Ⓑ Ⓒ Ⓓ
60. Ⓐ Ⓑ Ⓒ Ⓓ
61. Ⓐ Ⓑ Ⓒ Ⓓ
62. Ⓐ Ⓑ Ⓒ Ⓓ
63. Ⓐ Ⓑ Ⓒ Ⓓ
64. Ⓐ Ⓑ Ⓒ Ⓓ
65. Ⓐ Ⓑ Ⓒ Ⓓ
66. Ⓐ Ⓑ Ⓒ Ⓓ

67. Ⓐ Ⓑ Ⓒ Ⓓ
68. Ⓐ Ⓑ Ⓒ Ⓓ
69. Ⓐ Ⓑ Ⓒ Ⓓ
70. Ⓐ Ⓑ Ⓒ Ⓓ
71. Ⓐ Ⓑ Ⓒ Ⓓ
72. Ⓐ Ⓑ Ⓒ Ⓓ
73. Ⓐ Ⓑ Ⓒ Ⓓ
74. Ⓐ Ⓑ Ⓒ Ⓓ
75. Ⓐ Ⓑ Ⓒ Ⓓ
76. Ⓐ Ⓑ Ⓒ Ⓓ
77. Ⓐ Ⓑ Ⓒ Ⓓ
78. Ⓐ Ⓑ Ⓒ Ⓓ
79. Ⓐ Ⓑ Ⓒ Ⓓ
80. Ⓐ Ⓑ Ⓒ Ⓓ
81. Ⓐ Ⓑ Ⓒ Ⓓ
82. Ⓐ Ⓑ Ⓒ Ⓓ
83. Ⓐ Ⓑ Ⓒ Ⓓ
84. Ⓐ Ⓑ Ⓒ Ⓓ
85. Ⓐ Ⓑ Ⓒ Ⓓ

To compute your approximate scaled score:

_____ (number of correct answers) − _____ (number of incorrect answers) / 3 = _____ (raw score)

Now, go to page 386 to find out your approximate scaled score.

Practice Test 6

PART A

1. Cuando salimos del avión no encontramos el . . . donde llevábamos la ropa.

   (A) maletero
   (B) cartero
   (C) equipaje
   (D) escritorio

2. ¿Por qué no . . . un coche para visitar la ruinas de Chichen Itza?

   (A) permites
   (B) alquilas
   (C) prestas
   (D) enseñas

3. Dicen que Ricardo no fue . . . a la reunión de ayer.

   (A) tampoco
   (B) nadie
   (C) también
   (D) nada

4. Javier trató de . . . la computadora pero no sabía cómo hacerlo.

   (A) llorar
   (B) pasear
   (C) secar
   (D) arreglar

5. Cuando entramos en el cine ya habían . . . las luces y no pudimos encontrar a Julieta.

   (A) regalado
   (B) apagado
   (C) tocado
   (D) dicho

6. Elena está buscando los . . . para servir la limonada.

   (A) tenedores
   (B) cuadros
   (C) vasos
   (D) manteles

7. Esa mesa es demasiado grande; no . . . en el comedor.

   (A) pasa
   (B) cabe
   (C) pesa
   (D) cae

8. Teresita se miró en . . . y se dio cuenta de que no se había peinado.

   (A) el espejo
   (B) el cristal
   (C) la pared
   (D) la almohada

9. Carlos, antes de salir ponte . . . guantes.

   (A) las
   (B) los
   (C) tuyas
   (D) tuyos

10. Este pañuelo me gusta, pero . . . que está allá es mi favorito.

    (A) lo
    (B) un
    (C) el
    (D) uno

11. Yo subía al tercer piso cuando me encontré con Graciela en . . .

    (A) las alfombras
    (B) el ascensor
    (C) los muebles
    (D) el suelo

12. Si no haces una lista de todo lo que tienes que hacer, . . . de algo.

    (A) te divertirás
    (B) te esconderás
    (C) te enojarás
    (D) te olvidarás

13. Cuando termines de leer los periódicos, échalos a la . . .

    (A) basura
    (B) máquina
    (C) bañadera
    (D) pizarra

14. ¿Por qué no me vienes a visitar . . . ir a la playa hoy?

    (A) cada vez
    (B) otra vez
    (C) a veces
    (D) en vez de

15. Esos bolígrafos no son para ti . . . para Alberto.

    (A) sino
    (B) pero
    (C) sino que
    (D) sin

16. César, tú no sabes nadar. Te vas a . . . si te vas demasiado lejos.

    (A) ahogar
    (B) pintar
    (C) acostar
    (D) parecer

17. Después de su enfermedad, Julio se siente muy . . .

    (A) peligroso
    (B) lleno
    (C) seguro
    (D) débil

18. Compramos un coche grande . . . viajar por todo el país.

    (A) a
    (B) por
    (C) para
    (D) de

19. No puedo caminar; estos zapatos me quedan . . .

    (A) bajos
    (B) limpios
    (C) largos
    (D) estrechos

20. Esa serpiente es muy larga. . . . más de diez pies.

    (A) Mide
    (B) Enseña
    (C) Sube
    (D) Pinta

21. A ese señor se le cayó todo el pelo; está completamente . . .

    (A) ciego
    (B) calvo
    (C) cojo
    (D) zurdo

22. Desde que tuviste el accidente, cada vez que veo la ambulancia, . . . asusto.

    (A) me
    (B) mi
    (C) yo
    (D) mí

23. Al . . . a Patricia me di de cuenta de que ella estaba feliz.

    (A) saludando
    (B) saludaba
    (C) saludar
    (D) saludé

24. Isabel se sorprendió cuando su novio no le . . . nada para su cumpleaños.

    (A) hubiera regalado
    (B) habría regalado
    (C) regalaría
    (D) regaló

25. Yo he ido . . . veces al hospital que ya conozco a todas las enfermeras.

    (A) tanto
    (B) tantos
    (C) tantas
    (D) tan

26. ¡No . . . mientras conduces! Vas a tener un accidente.

    (A) lees
    (B) lea
    (C) leíste
    (D) leas

27. No te . . . tanto el billete si lo compraras dos semanas antes de salir de viaje.

    (A) costará
    (B) cuesta
    (C) costaría
    (D) costó

28. Ella temía que tú no . . . pasar unos días con nosotros.

    (A) pudieras
    (B) podrías
    (C) podrás
    (D) podías

29. Yo no dejé de buscarlo hasta que yo lo . . .

    (A) encontraré
    (B) encuentro
    (C) encontré
    (D) encuentre

30. Por favor, dile a Elena que yo no . . . ir con ella.

    (A) podré
    (B) pudiera
    (C) pueda
    (D) haya podido

31. Antes de salir de la casa yo siempre . . . los juguetes de los niños.

    (A) recogía
    (B) recojo
    (C) recoja
    (D) recogí

32. Si yo . . . suficiente dinero, te invitaré a cenar.

    (A) tengo
    (B) tuviera
    (C) tendría
    (D) tenía

33. Yo . . . con frecuencia al entrenador en el estadio cuando jugaba voleibol.

    (A) viera
    (B) veía
    (C) vería
    (D) vea

34. Cuando yo le di el regalo,
    Gloria . . . muy alegre.

    (A) se trató
    (B) se quitó
    (C) se hizo
    (D) se puso

35. Hoy hace un año que ella . . . a
    Bolivia.

    (A) se mudaba
    (B) se mudó
    (C) se mudará
    (D) se mude

PART B

Tejidos y joyas
La nueva generación del diseño

Lo que menos ___(36)___ imaginaba la venezolana Maya Iossa cuando estudiaba filosofía en Italia era vivir en Nueva York y diseñar ropa ___(37)___ el nombre de Lulu Bravo. ___(38)___ que comenzó como un pequeño trabajo ___(39)___ en una tienda acabó en matrimonio con el dueño, hijos y una firma con ___(40)___ y oficinas en tres continentes. Maya atribuye su rápido éxito a los muchos años que ___(41)___ vendiendo ropa. "Yo sé lo que las mujeres quieren de la ropa", dice ella. Es por ___(42)___ que ___(43)___ parte de su colección consiste en jerseys de ___(44)___, "el tejido perfecto para la vida activa de la mujer de hoy", según la diseñadora. Su secreto: "No haber perdido ___(45)___ la ilusión de que el mundo ___(46)___ lleno de posibilidades".

36. (A) le
    (B) me
    (C) se
    (D) nos

37. (A) hasta
    (B) bajo
    (C) hacia
    (D) contra

38. (A) Le
    (B) Lo
    (C) La
    (D) Se

39. (A) vendiendo
    (B) vendida
    (C) vendido
    (D) vender

40. (A) pisos
    (B) paredes
    (C) iglesias
    (D) fábricas

41. (A) haya pasado
    (B) hubiera pasado
    (C) pasará
    (D) pasó

42. (A) eso
    (B) esa
    (C) esas
    (D) ese

43. (A) buen
    (B) gran
    (C) bueno
    (D) grande

44. (A) lana
    (B) madera
    (C) hierro
    (D) vidrio

45. (A) siempre
    (B) también
    (C) nunca
    (D) ninguno

46. (A) está
    (B) estar
    (C) es
    (D) será

Oí el ruido seco de la puerta y el taconeo de Cristina, subiendo la escalera. Tardé ___(47)___ en salir de mi escondite y en fingir que ___(48)___ de llegar. A pesar de ___(49)___ comprobado la inocencia del diálogo, no sé por qué, una sorda desconfianza comenzó a devorarme. Me ___(50)___ que había presenciado una representación de teatro y que la realidad era otra. No confesé a Cristina que había sorprendido la visita de esa muchacha. Esperé los acontecimientos, temiendo siempre que Cristina ___(51)___ mi mentira, lamentando que ___(52)___ instalados en ese barrio. Yo pasaba todas las tardes ___(53)___ la plaza que ___(54)___ frente a la ___(55)___ de Santa Felicitas, para comprobar si Cristina había acudido[1] a la ___(56)___. Cristina parecía no advertir mi inquietud. A veces llegué a ___(57)___ que yo había soñado. Abrazando al perro, un día Cristina me ___(58)___:

—¿Te gustaría que [yo] me ___(59)___ Violeta?

—No me gusta el nombre de las ___(60)___.

—Pero Violeta es lindo. Es un color.

—Prefiero tu ___(61)___.

[1]**acudido**—turned up

47. (A) un rato
    (B) una vez
    (C) una época
    (D) una temporada

48. (A) acabará
    (B) acababa
    (C) acabara
    (D) acabe

49. (A) haber
    (B) tener
    (C) ser
    (D) estar

50. (A) pensó
    (B) creyó
    (C) llamó
    (D) pareció

51. (A) descubrirá
    (B) descubre
    (C) descubrió
    (D) descubriera

52. (A) estamos
    (B) hemos estado
    (C) estuviéramos
    (D) estando

53. (A) por
    (B) de
    (C) para
    (D) sin

54. (A) tiene
    (B) sitúa
    (C) es
    (D) queda

55. (A) camisa
    (B) iglesia
    (C) primavera
    (D) fresa

56. (A) cita
    (B) nube
    (C) ropa
    (D) cartera

57. (A) mover
    (B) huir
    (C) creer
    (D) devolver

58. (A) preguntara
    (B) preguntó
    (C) pidiera
    (D) pidió

59. (A) llamó
    (B) llamaría
    (C) llamara
    (D) llamaba

60. (A) flores
    (B) comidas
    (C) salas
    (D) tiendas

61. (A) dirección
    (B) nombre
    (C) asignatura
    (D) lectura

PART C

Directions: In this part you will read several passages that will test your comprehension. After each passage, a number of questions or incomplete statements appear. Choose the most appropriate answer or completion, taking into consideration the overall meaning of the passage. Fill in the corresponding oval on the answer sheet.

¿Sabía usted...

que el famoso, popular y tan socorrido sandwich debe su nombre a John Montagu, Cuarto Conde de Sandwich? Cuenta la historia que en el siglo XVIII,
Line estaba el conde en medio de una partida de naipes demasiado interesante
(5) como para interrumpirla para cenar. Entonces, para aprovechar el tiempo y poder seguir jugando, pidió a uno de sus sirvientes que le trajera una rebanada de carne asada en medio de dos trozos de pan. De esta forma podía comer y seguir teniendo libre las manos para el juego. A los otros jugadores les gustó tanto la idea que pidieron también lo mismo y de esta forma decidieron
(10) bautizar el invento como "sandwich". Cualquiera que fuera su origen, no cabe duda de que fue un éxito.

62. ¿Por qué no quería cenar John Montagu en el momento que se describe?

(A) Porque no tenía mucha hambre
(B) Porque no le gustaba la carne asada
(C) Porque estaba demasiado involucrado en un juego
(D) Porque estaba prohibido comer durante un juego

63. ¿Qué hicieron los otros jugadores ese día?

(A) Comieron lo que comía John Montagu.
(B) Decidieron no jugar otra vez con John Montagu.
(C) Se enfadaron mucho con los sirvientes.
(D) Empezaron a jugar sin usar las manos.

Una voz que no podré olvidar
por Rubén Blades

El nombre de mi madre es Anoland Bellido de Luna. Su padre, Joseph, nació en Nueva Orleáns, Estados Unidos, y su madre, Carmen, en Pontevedra, España. Ella me dijo una vez que había aprendido a tocar el piano sola, "a través de voces". Un día se sentó al piano y, para sorpresa de su madre, empezó a tocar aunque nunca tomó clases en ese instrumento. Su voz tenía un tono perfecto. Cuando tocaba en la Orquesta del Hotel Panamá, la banda afinaba sus instrumentos con su voz. Como no confiaban en el tono del piano, le pedían, "Oye, Anoland, dame una do mayor", y así podían afinar sus instrumentos. ¡Su voz era tan tierna, tan apasionada! Había sido actriz de radio y por eso sabía perfilar la emociones con solo su voz.

Fue a Panamá al final de los cuarenta, a tocar y cantar. Había decenas de nightclubs en Panamá durante la Segunda Guerra Mundial, y el lugar siempre estaba saltando. Todo tipo de actos se presentaba en Panamá, desde los bailadores Nicholas Brothers, a Beny Moré o "Cascarita". En Cuba, de adolescente, ella había sido parte de un dúo muy bien recibido con Miriam Acevedo, y se presentó en CMQ, Cadena Azul y hasta llegó a cantar con el maestro Ernesto Lecuona, si no me equivoco. Siempre trabajó duro. Nunca se tomó unas vacaciones; siempre tenía algo que hacer.

Murió de cáncer en 1991, el 7 de octubre. Nunca se quejó. Durante su estancia de ocho meses en el hospital siempre estuvo sonriente, portándose como si no le pasara nada.

Decir que la extraño es decir poco. Mi mamá y yo tuvimos muchas discusiones durante nuestras vidas, pero nos queríamos mucho. Siempre. Era una dama, en el sentido más completo de la palabra, y una de las mejores artistas que jamás he visto. Si eso se transmite genéticamente, lo que tengo yo hoy viene en gran parte de su talento.

Mi padre la conoció en el trabajo: él también era músico. A los dos les encantaba la canción titulada "Laura" y precisamente gracias a esa canción se hablaron por primera vez. A ella le he dedicado mi álbum más reciente, *Amor y control*. Pero mi vida es, de alguna manera, una consecuencia de su influencia. Ahora me empiezo a dar cuenta. La extraño tanto que no puedo expresarlo en palabras.

(5)

(10)

(15)

(20)

(25)

(30)

64. ¿Cómo aprendió a tocar el piano la madre de Rubén Blades?

(A) Con la ayuda de su esposo
(B) Sin ninguna educación formal
(C) En clases con un miembro de la orquesta
(D) A través de las lecciones de canto

65. ¿Cuál era una de las cualidades que tenía la madre?

(A) La manera de cantar
(B) La pasión por su familia
(C) La variedad de instrumentos que tocaba
(D) La habilidad de enseñar a tocar el piano

66. ¿Cómo fue la vida de la madre de Rubén Blades?

   (A) Demasiado trágica
   (B) Llena de pobreza
   (C) Muy sola
   (D) Muy activa

67. ¿Cómo pasó la madre los ocho meses en el hospital?

   (A) De una manera normal
   (B) Lloraba constantemente
   (C) Le cantaba a los otros pacientes
   (D) Hacía reír a los empleados del hospital

68. ¿Qué le debe Rubén Blades a su madre?

   (A) El talento que él tiene
   (B) La profesión de actor
   (C) La compasión por los enfermos
   (D) El deseo de viajar

69. ¿Cómo conoció a su esposo la madre de Rubén Blades?

   (A) Escribiendo canciones
   (B) Hablando de la música
   (C) Viajando por Estados Unidos
   (D) Trabajando en un hospital

70. ¿Qué no puede expresar en palabras Rubén Blades?

   (A) La relación entre sus padres
   (B) La influencia de la genética en su talento
   (C) Lo mucho que le echa de menos
   (D) Lo mucho que aprendió de su padre

Carretera. El regreso es aireado y fluido. Papá maneja plácidamente. Mamá y abuela respiran plácidamente.

Papá: Después de todo, ver el mar fue un descanso, valió la pena.

Mamá: ¡Claro que valió la pena! Las niñas se divirtieron y además encontré las sandalias que quería a mitad de precio.

Abuela: Yo tuve suficiente como para muchos años. Ustedes diviértanse cuantas veces quieran. Déjenme aburrirme en mi casa.

Mamá: Es por las niñas, mamá, ellas son felices saliendo. ¡Nos lo han pedido tanto! Ya es justo, no podemos ser tan egoístas.

Abuela: A ver si no se enferman.

Papá, con buen humor: Aquí nadie se enferma, mire, es aire puro, asómese, ¿vio? ¿A poco no le gustaría otro paseíto?

La abuela sonríe con picardía, en el fondo sí le gustaría.

Papá continúa: ¡La invitamos, faltaba más! Vamos pensando en otro paseíto el próximo fin de semana. Ya fue mucho fútbol, estar sentadotes. Y ahora que tenemos coche nuevo, ¿verdad niñas? ¿A dónde les gustaría ir? ¡Ustedes mandan!

Las niñas no contestan. Abatidas, exhaustas, se vuelven a mirar tristemente el paisaje desde la ventanilla.

Los adultos se arrebatan la palabra:

—¿El campo?
—¡El mar, otra vez!
—Mejor en la montaña.
—¿No se enfermarán?
—Acampamos y todo.
—Primero hay que revisar el coche.
—Pero . . . ¿y los mosquitos?

Line (5), (10), (15), (20), (25)

71. ¿Dónde están las personas que hablan?

    (A) En un barco
    (B) En un coche
    (C) En un avión
    (D) En un autobús

72. ¿De dónde vienen las personas?

    (A) De las montañas
    (B) De la playa
    (C) Del río
    (D) De la casa de la abuela

73. ¿Qué dice la mamá de las sandalias?

    (A) Que eran feas
    (B) Que estaban rotas
    (C) Que eran baratas
    (D) Que las perdió

74. La abuela les dice a las otras personas que ella

    (A) no saldrá con ellos otra vez
    (B) no se aburre en su casa
    (C) es demasiado vieja
    (D) quiere divertirse más

75. El padre le dice a las niñas que ellas deben

    (A) escoger adónde quieren ir
    (B) quedarse en su casa
    (C) mirar los partidos de fútbol
    (D) conducir el coche nuevo

76. Al final de la selección las personas hablan sobre

    (A) su nueva casa en el campo
    (B) el paisaje que miran
    (C) la geografía del área
    (D) su próximo viaje

77. El tema principal de esta selección es

    (A) las enfermedades de los ancianos
    (B) el egoísmo de los niños
    (C) unas vacaciones
    (D) la naturaleza

<u>Questions 78–79</u> refer to the following advertisement.

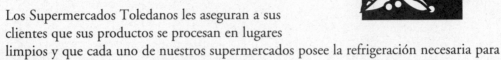

SUPERMERCADOS
TOLEDANOS
La calidad que Ud. merece

En los últimos días han circulado rumores y hasta mensajes anónimos por el internet que declaran que nuestra compañía no mantiene sus alimentos de acuerdo con las guías del Departamento de Salud.

Los Supermercados Toledanos les aseguran a sus clientes que sus productos se procesan en lugares limpios y que cada uno de nuestros supermercados posee la refrigeración necesaria para mantener los productos comestibles con la frescura y limpieza necesaria.

Para resolver este caso necesitamos que Ud. lleve cualquier correspondencia que reciba a su supermercado más cercano. Las autoridades competentes han iniciado investigaciones para identificar los culpables de estas mentiras. Su información sobre este caso es de suma importancia.

Protegemos la salud de su familia para proteger nuestra reputación.

78. ¿Cuál es el propósito de este anuncio?

    (A) Anunciar un nuevo supermercado
    (B) Informar al público un nuevo servicio por el Internet
    (C) Negar ciertas acusaciones sobre un supermercado
    (D) Dar sugerencias para mantenerse saludable

79. ¿Qué sugieren que Ud. haga?

    (A) Hacer compras cerca de su casa
    (B) Limpiar bien los alimentos
    (C) Poner los alimentos en el refrigerador
    (D) Ayudar a las autoridades con el caso

Aquella noche, ni Sabina ni yo conseguiríamos dormirnos. Aquella noche—
jamás la olvidaré—, Sabina y yo la pasamos entera sin dormirnos, sin hablarnos,
escuchando el lamento de la lluvia en los cristales y contando las horas que faltaban
Line para que despuntara el nuevo día. Antes de amanecer, Sabina se levantó a encender
(5) el fuego y a prepararle a Andrés el desayuno. (Por la noche, mientras Andrés y yo
cenábamos—uno enfrente del otro, en silencio, sin mirarnos—, ya le había hecho la
maleta y la comida para el viaje.) Yo me quedé en la cama, hundido en la penumbra,
escuchando la lluvia en los cristales y los pasos de Sabina en la cocina. No tardé en
oír también las pisadas de Andrés por la escalera. Había un silencio extraño dentro
(10) de la casa. Un silencio que sólo años después volvería a recordar al quedarme solo en
ella tras la muerte de Sabina. Durante largo rato, inmóvil en la cama, inmóvil como
ahora (si Andrés volviera a entrar, me encontraría exactamente igual que entonces),
escruté aquel silencio tratando de saber lo que pasaba en la cocina. Pero no pude
oír nada. Sólo, de vez en cuando, algún murmullo oscuro y desvaído me indicaba, a
(15) través de las paredes, que Sabina debía de estar dándole a Andrés los últimos consejos, las advertencias últimas que la emoción de la despedida y la segura presencia de
las lágrimas acabarían sin duda convirtiendo en súplicas: escríbenos, no hagas caso
a tu padre, olvida lo que te dijo y vuelve siempre que quieras.

80. ¿Qué les sucedió a Sabina y al narrador la
noche que él describe?

(A) No pudieron dormir.
(B) No se acostaron temprano.
(C) Se mojaron en la lluvia.
(D) Se despertaron varias veces.

81. ¿Qué había preparado Sabina la noche
anterior?

(A) El cuarto
(B) El equipaje
(C) El desayuno
(D) El paseo

82. ¿Cómo era el ambiente (*atmosphere*) en la
casa?

(A) Divertido
(B) Tranquilo
(C) Ruidoso
(D) Peligroso

83. Mientras estaba en la cama, el narrador
trataba de

(A) hacer ruido para despertar a Andrés
(B) darle consejos a Sabina
(C) escuchar lo que sucedía en la cocina
(D) recordar las advertencias de Andrés

84. Al final de la selección, el narrador pensaba
que Sabina

(A) le pediría consejos a Andrés
(B) se iría con Andrés
(C) iba a empezar a llorar
(D) se olvidaría de Andrés pronto

85. El narrador pensaba que Sabina le diría a
Andrés que él

(A) debía expresar más sus emociones
(B) debía salir sin despedirse
(C) tenía que recordar los consejos del padre
(D) podía regresar en cualquier momento

STOP

If there is still time remaining, you may review your answers.

Answer Key
PRACTICE TEST 6

Part A

1. C	8. A	14. D	20. A	26. D	31. B
2. B	9. B	15. A	21. B	27. C	32. A
3. A	10. C	16. A	22. A	28. A	33. B
4. D	11. B	17. D	23. C	29. C	34. D
5. B	12. D	18. C	24. D	30. A	35. B
6. C	13. A	19. D	25. C		
7. B					

Part B

36. C	41. D	46. A	50. D	54. D	58. B
37. B	42. A	47. A	51. D	55. B	59. C
38. B	43. B	48. B	52. C	56. A	60. A
39. A	44. A	49. A	53. A	57. C	61. B
40. D	45. C				

Part C

62. C	66. D	70. C	74. A	78. C	82. B
63. A	67. A	71. B	75. A	79. D	83. C
64. B	68. A	72. B	76. D	80. A	84. C
65. A	69. B	73. C	77. C	81. B	85. D

The answer to some questions may depend on more than one statement in the passage. In that case more than one line will be listed in the Answer Explanations. When the answer depends on the overall meaning of the passage, the answer is indicated by "overall meaning."

ANSWER EXPLANATIONS

Note: Some words that are cognates have not been translated.

Part A

1. **(C)** **equipaje**–luggage; maletero–trunk (car), cartero–mailman, escritorio–desk

2. **(B)** **alquilar**–to rent; permitir–to allow, prestar–to lend, enseñar–to teach

3. **(A)** **tampoco**–neither; nadie–nobody, no one, también–also, nada–nothing

4. **(D)** **arreglar**–to fix; llorar–to cry, pasear–to take a walk, secar–to dry

5. **(B)** **apagar**–to turn off; regalar–to give (a gift), tocar–to touch, play, decir–to say, tell

6. **(C)** **vasos**–glasses; cuadernos–notebooks, cuadros–pictures, paintings, asientos–seats

7. **(B)** **caber**–to fit; pasar–to pass, pesar–to weigh, caer–to fall

8. **(A)** **espejo**–mirror; cristal–crystal, glass, pared–wall, almohada–pillow

9. **(B)** **los**; masculine plural article is needed; *see* section 3.7.1

10. **(C)** **el**; *see* section 5.6.3

11. **(B)** **escalera**–stair; alfombras–rugs, muebles–furniture, suelo–floor

12. **(D)** **olvidarse**–to forget; divertirse–to enjoy oneself, esconder–to hide oneself, enojarse–to get angry

13. **(A)** **basura**–garbage; máquina–machine, bañadera–bathtub, pizarra–chalkboard

14. **(D)** **en vez de**–instead of; cada vez–each time, otra vez–again, a veces–sometimes

15. **(A)** **sino**–but; *see* section 15.3

16. **(A)** **ahogar**–to drown; pintar–to paint, acostar–to put to bed, parecer–to seem

17. **(D)** **débil**–weak; peligroso–dangerous, lleno–full, seguro–safe, secure

18. **(C)** **para**; *see* section 19.5.1

19. **(D)** **estrechos**–narrow; bajos–low, limpios–clean, largos–long

20. **(A)** **medir**–to measure; enseñar–to teach, subir–to go up, pintar–to paint

21. **(B)** **calvo**–bald; ciego–blind, cojo–lame, limping, zurdo–left-handed

22. **(A)** **me**, asustarse–to get scared

23. **(C)** **saludar**, al + infinitive–upon + present participle

24. **(D)** **regaló**; the preterit is needed; *see* section 7.1

25. **(C)** **tantas**; feminine plural is needed (*veces*)

26. **(D)** **leas**; the familiar command is needed

27. **(C)** **costaría**; the conditional is needed (contrary-to-fact statement); *see* section 13.10.4

28. **(A)** **pudieras**; the subjunctive is needed after *temer*; *see* section 13.7.2

29. **(C)** **encontré**; the indicative is needed after *hasta que*; *see* section 13.7.6

30. **(A) podré**; the future is needed

31. **(B) recojo**; the present indicative is needed

32. **(A) tengo**; the present indicative is needed; *see* section 13.10.4

33. **(B) veía**; the imperfect tense is needed; *see* section 8.1

34. **(D) se puso**; *see* section 6.6.4

35. **(B) se mudó**; the preterit is needed; *see* section 7.1

Part B

36. **(C) se**; the reflexive is needed; *see* section 6.6.1

37. **(B) bajo**–under; hasta–until, hacia–towards, contra–against

38. **(B) lo**; the neuter is needed; *see* section 5.3.2

39. **(A) vendiendo**; the gerund is needed; *see* section 6.8.1

40. **(D) fábrica**s–factories; pisos–floors, paredes–walls, iglesias–churches

41. **(D) pasó**; the preterit is needed; *see* section 7.1

42. **(A) eso**; the neuter is needed; *see* section 5.5

43. **(B) gran**; grande becomes gran; *see* section 3.4

44. **(A) lana**–wool, madera–wood, hierro–iron, vidrio–glass

45. **(C) nunca**–never; siempre–always, también–also, ninguno–none; *see* section 15.1

46. **(A) está**; *see* section 6.7.2

47. **(A) un rato**–a while; una vez–once, una época–an epoch, una temporada–a season

48. **(B) acababa**; acababa de llegar–she had just arrived

49. **(A) haber**; haber comprobado–to have verified

50. **(D) Me pareció**–it seemed to me; pensar–to think, creer–to believe, llamar–to call

51. **(D) descubriera**; the subjunctive is needed after esperar; *see* section 13.7.1

52. **(C) estuviéramos**; the subjunctive is needed after lamentar; *see* section 13.7.2

53. **(A) por**–through; *see* section 19.5.2

54. **(D) queda**–is, quedar–to be (place), sitúar–to locate

55. **(B) iglesia**–church, camisa–shirt, primavera–spring, fresa–strawberry

56. **(A) cita**–date, nube–cloud, ropa–clothes, cartera–wallet

57. **(C) creer**–to believe, mover–to move, huir–to flee, devolver–to return

58. **(B) preguntó**; the preterit is needed; *see* section 7.1

59. **(C) llamara**; the subjunctive is needed after gustar; *see* section 13.7.1

60. **(A)** **flores**–flowers; comidas–meals, salas–living rooms, tiendas–stores

61. **(B)** **nombre**–name; dirección–address, asignatura–subject (school), lectura–reading

Part C

The answer to some questions may depend on more than one statement in the passage. In that case more than one line will be listed. When the answer depends on the overall meaning of the passage, the answer is indicated by "overall meaning."

62. **(C)** Lines 4–5

63. **(A)** Lines 8–9

64. **(B)** Lines 5–7

65. **(A)** Lines 7–11

66. **(D)** Lines 19–20

67. **(A)** Lines 21–23

68. **(A)** Lines 27–28

69. **(B)** Lines 29–31

70. **(C)** Lines 33–34

71. **(B)** Line 1

72. **(B)** Line 3

73. **(C)** Lines 4–5

74. **(A)** Lines 6–7

75. **(A)** Lines 17–18

76. **(D)** Lines 22–28

77. **(C)** Overall meaning

78. **(C)** Overall meaning

79. **(D)** Lines 12–15

80. **(A)** Lines 1–2

81. **(B)** Lines 6–7

82. **(B)** Lines 9–10

83. **(C)** Line 13

84. **(C)** Lines 16–17

85. **(D)** Line 18

Practice Test 7
ANSWER SHEET

1. Ⓐ Ⓑ Ⓒ Ⓓ
2. Ⓐ Ⓑ Ⓒ Ⓓ
3. Ⓐ Ⓑ Ⓒ Ⓓ
4. Ⓐ Ⓑ Ⓒ Ⓓ
5. Ⓐ Ⓑ Ⓒ Ⓓ
6. Ⓐ Ⓑ Ⓒ Ⓓ
7. Ⓐ Ⓑ Ⓒ Ⓓ
8. Ⓐ Ⓑ Ⓒ Ⓓ
9. Ⓐ Ⓑ Ⓒ Ⓓ
10. Ⓐ Ⓑ Ⓒ Ⓓ
11. Ⓐ Ⓑ Ⓒ Ⓓ
12. Ⓐ Ⓑ Ⓒ Ⓓ
13. Ⓐ Ⓑ Ⓒ Ⓓ
14. Ⓐ Ⓑ Ⓒ Ⓓ
15. Ⓐ Ⓑ Ⓒ Ⓓ
16. Ⓐ Ⓑ Ⓒ Ⓓ
17. Ⓐ Ⓑ Ⓒ Ⓓ
18. Ⓐ Ⓑ Ⓒ Ⓓ
19. Ⓐ Ⓑ Ⓒ Ⓓ
20. Ⓐ Ⓑ Ⓒ Ⓓ
21. Ⓐ Ⓑ Ⓒ Ⓓ
22. Ⓐ Ⓑ Ⓒ Ⓓ

23. Ⓐ Ⓑ Ⓒ Ⓓ
24. Ⓐ Ⓑ Ⓒ Ⓓ
25. Ⓐ Ⓑ Ⓒ Ⓓ
26. Ⓐ Ⓑ Ⓒ Ⓓ
27. Ⓐ Ⓑ Ⓒ Ⓓ
28. Ⓐ Ⓑ Ⓒ Ⓓ
29. Ⓐ Ⓑ Ⓒ Ⓓ
30. Ⓐ Ⓑ Ⓒ Ⓓ
31. Ⓐ Ⓑ Ⓒ Ⓓ
32. Ⓐ Ⓑ Ⓒ Ⓓ
33. Ⓐ Ⓑ Ⓒ Ⓓ
34. Ⓐ Ⓑ Ⓒ Ⓓ
35. Ⓐ Ⓑ Ⓒ Ⓓ
36. Ⓐ Ⓑ Ⓒ Ⓓ
37. Ⓐ Ⓑ Ⓒ Ⓓ
38. Ⓐ Ⓑ Ⓒ Ⓓ
39. Ⓐ Ⓑ Ⓒ Ⓓ
40. Ⓐ Ⓑ Ⓒ Ⓓ
41. Ⓐ Ⓑ Ⓒ Ⓓ
42. Ⓐ Ⓑ Ⓒ Ⓓ
43. Ⓐ Ⓑ Ⓒ Ⓓ
44. Ⓐ Ⓑ Ⓒ Ⓓ

45. Ⓐ Ⓑ Ⓒ Ⓓ
46. Ⓐ Ⓑ Ⓒ Ⓓ
47. Ⓐ Ⓑ Ⓒ Ⓓ
48. Ⓐ Ⓑ Ⓒ Ⓓ
49. Ⓐ Ⓑ Ⓒ Ⓓ
50. Ⓐ Ⓑ Ⓒ Ⓓ
51. Ⓐ Ⓑ Ⓒ Ⓓ
52. Ⓐ Ⓑ Ⓒ Ⓓ
53. Ⓐ Ⓑ Ⓒ Ⓓ
54. Ⓐ Ⓑ Ⓒ Ⓓ
55. Ⓐ Ⓑ Ⓒ Ⓓ
56. Ⓐ Ⓑ Ⓒ Ⓓ
57. Ⓐ Ⓑ Ⓒ Ⓓ
58. Ⓐ Ⓑ Ⓒ Ⓓ
59. Ⓐ Ⓑ Ⓒ Ⓓ
60. Ⓐ Ⓑ Ⓒ Ⓓ
61. Ⓐ Ⓑ Ⓒ Ⓓ
62. Ⓐ Ⓑ Ⓒ Ⓓ
63. Ⓐ Ⓑ Ⓒ Ⓓ
64. Ⓐ Ⓑ Ⓒ Ⓓ
65. Ⓐ Ⓑ Ⓒ Ⓓ
66. Ⓐ Ⓑ Ⓒ Ⓓ

67. Ⓐ Ⓑ Ⓒ Ⓓ
68. Ⓐ Ⓑ Ⓒ Ⓓ
69. Ⓐ Ⓑ Ⓒ Ⓓ
70. Ⓐ Ⓑ Ⓒ Ⓓ
71. Ⓐ Ⓑ Ⓒ Ⓓ
72. Ⓐ Ⓑ Ⓒ Ⓓ
73. Ⓐ Ⓑ Ⓒ Ⓓ
74. Ⓐ Ⓑ Ⓒ Ⓓ
75. Ⓐ Ⓑ Ⓒ Ⓓ
76. Ⓐ Ⓑ Ⓒ Ⓓ
77. Ⓐ Ⓑ Ⓒ Ⓓ
78. Ⓐ Ⓑ Ⓒ Ⓓ
79. Ⓐ Ⓑ Ⓒ Ⓓ
80. Ⓐ Ⓑ Ⓒ Ⓓ
81. Ⓐ Ⓑ Ⓒ Ⓓ
82. Ⓐ Ⓑ Ⓒ Ⓓ
83. Ⓐ Ⓑ Ⓒ Ⓓ
84. Ⓐ Ⓑ Ⓒ Ⓓ
85. Ⓐ Ⓑ Ⓒ Ⓓ

To compute your approximate scaled score:

_____ (number of correct answers) − _____ (number of incorrect answers) / 3 = _____ (raw score)

Now, go to page 386 to find out your approximate scaled score.

Practice Test 7

Section I: Listening

TIME—APPROXIMATELY 40 MINUTES—QUESTIONS 1–34

LISTENING—PART A

Directions: In this part of the exam, you will hear four statements, designated (A), (B), (C), and (D). You will hear each statement only once. These statements are not printed in your test booklet. While listening, look carefully at the picture in your test booklet and choose the statement that best represents what you see in the picture or what someone in the picture might say. Choose the most appropriate response and fill in the corresponding oval on the answer sheet.

Now listen to the following example:

You see:

You hear:

Of the four statements you heard, the statement that best represents what the picture shows or what someone in the picture might say is statement B: "Espérame José, vengo detrás de ti." For that reason, you should select answer B.

Now get ready to listen to the four statements and look at the picture.

NOTE: The tapescript for the Listening Comprehension selections begins on page 316.

1.

2.

3.

4.

5.

6.

7.

8.

9.

10.

LISTENING—PART B

Directions: You will now listen to a selection of short exchanges or parts of conversations. Each selection is followed by four statements, designated (A), (B), (C), and (D). Neither these exchanges nor the statements are printed in your test booklet. After listening to the four statements, choose the statement that most logically continues or finishes the conversation, and fill in the corresponding oval on your answer sheet.

To become familiar with this part of the test, listen to the following example:

You hear:

You also hear:

The statement that continues the conversation in the most logical way is statement A: "Allí están, sobre la mesa." For that reason, you should select answer A.

Now get ready to listen to the first exchange and the four statements.

NOTE: The tapescript for the Listening Comprehension selections begins on page 316.

11. Now, select your answer on the answer sheet.

12. Now, select your answer on the answer sheet.

13. Now, select your answer on the answer sheet.

14. Now, select your answer on the answer sheet.

15. Now, select your answer on the answer sheet.

16. Now, select your answer on the answer sheet.

17. Now, select your answer on the answer sheet.

18. Now, select your answer on the answer sheet.

19. Now, select your answer on the answer sheet.

20. Now, select your answer on the answer sheet.

LISTENING—PART C

Directions: In this part of the exam you will listen to a number of selections. They can be conversations or short narratives. Printed in your test booklet, you will find one, two, or three questions, each with four possible answers. Press the Pause button on your CD player while you choose the best answer to each question according to the information you have heard. Fill in the corresponding ovals on your answer sheet, allowing 12 seconds for each question. When your answers are complete, press the Play button to continue with the next selection. You will not hear the questions or the possible answers.

Now get ready to listen to the first selection.

NOTE: The tapescript for the Listening Comprehension selections begins on page 316.

Selección número 1

21. ¿Por qué llamó Clara a Ricardo?

   (A) Porque su correo electrónico no
        funciona.
   (B) Porque Ricardo no le respondió su carta.
   (C) Porque ella trabaja para una nueva
        compañía.
   (D) Porque ella no va a llegar hasta las seis.

Selección número 2

22. ¿Dónde están estas personas?

   (A) En una tienda.
   (B) En una librería.
   (C) En un coche.
   (D) En un teatro.

23. Si no se tranquilizan, ¿qué va a hacer el
    padre?

   (A) Llevarlos de paseo.
   (B) Dejarlos en casa.
   (C) Comprarles un libro.
   (D) Permitirles conducir.

Selección número 3

24. ¿Qué ofrecen los Mercados Rojas?

   (A) Precios bajos.
   (B) Cuentas de ahorro.
   (C) Una fiesta.
   (D) Un nuevo servicio.

25. ¿Qué tiene que hacer Ud. para recibir un
    regalo?

   (A) Abrir una cuenta de banco.
   (B) Ser la primera persona en el mercado.
   (C) Usar su tarjeta de crédito.
   (D) Gastar cierta cantidad de dinero.

Selección número 4

26. ¿Qué quiere hacer Mónica?

   (A) Ponerse los zapatos.
   (B) Comprar zapatos nuevos.
   (C) Salir afuera descalza.
   (D) Lavar la ropa.

27. ¿Qué le pasaba a Mónica la semana pasada?

    (A) Estaba muy preocupada.
    (B) Estaba enferma.
    (C) Tenía mucho frío.
    (D) Tenía mucho trabajo.

28. ¿Qué teme Alejandro?

    (A) Que Mónica se enferme.
    (B) Que Mónica pierda los zapatos.
    (C) Que no pare de llover.
    (D) Que no pueda ver a Mónica.

Selección número 5

29. ¿Por qué no ha llamado Eduardo a Elena?

    (A) Porque se le perdió su número.
    (B) Porque ha estado muy ocupado.
    (C) Porque hacía planes para sus vacaciones.
    (D) Porque se le olvidaba siempre.

30. ¿Qué hacía Eduardo en el Perú?

    (A) Ayudaba a un pariente.
    (B) Estaba de vacaciones.
    (C) Trabajaba para su compañía.
    (D) Viajaba con su tía.

31. ¿Qué tiene que hacer Eduardo ahora?

    (A) Ayudar a Elena.
    (B) Visitar a una tía.
    (C) Terminar el trabajo.
    (D) Buscar un nuevo puesto.

Selección número 6

32. ¿Por qué quiere devolver las toallas el señor?

    (A) Porque son de mala calidad.
    (B) Porque tienen algunos defectos.
    (C) Porque las puede comprar a mejor precio.
    (D) Porque son diferentes a las del catálogo.

33. ¿Qué le ofrece la dependienta?

    (A) Vendérselas más barato.
    (B) Devolverle todo el dinero.
    (C) Llamar a otra tienda.
    (D) Cambiárselas por otras.

34. ¿Cómo es el dependiente?

    (A) Muy distraído.
    (B) Muy amable.
    (C) Muy cómico.
    (D) Muy sarcástico.

STOP

END OF SECTION I

Section II: Reading

TIME—APPROXIMATELY 40 MINUTES—QUESTIONS 35–85

READING—PART A

Directions: Read the following statements and the four suggested completions. Then choose the most appropriate completion and fill in the corresponding oval on the answer sheet.

35. Oye, Luis, ¿ya le compraste un . . . a Ricardo para su cumpleaños?

    (A) regalo
    (B) repaso
    (C) pedazo
    (D) pariente

36. El gato se subió al . . . de la casa y luego no podía bajarse.

    (A) ruido
    (B) postre
    (C) lugar
    (D) techo

37. Isabel vive en un barrio malísimo . . . tener mucho dinero.

    (A) a eso de
    (B) a fines de
    (C) a través de
    (D) a pesar de

38. Hacía . . . calor que tuvimos que salir del cuarto.

    (A) tan
    (B) tanta
    (C) muy
    (D) tanto

39. Acaba de . . . las maletas, Pedro. Vamos a llegar tarde al aeropuerto.

    (A) hacer
    (B) dejar
    (C) tirar
    (D) barrer

40. Había . . . cien personas en el estadio.

    (A) una
    (B) un
    (C) unas
    (D) unos

41. Como no había estudiado, Carmela . . . las respuestas a muchas de las preguntas del examen.

    (A) alejó
    (B) adivinó
    (C) fumó
    (D) rompió

42. Papá siempre me daba un . . . antes de acostarme.

    (A) bolsillo
    (B) diente
    (C) beso
    (D) hielo

43. Busco unos zapatos que no . . . tan caros.

    (A) fueran
    (B) fueron
    (C) son
    (D) sean

44. Al entrar, el caballero . . . el sombrero y nos saludó.

    (A) se pintó
    (B) se enojó
    (C) se atrevió
    (D) se quitó

45. ¿Qué es . . . ? Parece que es un oso.

    (A) ese
    (B) esa
    (C) eso
    (D) este

46. Nos importaba que Roberto . . . bien en los exámenes.

    (A) saliera
    (B) saldría
    (C) saldrá
    (D) habría salido

47. Era seguro que los atletas de Bolivia . . . en las olimpiadas.

    (A) participarían
    (B) participaran
    (C) participen
    (D) hayan participado

48. Ojalá que ellas me . . . los libros para hacer las investigaciones.

    (A) habían traído
    (B) han traído
    (C) hayan traído
    (D) trajeron

49. En cuanto sepas la respuesta, . . . a la profesora.

    (A) la digas
    (B) la dices
    (C) dísela
    (D) dígasela

50. Hay que . . . las reglas del tráfico antes de conducir.

    (A) saber
    (B) sabido
    (C) sabiendo
    (D) sepa

51. El abogado nos pidió que . . . toda la evidencia del caso.

    (A) destruimos
    (B) destruíamos
    (C) destruyéramos
    (D) destruiríamos

52. Si tú les . . . permiso a tus padres, ellos te lo darían.

    (A) pedirías
    (B) pediste
    (C) pidieras
    (D) pides

READING—PART B

Directions: In the following passages some words or phrases are missing. For each blank, four possible completions are given. Read the entire passage to get an idea of its content, then select the most appropriate completion, taking into consideration the overall meaning of the passage. Fill in the corresponding oval on the answer sheet.

La señorita Mercedes se apresuró a dar la ___(53)___ , movida por la alusión que se había hecho del estudiante:

—He recibido carta de Luis: dice que ___(54)___ el mes próximo tendrá ___(55)___ de venir a pasar algún tiempo con nosotros, pues que está por presentar su tesis y, en cuanto ___(56)___ su título de médico, toma el tren . . .

—¡Un gran muchacho! Tan joven y ya va a ser médico.

—Ojalá que ___(57)___ ganarse el cariño de las gentes, como tú, hermano.

—Pero si se gana el cariño de las gentes, ___(58)___ como yo, con cariño y sin dinero.

53. (A) voz
    (B) firma
    (C) canción
    (D) noticia

54. (A) para
    (B) con
    (C) a
    (D) por

55. (A) el gusto
    (B) la razón
    (C) el miedo
    (D) la vista

56. (A) recibe
    (B) recibirá
    (C) reciba
    (D) recibió

57. (A) sabe
    (B) sabía
    (C) sabrá
    (D) sepa

58. (A) viva
    (B) vivirá
    (C) vivió
    (D) vivía

Esperaba que Sonia ___(59)___ dormir sin interrupciones. Después, en la mañana, tendríamos tiempo de ___(60)___ al tipo del que me había hablado Sánchez por teléfono desde Bogotá dos días atrás. ___(61)___ Sánchez, el hombre, con apellido de prócer, ___(62)___ una especie de reconocido empresario dedicado a organizar espectáculos en las ciudades intermedias de la región. Circos, recitales, conciertos, ___(63)___ de teatro, concursos de baile, ___(64)___ cosa.

59. (A) podía
    (B) pudiera
    (C) podría
    (D) pudo

60. (A) buscar
    (B) durar
    (C) empezar
    (D) temblar

61. (A) Detrás
    (B) Entre
    (C) Acaso
    (D) Según

62. (A) era
    (B) fuera
    (C) haya sido
    (D) hubiera sido

63. (A) letras
    (B) trabajos
    (C) lecturas
    (D) obras

64. (A) cualquier
    (B) cualquiera
    (C) algún
    (D) alguien

En la blanca ___(65)___ de la playa apenas se podían ver las huellas de pisadas de más de una persona. En ___(66)___ partes las pisadas habían desaparecido a causa de que la marea subía a esa hora. Estas huellas nos aseguraron que no estábamos ___(67)___ , que en la isla ___(68)___ otras personas y que no sabíamos si venían en son de paz o no.

Ignacio ___(69)___ el sudor de la frente, bebió un sorbo de agua y se paró por un instante. Ya hacía tres horas que ___(70)___ alrededor de la isla y ya casi no tenían energía para continuar. El haber sobrevivido después de que su barco se había ___(71)___ era suficiente motivación. Había que ___(72)___ una manera de ser descubiertos y rescatados.

65. (A) ceniza
    (B) arena
    (C) hoja
    (D) madera

66. (A) alguno
    (B) alguien
    (C) algunas
    (D) algunos

67. (A) nacidos
    (B) agotados
    (C) elegidos
    (D) equivocados

68. (A) habían
    (B) había
    (C) hubo
    (D) hubieron

69. (A) se secó
    (B) se golpeó
    (C) se acercó
    (D) se rió

70. (A) caminaron
    (B) caminaran
    (C) caminarían
    (D) caminaban

71. (A) salvado
    (B) sobrevivido
    (C) recuperado
    (D) hundido

72. (A) hallar
    (B) soñar
    (C) seguir
    (D) mentir

READING—PART C

Directions: In this part you will read several passages that will test your comprehension. After each passage, a number of questions or incomplete statements appear. Choose the most appropriate answer or completion, taking into consideration the overall meaning of the passage. Fill in the corresponding oval on the answer sheet.

Me hubiera gustado que se oyesen ruidos en las habitaciones contiguas, pero no se oía nada absolutamente, todavía menos de lo que se oye en un silencio normal. Me parecía que alguien me estaba espiando. Me paseé en todas direcciones y me
Line sosegaba, oyendo crujir, debajo de mis pies, el piso de madera. Luego me senté y
(5) me di cuenta de lo extraña que me sentía en aquella habitación.

Tal vez sacando algunas cosas de la maleta y deshaciendo los paquetes, viéndome rodeada de objetos y prendas usuales, me sentiría ligada a un mundo más familiar y la habitación misma se teñiría de sentido para mí. Por ejemplo, eché de menos, encima de la mesilla, un reloj despertador, y también algún portarretratos, o una de
(10) esas bandejitas que sirven para dejar los pendientes, los automáticos desprendidos y alguna aspirina. Estas cosas tenían que venir en un equipaje tan complicado. Abrí la maleta y me puse a buscarlas con ahínco. Tenía mucha prisa por verlas colocadas.

73. ¿Qué le parecía a la narradora?

   (A) Que alguien la observaba
   (B) Que había mucha gente en la otra habit-ación
   (C) Que los ruidos que oía eran misteriosos
   (D) Que nadie sabía que ella estaba allí

74. ¿Cómo se sentía la narradora en la habitación?

   (A) Contenta
   (B) Tranquila
   (C) Rara
   (D) Cansada

75. ¿Cómo pensaba cambiar la situación la narradora?

   (A) Poniendo la ropa en las maletas
   (B) Sacando los objetos fuera de la habitación
   (C) Cambiando su habitación por otra
   (D) Viendo cosas a las que está acostumbrada

76. ¿Qué buscaba en su equipaje la narradora?

   (A) Cosas que extrañaba
   (B) Objetos que había perdido
   (C) Ropa para vestirse
   (D) Medicina para su enfermedad

En el barco empezó la civilización de Onaisín. Lo primero que hicieron fue cortarle el pelo y bañarlo, luego vestirlo. Se le dieron ropas nuevas y se le enseñó a ponérselas y usarlas. Todo lo admitió y todo lo adoptó entusiasmado. Lo único
Line que rechazó fueron los zapatos. Lo inmovilizaban: sentirlos en los pies y quedarse
(5) invalido era todo uno. No había quién le hiciera dar un paso y en vano los marineros bailaban y zapateaban ante él para demostrarle la utilidad y la inofensividad del calzado. Onaisín lo rechazó rotundamente y sólo con el tiempo sus pies se habituaron a ellos.

Vino después el aprendizaje del idioma, aprendizaje que estuvo a cargo de la
(10) tripulación,[1] la cual le repetía una palabra, sistemáticamente, hasta que llegaba a pronunciarla bien. Prosperó en todo, con gran alegría de los marineros, que lo apreciaban mucho. Su trabajo, a causa de sus escasos conocimientos, era reducido y casi se limitaba a servir al capitán y al cocinero en pequeños menesteres. Estos dos hombres eran para Onaisín la flor de todos los demás hombres, sus dioses. El uno
(15) era la autoridad; el otro, la alimentación.

En Punta Arenas fue bautizado con gran pompa.[2] Le sirvieron de padrinos el capitán y el cocinero y después de mucho discutir le pusieron un nombre que satisfizo a todos: Onaisín Errázuriz.

[1] **tripulación**—crew
[2] **pompa**—pageantry

77. Se puede inferir que antes de estar en el barco Onaisín era

(A) un poco salvaje
(B) un poco vanidoso
(C) un asesino
(D) un ladrón

78. Por la descripción, sabemos que Onaisín no sabía

(A) vestirse
(B) bailar
(C) caminar
(D) nadar

79. ¿Qué aceptó entusiasmado Onaisín?

(A) Llevar el pelo largo
(B) El duro trabajo que hacía
(C) Sus nuevos zapatos
(D) La nueva manera de vestir

80. ¿Qué sucedió con los zapatos?

(A) Se los regaló a un marinero.
(B) Aprendió a usarlos inmediatamente.
(C) No le permitían caminar.
(D) No le permitían bailar como antes.

81. ¿A qué le ayudó la tripulación a Onaisín?

(A) A aprender el lenguaje
(B) A aprender a ser marinero
(C) A cargar cajas de zapatos
(D) A cortarle el pelo a todos

82. ¿Qué pensaban los marineros de Onaisín?

(A) Lo encontraban tonto.
(B) No le tenían confianza.
(C) Pensaban que sus conocimientos eran vastos.
(D) Lo estimaban mucho.

83. ¿Qué sabemos sobre el trabajo que hacía Onaisín?

    (A) Era demasiado duro.
    (B) Era de poca calidad.
    (C) No le daban mucho qué hacer.
    (D) No le permitían usar sus conocimientos.

84. ¿Qué opinión tiene Onaisín del capitán y del cocinero?

    (A) Pensaba que eran demasiado estrictos.
    (B) Los consideraba sagrados.
    (C) Creía que se burlaban de él.
    (D) Pensaba que peleaban demasiado.

85. ¿Por qué discutieron los hombres al final de la selección?

    (A) Porque no pensaban que Onaisín debía bautizarse
    (B) Porque no se ponían de acuerdo en el nombre
    (C) Porque no se llevaban bien por mucho tiempo
    (D) Porque no querían a Onaisín en el barco

STOP

If there is still time remaining, you may review your answers in Section II only.

Answer Key
PRACTICE TEST 7

Section I

Part A	Part B	Part C	
1. C	11. A	21. B	28. A
2. A	12. B	22. C	29. B
3. B	13. D	23. B	30. A
4. D	14. B	24. A	31. C
5. C	15. C	25. D	32. C
6. A	16. A	26. C	33. A
7. D	17. D	27. B	34. B
8. C	18. A		
9. B	19. B		
10. B	20. B		

Section II

Part A	Part B	Part C	
35. A	53. D	73. A	80. C
36. D	54. A	74. C	81. A
37. D	55. A	75. D	82. D
38. D	56. C	76. A	83. C
39. A	57. D	77. A	84. B
40. C	58. B	78. A	85. B
41. B	59. B	79. D	
42. C	60. A		
43. D	61. D		
44. D	62. A		
45. C	63. D		
46. A	64. A		
47. A	65. B		
48. C	66. C		
49. C	67. D		
50. A	68. B		
51. C	69. A		
52. C	70. D		
	71. D		
	72. A		

The answer to some questions may depend on more than one statement in the passage. In that case more than one line will be listed in the Answer Explanations. When the answer depends on the overall meaning of the passage, the answer is indicated by "overall meaning."

ANSWER EXPLANATIONS

Note: Some words that are cognates have not been translated.

Section I

Part A

1. **C**	4. **D**	7. **D**	9. **B**
2. **A**	5. **C**	8. **C**	10. **B**
3. **B**	6. **A**		

Part B

11. **A**	14. **B**	17. **D**	19. **B**
12. **B**	15. **C**	18. **A**	20. **B**
13. **D**	16. **A**		

Part C

21. **B**	25. **D**	29. **B**	33. **A**
22. **C**	26. **C**	30. **A**	34. **B**
23. **B**	27. **B**	31. **C**	
24. **A**	28. **A**	32. **C**	

Section II

Part A

35. **(A) regalo**–gift; repaso–review, pedazo–piece, pariente–relative

36. **(D) techo**–roof; ruido–noise, postre–dessert, regalo–gift

37. **(D) a pesar de**–in spite of; a eso de–at about, a fines de–at the end of, a través de–though, a pesar de–in spite of

38. **(D) tanto**; *see* section 3.6.1

39. **(A) hacer las maletas**–to pack

40. **(C) unas**; a plural feminine article is needed (*personas*)

41. **(B) adivinar**–to guess; alejar–to move away, fumar–to smoke, romper–to break

42. **(C) beso**–kiss; bolsillo–pocket, diente–tooth, hielo–ice

43. **(D) sean**; the subjunctive is needed after an indefinite antecedent; *see* section 13.7.8

44. **(D) quitarse**–to take off; pintarse–to paint oneself, enojarse–to get angry, atreverse–to dare

45. **(C) eso**; the neuter demonstrative pronoun is needed; *see* section 5.5

46. **(A) saliera**; the subjunctive is needed after *importar*

47. **(A) participarían**; the conditional is needed; *see* section 13.7.5

48. **(C) hayan traído**; the subjunctive is needed after *ojalá*; *see* section 13.10.5

49. **(C) dísela**; the familiar command is needed; object pronouns are attached to the positive commands; *see* section 14.7

50. **(A) saber**, hay que + infinitive–one must

51. **(C) destruyéramos**; the subjunctive is needed after impersonal expressions; *see* section 13.7.4

52. **(C) pidieras**; the subjunctive is needed; *see* section 13.10.4

Part B

53. **(D) noticia**–news; voz–voice, firma–signature, canción–song

54. **(A) para**; *see* section 19.5.1

55. **(A) gusto**–pleasure; razón–reason, miedo–fear, vista–view

56. **(C) reciba**; the subjunctive is needed after *en cuanto*; *see* section 13.7.6

57. **(D) sepa**; the subjunctive is needed after *ojalá que*; *see* section 13.10.5

58. **(B) vivirá**; the future is needed

59. **(B) pudiera**; the subjunctive is needed after *esperar*; *see* section 13.7.1

60. **(A) buscar**–to look for; durar–to last, empezar–to begin, temblar–to tremble

61. **(D) Según**–according; Detrás–behind, Entre–between, Acaso–perhaps

62. **(A) era**; the imperfect is needed; *see* section 8.1

63. **(D) obras de teatro**–play; letras–letters, trabajos–jobs, lecturas–readings

64. **(A) cualquier**; needed before a masculine or feminine singular noun; *see* section 3.4

65. **(B) arena**–sand; cenisa–ash, hoja–leap, powder, madera–wood

66. **(C) algunas**; a feminine plural is needed (*partes*)

67. **(D) equivocados**; estar equivocados–to be wrong, nacidos–born, agotados–exhausted, elegidos–elected

68. **(B) había**; the imperfect tense is needed; *see* section 8.1; the singular is used, meaning there were

69. **(A) secarse**–to dry oneself; golpearse–to hit oneself, acercarse–to approach, reírse–to laugh

70. **(D) caminaban**; the imperfect tense is needed; *see* section 8.1

71. **(D) hundir**–to sink; salvar–to save, sobrevivir–to survive, recuperar–to recover

72. **(A) hallar**–to find; soñar–to dream, seguir–to continue, mentir–to lie

Part C

The answer to some questions may depend on more than one statement in the passage. In that case more than one line will be listed. When the answer depends on the overall meaning of the passage, the answer is indicated by "overall meaning."

73. **(A)** Line 3

74. **(C)** Lines 4–5

75. **(D)** Lines 6–8

76. **(A)** Lines 8–11

77. **(A)** Lines 1–4 and overall meaning

78. **(A)** Lines 2–3

79. **(D)** Lines 2–3

80. **(C)** Lines 4–5

81. **(A)** Lines 9–11

82. **(D)** Lines 11–12

83. **(C)** Lines 12–13

84. **(B)** Lines 13–14

85. **(B)** Lines 16–18

TAPESCRIPT FOR LISTENING COMPREHENSION

Part A

Directions: In this part of the exam, you will hear four statements, designated (A), (B), (C), and (D). You will hear each statement only once. These statements are not printed in your test booklet. While listening, look carefully at the picture in your test booklet and choose the statement that best represents what you see in the picture or what someone in the picture might say. Choose the most appropriate response and fill in the corresponding oval on the answer sheet.

Now listen to the following example:

You see: (See p. 295.)

You hear:

(A) Me encanta montar a caballo.
(B) Espérame José, vengo detrás de ti.
(C) Ay, qué dolor . . . me caí de la bicicleta.
(D) ¡Cuidado! El perro está delante de la bicicleta.

Of the four statements you heard, the statement that best represents what the picture shows or what someone in the picture might say is statement (B) "Espérame José, vengo detrás de ti." For that reason, you should select answer (B).

Now get ready to listen to the four statements and look at the picture.

Número 1. (See p. 296.)

    (A) Este árbol es demasiado pequeño.
    (B) Me encanta dormir al aire libre.
    (C) Por fin puedo leer con tranquilidad.
    (D) ¿Me puedes prestar otros libros?

Número 2. (See p. 296.)

    (A) Gerardo monta en bicicleta todas las tardes.
    (B) Ese señor arregla su bicicleta porque se le rompió.
    (C) Mucha gente está mirando la competencia de bicicletas.
    (D) Julio se pone esa camiseta cuando monta en bicicleta.

Número 3. (See p. 297.)

   (A) ¿Por qué hay tanta gente en la playa hoy?
   (B) Nadábamos en este río cuando éramos jóvenes.
   (C) Mira esas montañas, están todas cubiertas de nieve.
   (D) Hay mucha gente pescando en el río hoy.

Número 4. (See p. 297.)

   (A) Me encanta montar a caballo.
   (B) Ese perro asustó las vacas.
   (C) Las vacas beben agua en el río.
   (D) ¡Qué bonitas son esas vacas!

Número 5. (See p. 298.)

   (A) El agua de la piscina está muy fría.
   (B) Los papeles están encima del banco.
   (C) Ese cesto es para echar la basura.
   (D) Saca la basura antes de acostarte.

Número 6. (See p. 298.)

   (A) Venimos aquí para trabajar un poco antes de ir a la escuela.
   (B) Esos campesinos están recogiendo café en el campo.
   (C) ¿Te gusta el nuevo sofá que acabo de comprar para la sala?
   (D) ¿Quieres sentarte en este café al aire libre?

Número 7. (See p. 299.)

   (A) ¡Mira cuántas águilas hay en el cielo!
   (B) ¿Dónde cazaste esos animales tan grandes?
   (C) Por favor, no pongas ese pájaro en una jaula.
   (D) ¡Qué bonito es ese monumento con el águila!

Número 8. (See p. 299.)

   (A) No me gusta conducir en tanto tráfico.
   (B) Ese coche va lleno de plantas.
   (C) No hay muchos coches en el estacionamiento.
   (D) Lo siento, pero tú no cabes en el coche.

Número 9. (See p. 300.)

   (A) ¡Hola, Sara! Este teléfono no funciona.
   (B) ¡Ojalá que yo pueda terminar todo el trabajo hoy!
   (C) Ya puse la computadora en mi sillón.
   (D) Ese hombre está limpiando las ventanas de su oficina.

Número 10. (See p. 300.)

   (A) ¿Por qué están jugando al fútbol en el avión?
   (B) Ese equipo está a punto de ganar el partido.
   (C) Ese jugador no puede caminar; se le rompió la pierna.
   (D) Necesitan una pelota para terminar el partido.

Tapescript—Test 7

Part B

Directions: You will now listen to a selection of short exchanges or parts of conversations. Each selection is followed by four statements, designated (A), (B), (C), and (D). Neither these exchanges nor the statements are printed in your test booklet. After listening to the four statements, choose the statement that most logically continues or finishes the conversation and fill in the corresponding oval on your answer sheet.

To become familiar with this part of the test, listen to the following example:

You hear:
(Male) —No recuerdo donde puse los anteojos.

You also hear:

(Female) (A) Allí están, sobre la mesa.
(B) Todos están de acuerdo.
(C) Se cubrió los ojos.
(D) Se le olvidó el disco.

The statement that continues the conversation in the most logical way is statement (A) "Allí están, sobre la mesa." For that reason, you should select answer (A).

Now get ready to listen to the first exchange and the four statements.

Número 11

(Female) —Antes de salir, tienes que hacer la cama.

(Male) (A) ¡Ay mamá! No tengo tiempo hoy.
(B) Sí, la cama es muy cómoda.
(C) Sí, salí para comprar una cama.
(D) ¡Por supuesto! Pon la cama en la sala.

[7 seconds]

Número 12

(Male) —¿Puedo entrar ahora?

(Female) (A) ¡Felicidades!
(B) ¡Adelante!
(C) ¡Buen viaje!
(D) ¡Hasta pronto!

[7 seconds]

Número 13

(Male) —Hace tres días que no para de llover.

(Female) —Y yo estoy aburrida porque no puedo salir.

(Male)   (A) Yo no puedo ver nada porque hay mucha gente.

           (B) Él no paró en la esquina porque tenía prisa.

           (C) Ese paraguas ya no sirve para nada.

           (D) Lo sé, pero a las flores les hace falta agua.

[7 seconds]

Número 14

(Female) —Tenemos que llegar al teatro a las siete.

(Male) —¿Por qué no tomamos el autobús?

(Female)   (A) Buena idea, vamos a buscar el auto.

           (B) Porque no aceptan billetes, sólo monedas.

           (C) Porque el autobús es más rápido.

           (D) Sí, podemos tomar algo en el café.

[7 seconds]

Número 15

(Male) —Señorita, necesito devolver este televisor.

(Female) —¿Por qué quiere devolverlo, señor?

(Male)   (A) No camina.

           (B) No volvió.

           (C) No funciona.

           (D) No escucha.

[7 seconds]

Número 16

(Male) —¿Cómo te va con la nueva dieta, Rosario?

(Female) —Ni me hables, he aumentado cinco libras en la última semana.

(Male)   (A) Pues, no comas tanto.

           (B) La comida es demasiado cara.

           (C) Nos encontramos en el restaurante.

           (D) Es la semana que viene.

[7 seconds]

Número 17

(Female) —Oye, Jorge hace días que no te veo en el autobús de la escuela.

(Male) —Voy a la escuela en bicicleta pero hay mucho tráfico.

(Female) (A) Yo no puedo ir; estoy muy ocupado.

(B) El coche se rompió en la carretera.

(C) Las clases no terminan hasta las dos.

(D) Ten cuidado. Puede ser peligroso.

[7 seconds]

Número 18

(Male) —Recuerda que mañana salimos de vacaciones.

(Female) —¿Necesito llevar mucha ropa?

(Male) (A) No, vamos a pasar mucho tiempo en la playa.

(B) No, la ropa cuesta mucho en esa tienda.

(C) Saca la ropa de la lavadora antes de salir.

(D) Me gusta vestirme en el baño.

[7 seconds]

Número 19

(Female) —Vamos a escuchar música en la sala.

(Male) —No hagan mucho ruido, Guillermo está durmiendo.

(Female) (A) Nunca escucho ese tipo de música.

(B) El pobre, necesita descansar.

(C) No tengo sueño ahora.

(D) Estoy cansada; voy a acostarme.

[7 seconds]

Número 20

(Male) —Oficina del Sr. Márquez. Buenas tardes.

(Female) —¿Puedo hablar con el Sr. Márquez, por favor?

(Male) (A) El Sr. Márquez siempre llega temprano.

(B) Acaba de salir en este momento.

(C) Sí, puedes marcar el número.

(D) No se preocupe si llega tarde.

[7 seconds]

Part C

Directions: In this part of the exam you will listen to a number of selections. They can be conversations or short narratives. Printed in your test booklet, you will find one, two, or three questions, each with four possible answers. Press the pause button on your CD player while you choose the best answer to each question according to the information you have heard. Fill in the corresponding ovals on your answer sheet, allowing twelve seconds for each question. When your answers are complete, press the play button to continue with the next selection.

You will not hear the questions or the possible answers.

Now get ready to listen to the first selection.

(Narrator) [Selección número 1. Escucha esta conversación por teléfono.]

(Female) —Ricardo, ¿por qué no me contestaste la carta que te envié anoche?

(Male) —¿Qué carta, Clara? No he recibido nada de ti.

(Female) —Te envié correo electrónico a eso de las seis.

(Male) —Ah, claro por eso no la recibí. Cambié de compañía y ahora tengo una nueva dirección.

Contesta la pregunta 21.　　　　[12 seconds]

(Narrator) [Selección número 2. Escucha esta conversación entre un padre y su hija.]

(Male) —Adelaida, Felipe . . . ¡tranquilos por favor!

[Raising his voice]

(Female) —Felipe me quitó el libro y no me deja leer.

(Male) —Felipe, dale el libro a tu hermana.

(Female) —Sí, papá . . . que me lo devuelva. [Almost crying]

(Male) —Si continúan peleando regreso a casa y los dejo allí. No puedo conducir mientras Uds. pelean. Voy a tener un accidente.

Contesta las preguntas 22 y 23.　　[24 seconds]

(Narrator) [Selección número 3. Escucha este anuncio radial.]

(Male) Los precios más bajos de la temporada. La calidad de siempre. El servicio que Ud. espera y se merece. Venga a los Mercados Rojas y se dará de cuenta de lo que es ahorrar. No se olvide que nuestras tarjetas de crédito le facilitan sus compras también. Además para celebrar la abertura de nuestra nueva tienda en el centro comercial, Ud. recibirá un regalo especial cuando haga compras de cincuenta dólares o más.

Contesta las preguntas 24 y 25.   [24 seconds]

(Narrator) [Selección número 4. Escucha esta conversación entre Mónica y Alejandro en la puerta de su casa.]

(Male) —Mónica, no salgas afuera sin zapatos.

(Female) —¿Por qué no? Me encanta caminar en la lluvia y mojarme los pies.

(Male) —A mí también pero la semana pasada tenías un resfriado y te vas a enfermar de nuevo.

(Female) —No te preocupes Alejandro. Sólo voy a salir por unos minutos.

(Male) —Bueno, no me molestes cuando te dé fiebre y empieces a toser.

(Female) —Te prometo que no me voy a enfermar.

(Male) —Ya veremos.

Contesta las preguntas 26, 27, y 28.   [36 seconds]

(Narrator) [Selección número 5. Escucha una conversación por teléfono entre Elena y Eduardo.

(Female) —Hola Eduardo, ya hace varios días que te llamé y no me has respondido la llamada.

(Male) —Lo siento Elena, he estado ocupadísimo. Desde que regresé del Perú estoy tratando de terminar lo que dejé de hacer antes de irme.

(Female) —Bueno eso te pasa por tomar vacaciones tan largas.

(Male) —Verdaderamente no fueron unas vacaciones, necesitaba ayudar a mi tía a resolver algunos problemas que tenía.

(Female) —Admiro lo que haces por tu familia. Pero no te puedes olvidar de tus obligaciones.

(Male) —De acuerdo. Pero ahora no hay manera de resolver la situación tendré que quedarme en la oficina tarde hasta que me ponga al día.

(Female) —Bueno, ya sabes que si necesitas ayuda, aquí estoy.

(Male) —Gracias Elena, te lo agradezco.

Contesta las preguntas 29, 30, y 31.   [36 seconds]

(Narrator) [Selección número 6. Escucha esta conversación en una tienda.]

(Male) —Señorita, necesito devolver estas toallas.

(Female) —¿No le gustan?

(Male) —Me gustan mucho pero encontré una tienda que las vende más baratas.

(Female) —Bueno, en ese caso no tiene que devolverlas. Si nos trae prueba del precio más bajo, le devolveremos la diferencia.

(Male) —Aquí tiene el catálogo. Éstas son las mismas toallas que aparecen en la página tres.

(Female) —Tiene razón. [Pause] Aquí tiene la diferencia . . . quince dólares.

(Male) —Mil gracïas. Ud. es muy cortés.

(Female) —Es mi trabajo, señor. Siempre tratamos de complacer al cliente.

Contesta las preguntas 32, 33, y 34.   [36 seconds]

Practice Test 8

ANSWER SHEET

1. Ⓐ Ⓑ Ⓒ Ⓓ   23. Ⓐ Ⓑ Ⓒ Ⓓ   45. Ⓐ Ⓑ Ⓒ Ⓓ   67. Ⓐ Ⓑ Ⓒ Ⓓ
2. Ⓐ Ⓑ Ⓒ Ⓓ   24. Ⓐ Ⓑ Ⓒ Ⓓ   46. Ⓐ Ⓑ Ⓒ Ⓓ   68. Ⓐ Ⓑ Ⓒ Ⓓ
3. Ⓐ Ⓑ Ⓒ Ⓓ   25. Ⓐ Ⓑ Ⓒ Ⓓ   47. Ⓐ Ⓑ Ⓒ Ⓓ   69. Ⓐ Ⓑ Ⓒ Ⓓ
4. Ⓐ Ⓑ Ⓒ Ⓓ   26. Ⓐ Ⓑ Ⓒ Ⓓ   48. Ⓐ Ⓑ Ⓒ Ⓓ   70. Ⓐ Ⓑ Ⓒ Ⓓ
5. Ⓐ Ⓑ Ⓒ Ⓓ   27. Ⓐ Ⓑ Ⓒ Ⓓ   49. Ⓐ Ⓑ Ⓒ Ⓓ   71. Ⓐ Ⓑ Ⓒ Ⓓ
6. Ⓐ Ⓑ Ⓒ Ⓓ   28. Ⓐ Ⓑ Ⓒ Ⓓ   50. Ⓐ Ⓑ Ⓒ Ⓓ   72. Ⓐ Ⓑ Ⓒ Ⓓ
7. Ⓐ Ⓑ Ⓒ Ⓓ   29. Ⓐ Ⓑ Ⓒ Ⓓ   51. Ⓐ Ⓑ Ⓒ Ⓓ   73. Ⓐ Ⓑ Ⓒ Ⓓ
8. Ⓐ Ⓑ Ⓒ Ⓓ   30. Ⓐ Ⓑ Ⓒ Ⓓ   52. Ⓐ Ⓑ Ⓒ Ⓓ   74. Ⓐ Ⓑ Ⓒ Ⓓ
9. Ⓐ Ⓑ Ⓒ Ⓓ   31. Ⓐ Ⓑ Ⓒ Ⓓ   53. Ⓐ Ⓑ Ⓒ Ⓓ   75. Ⓐ Ⓑ Ⓒ Ⓓ
10. Ⓐ Ⓑ Ⓒ Ⓓ   32. Ⓐ Ⓑ Ⓒ Ⓓ   54. Ⓐ Ⓑ Ⓒ Ⓓ   76. Ⓐ Ⓑ Ⓒ Ⓓ
11. Ⓐ Ⓑ Ⓒ Ⓓ   33. Ⓐ Ⓑ Ⓒ Ⓓ   55. Ⓐ Ⓑ Ⓒ Ⓓ   77. Ⓐ Ⓑ Ⓒ Ⓓ
12. Ⓐ Ⓑ Ⓒ Ⓓ   34. Ⓐ Ⓑ Ⓒ Ⓓ   56. Ⓐ Ⓑ Ⓒ Ⓓ   78. Ⓐ Ⓑ Ⓒ Ⓓ
13. Ⓐ Ⓑ Ⓒ Ⓓ   35. Ⓐ Ⓑ Ⓒ Ⓓ   57. Ⓐ Ⓑ Ⓒ Ⓓ   79. Ⓐ Ⓑ Ⓒ Ⓓ
14. Ⓐ Ⓑ Ⓒ Ⓓ   36. Ⓐ Ⓑ Ⓒ Ⓓ   58. Ⓐ Ⓑ Ⓒ Ⓓ   80. Ⓐ Ⓑ Ⓒ Ⓓ
15. Ⓐ Ⓑ Ⓒ Ⓓ   37. Ⓐ Ⓑ Ⓒ Ⓓ   59. Ⓐ Ⓑ Ⓒ Ⓓ   81. Ⓐ Ⓑ Ⓒ Ⓓ
16. Ⓐ Ⓑ Ⓒ Ⓓ   38. Ⓐ Ⓑ Ⓒ Ⓓ   60. Ⓐ Ⓑ Ⓒ Ⓓ   82. Ⓐ Ⓑ Ⓒ Ⓓ
17. Ⓐ Ⓑ Ⓒ Ⓓ   39. Ⓐ Ⓑ Ⓒ Ⓓ   61. Ⓐ Ⓑ Ⓒ Ⓓ   83. Ⓐ Ⓑ Ⓒ Ⓓ
18. Ⓐ Ⓑ Ⓒ Ⓓ   40. Ⓐ Ⓑ Ⓒ Ⓓ   62. Ⓐ Ⓑ Ⓒ Ⓓ   84. Ⓐ Ⓑ Ⓒ Ⓓ
19. Ⓐ Ⓑ Ⓒ Ⓓ   41. Ⓐ Ⓑ Ⓒ Ⓓ   63. Ⓐ Ⓑ Ⓒ Ⓓ   85. Ⓐ Ⓑ Ⓒ Ⓓ
20. Ⓐ Ⓑ Ⓒ Ⓓ   42. Ⓐ Ⓑ Ⓒ Ⓓ   64. Ⓐ Ⓑ Ⓒ Ⓓ
21. Ⓐ Ⓑ Ⓒ Ⓓ   43. Ⓐ Ⓑ Ⓒ Ⓓ   65. Ⓐ Ⓑ Ⓒ Ⓓ
22. Ⓐ Ⓑ Ⓒ Ⓓ   44. Ⓐ Ⓑ Ⓒ Ⓓ   66. Ⓐ Ⓑ Ⓒ Ⓓ

To compute your approximate scaled score:

_____ (number of correct answers) − _____ (number of incorrect answers) / 3 = _____ (raw score)

Now, go to page 386 to find out your approximate scaled score.

Practice Test 8

Section I: Listening

LISTENING—PART A

Directions: In this part of the exam, you will hear four statements, designated (A), (B), (C), and (D). You will hear each statement only once. These statements are not printed in your test booklet. While listening, look carefully at the picture in your test booklet and choose the statement that best represents what you see in the picture or what someone in the picture might say. Choose the most appropriate response and fill in the corresponding oval on the answer sheet.

Now listen to the following example:

You see:

You hear:

Of the four statements you heard, the statement that best represents what the picture shows or what someone in the picture might say is statement B: "Espérame José, vengo detrás de ti." For that reason, you should select answer B.

Now get ready to listen to the four statements and look at the picture.

NOTE: The tapescript for the Listening Comprehension selections begins on page 347.

1.

2.

3.

4.

5.

6.

7.

8.

9.

10.

LISTENING—PART B

Directions: You will now listen to a selection of short exchanges or parts of conversations. Each selection is followed by four statements, designated (A), (B), (C), and (D). Neither these exchanges nor the statements are printed in your test booklet. After listening to the four statements, choose the statement that most logically continues or finishes the conversation, and fill in the corresponding oval on your answer sheet.

To become familiar with this part of the test, listen to the following example:

You hear:

You also hear:

The statement that continues the conversation in the most logical way is statement A: "Allí están, sobre la mesa." For that reason, you should select answer A.

Now get ready to listen to the first exchange and the four statements.

NOTE: The tapescript for the Listening Comprehension selections begins on page 347.

11. Now, select your answer on the answer sheet.

12. Now, select your answer on the answer sheet.

13. Now, select your answer on the answer sheet.

14. Now, select your answer on the answer sheet.

15. Now, select your answer on the answer sheet.

16. Now, select your answer on the answer sheet.

17. Now, select your answer on the answer sheet.

18. Now, select your answer on the answer sheet.

19. Now, select your answer on the answer sheet.

20. Now, select your answer on the answer sheet.

LISTENING—PART C

Directions: In this part of the exam you will listen to a number of selections. They can be conversations or short narratives. Printed in your test booklet, you will find one, two, or three questions, each with four possible answers. Press the Pause button on your CD player while you choose the best answer to each question according to the information you have heard. Fill in the corresponding ovals on your answer sheet, allowing 12 seconds for each question. When your answers are complete, press the Play button to continue with the next selection. You will not hear the questions or the possible answers.

Now get ready to listen to the first selection.

NOTE: The tapescript for the Listening Comprehension selections begins on page 347.

Selección número 1

21. ¿Por qué está enojada Petra?

    (A) Porque no le gustan las reuniones.
    (B) Porque nadie sabe dónde está Cristóbal.
    (C) Porque se levantó muy tarde.
    (D) Porque Alberto no la quiere ayudar.

22. Según Alberto, ¿qué le pasó probablemente a Cristóbal?

    (A) Se acostó demasiado tarde.
    (B) No terminó el reporte.
    (C) No arregló el teléfono.
    (D) Se quedó a dormir en la oficina.

23. ¿Qué dice Petra al final de la conversación?

    (A) Que necesita ir a su casa a dormir.
    (B) Que ella misma irá a buscar a Cristóbal.
    (C) Que va a cancelar la reunión.
    (D) Que la reunión la preocupa mucho.

Selección número 2

24. ¿Cuándo empiezan a tener problemas con el sueño las personas?

    (A) A los diez años.
    (B) A los veinticinco años.
    (C) A los cuarenta años.
    (D) A los cincuenta años

25. ¿Cuál es la conclusión de esta selección?

    (A) Que debemos dormir regularmente.
    (B) Que los jóvenes necesitan dormir más horas.
    (C) Que dormir mucho puede traer problemas.
    (D) Que los problemas del sueño no duran mucho.

Selección número 3

26. ¿Qué le pasó a Caridad?

    (A) Dejó la mochila en su casa.
    (B) Se le perdió un billete para el teatro.
    (C) Se le olvidó traerle el libro a Tomás.
    (D) Rompió su escritorio favorito.

27. ¿Qué sugiere Tomás?

    (A) Ir al teatro.
    (B) Ir a clase.
    (C) Ir a casa de Caridad.
    (D) Ir de compras.

28. ¿Qué espera Tomás un día?

    (A) Tomar cursos de teatro.
    (B) Conocer a un actor famoso.
    (C) Actuar con Caridad.
    (D) Ganar un premio.

Selección número 4

29. ¿Por qué no puede continuar el viaje la señora?

    (A) Porque no tiene suficientes billetes.
    (B) Porque no quedan asientos en el tren.
    (C) Porque viaja en el tren equivocado.
    (D) Porque dejó a sus tíos en la estación.

30. ¿A dónde va la familia?

    (A) A asistir a un concierto.
    (B) A comprar unas ventanas.
    (C) A visitar a unos parientes.
    (D) A encontrarse con unos amigos.

31. ¿Qué tiene que hacer la señora?

    (A) Viajar en segunda clase.
    (B) Cambiar de trenes.
    (C) Comprar otro billete.
    (D) Pagar un precio más alto.

Selección número 5

32. ¿Qué le dice Beatriz a Pedro?

    (A) Que acaba de comer.
    (B) Que no le gustan los perros calientes.
    (C) Que no la acompaña su perro.
    (D) Que ya fue a la cafetería.

33. ¿A dónde va Beatriz esa tarde?

    (A) A cuidar a su perro.
    (B) A comer en un restaurante.
    (C) A tocar en un concierto.
    (D) A jugar a un deporte.

34. ¿Qué le aconseja Pedro a Beatriz?

    (A) Que no juegue esa tarde.
    (B) Que no vaya a la cafetería.
    (C) Que no coma demasiado.
    (D) Que no coma perros calientes.

STOP

END OF SECTION I

Section II: Reading

TIME—APPROXIMATELY 40 MINUTES—QUESTIONS 35–85

READING—PART A

Directions: Read the following statements and the four suggested completions. Then choose the most appropriate completion and fill in the corresponding oval on the answer sheet.

35. Sebastián, ¿quieres dar un paseo en . . . moto?

 (A) la
 (B) el
 (C) un
 (D) lo

36. El agua estaba demasiado fría por eso entré en la piscina . . .

 (A) de acuerdo
 (B) en cambio
 (C) poco a poco
 (D) por lo menos

37. Pablo, eres muy exigente, por eso nunca puedo . . .

 (A) complacerte
 (B) ofrecerte
 (C) resfriarte
 (D) quitarte

38. Pon . . . al lado de los platos cuando pongas la mesa.

 (A) las servilletas
 (B) las cortinas
 (C) las toallas
 (D) las sábanas

39. Teresa, si te das . . . podrás irte en el tren de las once.

 (A) gritos
 (B) prisa
 (C) vergüenza
 (D) cuerda

40. Antonio no es . . . alto como yo.

 (A) tan
 (B) tanto
 (C) muy
 (D) demasiado

41. Cuando salimos del concierto no había . . . en las calles.

 (A) ningún
 (B) alguien
 (C) nadie
 (D) algún

42. Antes de entrar a la sala de clase, Humberto . . . muy nervioso.

 (A) se puso
 (B) se hizo
 (C) se trajo
 (D) se volvió

43. Hace mucho que espero; me . . . que ya pasó el autobús.

    (A) queda
    (B) sobra
    (C) parece
    (D) toca

44. Estoy un poco preocupada; Juan no ha llegado . . .

    (A) todavía
    (B) también
    (C) bastante
    (D) quizás

45. Cuando empieces a levantarte temprano, . . . para la oficina a tiempo.

    (A) salías
    (B) ha salido
    (C) saldrás
    (D) salieras

46. Si hubieras sacado más fotos, . . . más recuerdos de tu viaje.

    (A) has tenido
    (B) habrías tenido
    (C) habías tenido
    (D) habrás tenido

47. Nosotros estamos muy . . . de todo lo que Uds. hicieron por nosotros.

    (A) obedecidos
    (B) reconocidos
    (C) agradecidos
    (D) crecidos

48. Si no puedes encontrar los calcetines, . . . en esta caja.

    (A) los buscas
    (B) lo busques
    (C) búsquelos
    (D) búscalos

49. Eduardo se encargó . . . invitar a todos los estudiantes de intercambio.

    (A) a
    (B) con
    (C) en
    (D) de

50. ¿Por qué buscabas a las chicas que . . . al partido ayer?

    (A) fueron
    (B) fueran
    (C) irían
    (D) vayan

51. Ojalá que ella me . . . cuando yo llegue a casa.

    (A) llamó
    (B) llamaba
    (C) llamaría
    (D) haya llamado

52. Isabel nos escribió que . . . a visitar a su tío.

    (A) fuéramos
    (B) vayamos
    (C) hayamos ido
    (D) hubiéramos ido

READING—PART B

Directions: In the following passages some words or phrases are missing. For each blank, four possible completions are given. Read the entire passage to get an idea of its content, then select the most appropriate completion, taking into consideration the overall meaning of the passage. Fill in the corresponding oval on the answer sheet.

Durante las vacaciones de verano cuando ___(53)___ y no se puede salir a jugar; ___(54)___ se está esperando en el consultorio del médico, o paseándose por ___(55)___ —no se deja de aprender nunca. Sus hijos pueden explorar cada día alguna posibilidad matemática fascinante del mundo que los ___(56)___. Por ejemplo, se pueden encontrar las matemáticas afuera en la naturaleza— ___(57)___ la simetría en las hojas; cuente el número el tamaño, y los tipos de árboles en su calle; y ___(58)___ en la variedad de formas y patrones de flores. Los niños ___(59)___ aprendiendo las matemáticas y disfrutando de ellas al ___(60)___ tiempo. Estas actividades ___(61)___ pueden realizar en cualquier momento y en cualquier ___(62)___.

53. (A) llora
    (B) llueve
    (C) cae
    (D) calienta

54. (A) acaso
    (B) mientras
    (C) además
    (D) hasta

55. (A) el ascensor
    (B) la lavadora
    (C) la alfombra
    (D) el vecindario

56. (A) rodea
    (B) vive
    (C) habita
    (D) alcanza

57. (A) busca
    (B) buscó
    (C) busque
    (D) buscaba

58. (A) fíjese
    (B) quítese
    (C) póngase
    (D) quéjese

59. (A) estuvieron
    (B) estaban
    (C) estuvieran
    (D) estarán

60. (A) igual
    (B) mismo
    (C) propio
    (D) siguiente

61. (A) me
    (B) le
    (C) lo
    (D) se

62. (A) lugar
    (B) edad
    (C) ejemplo
    (D) lectura

La noche del 2 de octubre, prácticamente recuperado, salí a dar ___(63)___ por los alrededores. Mi partida estaba próxima y deseaba recorrer ciertos ___(64)___ de la isla que no había visitado. El cielo ___(65)___ lleno de ___(66)___ . Me dirigí al norte y trepé hacia la parte alta por un sendero que ascendía zigzagueando. Al llegar a la cima ___(67)___ unos segundos ___(68)___ descansar. Entonces unos lejanos cantos llegaron a mis ___(69)___ arrastrados por el viento. En ese momento creí que ___(70)___ más conveniente era regresar, pero ___(71)___ curiosidad indefinible me obligó ___(72)___ caminar hacia el sector de la montaña de donde provenían aquellas lúgubres voces.

63. (A) una razón
    (B) una vuelta
    (C) un camino
    (D) un paseo

64. (A) cajones
    (B) lugares
    (C) pasillos
    (D) estantes

65. (A) haya estado
    (B) habrá estado
    (C) estaba
    (D) estuviera

66. (A) piedras
    (B) camas
    (C) estrellas
    (D) sillones

67. (A) me sienta
    (B) me senté
    (C) me sintiera
    (D) me haya sentado

68. (A) de
    (B) con
    (C) por
    (D) para

69. (A) piernas
    (B) brazos
    (C) pelos
    (D) oídos

70. (A) le
    (B) el
    (C) lo
    (D) la

71. (A) el
    (B) lo
    (C) una
    (D) un

72. (A) a
    (B) en
    (C) de
    (D) por

READING—PART C

> **Directions:** In this part you will read several passages that will test your comprehension. After each passage, a number of questions or incomplete statements appear. Choose the most appropriate answer or completion, taking into consideration the overall meaning of the passage. Fill in the corresponding oval on the answer sheet.

Este mensaje quizá nunca llegue a ninguna mano. Hace tres horas que Ernest se fue al mar. El tiempo apremia y el que resta, no será mejor utilizado en esta desesperación que para escribirte a ti, esposa mía, que me creerás muerto. Estoy aún
Line vivo y rodeado de cuatro seres humanos más. Los cuatro esperamos estoicamente
(5) la muerte. El bueno de Ernest, en quien teníamos puesta nuestra última esperanza, hace tres horas que desapareció en el mar. Esta carta no llegará a tus manos, lo sé. Pero por si casualidad llegara, sabe que el bueno de Ernest se ha ido al mar. Y sabe también que mi pensamiento, el último, el de cada hora de estos terribles días pasados en un peñasco del Atlántico, fueron para ti. No te doy las señas, porque las
(10) desconocemos y además de que ningún correo toca este peñasco, cuando esta carta llegue a tus manos, ya hace meses, quizá años que habré muerto . . .

73. ¿Qué teme el narrador de esta selección?

   (A) Que pierda la mano
   (B) Que nadie reciba lo que escribe
   (C) Que no reciba un premio
   (D) Que Ernest no regrese a tiempo

74. ¿Qué creerá la esposa del narrador?

   (A) Que él no le quiere escribir
   (B) Que ya no está vivo
   (C) Que él la quiere matar
   (D) Que no ha sabido usar el tiempo

75. Antes de que Ernest desapareciera, ¿cuántas personas hay en el lugar donde está el narrador?

   (A) Una
   (B) Dos
   (C) Cuatro
   (D) Cinco

76. Podemos inferir que Ernest

   (A) mató a alguien
   (B) tiene mucha esperanza
   (C) se había muerto
   (D) regresará pronto

77. Lo último en que piensa el narrador es

   (A) su esposa
   (B) Ernest
   (C) su condición física
   (D) la carta

78. ¿Qué desconoce el narrador?

   (A) Dónde está el correo
   (B) Quién ha muerto
   (C) Cuál es la dirección de su esposa
   (D) Dónde se encuentra él

Viste [Paquito] modestamente; un traje comprado en la calle Hospital hace año y medio. Las mangas se le han quedado cortas y le avergüenzan bastante; los pantalones también, pero lo disimula dejando la cintura algo caída. Él sabe que
Line otros chicos van mejor vestidos porque sus familias son ricas. A algunos les llevan
(5) en automóvil y todo; su madre dice que deben ser hijos de estraperlistas.[1] Paquito quiere mucho a su padre, que está de capataz en unos talleres. Trabaja muchas horas al día; siempre tres o cuatro extraordinarias y aún así no se vive muy bien en su casa. Tienen dos realquilados que aunque dan bastante quehacer, pagan bien. A veces la madre va a Tortosa, donde tiene una hermana (como el abuelo es ferroviario
(10) no paga en el ferrocarril) y viene con grandes paquetes de arroz y unos pellejos de aceite. Entonces tiene que ir a la estación a buscarla para ayudar a llevar los paquetes que pesan mucho. A él le da vergüenza y teme que le vea algún compañero. El padre habla poco. Llega a casa fatigado; algunos días da una mirada al periódico. Cena silenciosamente y se marcha a dormir. Tiene que madrugar mucho. Los domingos
(15) suelen salir juntos el padre y él; van a Montjuich o al Tibidabo o hacia unos pinares que hay detrás de Horta. Al volver toman una cerveza y en invierno café. Hablan poco, pero se comprenden perfectamente. Quiere que estudie para abogado. "Hay que defender a los pobres de las injusticias". Lo dijo hace años, pero no se le olvidará nunca.

[1]**estraperlistas**—black marketeers

79. ¿Por qué se siente avergonzado Paquito?

(A) Porque no sabe dónde está el hospital
(B) Porque se ha cortado una pierna
(C) Porque la ropa no le queda bien
(D) Porque no ha salido del hospital en año y medio

80. ¿Qué sabemos de los otros chicos?

(A) Que están en mejores condiciones económicas
(B) Que se burlan mucho de Paquito
(C) Que ya saben conducir a la escuela
(D) Que visten mal aunque tienen dinero

81. ¿Qué nos dice el narrador sobre el padre de Paquito?

(A) Que no vive en la misma casa
(B) Que se sacrifica por su familia
(C) Que no le gusta el trabajo que hace
(D) Que recibe un sueldo muy bueno

82. ¿Con qué propósito va su madre a Tortosa?

(A) A buscar alimento
(B) A visitar a su esposo
(C) A cocinarle al abuelo
(D) A ayudar a su hermana

83. Paquito va a la estación a buscar a su madre porque ella

(A) no quiere regresar sola
(B) se fatiga mucho
(C) teme que la vean
(D) no puede cargar los paquetes

84. ¿Qué hace el padre después de cenar?

(A) Lee el periódico.
(B) Visita a sus compañeros.
(C) Se acuesta.
(D) Se va a los bares.

85. ¿Qué le dijo el padre a Paquito?

    (A) Que no se olvidara de los abogados
    (B) Que era necesario luchar por la justicia
    (C) Que recordara al abogado que lo defendió
    (D) Que los pobres aceptan las injusticias

STOP

If there is still time remaining, you may review your answers in Section II only.

Answer Key
PRACTICE TEST 8

Section I

Part A	Part B	Part C	
1. A	11. D	21. B	28. D
2. B	12. B	22. A	29. A
3. C	13. C	23. B	30. C
4. D	14. B	24. B	31. C
5. B	15. D	25. A	32. A
6. C	16. A	26. C	33. D
7. D	17. C	27. C	34. C
8. A	18. A		
9. A	19. B		
10. B	20. D		

Section II

Part A	Part B	Part C	
35. A	53. B	73. B	80. A
36. C	54. B	74. B	81. B
37. A	55. D	75. D	82. A
38. A	56. A	76. C	83. D
39. B	57. C	77. A	84. C
40. A	58. A	78. D	85. B
41. C	59. D	79. C	
42. A	60. B		
43. C	61. D		
44. A	62. A		
45. C	63. B		
46. B	64. B		
47. C	65. C		
48. D	66. C		
49. D	67. B		
50. A	68. D		
51. D	69. D		
52. A	70. C		
	71. C		
	72. A		

The answer to some questions may depend on more than one statement in the passage. In that case more than one line will be listed in the Answer Explanations. When the answer depends on the overall meaning of the passage, the answer is indicated by "overall meaning."

Answer Key—Test 8

ANSWER EXPLANATIONS

Note: Some words that are cognates have not been translated.

Section I

Part A

1. **A**	4. **D**	7. **D**	9. **A**
2. **B**	5. **B**	8. **A**	10. **B**
3. **C**	6. **C**		

Part B

11. **D**	14. **B**	17. **C**	19. **B**
12. **B**	15. **D**	18. **A**	20. **D**
13. **C**	16. **A**		

Part C

21. **B**	25. **A**	29. **A**	33. **D**
22. **A**	26. **C**	30. **C**	34. **C**
23. **B**	27. **C**	31. **C**	
24. **B**	28. **D**	32. **A**	

Section II

Part A

35. **(A)** **la**; a feminine article is needed (*la moto*)

36. **(C)** **poco a poco**–little by little; de acuerdo–agreed, en cambio–on the other hand, por lo menos–at least

37. **(A)** **complacer**–to please; ofrecer–to offer, resfriarse–to catch a cold, quitar–to take away

38. **(A)** **servilletas**–napkins; cortinas–curtains, toallas–towels, sábanas–sheets

39. **(B)** **darse prisa**–to hurry; dar gritos–to yell, dar vergüenza–to be ashamed, dar cuerda–to wind (clock)

40. **(A)** **tan**; *see* section 3.6.1

41. **(C)** **nadie**–nobody, no one; ningún–no one, alguien–someone, algún–some; *see* section 15.1

42. **(A)** **se puso**; *see* section 6.6.4

43. **(C) parecer**–to seem; quedar–to stay, remain, sobrar–to be left (over), tocarle a alguien–to be someone's turn

44. **(A) todavía**–yet; también–also, bastante–enough, quizás–perhaps

45. **(C) saldrás**; the future is needed

46. **(B) habrías tenido**; the perfect conditional is needed (contrary-to-fact statement); *see* section 13.10.4

47. **(C) agradecidos**–grateful; obedecidos–obedient, reconocidos–recognized, crecidos–grown

48. **(D) búscalos**; the informal command is needed; *see* section 14.7

49. **(D) encargarse de**–to take charge of something; *see* verbs that take a preposition, section 19.8

50. **(A) fueron**; the preterit is needed; *see* section 7.1

51. **(D) haya llamado**; the subjunctive is needed; *see* sections 13.10.5 and 13.8

52. **(A) fuéramos**; the subjunctive is needed; *see* section 13.7.1

Part B

53. **(B) llover**–to rain; llorar–to cry, caer–to fall, calentar–to heat (up)

54. **(B) mientras**–while; acaso–perhaps, además–besides, hasta–until

55. **(D) vecindario**–neighborhood; ascensor–elevator, lavadora–washing machine, alfombra–rug

56. **(A) rodear**–to surround; vivir–to live, habitar–to inhabit, alcanzar–to reach

57. **(C) busque**; the formal command is needed (*cuente, fíjese*)

58. **(A) fijarse**–to notice; quitarse–to take off, ponerse–to put on, quejarse–to complain

59. **(D) estarán**; the future is needed

60. **(B) al mismo tiempo**–at the same time; igual–equal, alike, propio–own, siguiente–following

61. **(D) se**; *see* section 6.9.2

62. **(A) lugar**–place; edad–age, ejemplo–example, lectura–reading

63. **(B) dar una vuelta**–to take a stroll; razón–reason, camino–road, paseo–walk, ride

64. **(B) lugares**–places; cajones–boxes, pasillos–hallways, estantes–bookshelves

65. **(C) estaba**; the imperfect is needed; *see* section 8.1

66. **(C) estrellas**–stars; piedras–stones, camas–beds, sillones–armchairs

67. **(B) me senté**; the preterit is needed; *see* section 7.1

68. **(D) para**; *see* section 19.5.1

69. **(D) oídos**–ears; piernas–legs, brazos–arms, pelos–hairs

70. **(C)** **lo**; *see* section 5.3.2

71. **(C)** *see* section 2.2

72. **(A)** **obligar a**; *see* verbs that take a preposition, section 19.6

Part C

The answer to some questions may depend on more than one statement in the passage. In that case more than one line will be listed. When the answer depends on the overall meaning of the passage, the answer is indicated by "overall meaning."

73. **(B)** Line 1

74. **(B)** Line 3

75. **(D)** Lines 3–4

76. **(C)** Lines 5–6

77. **(A)** Line 9

78. **(D)** Lines 9–10

79. **(C)** Lines 2–3

80. **(A)** Lines 3–5

81. **(B)** Lines 6–7

82. **(A)** Lines 9–10

83. **(D)** Lines 11–12

84. **(C)** Line 14

85. **(B)** Lines 17–18

TAPESCRIPT FOR LISTENING COMPREHENSION

Part A

Directions: In this part of the exam, you will hear four statements, designated (A), (B), (C), and (D). You will hear each statement only once. These statements are not printed in your test booklet. While listening, look carefully at the picture in your test booklet and choose the statement that best represents what you see in the picture or what someone in the picture might say. Choose the most appropriate response and fill in the corresponding oval on the answer sheet.

Now listen to the following example:

You see: (See p. 327.)

You hear:

(A) Me encanta montar a caballo.
(B) Espérame José, vengo detrás de ti.
(C) Ay, qué dolor . . . me caí de la bicicleta.
(D) ¡Cuidado! El perro está delante de la bicicleta.

Of the four statements you heard, the statement that best represents what the picture shows or what someone in the picture might say is statement (B) "Espérame José, vengo detrás de ti." For that reason, you should select answer (B).

Now get ready to listen to the four statements and look at the picture.

Número 1. (See p. 328.)

(A) Subimos a esas montañas el verano pasado.
(B) Está lloviendo mucho en las montañas.
(C) No hay ni una nube en el cielo.
(D) ¡Qué oscuro está el cielo! Viene una tormenta.

Número 2. (See p. 328.)

(A) Esos hombres están construyendo un barco.
(B) Los trabajadores arreglan el edificio.
(C) Hay varios hombres en el ascensor.
(D) ¿Por qué no se bajan del coche esos hombres?

Número 3. (See p. 329.)

    (A) No puedo salir al patio porque está lleno de agua.

    (B) Se murieron todas las plantas en el patio.

    (C) Las fuentes del patio son muy bonitas.

    (D) ¿Por qué no sale agua de esas fuentes?

Número 4. (See p. 329.)

    (A) Las carreteras están llenas de autos.

    (B) ¿Quién es ese hombre que cruza la calle?

    (C) Los coches van despacio porque está lloviendo.

    (D) ¡Cuidado, Raúl! ¡Vas a chocar con ese coche!

Número 5. (See p. 330.)

    (A) ¿Por qué te estás riendo tanto?

    (B) Siempre que hablo contigo me pongo enojada.

    (C) Mira cuánta gente viene detrás de nosotros.

    (D) El traje de baño que llevas es muy bonito.

Número 6. (See p. 330.)

    (A) No te debes poner esa blusa porque está rota.

    (B) Ya te has caído tres veces de la cama.

    (C) En cuanto termines de cepillarte los dientes vamos a dar un paseo.

    (D) En este cuarto no hay luces.

Número 7. (See p. 331.)

    (A) Me da pena ver ese barco hundido.

    (B) ¡Qué suerte! Pescaste muchos peces.

    (C) Hace más de una hora que ellos están nadando.

    (D) Ayer dimos un paseo en ese barco pequeño.

Número 8. (See p. 331.)

    (A) Nos divertimos cuando jugamos al béisbol.

    (B) El equipo de natación ganó varias medallas.

    (C) El estadio está completamente lleno.

    (D) Parece que hay demasiados jugadores es el equipo.

Número 9. (See p. 332.)

    (A) Nunca me he caído porque sé patinar muy bien.

    (B) ¿Cómo puedes patinar cuando hace tanto frío?

    (C) Me tuve que poner un abrigo porque hace viento.

    (D) Es una lástima que desde aquí no podamos ver el río.

Número 10. (See p. 332.)

    (A) Qué emocionante son las carreras de caballo.

    (B) Si quieres podemos montar a caballo por un rato.

    (C) Es extraño ver dos caballos en medio de la ciudad.

    (D) ¡Ay! ¡Ayúdame! Ese chico se acaba de caer del caballo.

Part B

Directions: You will now listen to a selection of short exchanges or parts of conversations. Each selection is followed by four statements, designated (A), (B), (C), and (D). Neither these exchanges nor the statements are printed in your test booklet. After listening to the four statements, choose the statement that most logically continues or finishes the conversation and fill in the corresponding oval on your answer sheet.

To become familiar with this part of the test, listen to the following example:

You hear:
(Male) —No recuerdo donde puse los anteojos.

You also hear:

(Female) (A) Allí están, sobre la mesa.
(B) Todos están de acuerdo.
(C) Se cubrió los ojos.
(D) Se le olvidó el disco.

The statement that continues the conversation in the most logical way is statement (A) "Allí están, sobre la mesa." For that reason, you should select answer (A).

Now get ready to listen to the first exchange and the four statements.

Número 11

(Female) —Si te acercas a esa fuente, te vas a mojar.

(Male) (A) Claro, aquí no podemos cruzar.
(B) No te preocupes, no está lloviendo.
(C) Sí, la acabo de lavar.
(D) No me importa. Hace mucho calor.

[7 seconds]

Número 12

(Male) —¿Hiciste la tarea para hoy?

(Female) —Claro, hoy sí puedo responder a las preguntas del profesor.

(Male) (A) Envíale una tarjeta postal.
(B) Pues, levanta la mano.
(C) Pregúntale la hora.
(D) La respuesta es complicada.

[7 seconds]

Número 13

(Female) —¿Qué le pasó a Isabel?

(Male) —Tuvieron que llevarla a la sala de emergencia.

(Female) —Claro, yo vi cuando ella se cayó del árbol.

(Male)
(A) Me encanta caminar por esa calle.
(B) Sí, lo sé. Ella nunca se calla.
(C) ¿Se hizo mucho daño?
(D) Siéntate en la sala por un rato.

[7 seconds]

Número 14

(Male) —¿Ya leíste la última novela de Isabel Allende?

(Female) —No, no la encontré en la librería. ¿Me la puedes prestar?

(Male)
(A) Hoy no traje mucho dinero.
(B) Ya la devolví a la biblioteca.
(C) No veo a Isabel hace días.
(D) Siempre es la última en llegar.

[7 seconds]

Número 15

(Female) —Necesito comprar un buen regalo para Ignacio.

(Male) —Si quieres ir a las mejores tiendas de la ciudad tienes que ir al centro.

(Female) —¿Puedo ir a pie?

(Male)
(A) Estos zapatos son excelentes para correr.
(B) Me duelen los pies desde la semana pasada.
(C) Se me perdió el regalo en el metro.
(D) Por supuesto, el centro no queda muy lejos.

[7 seconds]

Número 16

(Female) —¿Qué fue lo que dijiste?

(Male) —¡Oye! Te estoy hablando. Presta atención.

(Female)
(A) Hoy no me puedo concentrar.
(B) Hablé con él anoche.
(C) Nunca oigo las noticias.
(D) Le presté el libro.

[7 seconds]

Número 17

(Male)   —¿Cómo te fue en la clase de historia?

(Female)   —No salí bien en el examen final.

(Male)   (A) Sí, es el último del semestre.

      (B) ¡Felicidades! Eres muy inteligente.

      (C) ¿Tienes que repetir el curso?

      (D) Esa historia es larga pero interesante.

[7 seconds]

Número 18

(Male)   —Violeta, tú llevas una vida muy interesante.

(Female)   —Un poco. Pero, ayer te vi hablando con Jorge.

(Male)   —Ay, sí, déjame contarte lo que me pasó ayer.

(Female)   (A) Sí, me encantan los chismes.

      (B) Sí, he leído muchos cuentos.

      (C) No quise ir ayer.

      (D) No conté todo el dinero.

[7 seconds]

Número 19

(Female)   —Hoy me gustaría comer una buena cena.

(Male)   —Voy a cocinar la carne que compraste anteayer.

(Female)   —No me parece buena idea; esa carne huele mal.

(Male)   (A) Pues, la cocina está muy limpia.

      (B) No puede ser, la acabaste de comprar.

      (C) Me encanta como huele ese perfume.

      (D) La comida está lista desde esta mañana.

[7 seconds]

Número 20

(Male)   —Me voy a acostar ahora, Carmen.

(Female)   —Nos tenemos que levantar muy temprano.

(Male)   —Sí, tengo el despertador en el cuarto.

(Female)   (A) No, me levanté temprano.

      (B) Sí, me desperté inmediatamente.

      (C) Claro, ya estoy despierta.

      (D) Buena idea, no podemos llegar tarde.

[7 seconds]

Tapescript–Test 8

Part C

Directions: In this part of the exam you will listen to a number of selections. They can be conversations or short narratives. Printed in your test booklet, you will find one, two, or three questions, each with four possible answers. Press the pause button on your CD player while you choose the best answer to each question according to the information you have heard. Fill in the corresponding ovals on your answer sheet, allowing twelve seconds for each question. When your answers are complete, press the play button to continue with the next selection.

You will not hear the questions or the possible answers.

Now get ready to listen to the first selection.

(Narrator) [Selección número 1. Escucha una conversación entre Petra y Alberto en la oficina donde trabajan]

(Female) —¿Dónde está Cristóbal, Alberto? Estoy enojadísima con él.

(Male) —No lo he visto todavía.

(Female) —¿Cómo? Ya son casi las dos de la tarde. Él tenía que reunirse conmigo antes de la presentación que tenemos a las tres.

(Male) —Petra, ayer salió a eso de las tres y dijo que iba a su casa a terminar el trabajo. Yo lo llamé varias veces anoche pero nadie respondió el teléfono.

(Female) —Eso me preocupa. ¿Le habrá pasado algo?

(Male) —No te preocupes. Probablemente trabajó hasta tarde anoche y todavía está durmiendo.

(Female) —Bueno, Alberto, llámalo a la casa y si no responde, yo misma iré a buscarlo. Esta presentación es demasiado importante. Él tiene que estar presente.

Contesta las preguntas 21, 22, y 23.   [36 seconds]

(Narrator) [Selección número 2. Escucha esta selección de un noticiero.]

Un reciente estudio de la Universidad de Chicago sobre el sueño revela interesantes resultados. Aparentemente los problemas que las personas tienen en dormir bien empiezan mucho antes de lo que pensaban los expertos. La calidad del sueño empieza a disminuir cuando las personas tienen veinticinco años. Las personas mayores de cincuenta años empiezan a perder unos veintisiete minutos de sueño cada diez años. Está comprobado que una persona que deja de dormir por varios días se pone irritable, se desorienta y en algunos casos hasta llega a alucinar. Es obvio que la lección que todos debemos aprender es que el dormir es una actividad que no podemos dejar para otro día.

Contesta las preguntas 24 y 25.   [24 seconds]

(Narrator) [Selección número 3. Escucha esta conversación en el pasillo de la escuela.]

(Male)   —Hola, Caridad.

(Female)   —Hola, Tomás.

(Male)   —¿Me trajiste el libro que te pedí?

(Female)   —Ay, Tomás . . . que tonta soy. Lo puse en el escritorio pero se me olvidó ponerlo en la mochila.

(Male)   —Oye, ¿te molesta si paso por tu casa a recogerlo?

(Female)   —No, puedes venir conmigo después de las clases.

(Male)   —De acuerdo. Lo necesito para preparar un monólogo para la clase de teatro.

(Female)   —No sabía que te interesaba el teatro.

(Male)   —Sí, siempre me ha gustado actuar. Y por fin decidí tomar una clase.

(Female)   —Fantástico. Eso sí, me tienes que prometer invitarme a tu primera actuación.

(Male)   —De acuerdo. Y te daré las gracias cuando me elijan el mejor actor del año.

(Female)   —No dudo que lo puedas lograr. Tienes muchos talentos.

(Male)   —Gracias, Caridad. Eres muy amable.

Contesta las preguntas 26, 27, y 28.   [36 seconds]

(Narrator) [Selección número 4. Escucha esta conversación en una estación de tren.]

(Female)   —Señor, le aseguro que compré cuatro billetes antes de subir al tren.

(Male)   —Lo siento, señora. Pero no le puedo permitir que continúe su viaje sin pagar.

(Female)   —Pero yo ya pagué. Le acabo de dar todos los billetes que me dieron en la ventanilla.

(Male)   —Aquí sólo hay tres billetes y Uds. son cuatro.

(Female)   —¿Y qué voy a hacer? Mi familia y yo vamos a visitar a mis tíos y primos. Tenemos que ir todos juntos.

(Male)   —A ver . . . en la próxima estación, baje y compre otro billete. De esa manera podrá continuar el viaje con el resto de la familia.

Contesta las preguntas 29, 30, y 31.   [36 seconds]

(Narrator) [Selección número 5. Escucha esta conversación al terminar una clase.]

(Male) —¿Tienes hambre, Beatriz?

(Female) —Sí, un poco. Aunque hace poco me comí dos perros calientes.

(Male) —Entonces, ¿no vas a acompañarme a la cafetería?

(Female) —Por supuesto. Necesito mucha energía para el partido de esta tarde.

(Male) —Oye, no debes estar comiendo tanto antes de un partido. No te vas a sentir bien.

(Female) —Lo sé, pero esta tarde tengo un hambre incontrolable.

(Male) —Entonces, vamos . . . , pero trata de no comer mucho.

Contesta las preguntas 32, 33, y 34.   [36 seconds]

Practice Test 9
ANSWER SHEET

1. Ⓐ Ⓑ Ⓒ Ⓓ	23. Ⓐ Ⓑ Ⓒ Ⓓ	45. Ⓐ Ⓑ Ⓒ Ⓓ	67. Ⓐ Ⓑ Ⓒ Ⓓ
2. Ⓐ Ⓑ Ⓒ Ⓓ	24. Ⓐ Ⓑ Ⓒ Ⓓ	46. Ⓐ Ⓑ Ⓒ Ⓓ	68. Ⓐ Ⓑ Ⓒ Ⓓ
3. Ⓐ Ⓑ Ⓒ Ⓓ	25. Ⓐ Ⓑ Ⓒ Ⓓ	47. Ⓐ Ⓑ Ⓒ Ⓓ	69. Ⓐ Ⓑ Ⓒ Ⓓ
4. Ⓐ Ⓑ Ⓒ Ⓓ	26. Ⓐ Ⓑ Ⓒ Ⓓ	48. Ⓐ Ⓑ Ⓒ Ⓓ	70. Ⓐ Ⓑ Ⓒ Ⓓ
5. Ⓐ Ⓑ Ⓒ Ⓓ	27. Ⓐ Ⓑ Ⓒ Ⓓ	49. Ⓐ Ⓑ Ⓒ Ⓓ	71. Ⓐ Ⓑ Ⓒ Ⓓ
6. Ⓐ Ⓑ Ⓒ Ⓓ	28. Ⓐ Ⓑ Ⓒ Ⓓ	50. Ⓐ Ⓑ Ⓒ Ⓓ	72. Ⓐ Ⓑ Ⓒ Ⓓ
7. Ⓐ Ⓑ Ⓒ Ⓓ	29. Ⓐ Ⓑ Ⓒ Ⓓ	51. Ⓐ Ⓑ Ⓒ Ⓓ	73. Ⓐ Ⓑ Ⓒ Ⓓ
8. Ⓐ Ⓑ Ⓒ Ⓓ	30. Ⓐ Ⓑ Ⓒ Ⓓ	52. Ⓐ Ⓑ Ⓒ Ⓓ	74. Ⓐ Ⓑ Ⓒ Ⓓ
9. Ⓐ Ⓑ Ⓒ Ⓓ	31. Ⓐ Ⓑ Ⓒ Ⓓ	53. Ⓐ Ⓑ Ⓒ Ⓓ	75. Ⓐ Ⓑ Ⓒ Ⓓ
10. Ⓐ Ⓑ Ⓒ Ⓓ	32. Ⓐ Ⓑ Ⓒ Ⓓ	54. Ⓐ Ⓑ Ⓒ Ⓓ	76. Ⓐ Ⓑ Ⓒ Ⓓ
11. Ⓐ Ⓑ Ⓒ Ⓓ	33. Ⓐ Ⓑ Ⓒ Ⓓ	55. Ⓐ Ⓑ Ⓒ Ⓓ	77. Ⓐ Ⓑ Ⓒ Ⓓ
12. Ⓐ Ⓑ Ⓒ Ⓓ	34. Ⓐ Ⓑ Ⓒ Ⓓ	56. Ⓐ Ⓑ Ⓒ Ⓓ	78. Ⓐ Ⓑ Ⓒ Ⓓ
13. Ⓐ Ⓑ Ⓒ Ⓓ	35. Ⓐ Ⓑ Ⓒ Ⓓ	57. Ⓐ Ⓑ Ⓒ Ⓓ	79. Ⓐ Ⓑ Ⓒ Ⓓ
14. Ⓐ Ⓑ Ⓒ Ⓓ	36. Ⓐ Ⓑ Ⓒ Ⓓ	58. Ⓐ Ⓑ Ⓒ Ⓓ	80. Ⓐ Ⓑ Ⓒ Ⓓ
15. Ⓐ Ⓑ Ⓒ Ⓓ	37. Ⓐ Ⓑ Ⓒ Ⓓ	59. Ⓐ Ⓑ Ⓒ Ⓓ	81. Ⓐ Ⓑ Ⓒ Ⓓ
16. Ⓐ Ⓑ Ⓒ Ⓓ	38. Ⓐ Ⓑ Ⓒ Ⓓ	60. Ⓐ Ⓑ Ⓒ Ⓓ	82. Ⓐ Ⓑ Ⓒ Ⓓ
17. Ⓐ Ⓑ Ⓒ Ⓓ	39. Ⓐ Ⓑ Ⓒ Ⓓ	61. Ⓐ Ⓑ Ⓒ Ⓓ	83. Ⓐ Ⓑ Ⓒ Ⓓ
18. Ⓐ Ⓑ Ⓒ Ⓓ	40. Ⓐ Ⓑ Ⓒ Ⓓ	62. Ⓐ Ⓑ Ⓒ Ⓓ	84. Ⓐ Ⓑ Ⓒ Ⓓ
19. Ⓐ Ⓑ Ⓒ Ⓓ	41. Ⓐ Ⓑ Ⓒ Ⓓ	63. Ⓐ Ⓑ Ⓒ Ⓓ	85. Ⓐ Ⓑ Ⓒ Ⓓ
20. Ⓐ Ⓑ Ⓒ Ⓓ	42. Ⓐ Ⓑ Ⓒ Ⓓ	64. Ⓐ Ⓑ Ⓒ Ⓓ	
21. Ⓐ Ⓑ Ⓒ Ⓓ	43. Ⓐ Ⓑ Ⓒ Ⓓ	65. Ⓐ Ⓑ Ⓒ Ⓓ	
22. Ⓐ Ⓑ Ⓒ Ⓓ	44. Ⓐ Ⓑ Ⓒ Ⓓ	66. Ⓐ Ⓑ Ⓒ Ⓓ	

To compute your approximate scaled score:

_____ (number of correct answers) − _____ (number of incorrect answers) / 3 = _____ (raw score)

Now, go to page 386 to find out your approximate scaled score.

Practice Test 9

Section I: Listening

LISTENING—PART A

Directions: In this part of the exam, you will hear four statements, designated (A), (B), (C), and (D). You will hear each statement only once. These statements are not printed in your test booklet. While listening, look carefully at the picture in your test booklet and choose the statement that best represents what you see in the picture or what someone in the picture might say. Choose the most appropriate response and fill in the corresponding oval on the answer sheet.

Now listen to the following example:

You see:

You hear:

Of the four statements you heard, the statement that best represents what the picture shows or what someone in the picture might say is statement B: "Espérame José, vengo detrás de ti." For that reason, you should select answer B.

Now get ready to listen to the four statements and look at the picture.

NOTE: The tapescript for the Listening Comprehension selections begins on page 379.

1.

2.

3.

4.

5.

6.

7.

8.

9.

10.

LISTENING—PART B

Directions: You will now listen to a selection of short exchanges or parts of conversations. Each selection is followed by four statements, designated (A), (B), (C), and (D). Neither these exchanges nor the statements are printed in your test booklet. After listening to the four statements, choose the statement that most logically continues or finishes the conversation, and fill in the corresponding oval on your answer sheet.

To become familiar with this part of the test, listen to the following example:

You hear:

You also hear:

The statement that continues the conversation in the most logical way is statement A: "Allí están, sobre la mesa." For that reason, you should select answer A.

Now get ready to listen to the first exchange and the four statements.

NOTE: The tapescript for the Listening Comprehension selections begins on page 379.

11. Now, select your answer on the answer sheet.

12. Now, select your answer on the answer sheet.

13. Now, select your answer on the answer sheet.

14. Now, select your answer on the answer sheet.

15. Now, select your answer on the answer sheet.

16. Now, select your answer on the answer sheet.

17. Now, select your answer on the answer sheet.

18. Now, select your answer on the answer sheet.

19. Now, select your answer on the answer sheet.

20. Now, select your answer on the answer sheet.

LISTENING—PART C

Directions: In this part of the exam you will listen to a number of selections. They can be conversations or short narratives. Printed in your test booklet, you will find one, two, or three questions, each with four possible answers. Press the Pause button on your CD player while you choose the best answer to each question according to the information you have heard. Fill in the corresponding ovals on your answer sheet, allowing 12 seconds for each question. When your answers are complete, press the Play button to continue with the next selection. You will not hear the questions or the possible answers.

Now get ready to listen to the first selection.

NOTE: The tapescript for the Listening Comprehension selections begins on page 379.

Selección número 1

21. ¿Qué le pide Sonia al profesor?

(A) Que le explique un libro.
(B) Que la deje salir de la clase temprano.
(C) Que la perdone por llegar tarde.
(D) Que le permita hablar más en clase.

22. ¿Qué le dice el profesor a Sonia?

(A) Que debe quedarse en clase.
(B) Que debe leer el libro de nuevo.
(C) Que lea el libro en voz alta.
(D) Que debe ayudar a su hermanito.

23. ¿Qué decide Sonia al final de la conversación?

(A) Discutir el libro con su madre.
(B) Discutir la importancia de su educación.
(C) No ir a buscar a su hermanito.
(D) No discutir nada con su madre.

Selección número 2

24. ¿Por qué llamó Julia a Roberto?

(A) Porque su coche no funcionaba.
(B) Porque quería verlo más tarde.
(C) Porque iba a llegar tarde a una cita.
(D) Porque creía que le había mentido.

25. ¿Por qué no quiere salir Roberto con Julia?

(A) Porque no le gusta su primo.
(B) Porque ella es muy antipática.
(C) Porque no le gusta salir.
(D) Porque ella miente mucho.

26. ¿Qué le pide la madre a Roberto?

(A) Que se reúna con Julia en la tienda.
(B) Que le compre un regalo a Julia.
(C) Que vaya de compras con ella.
(D) Que acompañe al primo de Julia.

27. ¿Qué le sorprende a la madre de Roberto?

(A) Que Roberto le haya mentido.
(B) Que Julia sea tan antipática.
(C) Que Julia esté enojada con su primo.
(D) Que Roberto quiera salir con ella.

Selección número 3

28. ¿Qué le pide Tina a Genaro?

(A) Que se corte el pelo.
(B) Que se peine de otra manera.
(C) Que se vaya de vacaciones.
(D) Que se recoja el pelo.

29. ¿Cuál es problema de Genaro?

(A) No le gusta su peluquero.
(B) No le gusta el pelo corto.
(C) Le molesta el pelo largo.
(D) Le crece el pelo muy rápido.

30. ¿Cuándo se va a cortar el pelo Genaro?

(A) En unas semanas.
(B) La semana próxima.
(C) Antes de ir de vacaciones.
(D) Durante sus vacaciones.

Selección número 4

31. ¿Para quién pintó Zurbarán muchos de sus cuadros?

(A) Para sus hijos.
(B) Para instituciones religiosas.
(C) Para museos muy famosos.
(D) Para galerías en Madrid.

32. ¿Por qué cambió su estilo Zurbarán?

(A) Porque necesitaba ganar dinero.
(B) Porque se lo pidió el rey.
(C) Porque se encontraba muy enfermo.
(D) Porque fue influenciado por sus hijos.

STOP

END OF SECTION I

Section II: Reading

READING—PART A

Directions: Read the following statements and the four suggested completions. Then choose the most appropriate completion and fill in the corresponding oval on the answer sheet.

33. El profesor siempre . . . la pizarra antes de empezar la clase.

    (A) borra
    (B) firma
    (C) rompe
    (D) nieva

34. Por favor, . . . cuidado cuando salgas. Hace mucho viento.

    (A) ten
    (B) sé
    (C) haz
    (D) ven

35. Generalmente, nosotros damos . . . por el parque los domingos.

    (A) un camino
    (B) un abrazo
    (C) una cuenta
    (D) una vuelta

36. Si continúas por . . . calle, llegas a la plaza.

    (A) esa
    (B) ese
    (C) aquel
    (D) aquello

37. Quédense a comer; hay . . . comida para todos.

    (A) apenas
    (B) bastante
    (C) acaso
    (D) demasiado

38. Esas piñatas fueron . . . a mano por artesanos mexicanos.

    (A) oídas
    (B) vistas
    (C) hechas
    (D) dichas

39. Graciela, . . . la luz, no veo nada.

    (A) enciende
    (B) aprende
    (C) devuelve
    (D) levanta

40. Para no tener un accidente, hay que conducir . . . cuidado.

    (A) a
    (B) en
    (C) con
    (D) de

41. ¿Viste . . . programa que te recomendé?

    (A) la
    (B) una
    (C) el
    (D) alguno

42. Para no perder tiempo, tú y yo
    podemos . . . en casa de Alberto.

    (A) vestirse
    (B) vestirme
    (C) vestirnos
    (D) vestir

43. Ya son las tres. Hace más de una hora que
    nosotros . . . a Jorge.

    (A) esperábamos
    (B) esperamos
    (C) esperaríamos
    (D) esperaremos

44. ¿Por qué no te afeitas . . . ? Ya no se ven tus
    labios.

    (A) el brazo
    (B) la oreja
    (C) el bigote
    (D) la lengua

45. Cuando llegué no pude ir a las tiendas
    porque el tren llegó con . . .

    (A) adelanto
    (B) retraso
    (C) prisa
    (D) cuidado

46. Como no teníamos tiempo, nosotros íbamos
    a las montañas . . .

    (A) raramente
    (B) raro
    (C) rara
    (D) rareza

47. Ojalá que Petra . . . todo lo que le dijimos.

    (A) crea
    (B) cree
    (C) creerá
    (D) creería

48. Nos dimos cuenta de que Orlando
    probablemente ya . . . cuando empezó a
    llover.

    (A) habrá llegado
    (B) habría llegado
    (C) ha llegado
    (D) hubiera llegado

49. Ayer cuando yo . . . a Ricardo, él corría por
    el parque.

    (A) viera
    (B) veré
    (C) veía
    (D) vi

READING—PART B

Directions: In the following passages some words or phrases are missing. For each blank, four possible completions are given. Read the entire passage to get an idea of its content, then select the most appropriate completion, taking into consideration the overall meaning of the passage. Fill in the corresponding oval on the answer sheet.

Un maestro de la actuación

Fue el   (50)   maestro de la actuación. José Ferrer,   (51)   en Miami en 1992, se destacó en el teatro y en el cine. Su papel de Cyrano de Bergerac, el poeta de monstruosa nariz,   (52)   concedió el   (53)   Tony en 1947 en el teatro de Broadway y el Oscar en 1950 por su versión cinematográfica. Ferrer ganaría más laureles en su larga y preciada carrera.

  (54)   en Santurce, Puerto Rico. Alejado de los estereotipos, Ferrer representó los más diversos papeles, desde el pintor francés Toulouse Lautrec en la película *Moulin Rouge,*   (55)   su doble papel de Miguel Cervantes/Don Quijote en la   (56)   teatral *Man of La Mancha.* En 1992, en otra versión,   (57)   protagonista   (58)   otro puertorriqueño: Raúl Julia.

---

50. (A) grande
    (B) mayor
    (C) gran
    (D) menor

51. (A) fallecido
    (B) nacido
    (C) olvidado
    (D) actuado

52. (A) les
    (B) los
    (C) lo
    (D) le

53. (A) premio
    (B) papel
    (C) personaje
    (D) puente

54. (A) Nacerá
    (B) Nació
    (C) Nacía
    (D) Naciera

55. (A) entre
    (B) sobre
    (C) hasta
    (D) detrás

56. (A) butaca
    (B) señal
    (C) obra
    (D) guía

57. (A) una
    (B) uno
    (C) la
    (D) el

58. (A) fuera
    (B) fue
    (C) estaba
    (D) estuvo

Hubo un instante en que dejé de comer ___(59)___ inclinando la cabeza sobre el pecho, próximo a llorar, quedé con los ojos fijos en el ___(60)___ de pan que tenía entre los dedos, como si ___(61)___ en comérmelo; pero luego, reaccionando, ___(62)___ eché a la boca. Todas las noches me sucedía ___(63)___, y aunque en cada una me hacía el propósito de no ___(64)___ a esa hora de mis padres o de mi casa, a la noche ___(65)___, junto con echarme a la boca el primer trozo de pan, el recuerdo aparecía. Me avergonzaba ___(66)___, pues yo quería ser un hombre duro, sin llantos, sin sentimentalismos, como eran los demás hombres, como era mi padre, por ejemplo. Pero era inútil . . . ___(67)___ una botellita con leche y bebí un sorbo; ___(68)___ aún tibia[1] y la saboreé como un gato o como un niño.

[1]**tibia**—lukewarm

59. (A) y
    (B) e
    (C) o
    (D) u

60. (A) tamaño
    (B) pedazo
    (C) lugar
    (D) rato

61. (A) dudaría
    (B) dudaba
    (C) dudara
    (D) dudé

62. (A) me lo
    (B) me los
    (C) me las
    (D) me la

63. (A) lo mismo
    (B) él mismo
    (C) igual
    (D) igualmente

64. (A) sentarme
    (B) acordarme
    (C) quitarme
    (D) salirme

65. (A) próximamente
    (B) futura
    (C) seguida
    (D) siguiente

66. (A) aquel
    (B) aquella
    (C) eso
    (D) ese

67. (A) Saqué
    (B) Rompí
    (C) Cerré
    (D) Tiré

68. (A) era
    (B) fue
    (C) estaba
    (D) estuviera

READING—PART C

> **Directions:** In this part you will read several passages that will test your comprehension. After each passage, a number of questions or incomplete statements appear. Choose the most appropriate answer or completion, taking into consideration the overall meaning of the passage. Fill in the corresponding oval on the answer sheet.

Estaba sofocado por el calor, por el sol esplendoroso, que lo enceguecía. Había venido corriendo y se había parado frente a la puerta, del otro lado de la calle, sin atreverse a cruzar, recuperando el aliento. Se sentía observado por la gente que
Line pasaba—varias mujeres, un hombre elegante que lo miró sonriente y al alejarse
(5) volvió a mirarlo y sonreírle; unos niños que no conocía y que lo miraron con sorna, un hombre borracho, muy mal vestido, que quiso hablarle, una muchacha que le preguntó si estaba perdido—y que, le parecía, desaprobaba que estuviera allí parado, sin hacer nada, como si fuera a robarse alguna cosa, como si estuviera—lo estaba en realidad—al borde de emprender una aventura. Pasaron minutos que se le
(10) hicieron horas antes de entrar en el oscuro zaguán[1]. Lo hizo por fin, sin hacer ruido, casi en la punta de los pies, muy despacito. Si alguien hubiera salido o entrado en ese momento, si hubiera oído algo, habría echado a correr. Estaba furioso, se sentía impotente y tenía un poco de miedo. ¿Por qué no le mandaban la razón[2] a su tía con Rosa, la de adentro? ¿Por qué tenía que ser él el mensajero?

[1]**zaguán**—entry, hallway
[2]**razón**—message

69. Por la manera que se describe el sol, podemos decir que estaba muy

  (A) fuerte
  (B) oscuro
  (C) invisible
  (D) placentero

70. ¿Qué sentía la persona que se describe?

  (A) Que alguien lo golpeaba
  (B) Que todo el mundo lo miraba
  (C) Que estaba con gente que lo apreciaba
  (D) Que la gente que pasaba lo conocía

71. La muchacha que le hizo una pregunta, pensaba que él

  (A) era un pariente
  (B) estaba borracho
  (C) estaba enfermo
  (D) era un ladrón

72. ¿Cuánto tiempo pasó antes de que el personaje entrara?

  (A) Muy poco tiempo
  (B) Más de dos horas
  (C) Casi una hora
  (D) Un largo rato

73. ¿Cómo entró él en el zaguán?

  (A) Haciendo mucho ruido
  (B) Hablándole a alguien
  (C) Con mucho cuidado
  (D) Con mucha rapidez

74. ¿Cómo parece sentirse él a través de la selección?

  (A) Muy nervioso
  (B) Muy entusiasmado
  (C) Feliz de ser el mensajero
  (D) Poderoso por llevar el mensaje

¿Ha tratado de abrir una botella
u otros envases sin éxito?
¿Tiene botellas o envases en su
casa que no puede abrir?

Con el nuevo Destapalotodo tenemos la
solución a su problema. Fabricado de acero
inoxidable y plástico, este conveniente
aparato abrirá todo lo que Ud. necesite. Es
fácil de usar y no ocupa demasiado espacio.
Le garantizamos que si no le da resultado, lo
puede llevar a cualquiera de nuestras tiendas
y recibirá lo que pagó por él incluyendo
el impuesto.

¡Destapalotodo!

¡La solución que no puede faltar en su cocina!

75. ¿Qué promete la compañía si el producto
no le da resultado?

(A) Devolverle todo el dinero
(B) Darle crédito para futuras compras
(C) Darle el doble del precio
(D) Cambiárselo por uno de mejor calidad.

Algunos años mayor que yo, Mayn era hijo del médico de la familia y había decidido seguir la profesión de su padre. Por ello, y dada su ya larga experiencia en Londres, se había ofrecido para hacer las veces de tutor durante el tiempo que yo

Line permaneciera en la ciudad. El que estuviera al borde de la culminación de sus estu-

(5) dios facilitaba el adecuado inicio de los míos, sin olvidar las generosas diligencias que hizo para buscarme alojamiento[1] durante las primeras semanas. Al comienzo, me alojó en The Saracen's Head, una posada situada frente a Snow Hill. El motivo de su elección estaba justificado por la proximidad del Hospital St. Bartholomew, a tiro de piedra de donde vivía, según dijo. Muy cerca se levantaba también la

(10) Charterhouse, escuela de caridad y, sobre todo, sede de la facultad de medicina adjunta al hospital y dispensario que le brindaba atención médica a personas de fortuna esquiva. Allí hacía él algunas de sus prácticas y pronto también tendría que asistir yo a esas aulas.

[1]**alojamiento**—lodging

76. Según la selección, el narrador, en comparación con Mayn, era más

(A) joven
(B) profesional
(C) experto
(D) agradable

77. ¿Cuál parece ser la relación entre el narrador y Mayn?

(A) Pariente lejanos
(B) Buenos amigos
(C) Padre e hijo
(D) Médico y paciente

78. El narrador está en Londres para empezar

(A) su luna de miel
(B) su recuperación
(C) sus viajes
(D) sus estudios

79. ¿Por qué se alojó el narrador en The Saracen's Head?

(A) Porque era un lugar muy tranquilo
(B) Porque allí podía recibir atención médica
(C) Porque estaba muy cerca del hospital
(D) Porque Mayn vivía allí también

Como todas las tardes después de llegar de la fábrica donde había trabajado por ya casi diez años, Sebastián se lavó la cara. Después de haberse quitado el sucio uniforme, se miró en el espejo y no vio al hombre guapo y corpulento que todas las chicas admiraban cuando él jugaba al béisbol los fines de semana.

Line

(5)   Continuó con su rutina y se sentó en el patio que quedaba detrás de su casa. En esos momentos de tranquilidad era cuando él le pedía a Dios silenciosamente por tener la voluntad de empacar sus pocas pertenencias y escapar de aquel detestable pueblo que, según él, le había destruido las esperanzas de ser alguien.

El sonido del teléfono lo interrumpió de sus profundos pensamientos. Se

(10) levantó y entró en la casa con la misma calma que lo definía.

—¿Quién habla?

—Juan José.

—¿Quién? ¿Qué desea?—preguntó al no reconocer la voz de la persona al otro lado del auricular.

(15)   —Soy Juan José Machado. ¿No me reconoces la voz? Necesito verte en mi despacho lo antes posible.

Juan José y yo habíamos sido amigos desde nuestra infancia. No nos hablábamos desde que él había terminado sus estudios de derecho. Sabía que él había defendido a varios políticos que habían tenido problemas con la ley.

(20) Me sorprendió su tono de voz.

—¿De qué se trata?

—Sería mejor que esperaras hasta que nos encontremos. Por ahora, sólo te puedo decir que tiene que ver con el testamento de un pariente lejano. Quizás pronto podrás ser el hombre exitoso que siempre has querido ser.

80. ¿De qué se dio cuenta Sebastián al mirarse en el espejo?

(A) De que se parecía a Juan José Machado
(B) De que su músculos estaban visibles
(C) De que se había ensuciado la cara
(D) De que había cambiado mucho

81. ¿Qué le pedía Sebastián a Dios?

(A) Poder mudarse a otro lugar
(B) Poder reunirse con su familia
(C) Poder tener más esperanza
(D) Poder mejorar el futuro del pueblo

82. Según Sebastián, sus esperanzas habían sido destruidas por

(A) el abogado
(B) su familia
(C) el pueblo
(D) el béisbol

83. ¿Quién llamó a Sebastián?

(A) Un pariente que quería mucho
(B) Un abogado amigo suyo
(C) Un compañero de la fábrica
(D) Un jugador de béisbol que conocía

84. ¿Qué sabemos del pariente de Sebastián?

    (A) Está en la cárcel
    (B) Ha muerto
    (C) Se ha mudado
    (D) Lo ha traicionado

85. Según Juan José, la noticia que le iba a dar a Sebastián le permitiría

    (A) vender su casa
    (B) obtener un nuevo trabajo
    (C) conocer a un pariente lejano
    (D) tener un futuro mejor

STOP

If there is still time remaining, you may review your answers in Section II only.

Answer Key
PRACTICE TEST 9

Section I

Part A

1. D
2. A
3. D
4. B
5. C
6. C
7. A
8. B
9. C
10. D

Part B

11. A
12. D
13. A
14. B
15. B
16. C
17. C
18. A
19. A
20. D

Part C

21. B
22. A
23. C
24. B
25. A
26. C

27. D
28. A
29. D
30. B
31. B
32. A

Section II

Part A

33. A
34. A
35. D
36. A
37. B
38. C
39. A
40. C
41. C
42. C
43. B
44. C
45. B
46. A
47. A
48. B
49. D

Part B

50. C
51. A
52. D
53. A
54. B
55. C
56. C
57. D
58. B
59. B
60. B
61. C
62. A
63. A
64. B
65. D
66. C
67. A
68. C

Part C

69. A
70. B
71. D
72. A
73. C
74. A
75. A
76. A
77. B

78. D
79. C
80. D
81. A
82. C
83. B
84. B
85. D

The answer to some questions may depend on more than one statement in the passage. In that case more than one line will be listed in the Answer Explanations. When the answer depends on the overall meaning of the passage, the answer is indicated by "overall meaning."

ANSWER EXPLANATIONS

Note: Some words that are cognates have not been translated.

Section I

Part A

1. **D**	4. **B**	7. **A**	9. **C**
2. **A**	5. **C**	8. **B**	10. **D**
3. **D**	6. **C**		

Part B

11. **A**	14. **B**	17. **C**	19. **A**
12. **D**	15. **B**	18. **A**	20. **D**
13. **A**	16. **C**		

Part C

21. **B**	24. **B**	27. **D**	30. **B**
22. **A**	25. **A**	28. **A**	31. **B**
23. **C**	26. **C**	29. **D**	32. **A**

Section II

Part A

33. **(A) borrar**–to erase; firmar–to sign, romper–to break, nevar–to snow

34. **(A) tener cuidado**–to be careful

35. **(D) dar una vuelta**–to take a stroll; camino–road, abrazo–hug, cuenta–bill, account

36. **(A) esa**; the feminine singular demonstrative pronoun is needed (*calle*)

37. **(B) bastante**–enough, plenty; apenas–hardly, acaso–perhaps, demasiado–too much

38. **(C) hechas**–made; oídas–heard, vistas–seen, dichas–said, told

39. **(A) encender**–to turn on; aprender–to learn, devolver–to return, levantar–to raise

40. **(C) con cuidado**–carefully

41. **(C) el**; a masculine singular article is needed (*programa*)

42. **(C) vestirnos** (tú y yo = nosotros)

43. **(B) esperamos**; *see* section 6.1

44. **(C) bigote**–mustache; brazo–arm, oreja–ear, lengua–tongue

45. **(B) con retraso**–late; con adelanto–early, con prisa–in a hurry, con cuidado–carefully

46. **(A) raramente**; an adverb is needed

47. **(A) crea**; the subjunctive is needed after *ojalá que*; *see* section 13.10.5

48. **(B) habría llegado**; the conditional perfect is needed; *see* section 12.3

49. **(D) vi**; the preterit is needed; *see* section 7.1

Part B

50. **(C) gran**; *see* section 3.4

51. **(A) fallecer**–to pass away; nacer–to be born, olvidar–to forget, actuar–to act

52. **(D) le**; indirect object pronoun is needed

53. **(A) premio**–award; papel–role, personaje–character, puente–bridge

54. **(B) Nació**; the preterit is needed; *see* section 7.1

55. **(C) hasta**–up to; entre–between, sobre–above, detrás–behind

56. **(C) obra**–play; butaca–theatre seat, señal–signal, guía–guide

57. **(D) el protagonista**; *see* section 2.3

58. **(B) fue**; the preterit is needed; *see* section 7.1

59. **(B) e**; *y* becomes *e* in front of a word beginning with *i* or *hi*

60. **(B) pedazo**–piece; tamaño–size, lugar–place, rato–time, while

61. **(C) dudara**; the subjunctive is needed; *see* section 13.10.3

62. **(A) me lo**; the singular direct object pronoun is needed (*pedazo de pan*)

63. **(A) lo mismo**–the same thing; él mismo–he himself, igual–equal, igualmente–equally

64. **(B) acordarse**–to remember; sentarse–to sit down, quitarse–to take off, salirse (de)–to escape, get out

65. **(D) siguiente**–following; próxima–next, seguida–followed

66. **(C) eso**; the neuter demonstrative pronoun is needed; *see* section 5.5

67. **(A) sacar**–to take out; romper–to break, cerrar–to close, tirar–to throw

68. **(C) estaba**; the imperfect is needed; *see* sections 8.1 and 6.7.2

Part C

The answer to some questions may depend on more than one statement in the passage. In that case more than one line will be listed. When the answer depends on the overall meaning of the passage, the answer is indicated by "overall meaning."

69. **(A)** Line 1

70. **(B)** Line 3

71. **(D)** Line 8
72. **(A)** Line 9
73. **(C)** Lines 10–11
74. **(A)** Overall meaning
75. **(A)** Lines 10–13
76. **(A)** Line 1
77. **(B)** Overall meaning
78. **(D)** Lines 8, 10–13
79. **(C)** Lines 8–9
80. **(D)** Lines 3–4
81. **(A)** Lines 6–8
82. **(C)** Lines 7–8
83. **(B)** Lines 17–19
84. **(B)** Line 23
85. **(D)** Lines 23–24

TAPESCRIPT FOR LISTENING COMPREHENSION

Part A

Directions: In this part of the exam, you will hear four statements, designated (A), (B), (C), and (D). You will hear each statement only once. These statements are not printed in your test booklet. While listening, look carefully at the picture in your test booklet and choose the statement that best represents what you see in the picture or what someone in the picture might say. Choose the most appropriate response and fill in the corresponding oval on the answer sheet.

Now listen to the following example:

You see: (See p. 357.)

You hear:

(A) Me encanta montar a caballo.
(B) Espérame José, vengo detrás de ti.
(C) Ay, qué dolor . . . me caí de la bicicleta.
(D) ¡Cuidado! El perro está delante de la bicicleta.

Of the four statements you heard, the statement that best represents what the picture shows or what someone in the picture might say is statement (B) "Espérame José, vengo detrás de ti." For that reason, you should select answer (B).

Now get ready to listen to the four statements and look at the picture.

Número 1. (See p. 358.)

(A) ¡Cuidado! Esas vacas vienen corriendo hacia nosotros.
(B) No se pueden ver bien las esculturas en este cuarto.
(C) Esos pájaros fueron pintados por un artista muy famoso.
(D) ¡No seas tonto! Esas vacas son parte de una exhibición.

Número 2. (See p. 358.)

(A) Allí están los sacos de basura.
(B) Estas maletas son muy pesadas.
(C) Esas bolsas están en el medio de la calle.
(D) Las calles están llenas de basura.

Número 3. (See p. 359.)

    (A) Todas las ventanas están cubiertas por los árboles.
    (B) La florería está abierta los fines de semana.
    (C) Esas plantas no han dado flores este año.
    (D) Me encantan esas flores cerca de las ventanas.

Número 4. (See p. 359.)

    (A) ¡Mira cuántos pájaros hay en las ramas de los árboles!
    (B) Me gusta sentarme debajo de esos árboles porque dan sombra.
    (C) Esa pareja está sentada debajo de un árbol enorme.
    (D) ¡Bájate del árbol! Te vas a caer.

Número 5. (See p. 360.)

    (A) Por ese puente podemos cruzar el río.
    (B) Se les han caído las hojas a los árboles.
    (C) Allí va mi amigo caminando por debajo del puente.
    (D) Todas las tardes damos un paseo por el centro.

Número 6. (See p. 360.)

    (A) Yo no corro porque me duelen mucho los pies.
    (B) Siempre hago ejercicios antes de salir de la casa.
    (C) Cada vez que corro me siento muy energética.
    (D) Hace dos días que se me perdieron los zapatos.

Número 7. (See p. 361.)

    (A) Ese parece el lugar ideal para descansar un poco.
    (B) Me encanta pasar tiempo en la sala de mi casa.
    (C) Los chicos sentados allí son los hijos del campesino.
    (D) Corté todos esos árboles que están en el patio.

Número 8. (See p. 361.)

    (A) Parece que llovió mucho; el coche está muy sucio.
    (B) ¿Por qué no pones el coche dentro del garaje?
    (C) Ya abrí el garaje para que pusieras el coche adentro.
    (D) ¿Por qué pusiste todas las cajas encima del coche?

Número 9. (See p. 362.)

    (A) Siempre se me olvida traer el traje de baño.
    (B) ¡Mira qué alto están volando esos pájaros!
    (C) Venimos aquí para ver nadar los patos.
    (D) A esos pollos se les están cayendo las plumas.

Número 10. (See p. 362.)

    (A) ¡Mira, ese oso está durmiendo en el bosque!
    (B) Por el camino viene mucha gente.
    (C) No podemos andar porque hay árboles en el camino.
    (D) Por aquí no se ve ningún rascacielos.

Part B

Directions: You will now listen to a selection of short exchanges or parts of conversations. Each selection is followed by four statements, designated (A), (B), (C), and (D). Neither these exchanges nor the statements are printed in your test booklet. After listening to the four statements, choose the statement that most logically continues or finishes the conversation and fill in the corresponding oval on your answer sheet.

To become familiar with this part of the test, listen to the following example:

You hear:
(Male)   —No recuerdo donde puse los anteojos.

You also hear:

(Female)   (A) Allí están, sobre la mesa.
                   (B) Todos están de acuerdo.
                   (C) Se cubrió los ojos.
                   (D) Se le olvidó el disco.

The statement that continues the conversation in the most logical way is statement (A) "Allí están, sobre la mesa." For that reason, you should select answer (A).

Now get ready to listen to the first exchange and the four statements.

Número 11

(Female)   —Gerardo no regresa de México hasta el año próximo.

(Male)   (A) Ay, qué pena. Le echo mucho de menos.
                   (B) De acuerdo vuelo a México el año próximo.
                   (C) La próxima vez mira el mapa de México.
                   (D) El avión llegó con retraso.

[7 seconds]

Número 12

(Female)   —¡Qué despacio conduces! No vamos a llegar nunca.

(Male)   (A) Vamos a alquilar un coche.
                   (B) No hay ni un coche en la carretera.
                   (C) Apúrate, ya llega el cartero.
                   (D) No quiero tener un accidente.

[7 seconds]

Número 13

(Male) —Ya terminé toda la tarea de matemáticas.

(Female) —¿Cuál es la respuesta del problema?

(Male) —La respuesta es veinte.

(Female)   (A) Lo siento, estás equivocado.

                     (B) Es verdad; hace muchas preguntas.

                     (C) No, él no tiene veinte años.

                     (D) No, nunca tengo problemas en la clase.

[7 seconds]

Número 14

(Male) —Ay, qué cansado estoy esta mañana.

(Female) —Parece que no dormiste bien anoche.

(Male)   (A) Me desperté demasiado tarde.

              (B) Me acosté tarde; no tenía sueño.

              (C) Hace mucho fresco por la noche.

              (D) Él se levantó de aquella silla.

[7 seconds]

Número 15

(Female) —Mira el regalo que me dio mamá.

(Male) —¡Qué bonita cámara! Parece muy cara.

(Female) —Me encanta sacar fotos.

(Male)   (A) No te sientes en la cama.

              (B) ¿Eres una buena fotógrafa?

              (C) No quiero que me vean la cara.

              (D) Claro, fue el cumpleaños de mamá.

[7 seconds]

Número 16

(Male) —¿Qué le pasó a tu falda, Elena?

(Female) —Estaba bebiendo una limonada y se me cayó el vaso.

(Male) —Pues, lava el vestido inmediatamente.

(Female)   (A) Sí, me lavo las manos antes de salir.

                 (B) No, prefiero llevar pantalones.

                 (C) Sí, tiene una mancha horrible.

                 (D) No, me visto después de bañarme.

[7 seconds]

Número 17

(Female) —Ahora sí que estoy lista para salir.

(Male) —Angela, ¿estás segura de que pusimos todo el equipaje en el maletero?

(Female) (A) Claro, yo me siento bastante mal.
(B) Sí, el equipo está seguro de que ganará.
(C) Por supuesto, yo conté todas las maletas.
(D) Sí, ya saqué toda la ropa de la maleta.

[7 seconds]

Número 18

(Female) —¿Oíste ese ruido Alberto?

(Male) —Me parece que hay alguien a la puerta.

(Female) (A) Déjame ver, creo que sonó el timbre.
(B) Puedes entrar por la puerta si quieres.
(C) Ese chico se parece a alguien famoso.
(D) No pudimos entrar porque cerraron las puertas.

[7 seconds]

Número 19

(Male) —Quizás Carlos se enoje mucho cuando le diga lo que pasó.

(Female) —Es mejor que le digas toda la verdad.

(Male) (A) De acuerdo, yo quiero que él sepa todo.
(B) Tienes razón él siempre pierde mucho tiempo.
(C) Pintaron toda la pared de color verde.
(D) Dicen que ellos se sienten mejor.

[7 seconds]

Número 20

(Male) —Estoy preparando tu plato favorito.

(Female) —Gracias, pero no le eches tanta sal.

(Male) (A) Sal temprano esta tarde.
(B) Come poco si quieres perder peso.
(C) Echa la carta al correo.
(D) Verdad, no es bueno para la salud.

[7 seconds]

Part C

Directions: In this part of the exam you will listen to a number of selections. They can be conversations or short narratives. Printed in your test booklet, you will find one, two, or three questions, each with four possible answers. Press the pause button on your CD player while you choose the best answer to each question according to the information you have heard. Fill in the corresponding ovals on your answer sheet, allowing twelve seconds for each question. When your answers are complete, press the play button to continue with the next selection.

You will not hear the questions or the possible answers.

Now get ready to listen to the first selection.

(Narrator) [Selección número 1. Escucha esta conversación en la oficina del Profesor Carrasco.]

(Female) —Profesor Carrasco, ¿me permite salir de la clase unos minutos antes de que se termine?

(Male) —No creo que sea una buena idea. Hoy tenemos que terminar el capítulo que comenzamos la semana pasada.

(Female) —Yo ya lo leí. Y creo que comprendo todo.

(Male) —Bueno, aunque lo hayas leído no me parece una buena idea que no estés aquí para la discusión.

(Female) —En ese caso, me tendré que quedar. Llamaré a mi madre para que ella busque a mi hermanito.

(Male) —Lo siento, Sara. Ya verás que la discusión te ayudará mucho.

(Female) —No se preocupe. Mis estudios me importan mucho.

Contesta las preguntas 21, 22, y 23.   [36 seconds]

(Narrator) [Selección número 2. Escucha esta conversación en la casa de Roberto.]

(Female) —Roberto, ¿llamaste a Julia?

(Male) —No, no sabía que había llamado.

(Female) —Ay, lo siento. Llamó cuando tú estabas en el garaje. Quiere reunirse contigo más tarde.

(Male) —¿Le dijiste que yo estaba aquí? No tengo ganas ni de hablar ni de salir con ella.

(Female) —Por supuesto. No le iba a mentir.

(Male) —Estoy seguro de que me va a invitar a salir y yo no quiero salir con ella y su primo. Él es un antipático.

(Female) —Bueno, llámala y dile que tienes que salir conmigo. Quiero que me acompañes a comprarle un regalo a tu papá.

(Male) —Con mucho gusto. Y . . . gracias por darme una buena excusa.

(Female) —Es la primera vez que quieres salir conmigo con tanto gusto.

Contesta las preguntas 24, 25, 26, y 27.   [48 seconds]

(Narrator) [Selección número 3. Escucha esta conversación entre una chica y su novio.]

(Female) —¿Cuándo fue la última vez que te cortaste el pelo, Genaro?

(Male) —Ya hace unas semanas. El problema es que me crece muy rápido. ¿Por qué me lo preguntas, Tina?

(Female) —Nada, me parece muy largo y siempre pienso que te ves mejor con pelo corto.

(Male) —En ese caso me lo cortaré. Pero tengo que esperar hasta la semana que viene pues mi peluquero está de vacaciones.

Contesta las preguntas 28, 29, y 30.   [36 seconds]

(Narrator) [Selección número 4. Escucha la siguiente selección sobre el gran pintor español Francisco Zurbarán.]

Uno de los grandes pintores españoles más conocidos internacionalmente es Francisco de Zurbarán. Aunque de su vida se sabe poco, sí sabemos que ya a los quince años empezó su aprendizaje como pintor. Muchos de los cuadros que pintó a través de su vida fueron pedidos para conventos o iglesias. En 1634 debido a que su obra era ya muy conocida, el rey Felipe IV le pidió pintar el Palacio del Buen Retiro en Madrid. Casado tres veces, Zurbarán perdió a varios de sus hijos a causa de una gran epidemia, la peste que afectó a toda Europa. Esta epidemia también disminuyó las posibilidades de vender sus cuadros y para evitar la pobreza tuvo que cambiar su maravilloso estilo para satisfacer los gustos de la época.

Contesta las preguntas 31 y 32.   [24 seconds]

Calculating Your Score

Because the population and difficulty of the test vary from year to year, it would be misleading to offer you a sure-fire way to calculate your score. This guide will provide you with a general idea of how well you do in the practice tests.

To compute your approximate scaled score:

_____ *(number of correct answers)* – _____ *(number of incorrect answers)* / 3 = _____ *(raw score)*

A raw score between:	Roughly corresponds to a scaled score of:
–28 and –10	200 to 250
–10 and 0	250 to 300
0 and 7	300 to 350
7 and 15	350 to 400
15 and 25	400 to 450
25 and 35	450 to 500
35 and 42	500 to 550
42 and 50	550 to 600
50 and 57	600 to 650
57 and 65	650 to 700
65 and 72	700 to 750
72 and 80	750 to 800
80 and 85	800

APPENDIX

Synonyms

Here is a list of common synonyms and their meanings. Note that the gender of nouns and adjectives is not given for masculine nouns and adjectives ending in -o and feminine nouns and adjectives ending in -a. Adjectives and nouns that are invariable are identified as such.

f. feminine
i. invariable
m. masculine
n. noun

aacercarse (a)	**aproximarse (a)**	to approach, to come near
acordarse (de)	**recordar**	to remember
alimento	**comida**	food
alumno/a	**estudiante** (i.)	student
andar	**caminar**	to walk
antiguo/a	**viejo/a**	ancient, old
atravesar	**cruzar**	to cross
bonito/a	**lindo/a**	pretty
breve (i.)	**corto/a**	short, brief
camarero/a	**mozo/a**	waiter/waitress
cara	**rostro**	face
comenzar	**empezar**	to begin, to start
comprender	**entender**	to comprehend, to understand
contento/a	**alegre** (i.)	happy
continuar	**seguir**	to continue
cuarto	**habitación** (n.f.)	room
desear	**querer**	to wish, to want
despacio	**lentamente**	slowly
divertirse	**pasarlo bien**	to have a good time
echar	**lanzar, tirar**	to throw
encontrar	**hallar**	to find
enseñar	**mostrar**	to show
escoger	**elegir**	to choose
flaco/a	**delgado/a**	thin
hermoso/a	**bello/a**	beautiful
irse	**marcharse**	to leave, to go away
lengua	**idioma** (n.m.)	language
luchar	**pelear**	to fight
lugar (n.m.)	**sitio**	place
mandar	**enviar**	to send

miedo	**temor** (n.m.)	fear
obtener	**conseguir**	to obtain, to get
pasearse	**dar un paseo**	to take a walk
periódico	**diario**	newspaper
permitir	**dejar**	to permit, to allow
regresar	**volver**	to return
responder	**contestar**	to answer
rogar	**suplicar**	to beg
sacerdote (n.m.)	**cura** (n.m.)	priest
solamente	**solo***	only
terminar	**acabar**	to finish, to end

*It is no longer necessary to place a written accent on sólo. However, in this book, you will find it with an accent. The accent makes it easier for you to differentiate between solo (adj.) and sólo (adv.). It is correct to write it with or without the accent.

Antonyms

Here is a list of common antonyms and their meanings.

acordarse de—to remember   **olvidarse de**—to forget

acostarse—to go to bed   **levantarse**—to get up

admitir—to admit   **negar**—to deny

agradecido/a—thankful   **ingrato/a**—ungrateful

ahorrar—to save   **gastar**—to spend

alegrarse—to be glad, happy   **entristecerse**—to grow sad

alegre (i.)—happy   **triste** (i.)—sad

alejarse de—to go away from   **acercarse a**—to approach

algo—something   **nada**—nothing

alguien—someone   **nadie**—no one

alguno/a (algún)—someone; something   **ninguno/a (ningún)**—none

amar—to love   **odiar**—to hate

amigo/a—friend   **enemigo/a**—enemy

ancho/a—wide   **estrecho/a**—narrow

anoche—last night   **esta noche**—tonight

antes (de)—before   **después (de)**—after

antiguo/a—ancient, old   **moderno/a**—modern

antipático/a—unpleasant   **simpático/a**—nice

aparecer—to appear   **desaparecer**—to disappear

aprisa—quickly   **despacio**—slowly

aquí—here   **allí**—there

arriba—above; upstairs   **abajo**—below; downstairs

aumentar—to increase   **disminuir**—to decrease

ausente (i.)—absent   **presente** (i.)—present

bajar—to go down   **subir**—to go up

bajo/a—short   **alto/a**—tall

bien—well   **mal**—badly

caballero—gentleman   **dama**—lady

caliente (i.)—hot   **frío/a**—cold

cansado/a—tired   **descansado/a**—rested

capaz (i.)—able, capable   **incapaz** (i.)—incapable

caro/a—expensive   **barato/a**—cheap

cerca (de)—near   **lejos (de)**—far

cerrar—to close   **abrir**—to open

cielo—sky   **tierra**—earth, ground

claro/a—light   **oscuro/a**—dark

cobarde (i.)—cowardly   **valiente** (i.)—brave, valiant

cómico/a—funny	**trágico/a**—tragic
cómodo/a—comfortable	**incómodo/a**—uncomfortable
comprar—to buy	**vender**—to sell
corto/a—short	**largo/a**—long
culpable (i.)—guilty	**inocente** (i.)—innocent
débil (i.)—weak	**fuerte** (i.)—strong
delante de—in front of	**detrás de**—in back of
delgado/a—thin	**gordo/a**—fat
dentro—inside	**fuera**—outside
descansar—to rest	**cansar**—to tire
descubrir—to uncover	**cubrir**—to cover
desgraciado/a—unfortunate	**afortunado/a**—fortunate
despertarse—to wake up	**dormirse**—to fall asleep
día (n.m.)—day	**noche** (n.f.)—night
divertirse—to have a good time	**aburrirse**—to get bored
duro/a—hard	**suave** (i.)—soft
empezar—to begin	**terminar, acabar**—to end
encender—to light	**apagar**—to extinguish
encima (de)—on top	**debajo (de)**—underneath, below
entrada—entrance	**salida**—exit
envejecer—to age	**rejuvenecer**—to rejuvenate
este (n.m.)—east	**oeste** (n.m.)—west
éxito—success	**fracaso**—failure
fácil (i.)—easy	**difícil** (i.)—difficult
feo/a—ugly	**hermoso/a**—beautiful
fin (n.m.)—end	**principio**—beginning
grande (gran) (i.)—large, big	**pequeño/a**—small
hombre (n.m.)—man	**mujer** (n.f.)—woman
interesante (i.)—interesting	**aburrido/a**—boring
ir—to go	**venir**—to come
joven (i.)—young	**viejo/a**—old
juntar—to join, unite	**separar**—to separate
juventud (n.f.)—youth	**vejez** (n.f.)—old age
lejano/a—distant	**cercano/a**—nearby
lento/a—slow	**rápido/a**—fast
levantarse—to get up	**sentarse**—to sit down
limpio/a—clean	**sucio/a**—dirty
llegada—arrival	**partida**—departure
llenar—to fill	**vaciar**—to empty
lleno/a—full	**vacío/a**—empty
llorar—to cry	**reír**—to laugh
llover—to rain	**escampar**—to clear up, stop raining
luz (n.f.)—light	**sombra**—shadow
macho—male	**hembra**—female
maldecir—to curse	**bendecir**—to bless
malestar (n.m.)—discomfort	**bienestar** (n.m.)—well-being, comfort
malo/a—bad	**bueno/a**—good
maltratar—to ill treat	**tratar bien**—to treat well
marido—husband	**esposa**—wife

más—more

menos—less

mejor (i.)—better

peor (i.)—worse

menor (i.)—younger

mayor (i.)—older

mentira—lie

verdad (n.f.)—truth

meter—to put in

sacar—to take out

mucho/a—a lot

poco/a—little

nacer—to be born

morir—to die

norte (n.m.)—north

sur (n.m.)—south

obscuro/a—dark

claro/a—light

odio—hate, hatred

amor (n.m.)—love

orden (n.m.)—order

desorden (n.m.)—disorder

orgulloso/a—proud

humilde (i.)—humble

paz (n.f.)—peace

guerra (n.f.)—war

perder—to lose

encontrar, hallar—to find

perder—to lose

ganar—to win

perezoso/a—lazy

trabajador/trabajadora—hard-working

permitir—to permit

prohibir—to prohibit

pesado/a—heavy

ligero/a—light

ponerse la ropa—to put on clothing

quitarse la ropa—to take off clothing

posible (i.)—possible

imposible (i.)—impossible

pregunta—question

respuesta—answer

preguntar—to ask

contestar—to answer

princesa—princess

príncipe (n.m.)—prince

quedarse—to remain

irse—to leave, to go away

recibir—to receive

enviar—to send

rico/a—rich

pobre (i.)—poor

riqueza—wealth

pobreza—poverty

rubio/a—blond

moreno/a—brunette

ruido—noise

silencio—silence

salir de—to leave

entrar en—to enter

secar—to dry

mojar—to wet, moisten

separar—to separate

juntar—to join

siempre—always

nunca—never

sobrino—nephew

sobrina—niece

sucio/a—dirty

limpio/a—clean

temprano—early

tarde—late

tonto/a—stupid

inteligente (i.)—intelligent

útil (i.)—useful

inútil (i.)—useless

vestido/a—dressed

desnudo/a—nude

vestirse—to get dressed

desvestirse, desnudarse—to get undressed

vida—life

muerte (n.f.)—death

vivir—to live

morir—to die

Words and Expressions Worth Noting

The following is a partial list of common words and expressions whose meaning you must learn to differentiate.

aplicar	to apply an ointment, etc.
solicitar	to apply for a job, loan, etc.
ahorrar	to save money
salvar	to rescue
guardar	to keep, to put aside
aprender	to learn
enterarse de	to find out
asisitir a	to attend (a class, a concert, a meeting, etc.)
atender	to assist, to tend to
copia	copy
ejemplar	copy of a book
darse cuenta de	to realize
realizar	to carry out, fulfill
dejar	to leave someone or something behind
irse	to leave, to go away
salir	to leave, to go out
dejar	to let
dejar de + infinitive	to stop doing something
despedir	to fire, dismiss
despedirse	to say good-bye
extrañar	to miss someone or something
echar de menos	to miss someone or something
perder	to miss in the sense of failing to get/find/attend
fecha	calendar date
cita	date (appointment)
gastar	to spend money
pasar	to spend time
hora	time (chronological)
vez	time, occasion
tiempo	time; weather

llevar	to take from one place to another
tomar	to take in one's hand
mudarse	to move (change residence)
moverse	to move
pasarlo bien (mal)	to have a good (bad) time
divertirse	to have a good time, to enjoy oneself
gozar	to enjoy
pasar un buen (mal) rato	to have a good (bad) time
pedir	to ask (make a request)
preguntar	to ask a question, inquire
hacer una pregunta	to ask a question
preguntar por	to ask for (inquire about)
personaje	character in a play, story, or novel
carácter	character
pez	fish (alive)
pescado	fish (dead)
ponerse + adjective	to become (sudden emotional or physical change)
volverse + adjective	to become (sudden change)
llegar a ser	to become (gradual change over time)
hacerse + noun or adjective	to become (effort is implied)
rincón	corner (inside)
esquina	corner (outside)
saber	to know a fact
saber + infinitive	to know how to do something
conocer	to know someone, to be familiar with a place
tocar	to play (a musical instrument)
jugar	to play a game
rápido/a	fast
adelantado/a	fast (clock)
trabajar	to work
funcionar	to work, to run
trabajo	work
obra	work (piece of art—painting, literature, theater, music, film, etc.)
único/a	only, sole (adjective)
sólo	only (adverb)
solamente	only (adverb)
solo/a	alone (adjective)
volver	to return, to come or go back to a place
regresar	to return, to come or go back to a place
devolver	to give back

The following list will help you refine your understanding of Spanish. These words look like their English counterpart, but their meaning is quite different.

actualmente	at present, at the present time
en realidad, realmente	actually
anciano/a	old man/woman
antiguo/a	ancient; former
asistir	to attend
atender	to help
ayudar	to help
campo	country(side)
país	country, nation
campamento	camp
collar	necklace
cuello	collar; neck
copa	glass (stemmed)
taza	cup
embarazada	pregnant
avergonzado/a	embarrassed
éxito	success
salida	exit
idioma	language
modismo	idiom
ignorar	to not know
no hacer caso	to ignore
ingenuo/a	naive
ingenioso, genial	ingenious
largo/a	long
grande	large
letra	letter (a, b, c, etc.)
carta	letter
librería	bookstore
biblioteca	library
mayor	older; greater; bigger
alcalde	mayor
parientes/as	relatives
padres	parents
recordar	to remember
grabar	to record

sensible	sensitive
sensato/a	sensible
vaso	glass (for drinking)
vidrio	glass (window)
florero	vase

The meaning of the following words depends on the accent. Pay close attention to their meaning.

aun	even
aún	still
como	as, like
cómo	how
de	of
dé	give (formal command)
el	the
él	he
esta	this (feminine)
está	he, she, it is (present indicative of the verb **estar**)
este	this (masculine)
esté	he, she, it is (present subjunctive of the verb **estar**)
mas	but
más	more
mi	my
mí	me (prepositional pronoun)
te	you (direct or indirect object pronoun)
té	tea
tu	your (poss. adj.)
tú	you (familiar)
se	reflexive pronoun
sé	I know (present indicative of the verb **saber**); informal (**tú**) command of the verb **ser**
si	if
sí	yes
solo	alone (adjective)
sólo*	only (adverb)

*It is no longer necessary to place a written accent on sólo. However, in this book, you will find it with an accent. The accent makes it easier for you to differentiate between solo (adj.) and sólo (adv.). It is correct to write it with or without the accent.

Idiomatic Expressions, Conjunctions, and Other Useful Phrases

A

a bordo	on board
a causa de	because of, on account of
a ciegas	blindly
a condición de que	provided that
a diario	daily
a eso de	at about (time)
a fin de	in order to
a fin de cuentas	in the end, after all (is said and done)
a fin de que	so that, in order that
a finales de	toward the end of
a fines de	at or about; toward the end of
a fondo	thoroughly, in detail
a fuerza de	by force of
a gran (larga) distancia	long-distance
a la carrera	quickly
a la distancia	at a distance
a la vez	at the same time
a la vista	in sight
a lo largo de	along
a lo lejos	in the distance
a lo mejor	probably
a mediados de	toward the middle of
a medida que	as, at the same time as
a menos que	unless
a menudo	often, frequently
a no ser que	unless
a partir de hoy	from today on
a pesar de	in spite of
a pesar de que	in spite of the fact that
a principios de	toward the beginning of
a propósito	by the way
a tiempo	on time
a través de	across
a un lado	to one side
a veces	sometimes, at times
abrirse paso	to make one's way
acabar de + infinitivo	to have just + past participle
acerca de	about
ahí mismo	right there
ahora mismo	right now
al + infinitivo	upon + gerund
al aire libre	in the open air, outdoors
al contado	for cash, cash down
al contrario	on the contrary
al fiado	on credit
al fin	finally, in the end
al final de	at the end of
al fondo de	at the back of; at the bottom of
al lado de	alongside of, beside, next to
al menos, por lo menos	at least
al mismo tiempo	at the same time
al parecer	apparently
al pie de la letra	literally
al por mayor (menor)	at wholesale (retail)
al principio	at the beginning
alguna vez	sometime
algunas veces	sometimes
aprender de memoria	to memorize, to learn by heart

ante todo	above all
aquí mismo	right here

C

cada vez	each time
cada vez más	more and more (each time)
caer en cuenta	to realize
caerle bien/mal a alguien	to make a good/bad impression (on someone)
caerse muerto(a)	to drop dead
cambiar de idea	to change one's mind
con frecuencia	frequently, often
con retraso	with delay
con tal (de) que	provided that
contar con	to rely on
costarle trabajo	to be difficult for someone
creer que sí (no)	to (not) think so
cuanto antes	as soon as possible
cumplir . . . años	to turn . . . years old

D

dar a conocer	to make known
dar a luz	to give birth
dar a	to face, to look out on
dar con	to come upon, meet
dar cuerda	to wind (watch or clock)
dar gritos	to shout
dar la hora	to strike the hour
dar la mano	to shake hands
dar la vuelta a	to turn
dar las gracias	to thank
dar recuerdos	to give regards
dar un abrazo	to embrace
dar un paseo	to take a walk
dar un paso	to take a step
dar una vuelta	to take a stroll
dar vergüenza	to be ashamed
darle la gana de hacer algo	to feel like doing something
darle la mano a alguien	to shake hands with someone
darle pena	to cause grief, pain, embarrassment
darle rienda suelta a	to give free rein to
darse cuenta de	to realize
darse por	to consider oneself as
darse prisa	to hurry

de acuerdo	agreed
de antemano	beforehand, in advance
de arriba abajo	from top to bottom
de buena (mala) gana	willingly, gladly (unwillingly)
de costumbre	usually
de hoy en adelante	from today on
de manera que	so that
de memoria	from memory
de moda	in fashion, fashionable
de ninguna manera	by no means
de nuevo	again
de par en par	wide open
de pie	standing
de prisa	in a hurry
de pronto	suddenly
lo más pronto posible	as soon as possible
de aquí en delante	from now on
de repente	suddenly
de rodillas	kneeling
de todos modos	anyway, at any rate
de un sorbo	in one gulp
de un tirón	with one try; without interruption
de una vez	in one go; once and for all
de veras	really
de vez en cuando	from time to time
de (este) modo	in (this) way
debe + infinitive	should, ought to
deber de + infinitive	(supposition) I, you, etc., must be . . .
deberse a	to be due to
decir que sí (no)	to say yes (no)
dejar caer	to drop
dejar de + infinitive	to stop, cease to
desde entonces	since then
dormir a pierna suelta	to sleep like a log (soundly)

E

echar al correo	to mail
echar de menos	to miss
echar la culpa	to blame

echar(se) a + infinitive	to start + infinitive
echarse a perder	to be spoiled
en cambio	on the other hand
en caso de que	in case, supposing that
en cuanto	as soon as
en cuanto a	as to, as for, concerning
en efecto	sure enough
en fin	in short
en lugar de	instead of
en punto	on the dot
en seguida	right away, at once, immediately
en todas partes	everywhere
en vez (lugar) de	instead of
en voz alta	out loud
en voz baja	in a low voice, whisper
encogerse de hombros	to shrug one's shoulders
entre tanto	meanwhile
es decir	that is to say
estar a punto de	to be about to
estar al día	to be up to date (current)
estar bien enterado	to be well-informed
estar de acuerdo	to agree
estar de buen/mal humor	to be in a good/bad mood
estar de luto	to be in mourning
estar de moda	to be in style (fashionable)
estar de pie	to be standing
estar de vuelta	to be back
estar enamorado(a) de	to be in love with
estar harto(a) de	to be fed up with
estar para	to be about to
estar por	to be in favor of
estar seguro	to be sure

G

ganarse la vida	to earn one's living
guardar cama	to stay in bed

H

haber de + infinitive	to have to, must
hablar en contra de	to speak against

hacer (mucho) frío (calor)	to be (very) cold (hot)
hacer (mucho) viento	to be (very) windy
hacer buen (mal) tiempo	to be good (bad) weather
hacer escala	to make a stop (i.e., plane)
hacer caso	to pay attention to
hacer cola	to line up, get in line
hacer daño	to harm
hacer de	to act as
hacer el papel de	to play the role/part of
hacer falta	to need, be lacking
hacer frente a	to face
hacer juego	to match; to go well together
hacer la cama	to make the bed
hacer las maletas	to pack the suitcases
hacer pedazos	to break to pieces
hacer saber	to let (someone) know
hacer sol	to be sunny
hacer un viaje	to take a trip
hacer una pregunta	to ask a question
hacer una visita	to pay a visit
hacerle falta a alguien	to be lacking, needing
hacerse + definite article + adjective	to pretend, to act like
hacerse + profession, occupation	to become + profession, occupation
hacerse cargo de	to take charge of
hacerse daño	to hurt/harm oneself
hay humedad	it is damp
hay neblina	it is foggy
hay polvo	it is dusty
hay sol	it is sunny
hay que + infinitive	one must; it is necessary to
hoy en día	nowadays

I

ir al centro	to go downtown
ir de compras	to go shopping

L

llamar a la puerta	to knock on the door
llegar a ser	to become (through effort)

llegar a tiempo	to arrive on time
llevar a cabo	to carry out
llevarse bien/mal con alguien	to get along /not get along with
lo mismo	the same thing

M

mantener el interés	to hold one's interest
más vale que	it is better that
mientras tanto	meanwhile
montar a caballo	to ride a horse
morirse de risa	to die laughing
muchas veces	many times, often

N

ni siquiera	not even
no dar tregua	to give no respite
no faltaba más	that would be the last straw
no hay de qué	don't mention it, you are welcome
no hay remedio	it can't be helped
no obstante	nevertheless
no servir para nada	to be of no use at all

O

otra vez	again, once more

P

pagar al contado (en efectivo)	to pay cash
para siempre	forever
parece mentira que	it seems impossible that
pasar la lista	to call the roll
pasarlo bien/mal	to have a good/bad time
pedir prestado	to borrow
perder algo de vista	to lose sight of something
perder el tiempo	to waste one's time
pocas veces	seldom
poco a poco	little by little
ponerse a + infinitive	to begin to + infinitive
ponerse de acuerdo	to come to an agreement

ponerse de pie	to stand
ponerse de rodillas	to kneel (down)
por aquí	this way
por casualidad	by chance or accident
por consiguiente	therefore; consequently
por desgracia	unfortunately
por ejemplo	for example
por eso	therefore
por favor	please
por fin	finally
por lo general	generally
por lo tanto	therefore
por más que	no matter how, however much
por mi parte	as far as I am concerned
por otra parte	on the other hand
por poco	nearly, almost
por primera vez	for the first time
por si acaso	in case
por supuesto	of course
por todas partes	everywhere
portarse bien/mal	to behave/misbehave
prestar atención	to pay attention

Q

quedar(le) bien/mal	to look good/bad (on somebody)
querer decir	to mean

R

rara vez	seldom, rarely

S

saber a	to taste like
sacar fotos	to take pictures
sacar una nota buena/mala	to get a good/bad grade
salir perdiendo	to be the loser
sano y salvo	safe and sound
ser aficionado(a) a	to be a fan of
ser hora de	to be time to
sin embargo	nevertheless
sobrarle a uno algo	to have something left over
sobre todo	above all

T

tal vez	perhaps
tan pronto como	as soon as
tardar en + infinitive	to delay in, be long in + infinitive
tener (mucha) hambre	to be (very) hungry
tener (mucha) sed	to be (very) thirsty
tener (mucha) suerte	to be (very) lucky
tener algo que hacer	to have something to do
tener calma	to be calm
tener calor	to be warm
tener celos	to be jealous
tener cuidado	to be careful
tener derecho a	to be entitled to
tener dolor de cabeza	to have a headache
tener dolor de estómago	to have a stomachache
tener en cuenta	to take into account, to bear in mind
tener envidia (de)	to be envious (of)
tener éxito	to be successful
tener frío	to be cold
tener ganas de + infinitive	to feel like + infinitive
tener hambre	to be hungry
tener la culpa	to be blamed (for)
tener la palabra	to have the floor
tener lugar	to take place
tener miedo (de)	to be afraid (of)
tener mucho (poco) que hacer	to have a lot (little) to do

tener presente	to keep in mind
tener prisa	to be in a hurry
tener que + infinitive	to have to + infinitive
tener . . . años	to be . . . years old
tener que ver con	to have something to do with
tener razón	to be right
tener sueño	to be sleepy
tener vergüenza (de)	to be ashamed (of)
tenerle cariño a alguien	to be fond of someone
tocarle a alguien	to be someone's turn
todo el mundo	everybody
tomar apuntes	to take notes
tomar el sol	to sunbathe
tomar(le) el pelo a alguien	to pull someone's leg
tratarse de	to be a question of, deal with

U

una vez	once, one time
una vez más	once more
una vez que	once, as soon as

V

valer la pena	to be worthwhile
varias veces	several times
venir en son de paz	to come in peace
volver a + infinitive	to + infinitive again
volverse + adjective	to become + adjective

Spanish–English Vocabulary

The vocabulary in this section contains the words that appear in the entire text with the exception of those words that are not necessary for you to comprehend the meaning of a passage. Some cognates that may be misleading are included. If you do not find a particular word on the following pages, you can also consult the list of Synonyms and Antonyms, Words Worth Noting, and Idiomatic Expressions.

adj.	adjective	**n.**	noun
adv.	adverb	**p.p.**	past participle
conj.	conjunction	**pl.**	plural
f.	feminine	**prep.**	preposition
inf.	infinitive	**pron.**	pronoun
inv.	invariable	**sing.**	singular
m.	masculine	**v.**	verb

A

a (prep.)	to, at
abajo (adv.)	below; underneath; downstairs
abandonar (v.)	to leave, abandon
abarcar (v.)	to encompass
abatido (adj.)	dejected, depressed
abierto (p.p. of **abrir**)	opened; open
abismo (n.m.)	abyss
abogado/a (n.m.f.)	lawyer
aborrecer (v.)	to hate, loathe
abrazar (v.)	to hug
abrelatas (n.inv.)	can opener
abrigo (n.m.)	coat
abrir (v.)	to open
abuelo/a (n.m.f.)	grandfather/grandmother
aburrido (adj.)	boring; bored
aburrir (v.)	to bore
aburrirse (v.)	to be/get bored
acabar (v.)	to finish
acabar (v.) **de** + inf.	to have just + past participle
acampar (v.)	to camp
acariciar (v.)	to caress
acaso (adv.)	perhaps, maybe

acceder (v.)	to accede, agree
aceite (n.m.)	oil
aceite (n.m.) **de oliva**	olive oil
aceptar (v.)	to accept
acera (n.f.)	sidewalk
acerca de (prep.)	about, concerning
acercar (v.)	to bring near
acercarse (v.)	to approach
acero (n.m.)	steel
acero inoxidable (n.m.)	stainless steel
acertar (v.)	to guess correctly
aclarar (v.)	to clear up; to explain
acomodarse (v.)	to conform; to settle down
acompañar (v.)	to accompany
aconsejar (v.)	to advise
acontecimiento (n.m.)	event, happening
acordarse (v.)	to remember, recall
acosado (adj.)	hounded, harassed
acostar (v.)	to put to bed, to lay down
acostarse (v.)	to go to bed
acostumbrarse (v.)	to get used to
actor (n.m.)	actor
actriz (n.f.)	actress
actualmente (adv.)	at present
actuar (v.)	to act
acudir (v.) **a**	to attend; to come/go to the rescue
acuerdo (n.m.)	agreement, pact
adelantado (adj.)	advanced, fast (clock)
adelante (adv.)	forward, ahead
ademán (n.m.)	gesture
además (adv.)	besides; furthermore

adentro (adv.)   inside
adivinar (v.)   to guess
adondequiera (adv.)   to wherever
advertencia (n.f.)   warning
advertir (v.)   to notify; to warn
afectuoso (adj.)   affectionate
afeitarse (v.)   to shave
afirmar (v.)   to assert, state
afligir (v.)   to afflict
afortunado (adj.)   fortunate, lucky
afuera (adv.)   out; outside
afueras (f.pl.)   outskirts
agitado (adj.)   agitated, upset
agotado (adj.)   exhausted, worn out
agotador (adj.)   exhausting
agradar (v.)   to please, be pleasing to
agradecer (v.)   to thank, be grateful for
agregar (v.)   to add
agua (n.f.)   water
aguardar (v.)   to wait for, await
agudo (adj.)   intense, acute
águila (n.f.)   eagle
ahí (adv.)   there (near the speaker or the person)
ahínco (n.m.)   earnestness, diligence
ahogar (v.)   to choke
ahogarse (v.)   to drown; to suffocate
ahora (adv.)   now
ahorrar (v.)   to save
aireado (adj.)   aired, ventilated; made public
ajeno (adj.)   somebody else's, other people's
ala (n.f.)   wing
alambre (n.m.)   wire
alargar (v.)   to lengthen; to extend
alcalde (n.m.)   mayor
alcanzar (v.)   to reach, catch up with
alegar (v.)   to allege
alegrarse (v.)   to be glad or happy
alegre (adj.)   happy, glad
alegría (n.f.)   happiness, joy
alejado (adj.)   distant, remote
alemán (adj.)   German
alfombra (n.f.)   carpet, rug
algo (pron.)   something
algodón (n.m.)   cotton
alguien (pron.)   someone, somebody
algún (adj.)   some, any
alguno (adj.)   some, any

aliento (n.m.)   breath
almohada (n.f.)   pillow
almorzar (v.)   to have lunch
alojamiento (m.n.)   lodging
alquilar (v.)   to rent
alrededor (adv.)   around
alto (adj.)   tall, high; in a high position
altura (n.f.)   height
alumbrado (adj.)   lighted, illuminated
alumno/a (n.m.f.)   student
alzar (v.)   to lift (up), raise (up)
allá (adv.)   way over there
allí (adv.)   there (far from the speaker)
amable (adj.)   kind, nice
amado (adj.)   loved
amanecer (v.)   to dawn; (n.m.) dawn
amante (inv.)   lover
amar (v.)   to love
amarillo (adj.)   yellow
ambiente (n.m.)   atmosphere, environment
ambos (adj. and pron.)   both
ambulante (adj.)   traveling, mobile
amenazar (v.)   to threaten
amigo/a (n.m.f.)   friend
amistad (n.f.)   friendship
amor (n.m.)   love
amoroso (adj.)   loving, affectionate; loveable
amparado (adj.)   protected, sheltered
amplio (adj.)   spacious, roomy
anciano (adj.)   old; (n.m) old man; (n.f.) old woman
ancho (adj.)   wide; (n.m.) width
andar (v.)   to walk
andén (n.m.)   platform (train)
anfitrión (n.m.)   host
anfitriona (n.f.)   hostess
ángel (n.m.)   angel
angustia (n.f.)   anguish, distress
angustiarse (v.)   to be distressed
anhelo (n.m.)   longing
anidarse (v.)   to shelter oneself, make one's home
anillar (v.)   to make into a ring
anillo (n.m.)   ring
animado (adj.)   lively
animar (v.)   to animate; to cheer up

anoche (adv.) — last night

ansioso (adj.) — anxious, worried

ante (prep.) — before; in front of; in the presence of

anteanoche (adv.) — night before last

anteayer (adv.) — day before yesterday

anteojos (n.m.pl.) — glasses; binoculars

anterior (adj.) — preceding, previous

antes (adv.) — before

antigüedad (n.f.) — antiquity

antiguo (adj.) — ancient, old; former

antipatía (n.f.) — antipathy, dislike

antipático (adj.) — disagreeable, unpleasant

anuncio (n.m.) — announcement; advertisement

año (n.m.) — year

apagar (v.) — to turn off; to extinguish

aparato (n.m.) — appliance; machine

aparecer (v.) — to appear

aparte (adv.) — apart, aside

apasionado (adj.) — passionate

apasionarse (v.) — to get excited

apellido (n.m.) — surname, family name

apenas (adv.) — hardly, scarcely

apertura (n.f.) — opening

apetecer (f.) — to crave, long for

aplicar (v.) — to apply

apoyar (v.) — to lean, rest; to support

apoyarse (v.) — to rest on; to be supported by

apoyo (n.m.) — support; backing, help

apreciar (v.) — to value; to appreciate

apremiar (v.) — to urge (on), press

aprender (v.) — to learn

aprendizaje (n.m.) — apprenticeship

apresurarse (v.) — to hurry, rush

apretar (v.) — to squeeze; to clasp, grip

aprovecharse (v.) — to take advantage

aquí (adv.) — here

árbol (n.m.) — tree

arena (n.f.) — sand

armar (v.) — to arm

armario (n.m.) — cupboard; wardrobe

arquitecto/a (n.m.f.) — architect

arrancar (v.) — to pull out; to start (a motor)

arrasar (v.) — to level; to devastate

arrastrar (v.) — to drag

arrebatarse (v.) — to get carried away

arreglar (v.) — to arrange; to fix, repair

arreglo (n.m.) — arrangement; repair

arrepentido (adj.) — sorry

arrepentirse (v.) — to repent, be sorry

arriba (adv.) — up there, above; upstairs

arrimarse (v.) — to come closer

arrojar (v.) — to throw, hurl

ascensor (n.m.) — elevator

asemejarse (v.) — to be alike, resemble

asequible (adj.) — affordable, reasonable

así (adv.) — so, in this way, thus

así que (conj.) — as soon as

asiento (n.m.) — seat, chair

asignar (v.) — to assign

asignatura (n.f.) — subject, course

asilo (n.m.) — asylum; shelter

asistir (v.) **a** — to attend to; to accompany; to attend (an event, a class)

asomarse (v.) — to appear, become visible

áspero (adj.) — rough, rugged

aspirar (v.) — to breathe in; to aspire

asustar (v.) — to frighten, scare

asustarse (v.) — to become afraid, get scared

atender (v.) — to attend to, pay attention to

atento (adj.) — courteous, attentive

aterrado (adj.) — frightened, terrified

aterrizar (v.) — to touch down, land

atleta (inv.) — athlete

atraer (v.) — to attract

atrás (adv.) — behind

atrasado (adj.) — late, behind (time)

atravesar (v.) — to go across, cross

atreverse (v.) — to dare

atribuir (v.) — to attribute

aturdido (adj.) — stunned, dazed

aula (n.f.) — classroom

aumentar (v.) — to increase

aumento (n.m.) — increase, rise

aun (adv.) — even

aún (adv.) — still, yet

aunque (conj.) — though, although, even though

auricular (n.m.) — receiver (telephone)

ausencia (n.f.) — absence

autobús (n.m.) — bus

avanzado (adj.) — advanced

avanzar (v.) — to advance, move forward

avergonzado (adj.) — ashamed

avergonzar (v.)	to shame; to embarrass
avión (n.m.)	airplane, plane
avisar (v.)	to inform, notify
ayer (adv.)	yesterday
ayudar (v.)	to help, aid, assist

B

bachillerato (n.m.)	high school diploma
bahía (n.f.)	bay
bailar (v.)	to dance
bailarín (n.m.)	male dancer
bailarina (n.f.)	female dancer
baile (n.m.)	dance
bajar (v.)	to lower; to come or go down
bajo (adj. and adv.)	short; low; under
balbucear (v.)	to stammer
balneario (n.m.)	beach resort
baluarte (n.m.)	bastion
banco (n.m.)	bench; bank
banda (n.f.)	band; ribbon
bandada (n.f.)	flock
bandejita (n.f.)	little tray
bandera (n.f.)	flag
bañarse (v.)	to bathe, take a bath
baño (n.m.)	bath, bathroom
barato (adj. and adv.)	cheap
barco (n.m.)	boat; ship
barnizador (adj.)	varnishing
barrio (n.m.)	neighborhood
barro (n.m.)	mud; potter's clay
bastante (adj. and adv.)	enough, sufficient(ly); rather, quite
bastar (v.)	to be enough, be sufficient
basura (n.f.)	garbage
basurero (n.m.)	trash can
bata (n.f.)	dressing gown, smock
batalla (n.f.)	battle
bebé (n.m.)	baby
beca (n.f.)	scholarship
bello (adj.)	beautiful
beneficioso (adj.)	beneficial
beso (n.m.)	kiss
biblioteca (n.f.)	library
bien (adv.)	well
bienvenido (adj.)	welcome
bigote (n.m.)	mustache
bilingüe (adj.)	bilingual
billete (n.m.)	ticket
bizquear (v.)	to squint

blusa (n.f.)	blouse
bocadillo (n.m.)	sandwich
boda (n.f.)	wedding
boleto (n.m.)	ticket
bolígrafo (n.m.)	(ballpoint) pen
bolsa (n.f.)	bag
bolsillo (n.m.)	pocket
bombilla (n.f.)	bulb
bondad (n.f.)	goodness; kindness
borracho (adj.)	drunk
borrar (v.)	to erase
bosque (n.m.)	woods, forest
botella (n.f.)	bottle
brazo (n.m.)	arm
brillante (adj.)	bright, brilliant
brillar (v.)	to shine, sparkle
brillo (n.m.)	brilliance, brightness
brindar (v.)	to offer
brisa (n.f.)	breeze
bruma (n.f.)	mist
bueno (adj.)	good
burlarse (v.)	to make fun of
buscar (v.)	to look for, search for
búsqueda (n.f.)	search; inquiry
butaca (n.f.)	armchair, easy chair

C

caballero (n.m.)	gentleman
caballo (n.m.)	horse
cabecera (n.f.)	headboard
cabello (n.m.)	hair
caber (v.)	to fit
cabeza (n.f.)	head
cada (adj.inv.)	each, every
caer (v.)	to fall
caerse (v.)	to fall down
caja (n.f.)	box
cajón (n.m.)	big box, crate
calcetín (n.m.)	sock
calefacción (n.f.)	heating
calidad (n.f.)	quality
cálido (adj.)	warm, hot
caliente (adj.)	warm, hot
calmarse (v.)	to calm down
calor (n.m.)	heat
calvo (adj.)	bald
calzado (n.m.)	footwear
callado (adj.)	quiet; reserved
callar (v.)	to silence, shut up
callarse (v.)	to keep quiet, remain silent

calle (n.f.)	street	**casarse** (v.)	to marry, get married
callejuela (n.f.)	side street	**casi** (adv.)	almost
cama (n.f.)	bed	**castaño** (adj.)	brown
camarero/a (n.m.f.)	waiter/waitress	**castigar** (v.)	to punish
cambiar (v.)	to change	**cazar** (v.)	to hunt
cambio (n.m.)	change	**ceder** (v.)	to hand over, give up
camerino (n.m.)	dressing room	**celos** (n.m.)	jealousy
caminar (v.)	to walk	**celoso** (adj.)	jealous
camino (n.m.)	road	**cena** (n.f.)	supper, dinner
camisa (n.f.)	shirt	**cenar** (v.)	to have supper/dinner
camiseta (n.f.)	T-shirt	**ceniza** (n.f.)	ash
campeón (n.m.)	male champion	**centena** (n.f.)	hundred
campeona (n.f.)	female champion	**centro** (n.m.)	center; downtown
campesino/a (n.m.f.)	farmer	**cepillarse** (v.)	to brush one's hair
campo (n.m.)	country(side); field	**cepillo** (n.m.)	brush
canal (n.m.)	channel	**cerca** (adv.)	near
cancelar (v.)	to cancel	**cercano** (adj.)	nearby
canción (n.f.)	song	**cerrar** (v.)	to close
cansado (adj.)	tired	**cesar** (v.) **de**	to cease, stop (doing something)
cansar (v.)	to tire out		
cansarse (v.)	to become/get tired	**cesto** (n.m.)	basket
cantante (inv.)	singer	**cesto** (n.m.) **de basura**	garbage can
cantar (v.)	to sing		
cantidad (n.f.)	quantity	**ciego** (adj.)	blind
capacidad (n.f.)	capacity	**cielo** (n.m.)	sky
capataz (n.m.)	foreman	**cien** (adj.)	a hundred
capaz (adj.)	able, capable	**ciento** (adj./n.m.)	(one) hundred
capital (n.f.)	capital (city)	**cientos** (adj.)	hundreds
capital (n.m.)	capital (money)	**cierto** (adj.)	sure, certain
capítulo (n.m.)	chapter	**cima** (n.f.)	top, peak
cara (n.f.)	face	**cine** (n.m.)	cinema, movies
carabina (n.f.)	carbine, rifle	**cinta** (n.f.)	ribbon; cassette tape
cárcel (n.f.)	prison, jail	**cinturón** (n.m.)	belt
cargado (adj.)	loaded	**cirujano/a** (n.m.f.)	surgeon
cargar (v.)	to carry, load	**cita** (n.f.)	appointment; date
cariño (n.m.)	affection, fondness	**ciudad** (n.f.)	city
cariñoso (adj.)	affectionate	**ciudadano/a** (n.m.f.)	citizen
carne (n.f.)	meat	**claramente** (adv.)	clearly
caro (adj.)	expensive	**claridad** (n.f.)	brightness, clarity
carpintero (n.m.)	carpenter	**claro** (adj.)	bright; light in color
carrera de caballos (n.f.)	horse race	**clima** (n.m.)	climate
		cobrar (v.)	to charge; to collect
carretera (n.f.)	highway	**cocer** (v.)	to cook
carta (n.f.)	letter	**cocina** (n.f.)	kitchen
cartera (n.f.)	wallet; pocketbook, purse, handbag	**cocinero/a** (n.m.f.)	cook
		coche (n.m.)	car
cartero (n.m.)	mailman	**codiciado** (adj.)	sought-after, coveted
cartón (n.m.)	cardboard	**codo** (n.m.)	elbow
casa (n.f.)	house	**coger** (v.)	to grab, seize
casado (adj.)	married	**cojo** (adj.)	lame, crippled; limping

colgar (v.)	to hang (up)
colmado (adj.)	full
colocar (v.)	to place, put
comedor (n.m.)	dining room
comenzar (v.)	to begin, start
comer (v.)	to eat
comerciante (inv.)	merchant, dealer
comercio (n.m.)	commerce, business
comestible (adj.)	eatable, edible
cometer (v.)	to commit (a crime); to make (an error)
comida (n.f.)	food
como (adv.)	as, since
cómodo (adj.)	comfortable
comoquiera (conj.)	in whatever way
compañero/a (n.m.f.)	companion; schoolmate
compartir (v.)	to share
compasivo (adj.)	compassionate
compentencia (n.f.)	competition
complacer (v.)	to please
complicar (v.)	to complicate
componer (v.)	to fix, repair
comportamiento (n.m.)	behavior
comprar (v.)	to buy
comprensible (adj.)	understandable, comprehensible
comprensivo (adj.)	understanding
comprobar (v.)	to check, verify; to prove
comunicar (v.)	to communicate
con (prep.)	with
conciliar (v.)	to reconcile
concluir (v.)	to conclude; to end
concurso (n.m.)	competition, contest
condenado (adj.)	condemned, damned
conducir (v.)	to drive; to lead, conduct
conductor (n.m.)	driver
confesar (v.)	to confess
confianza (n.f.)	trust, confidence
confiar (v.)	to trust
conformarse (v.)	to accept; to resign oneself
confuso (adj.)	confused, perplexed
conmover (v.)	to move (feelings)
conocer (v.)	to know
conocido (adj.)	well-known
conocimiento (n.m.)	knowledge
conquistador (n.m.)	conqueror
conseguir (v.)	to obtain, get
consejo (n.m.)	advice
consentir (v.)	to consent
conservar (v.)	to preserve, conserve
considerarse (v.)	to consider oneself
consistir (v.)	to consist
constantemente (adv.)	constantly
construir (v.)	to construct, build
consultorio (n.m.)	doctor's office
contabilidad (n.f.)	accounting, bookkeeping
contador (n.m.)	male accountant
contadora (n.f.)	female accountant
contar (v.)	to count; to tell
contener (v.)	to contain
contento (adj.)	glad, happy
contiguo (adj.)	adjacent
continuar (v.)	to continue
contra (prep.)	against
contraer (v.)	to contract
contribuir (v.)	to contribute
convencer (v.)	to convince
convenir (v.)	to agree; be suitable (good for)
conversar (v.)	to talk, chat
convertir (v.)	to convert
convertirse (v.) **en**	to turn into, become
convidar (v.)	to invite
corazón (n.m.)	heart
corazonada (n.f.)	hunch
corbata (n.f.)	necktie
corpulento (adj.)	hefty, burly
corona (n.f.)	crown
corregir (v.)	to correct
correo (n.m.)	post, mail
correos (n.m.sing.)	post office
correr (v.)	to run
corriente (adj.)	common, everyday
corriente (n.f.)	current (river)
cortar (v.)	to cut
corte (n.f.)	court
corte (n.m.)	cut
cortina (n.f.)	curtain
corto (adj.)	short; brief
cosecha (n.f.)	harvest
costar (v.)	to cost
costumbre (n.f.)	custom
crear (v.)	to create
crecer (v.)	to grow
crecimiento (n.m.)	growth
creer (v.)	to believe
crepúsculo (n.m.)	twilight, dusk
crianza (n.f.)	rearing, breeding

criar (v.)	to rear, raise, breed
criatura (n.f.)	creature; infant
cristal (n.m.)	crystal
criticar (v.)	to criticize, critique
crucigrama (n.m.)	crossword puzzle
crudo (adj.)	raw
crujir (v.)	to creak
cruzar (v.)	to cross
cuaderno (n.m.)	notebook
cuadra (n.f.)	city block
cuadro (n.m.)	picture, painting
cual (pron.)	which, who
cualquier, cualquiera, cualesquiera (adj.)	any
cuando (adv., conj.)	when
cuarto (n.m., adj.)	room; fourth
cubierto (p.p. of **cubrir**)	covered
cubrir (v.)	to cover
cuchara (n.f.)	spoon
cuchillo (n.m.)	knife
cuello (n.m.)	neck
cuenta (n.f.)	account; bill; check (restaurant)
cuento (n.m.)	story, tale
cuerpo (n.m.)	body
cueva (n.f.)	cave
cuidado (n.m.)	care
cuidadosamente (adv.)	carefully
cuidadoso (adj.)	careful
cuidar (v.)	to take care of, look after
culebra (n.f.)	snake
culpable (adj.)	guilty
cultivar (v.)	to cultivate
cumpleaños (n.inv.)	birthday
cumplir (v.)	to carry out, fulfill
cuñado (n.m.)	brother-in-law
cura (n.f.)	cure
cura (n.m.)	priest
curar (v.)	to cure
cuyo (adj.rel.)	whose
chalado (adj.)	mad, crazy
chaqueta (n.f.)	jacket
charco (n.m.)	pool; puddle
charlar (v.)	to chat
chicano (adj.)	Chicano, Mexican-American
chimenea (n.f.)	chimney

chisme (n.m.)	gossip
chismear (v.)	to gossip
chocar (v.)	to crash, collide
choque (n.m.)	crash
chorro (n.m.)	dribble, trickle; jet
chupar (v.)	to suck

D

dar (v.)	to give
de (prep.)	of; from; about (concerning)
debajo (adv.)	underneath
deber (v.)	to owe (money); should, ought to
débil (adj.)	weak
debilidad (n.f.)	weakness
década (n.f.)	decade
decantamiento (n.m.)	preference
decenas (n.pl)	tens
decidido (adj.)	driven, determined
decidir (v.)	to decide
decidirse (v.) **a**	to decide to, to make up one's mind
décimo (adj.)	tenth
decir (v.)	to say, tell
dedicar (v.)	to dedicate, devote
dedicarse (v.) **a**	to devote oneself to
dedo (n.m.)	finger; toe
defender (v.)	to defend
dejar (v.)	to leave
dejar que (v.)	to allow, let
delantal (n.m.)	apron
delante de (prep.)	in front of
delgado (adj.)	thin, slim
delicia (n.f.)	delight
demanda (n.f.)	request; demand
demandar (v.)	to demand; to sue
demasiado (adj./adv.)	too much, excessive; too, excessively
demostrar (v.)	to demonstrate, show
dentista (n.inv.)	dentist
dentro (adv.)	in, inside
dependiente (n.inv.)	clerk, salesperson
deporte (n.m.)	sport
deportista (n.inv.)	sportsman/sportswoman
deprimente (adj.)	depressing
deprimido (adj.)	depressed
derecho (adj.)	right; straight
derecho (n.m)	law (as a subject)

derramar (v.)	to spill
derretir (v.)	to melt, thaw
desabrocharse (v.)	to undo/unfasten oneself
desafortunadamente (adv.)	unfortunately
desagradable (adj.)	unpleasant, disagreeable
desaparecer (v.)	to disappear
desaprobar (v.)	to disapprove of
desarrollo (n.m.)	development
desayunarse (v.)	to have breakfast
desayuno (n.m.)	breakfast
desbordarse (v.)	to flood, overflow
descalzo (adj.)	barefoot(ed)
descansar (v.)	to rest
descanso (n.m.)	rest
descender (v.)	to go down
desconfianza (n.f.)	distrust, mistrust
desconfiar (v.)	to be distrustful
desconocer (v.)	to be ignorant of
desconocido (adj.)	unknown
describir (v.)	to describe
descruzar (v.)	to uncross, to unfold (arms)
descuido (n.m.)	carelessness
desde (prep.)	from; since
desear (v.)	to wish; to want
deseo (n.m.)	wish, desire
desequilibrar (v.)	to unbalance
desgracia (n.f.)	misfortune, bad luck
deshacer (v.)	to undo
deslizar (v.)	to slide
desmayado (adj.)	unconscious; faint
desmayarse (v.)	to faint (become faint)
desocupado (adj.)	empty (seat); unemployed
desorden (n.m.)	disorder
despacio (adv.)	slowly
despacho (n.m.)	office
despedida (n.f.)	good-bye, farewell
despedir (v.)	to dismiss, fire (someone)
despedirse (v.) **de**	to say good-bye to
despegar (v.)	to take off (airplane)
despertador (n.m.)	alarm clock
despertar (v.)	to awaken
despertarse (v.)	to wake up
despierto (p.p. of **despertar**)	awake
desprecio (n.m.)	scorn, contempt
después (adv.)	afterward, later
despuntar (v.)	to break (day), to dawn
destino (n.m.)	destiny, fate
destruir (v.)	to destroy
desvaído (adj.)	pale, washed-out; flat, dull (personality)
detalle (n.m.)	detail
detener (v.)	to detain
detenerse (v.)	to stop
detenimiento (n.m.)	care
deterioro (n.m.)	deterioration, damage
detrás (adv.)	behind
devolver (v.)	to return, give back
diablo (n.m.)	devil
diario (n.m.)	newspaper; diary
dibujar (v.)	to draw
dictadura (n.f.)	dictatorship
dicho (p.p. of **decir**)	said, told
diente (n.m.)	tooth
dinero (n.m.)	money
dirección (n.f.)	direction; address
dirigente (n.m.)	leader
dirigir (v.)	to direct
dirigirse (v.)	to go, make one's way
disco (n.m.)	disk; record
disco compacto (n.m.)	compact disc
discutir (v.)	to argue; to discuss
disfrutar (v.)	to enjoy
disimular (v.)	to hide, conceal
disminuir (v.)	to reduce, decrease
dispensario (n.m.)	community clinic
disponer (v.)	to dispose
disponible (adj.)	available
distanciado (adj.)	remote, far apart
distinguir (v.)	to distinguish
distinto (adj.)	different, distinct
distraer (v.)	to distract
distraído (adj.)	absentminded
distribuir (v.)	to distribute
divertido (adj.)	entertaining, amusing
divertir (v.)	to amuse
divertirse (v.)	to have a good time, enjoy oneself
doblar (v.)	to fold; to turn (corner)
doler (v.)	to hurt, ache
dolor (n.m.)	pain
doloroso (adj.)	painful
doncella (n.f.)	maidservant
donde (rel. adv.)	where
dondequiera (conj.)	wherever
dormir (v.)	to sleep
dormirse (v.)	to fall asleep

drama (n.m.)   drama, play
ducha (n.f.)   shower
ducharse (v.)   to take a shower
duda (n.f.)   doubt
dudar (v.) **que**   to doubt that
duelo (n.m.)   duel
dueño/a (n.m.f.)   owner
dulce (adj.)   sweet
dúo (n.m.)   duo; duet
durante (prep.)   during
durar (v.)   to last
duro (adj.)   hard

E

echar (v.)   to throw
edad (n.f.)   age
edificio (n.m.)   building
editorial (n.f.)   publishing house
editorial (n.m.)   editorial
educar (v.)   to educate
egoísta (adj.)   egotistical, selfish
ejecutivo (adj.)   executive
ejemplo (n.m.)   example
ejercer (v.)   to practice a profession; to exercise; to exert; to manage, run
ejercicio (n.m.)   exercise
elegir (v.)   to elect
embarazo (n.m.)   pregnancy
embarcarse (v.)   to board, get on board
empacar (v.)   to pack
empañar (v.)   to mist, steam up
empeñarse (v.)   to insist on, be determined to
empezar (v.)   to begin, start
empleado/a (n.m.f.)   employee; clerk
empleo (n.m.)   employment, work
emprender (v.)   to undertake
empresa (n.f.)   enterprise; firm, company
empujar (v.)   to push
en (prep.)   in; into; on; upon; at
enamorado (adj.)   in love
enamorarse (v.) **(de)**   to fall in love (with)
encaminar (v.)   to set on the right road
encantar (v.)   to love (something); to enchant, fascinate, cause to love
encantador (adj.)   charming, lovely
encarcelar (v.)   to imprison, jail

encargar (v.)   to entrust; to put in charge; to order (goods)
encargarse (v.)   to take it upon oneself to, take charge of
enceguecer (v.)   to blind
encender (v.)   to light, ignite
encerrar (v.)   to enclose; to lock in
encima (adv.)   above
encoger (v.)   to shrink
encomendar (v.)   to entrust
encontrar (v.)   to find
encontrarse (v.)   to be situated
encontrarse (v.) **con**   to meet, run across/into
encorvado (adj.)   curved, bent
enfadarse (v.)   to get angry
enfermarse (v.)   to fall/be taken ill, get sick
enfermedad (n.f.)   illness, sickness
enfermería (n.f.)   infirmary
enfermero/a (n.m.f.)   nurse
enfermo (adj.)   sick
enfrentamiento (n.m.)   confrontation
enfrentar (v.)   to face
enfrente (adv.)   opposite (to), facing
enfriar (v.)   to cool, chill
engañar (v.)   to deceive
enloquecido (adj.)   mad
enlutado (adj.)   in mourning; wearing mourning clothes
enojado (adj.)   angry
enojarse (v.)   to get angry
enorgullecerse (v.) **de**   to take pride in
ensalada (n.f.)   salad
ensayo (n.m.)   essay; rehearsal
enseñar (v.)   to teach; to show
ensuciar (v.)   to dirty, make dirty
entender (v.)   to understand
enterarse (v.)   to find out
entero (adj.)   entire, complete, whole
enterrado (adj.)   buried
entonces (adv.)   then
entorpecer (v.)   to dull; to obstruct
entrada (n.f.)   entrance; doorway
entrar (v.)   to enter
entre (prep.)   among, between
entrecortado (adj.)   hesitant
entregar (v.)   to hand over, deliver
entrenador/a (n.m.f.)   trainer, coach
entrenamiento (n.m.)   training, coaching
entrenar (v.)   to train, coach

entretener (v.) to entertain, amuse
entretenerse (v.) to amuse onself
entretenido (p.p.) entertaining, amusing
entrevista (n.f.) interview
entrevistar (v.) to interview
entristecerse (v.) to become sad
entusiasmado (adj.) excited
entusiasmarse (v.) to get excited
envase (n.m.) bottle
enviar (v.) to send
envidia (n.f.) envy, jealousy
envidiar (v.) to envy
envigorado (adj.) invigorated
envolver (v.) to wrap
época (n.f.) time period; time of year
equipaje (n.m.) luggage; baggage
equipo (n.m.) team
equivocarse (v.) to make a mistake, be mistaken, be wrong
escala (n.f.) stopover
escalera (n.f.) stairs
escaparse (v.) to escape
escaso (adj.) scarce, scanty
escoger (v.) to choose
esconder (v.) to hide
escondite (n.m.) hiding place
escribir (v.) to write
escrito (p.p. of **escribir**) written
escritor/a (n.m.f.) writer
escritorio (n.m.) desk
escrutar (v.) to scrutinize, examine
escuchar (v.) to listen
escuela (n.f.) school
escultor/a (n.m.f.) sculptor
esforzarse (v.) to exert oneself, make an effort
esfuerzo (n.m.) effort
eso (pron.dem.) that
espalda (n.f.) back
espantar (v.) to frighten, scare
especializarse (v.) **en** to specialize (in), major (in)
espejo (n.m.) mirror
espejuelos (n.m.pl.) eyeglasses
esperanza (n.f.) hope
esperar (v.) to hope, expect; to wait for
espiar (v.) to spy
esposado (adj.) handcuffed
esposo/a (n.m.f.) husband/wife

esquiar (v.) to ski
esquina (n.f.) corner
esquivar (v.) to avoid, shun
establecer (v.) to establish
estación (n.f.) station; season
estacionar (v.) to park
estante (n.m.) bookshelf
estar (v.) to be
estimado (adj.) esteemed
estómago (n.m.) stomach
estrangulado (adj.) strangled
estraperlista (n.m.f.) black marketeer
estrecho (adj.) narrow
estrella (n.f.) star
estricto (adj.) strict
estudiante (inv.) student
estudiar (v.) to study
evitar (v.) to avoid
exceptuar (v.) to except, exclude
exhausto (adj.) exhausted, worn-out
exigente (adj.) demanding
exigir (v.) to demand
éxito (n.m.) success; smash hit
exitoso (adj.) successful
expectativa (n.f.) expectation
explayar (v.) to extend
explicar (v.) to explain
exponer (v.) to expose, explain
extinguir (v.) to extinguish
extranjero (adj.) foreign
extrañarse (v.) to be amazed, be surprised
extraño (adj.) strange, odd

F

fábrica (n.f.) factory
fabricar (v.) to make, manufacture
facha (n.f.) look, appearance
falda (n.f.) skirt
falta (n.f.) failure; fault
faltar (v.) to lack
fantasma (n.m.) ghost
fardo (n.m.) bundle
fascinar (v.) to fascinate
fastidiar (v.) to bother, annoy
fatigoso (adj.) tiring, exhausting
fecha (n.f.) date
felicidad (n.f.) happiness
felicitar (v.) to congratulate
feliz (adj.) happy
feria (n.f.) fair

feroz (adj.) fierce, ferocious, savage
fiable (adj.) reliable
fiarse (v.) to trust, rely on somebody
fijar (v.) to fix, secure
fijarse (v.) to pay attention
fijo (adj.) fixed, stationary
fila (n.f.) row
filete (n.m.) fillet, a piece of boneless meat or fish
fin (n.m.) end
finalmente (adv.) finally
fingir (v.) to pretend
firmar (v.) to sign
firmeza (n.f.) firmness
flor (n.f.) flower
fondo (n.m.) bottom; background
fortalecer (v.) to strengthen
foto (n.f.) photograph
francés (adj.) Frenchman
francesa (adj.) Frenchwoman
fregar (v.) to wash (dishes)
freír (v.) to fry
frente (n.f.) forehead
frente (n.m.) front (military)
frente a (prep.) opposite, facing
fresco (adj.) fresh, impudent
frescura (n.f.) freshness
frijol (n.m.) bean
frío (adj.) cold
frontera (n.f.) frontier, border
frotarse (v.) to rub
fuego (n.m.) fire
fuente (n.f.) fountain
fuera (adv.) outside
fuerte (adj.) strong
fuerza (n.f.) strength
fuerza (n.f.) **laboral** workforce
fumar (v.) to smoke
funcionar (v.) to function, work, run
fundamento (n.m.) foundations; fundamentals

G

gallina (n.f.) hen
gallo (n.m.) rooster
gana (n.f.) desire, wish
ganar (v.) to earn; to win
garaje (n.m.) garage
garantizar (v.) to guarantee
garganta (n.f.) throat

gastar (v.) to spend; to waste
gasto (n.m.) expense
gato (n.m.) cat
gendarme (n.m.) policeman
gente (n.f.) people
gobernar (v.) to govern
gobierno (n.m.) government
golpe (n.m.) blow, hit
golpear (v.) to strike, to punch
gota (n.f.) drop
gozar (v.) to enjoy
grabar (v.) to record
graduarse (v.) to graduate
grifo (n.m.) faucet
gris (adj.) gray
gritar (v.) to shout
grosería (n.f.) rudeness
grueso (adj.) thick, big, heavy
guante (n.m.) glove
guapo (adj.) handsome
guardar (v.) to keep, hold; to put away
guerra (n.f.) war
guía (n.f.) guide; telephone book
guiar (v.) to guide, lead
guión (n.m.) script
gusto (n.m.) taste; flavor

H

haber (v.) to have (as an auxiliary verb)
habitación (n.f.) room
habitante (n.m.) inhabitant
habitar (v.) to inhabit
hablar (v.) to speak, talk
hacer (v.) to do; to make
hacia (adv.) toward
hacienda (n.f.) country estate
hacha (n.f.) ax
hada (n.f.) fairy
hallar (v.) to find
hambre (n.f.) hunger
haragán (adj.) lazy
hasta (prep.) as far as, up to; until
hay (v.) there is, there are
hecho (p.p. of **hacer**) done; made
helado (n.m.) ice cream
herencia (n.f.) inheritance
herir (v.) to wound
hermano/a (n.m.f.) brother/sister
hermoso (adj.) beautiful

héroe (n.m.)	hero
heroína (n.f.)	heroine
hervir (v.)	to boil
hielo (n.m.)	ice
hierba (n.f.)	grass
hierro (n.m.)	iron
hijo/a (n.m.f.)	son/daughter
himno (n.m.)	hymn
hogar (n.m.)	home
hoja (n.f.)	leaf; page
hojear (v.)	to turn the pages
hombre (n.m.)	man
hombro (n.m.)	shoulder
horario (n.m.)	timetable
horroroso (adj.)	horrifying
hoy (adv.)	today
huelga (n.f.)	strike
huella (n.f.)	footprint; track
hueso (n.m.)	bone
huir (v.)	to flee
humo (n.m.)	smoke
hundir (v.)	to sink

I

idilio (n.m.)	idyll; romance
idioma (n.m.)	language
iglesia (n.f.)	church
igual (adj.)	equal; alike
igualmente (adv.)	equally; likewise
imaginarse (v.)	to imagine
imponer (v.)	to impose
importar (v.)	to be important, matter
imprimir (v.)	to imprint; to print
impuesto (n.m.)	tax
impulsar (v.)	to drive, propel
incluir (v.)	to include
incómodo (adj.)	uncomfortable
incorporarse (v.)	to sit up
indeciso (adj.)	undecided; indecisive
indicar (v.)	to indicate, point out
indudablemente (adv.)	undoubtedly
inesperado (adj.)	unexpected
influir (v.)	to influence
inicio (n.m.)	start, beginning
inmóvil (adj.)	motionless, still
inquietud (n.f.)	anxiety, restlessness
inquina (n.f.)	dislike, aversion; ill will
intercambio (n.m.)	exchange

intervenir (v.)	to get involved, intervene
intranquilo (adj.)	worried, anxious
inventarse (v.)	to make up, concoct
inversión (n.f.)	investment
inversionista (inv.)	investor
invertir (v.)	to invest
invierno (n.m.)	winter
invitar (v.)	to invite
ir (v.)	to go
irse (v.)	to leave, go away
izquierdo (adj.)	left

J

jabón (n.m.)	soap
jamás (adv.)	never
jamón (n.m.)	ham
jardín (n.m.)	garden
jaula (n.f.)	cage
jazmín (n.m.)	jasmine
jefe (n.m.)	boss
joven (adj.)	young
joya (n.f.)	jewel, piece of jewelry
judío (adj.)	Jewish
juego (n.m.)	game, sport
juez (n.m.)	judge
jueza (n.f.)	judge
jugador (n.m.)	player
jugar (v.)	to play (a game, sport)
jugo (n.m.)	juice
juguete (n.m.)	toy
juguetería (n.f.)	toy store
junto (adj.)	joined, united
junto (adv.)	near, close, next to
juntos (adj.)	together
jurado (n.m.)	jury
juventud (n.f.)	youth

L

labor (n.f.)	labor; work; job, task
laborar (v.)	to work
lado (n.m.)	side
ladrar (v.)	to bark
ladrón (n.m.)	thief
ladrona (n.f.)	thief
lago (n.m.)	lake
lágrima (n.f.)	tear
lamentar (v.)	to be sorry about, regret
lana (n.f.)	wool
lanzar (v.)	to throw

lápiz (n.m.)	pencil
largo (adj.)	long
lástima (n.f.)	pity
latir (v.)	to beat (heart)
lavadora (n.f.)	washing machine
lavamanos (n.m.inv.)	sink
lavar (v.)	to wash
lavarse (v.)	to wash oneself
lección (n.f.)	lesson
lectura (n.f.)	reading selection
leche (n.f.)	milk
lechería (n.f.)	dairy, creamery
leer (v.)	to read
legumbre (n.f.)	vegetable
lejano (adj.)	distant, remote, far off
lejos (adv.)	far
lengua (n.f.)	tongue
lente (n.m. or n.f.)	lens
lentitud (n.f.)	slowness
lento (adj.)	slow
leña (n.f.)	firewood
letra (n.f.)	letter of the alphabet
levantar (v.)	to raise, lift (up)
levantarse (v.)	to get up
ley (n.f.)	law
liar (v.)	to roll (a cigarette)
libertad (n.f.)	freedom
libra (n.f.)	pound
libre (adj.)	free; unoccupied
libremente (adv.)	freely
librería (n.f.)	bookstore
líder (n.m.)	leader
limpiar (v.)	to clean
limpiarse (v.)	to clean oneself
limpio (adj.)	clean
lindo (adj.)	pretty
línea (n.m.)	line
liso (adj.)	smooth; straight (hair)
listo (adj.)	clever; ready
locamente (adv.)	madly
loco (adj.)	mad, crazy
lodazal (n.m.)	bog
lograr (v.)	to get, obtain; to achieve, attain
luchar (v.)	to fight, struggle
luego (adv.)	then; afterward
lugar (n.m.)	place, spot
luminosidad (n.f.)	brightness
luna (n.f.)	moon
lunes (n.m.)	Monday

luto (n.m.)	mourning, grief, sorrow
luz (n.f.)	light
llamar (v.)	to call; name
llanto (n.m.)	weeping, tears
llave (n.f.)	key
llegada (n.f.)	arrival
llegar (v.)	to arrive
llenar (v.)	to fill
lleno (adj.)	full
llevar (v.)	to carry
llevarse (v.)	to carry off, take away
llorar (v.)	to cry
llover (v.)	to rain
lloviznar (v.)	to drizzle

M

madera (n.f.)	wood
madre (n.f.)	mother
madrugar (v.)	to get up early
mal (adj., n.)	bad
mal (adv.)	badly
mal (n.m.)	evil, wrong; illness
maleta (n.f.)	suitcase
maletero (n.m.)	trunk (car)
malo (adj.)	bad (character); sick, in bad health
mancha (n.f.)	spot, stain
mandar (v.)	to order
mandón (adj.)	bossy
manejar (v.)	to handle; to drive
manera (n.f.)	way, manner
manga (n.f.)	sleeve
manifestación (n.f.)	demonstration
mano (n.f.)	hand
mantener (v.)	to maintain, support
manzana (n.f.)	apple
manzano (n.m.)	apple tree
mañana (n.f.)	tomorrow; morning
mapa (n.m.)	map
maquillarse (v.)	to put makeup on
máquina (n.f.)	machine; engine
mar (n.m.)	sea
maratón (n.m.)	marathon
maravilloso (adj.)	wonderful, marvelous
marcar (v.)	to mark; to score (a point); to dial (telephone)
marcharse (v.)	to go (away), leave
marchito (adj.)	withered
marea (n.f.)	tide
marinero (n.m.)	sailor

mármol (n.m.)	marble
marrón (adj.)	brown
más (adv.)	more
mas (conj.)	but
mascar (v.)	to chew
máscara (n.f.)	mask
masticar (v.)	to chew
matar (v.)	to kill, murder
materno (adj.)	mother's
mayor (adj.)	older
mayoría (n.f.)	majority
medalla (n.f.)	medal
media (n.f.)	stocking
medianoche (n.f.)	midnight
medida (n.f.)	measurement
medio (adj.)	half; middle
mediodía (n.m.)	noon
medios (n.m.pl.)	the media
de comunicación	
medir (v.)	to measure
mejilla (n.f.)	cheek
mejor (adj.)	better
mejorar (v.)	to improve, make better
menester (n.m.)	job, piece of business
menor (adj.)	younger
menos (adv.)	less
mensajero (n.m.)	messenger
mentir (v.)	to lie
mentira (n.f.)	lie
mentiroso (adj.)	liar
mercado (n.m.)	market
merecer (v.)	to deserve, merit
mes (n.m.)	month
mesa (n.f.)	table
mesero/a (n.m.f.)	waiter/waitress
meter (v.)	to put in
meterse (v.)	to go/get into; enter
mezclar (v.)	to mix, blend
mi (adj.)	my
miedo (n.m.)	fear
miel (n.f.)	honey
miembro (n.m.)	member
mientras (conj.)	while, as long as
miércoles (n.m.)	Wednesday
mil (adj.)	a thousand
milagro (n.m.)	miracle
milla (n.f.)	mile
mío (adj., pron.)	mine, of mine
mirada (n.f.)	look, glance
mirarse (v.)	to look at oneself

mismo (adj.)	same; self
mitad (n.f.)	half
mochila (n.f.)	backpack
moda (n.f.)	fashion
mojado (adj.)	wet
mojar (v.)	to wet
mojarse (v.)	to get wet
molestar (v.)	to bother
moneda (n.f.)	coin
monja (n.f.)	nun
montaña (n.f.)	mountain
montar (v.)	to mount, get on
morir (v.)	to die
moro (adj.)	Moorish
mostrador (n.m.)	counter
mostrar (v.)	to show
mostrarse (v.)	to display, appear
moto (n.f.)	motorcycle
mover (v.)	to move
muchedumbre (n.f.)	crowd
mucho (adj., adv.)	a lot, much
mudarse (v.)	to move (residence)
mudo (adj.)	mute
mueble (n.m.)	piece of furniture
muerte (n.f.)	death
muerto (p.p. of **morir**)	dead
mujer (n.f.)	woman
multa (n.f.)	fine
mundo (n.m.)	world
murmullo (n.m.)	murmur, whisper
murmurar (v.)	to murmur, to whisper
muro (n.m.)	wall
muy (adj.)	very

N

nacer (v.)	to be born
nacimiento (n.m.)	birth
nada (pron.)	nothing
nadar (v.)	to swim
nadie (pron.)	no one, nobody
nariz (n.f.)	nose
natación (n.f.)	swimming
natal (adj.)	native
naturaleza (n.f.)	nature
negar (v.)	to deny
negarse (v.) **a**	to refuse to
negocio (n.m.)	affair; business
negro (adj.)	black
nevar (v.)	to snow

ni . . . ni (conj.)	neither . . . nor
ninguno (ningún) (adj.)	no one, nobody
niñez (n.f.)	childhood
nivel (n.m.)	level
noche (n.f.)	night
nomás (adv.)	just, only
nombrar (v.)	to name; to mention
nombre (n.m.)	name
normalmente (adv.)	normally
notar (v.)	to note, notice
noticia (n.f.)	news
noveno (adj.)	ninth
novio/a (n.m.f.)	boyfriend/girlfriend
nube (n.f.)	cloud
nublado (adj.)	cloudy
nublarse (v.)	to become cloudy
nudillo (n.m.)	knuckle
nuera (n.f.)	daughter-in-law
nuestro (adj.)	our
nuevo (adj.)	newly made; unused
nunca (adv.)	never

O

o . . . o (conj.)	either . . . or
obedecer (v.)	to obey
obligar (v.)	to force, compel
obra (n.f.)	work, piece of work
obra (n.f.) **de teatro**	play
obtener (v.)	to obtain, get
octavo (adj.)	eighth
ocultar (v.)	to hide, conceal
ocuparse (v.) **de**	to busy oneself with
ocurrir (v.)	to happen, occur
odiar (v.)	to hate
odio (n.m.)	hatred
ofenderse (v.)	to get offended
oferta (n.f.)	offer
ofrecer (v.)	to offer
oír (v.)	to hear
ojalá (conj.) **que**	I hope/wish that
ojo (n.m.)	eye
ola (n.f.)	wave
oleada (n.f.)	big wave
oler (v.)	to smell
olor (n.m.)	smell
olvidar (v.)	to forget
oponerse (v.)	to be against, opposed to
orden (n.f.)	order (command or religious order)

orden (n.m.)	order (sequence)
oreja (n.f.)	ear
orgullo (n.m.)	pride
orgulloso (adj.)	proud; haughty
orilla (n.f.)	edge, border, bank (river)
oro (n.m.)	gold
oscurecer (v.)	to obscure; to darken
oscuridad (n.f.)	darkness
oscuro (adj.)	dark
otoño (n.m.)	fall
otro (adj.)	another

P

padecer (v.)	to suffer, endure
padre (n.m.)	father
pagar (v.)	to pay
página (n.f.)	page
país (n.m.)	country
paisaje (n.m.)	landscape
pájaro (n.m.)	bird
palabra (n.f.)	word
palacio (n.m.)	palace
palma (n.f.)	palm
pan (n.m.)	bread
pantalones (n.m.pl.)	trousers, pants
pañal (n.m.)	diaper
pañuelo (n.m.)	handkerchief
papa (n.f.)	potato
papa (n.m.)	pope
papel (n.m.)	paper
paquete (n.m.)	parcel, package
par (n.m.)	pair, couple
para (prep.)	for; in order to
parabrisas (n.m.inv.)	windshield
paraguas (n.m.inv.)	umbrella
parar (v.)	to stop
pararse (v.)	to stand up
parecer (v.)	to seem, appear
parecerse (v.) **a**	to resemble, look like
pared (n.f.)	wall
pareja (n.f.)	couple
pariente (n.m.f.)	relative
parque (n.m.)	park
participar (v.)	to participate
partido (n.m.)	game, match
partir (v.)	to split up, divide; to depart

parto (n.m.)	childbirth	**perseguir** (v.)	to pursue; to persecute
pasajero/a (n.m.f.)	passsenger	**persona** (inv.)	person
pasatiempo (n.m.)	hobby, pastime	**personaje** (inv.)	character (in a novel, etc.)
pasear (v.)	to take a walk	**pertenecer** (v.)	to belong
paseo (n.m.)	stroll, walk	**pertenencias** (n.f.)	belongings, possessions
pasillo (n.m.)	corridor, hallway	**pesado** (adj.)	heavy
paso (n.m.)	step	**pesar** (v.)	to weigh down; to weigh
pastel (n.m.)	cake; pie	**pescado** (n.m.)	fish (dead)
pastilla (n.f.)	pill	**pescador** (n.m.)	fisherman
patata (n.f.)	potato	**pescar** (v.)	to fish
patinar (v.)	to skate	**peso** (n.m.)	weight
pato/a (n.m.f.)	duck	**pez** (n.m.)	fish (alive)
patria (n.f.)	native land, fatherland	**picardía** (n.f.)	crookedness
patrón (n.m.)	boss	**pie** (n.m.)	foot
paz (n.f.)	peace	**piedad** (n.f.)	piety; pity
pecho (n.m.)	chest	**piedra** (n.f.)	stone
pedazo (n.m.)	piece, bit	**piel** (n.f.)	skin
pedir (v.)	to ask for, request	**pierna** (n.f.)	leg
pedrada (n.f.)	a throw of a stone	**pieza** (n.f.)	room
pegar (v.)	to hit, strike; to glue	**pila** (n.f.)	battery
peinar (v.)	to comb	**pinar** (n.m.)	pine grove
peinarse (v.)	to comb one's hair	**pintado** (adj.)	painted
pelea (n.f.)	fight	**pintar** (v.)	to paint
pelear (v.)	to fight, struggle	**pintarse** (v.)	to put lipstick on
película (n.f.)	film, movie	**pintor/a** (n.m.f.)	painter
peligro (n.m.)	danger	**pisada** (n.f.)	footstep
peligroso (adj.)	dangerous	**piscina** (n.f.)	swimming pool
pelo (n.m.)	hair	**piso** (n.m.)	floor
pelota (n.f.)	ball	**pitillo** (n.m.)	cigarette
peluquero/a (n.m.f.)	hairdresser	**placentero** (adj.)	pleasant, agreeable
pena (n.f.)	grief, sorrow	**planear** (v.)	to plan
pendiente (adj.)	pending	**plantear** (v.)	to bring up, raise (a topic)
pendiente (n.m.)	earring	**platicar** (v.)	to chat, converse
pensamiento (n.m.)	thought	**plato** (n.m.)	plate; dish
pensar (v.)	to think; to plan to	**playa** (n.f.)	beach
pensativo (adj.)	pensive, thoughtful	**plaza** (n.f.)	square (city)
peor (adj./adv.)	worse	**pluma** (n.f.)	feather; pen
pequeño (adj.)	small, little	**población** (n.f.)	population
pera (n.f.)	pear	**pobre** (adj.)	poor
perder (v.)	to lose	**pobreza** (n.f.)	poverty
perderse (v.)	to get lost	**poco** (adv. pron.)	little, small amount
perdido (adj.)	lost	**poder** (v.)	to be able
perfilarse (v.)	to show one's profile	**poderoso** (adj.)	powerful
perico (n.m.)	parakeet	**poema** (n.m.)	poem
periódico (n.m.)	newspaper	**poeta** (n.m.)	poet
periodista (inv.)	newspaperman/-woman	**policía** (n.f.)	police force
permanecer (v.)	to stay	**policía** (n.m.)	policeman
permitir (v.)	to allow	**polvo** (n.m.)	dust
pero (conj.)	but	**pollo** (n.m.)	chicken
perro/a (n.m.f.)	dog	**pompa** (n.f.)	pageantry

poner (v.) — to put, place

ponerse (v.) — to put on; (+ adjective) to become

ponerse (v.) **a** — to begin to

por (prep.) — for; by; through; on account of

porque (conj.) — because

portátil (adj.) — portable

posada (n.f.) — shelter, lodging

poseer (v.) — to possess, own

postre (n.m.) — dessert

practicar (v.) — to practice

precisar (v.) — to determine exactly

preferir (v.) — to prefer

preguntar (v.) — to ask a question

premio (n.m.) — prize

prenda (n.f.) — garment, article of clothing

prensa (n.f.) — press

preocupado (adj.) — worried

preocuparse (v.) — to worry

prepararse (v.) — to prepare oneself, get ready

presenciar (v.) — to be present at

presentar (v.) — to present; to witness; to introduce a person

presentir (v.) — to have a feeling

preso (n.m.) — convict, prisoner

prestar (v.) — to lend

presupuesto (n.m.) — budget

primavera (n.f.) — spring

primer (o) (adj.) — first

primo/a (n.m.f.) — cousin

primordial (adj.) — fundamental

princesa (n.f.) — princess

príncipe (n.m.) — prince

prisa (n.f.) — hurry

probar (v.) — to try out; to test; to taste; to prove

probarse (v.) — to try on

producir (v.) — to produce

profundo (adj.) — deep

prohibir (v.) — to prohibit

pronto (adv.) — quickly; at once

propiedad (n.f.) — property

propina (n.f.) — tip

propio (adj.) — own, of one's own

proponer (v.) — to propose

propósito (n.m.) — purpose

proseguir (v.) — to continue, proceed

proteger (v.) — to protect

próximo (adj.) — next

prueba (n.f.) — proof; test

publicar (v.) — to publish

pueblo (n.m.) — village; small town

puente (n.m.) — bridge

puerta (n.f.) — door

pues (adv.) — then; well then

puesto (conj.) — since

puesto (n.m.) — post, job; stall

pulgada (n.f.) — inch

punto (n.m.) — dot; point

puñal (n.m.) — dagger

puro (adj.) — pure

Q

que (conj.) — that; for; which; who

quedar (v.) **en** — to agree to

quedar (v.) — to have left over

quedarse (v.) — to remain, stay

quedarse (v.) **con** — to keep, hold onto

quehacer (n.m.) — job, task

queja (n.f.) — complaint

quejarse (v.) **de** — to complain about

quemadura (n.f.) — burn

quemar (v.) — to burn

querer (v.) — to want, wish (for); to love

queso (n.m.) — cheese

quien (pron.) — who; he who

quienquiera, quienesquiera (pron.) — whoever; whomever

quieto (adj.) — still, quiet

quinto (adj.) — fifth

quitar (v.) — to take away, remove

quitarse (v.) — to take off

quizás (adv.) — perhaps

R

radio (n.) — radio

raíz (n.f.) — root

rama (n.f.) — branch

rápido (adj.) — fast, quick

raro (adj.) — rare, uncommon; odd, strange

rascacielos (n.m.inv.) — skyscraper

rasgo (n.m.) — feature

rastro (n.m.) — trail, track

rato (n.m.) — (short) time, while

razón (n.f.) — reason

razonar (v.) — to reason

realizar (v.)	to carry out; attain, achieve
recado (n.m.)	message
receta (n.f.)	recipe; prescription
recibir (v.)	to receive
recibo (n.m.)	receipt
reciclar (v.)	to recycle
recobrar (v.)	to recover
recoger (v.)	to pick up
recomendar (v.)	to recommend
reconocer (v.)	to recognize
recordar (v.)	to remember
recorrer (v.)	to go over; to tour
recortar (v.)	to draw in outline
recuerdo (n.m.)	memory; souvenir, memento
rechazar (v.)	to reject
redondo (adj.)	round
reducir (v.)	to reduce
referirse (v.) **a**	to refer to
reflejar (v.)	to reflect
reforzar (v.)	to reinforce
refresco (n.m.)	soft drink
regalar (v.)	to give (as a present)
regalo (n.m.)	gift, present
regar (v.)	to water (plants)
regresar (v.)	to return, go back
rehusar (v.)	to refuse
reina (n.f.)	queen
reír (v.)	to laugh
reírse (v.)	to laugh
relajador (adj.)	relaxing
relajante (adj.)	relaxing
relajarse (v.)	to relax; to become relaxed
reloj (n.m.)	watch; clock
relojero (n.m.)	watchmaker
reñir (v.)	to quarrel
repartir (v.)	to divide up; to distribute
repasar (v.)	to review
repaso (n.m.)	review
repetir (v.)	to repeat
requerir (v.)	to need, require
rescatar (v.)	to rescue
resfriado (n.m.)	cold
resfriarse (v.)	to catch a cold
resignarse (v.) **a**	to resign oneself to
resolver (v.)	to solve; to resolve
resolverse (v.) **a**	to resolve to
respetuoso (adj.)	respectful
respirar (v.)	to breathe
resplandecer (v.)	to shine
responder (v.)	to answer
respuesta (n.f.)	answer
resto (n.m.)	rest, remainder
retener (v.)	to retain
retirarse (v.)	to move away/back, withdraw
retrasar (v.)	to delay, put off
retraso (n.m.)	delay; lateness
reunión (n.f.)	meeting
reunir (v.)	to reunite, join together
revelar (v.)	to reveal, disclose, show
revisar (v.)	to revise
revista (n.f.)	magazine
rey (n.m.)	king
rezar (v.)	to pray
rico (adj.)	rich, wealthy
riesgo (n.m.)	risk, danger
rincón (n.m.)	corner (inside)
río (n.m.)	river
robar (v.)	to rob, steal
rodear (v.)	to surround
rodilla (n.f.)	knee
rogar (v.)	to beg, ask, request
rojo (adj.)	red
rollo (n.m.)	roll
romper (v.)	to break
ropa (n.f.)	clothes
ropero (n.m.)	wardrobe
rosal (n.m.)	rose bush
rostro (n.m.)	face
rubio (adj.)	blond
ruido (n.m.)	noise
ruidoso (adj.)	noisy
rumbo (n.m.)	route, direction

S

sábana (n.f.)	sheet
saber (v.)	to know
sabor (n.m.)	taste, flavor
saborear (v.)	to taste, savor
sabroso (adj.)	tasty
sacapuntas (n.m.inv.)	pencil sharpener
sacar (v.)	to take out
sacerdote (n.m.)	priest
saco (n.m.)	bag, sack; jacket
sal (n.f.)	salt
sala (n.f.)	living room
salario (n.m.)	salary
salida (n.f.)	exit
salir (v.)	to go out, leave

saltar (v.)	to jump	**silla** (n.f.)	chair
saltarín/ina (n.m.f.)	dancer	**sillón** (n.m.)	armchair, easy chair
saltarín/ina (adj.)	restless, full of movement	**simpático** (adj.)	nice, likeable
salto (n.m.)	jump	**sin** (prep.)	without
salud (n.f.)	health	**sin embargo** (adv.)	nevertheless
saludable (adj.)	healthy	**sin fines de lucro** (adj.)	non-profit
saludar (v.)	to greet		
saludo (n.m.)	greeting	**sinnúmero** (n.m.)	countless
salvador (adj.)	rescuer, savior	**sino** (conj.)	but; but rather
salvaje (adj.)	wild, savage	**siquiera** (adv.)	at least
salvar (v.)	to rescue, save	**situar** (v.)	to place, set; to locate
salvavidas (n.m.inv.)	lifeguard	**sobrar** (v.)	to have in excess
sandalia (n.f.)	sandal	**sobre** (n.m.)	envelope
sangre (n.f.)	blood	**sobre** (prep.)	on; about (concerning)
satisfacer (v.)	to satisfy	**sobresaltar** (v.)	to startle
satisfecho (p.p. of **satisfacer**)	satisfied	**sobretodo** (n.m.)	overcoat
		sobrevivir (v.)	to survive
secar (v.)	to dry	**sofocado** (adj.)	out of breath
seco (adj.)	dry	**sol** (n.m.)	sun
seguir (v.)	to continue; follow	**soledad** (n.f.)	solitude, loneliness
según (adv.)	according to	**soler** (v.)	to be in the habit of, to be accustomed to
segundo (adj.)	second		
seguro (adj.)	safe; certain	**solo** (adj.)	alone
seguro (n.m.)	insurance	**sólo** (adv.)	only
sello (n.m.)	stamp	**soltero** (adj.)	unmarried, single
semáforo (n.m.)	traffic light	**sombra** (n.f.)	shadow; shade
semana (n.f.)	week	**sonar** (v.)	to ring, to sound
sembrar (v.)	to plant	**sonido** (n.m.)	sound
semejante (adj.)	similar	**sonograma** (n.m.)	sonogram
sendero (n.m.)	path	**sorbo** (n.m.)	sip
sentado (adj.)	seated	**sonreír** (v.)	to smile
sentar (v.)	to sit	**sonrisa** (n.f.)	smile
sentarse (v.)	to sit (down)	**soñar** (v.) con	to dream about
sentencioso (adj.)	pithy; dogmatic	**sopa** (n.f.)	soup
sentimiento (n.m.)	feeling	**soportar** (v.)	to bear, hold up
sentir (v.)	to regret/be sorry; to feel (something)	**sordo** (adj.)	deaf
		sorna (n.f.)	slyness; sarcastic tone
sentirse (v.)	to feel	**sorprender** (v.)	to surprise
seña (n.f.)	mark; sign	**sorprenderse** (v.)	to be surprised
séptimo (adj.)	seventh	**sosegar** (v.)	to calm
ser (v.)	to be	**sostener** (v.)	to sustain
serie (n.f.)	series	**su** (adj.)	his, her, your, its, their
servilleta (n.f.)	napkin	**suave** (adj.)	smooth; gentle; soft
servir (v.)	to serve	**subir** (v.)	to go up
sexto (adj.)	sixth	**suceder** (v.)	to happen
siempre (adv.)	always	**suceso** (n.m.)	event, happening
siglo (n.m.)	century	**sucio** (adj.)	dirty
siguiente (adj.)	following	**sudor** (n.m.)	sweat
silbar (v.)	to whistle	**sueldo** (n.m.)	salary
silbido (n.m.)	whistle; hiss	**suelo** (n.m.)	floor

suelto (adj.)	loose, free
sueño (n.m.)	dream
suerte (n.f.)	luck
sugerir (v.)	to suggest
sujetar (v.)	to hold
sumo(a) (adj.)	extreme
suma (n.f.)	sum, amount; addition
suministrar (v.)	to supply, provide
suplicar (v.)	to beg, plead
suponer (v.)	to suppose
suspirar (v.)	to sigh
suspiro (n.m.)	sigh
sustituir (v.)	to substitute
susurrar (v.)	to whisper
suyo (pron.)	his; hers; yours

T

taconeo (n.m.)	tapping with one's heels
tal (adj.)	such
talla (n.f.)	size
taller (n.m.)	workshop; repair shop
tamaño (n.m.)	size
también (adv.)	also
tampoco (adv.)	neither, not . . . either
tan (adv.)	so
tanto (adj.)	so much; as much
tardar (v.) **en**	to delay in
tarde (n.f.)	afternoon; late
tarea (n.f.)	homework; task
tarjeta (n.f.)	card
taza (n.f.)	cup
techo (n.m.)	roof
tela (n.f.)	cloth
tema (n.m.)	theme
temblar (v.)	to tremble
temer (v.)	to fear
temerosa (adj.)	frightening; fearful; timid
temor (n.m.)	fear
templo (n.m.)	temple
temporada (n.f.)	season
temprano (adv.)	early
tenedor (n.m.)	fork
tener (v.)	to have
teñir (v.)	to dye
tercero, tercer (adj.)	third
terminar (v.)	to end, finish
ternura (n.f.)	tenderness
terraza (n.f.)	terrace
testamento (n.m.)	will
testigo (inv.)	witness

tibio (adj.)	lukewarm
tiempo (n.m.)	time; weather
tienda (n.f.)	store
tierra (n.f.)	earth; world
tijeras (n.f.pl.)	scissors
tío/a (n.m.f.)	uncle/aunt
tipo (n.m.)	type, kind; character, guy
tirar (v.)	to throw
toalla (n.f.)	towel
tocadiscos (n.m.inv.)	record player
tocar (v.)	to touch; to play (music)
tocarle (v.) **a**	to be one's turn
todavía (adv.)	still, yet
todo (adj.)	all
tomar (v.)	to take; to eat; to drink
torcer (v.)	to twist
torcerse (v.)	to sprain
tormenta (n.f.)	storm
toro (n.m.)	bull
torre (n.f.)	tower
tortilla (n.f.)	omelette; tortilla
tortuga (n.f.)	turtle
tos (n.f.)	cough
toser (v.)	to cough
tostada (n.f.)	toast
trabajador (adj.)	hardworking
trabajar (v.)	to work
trabajo (n.m.)	job
traducir (v.)	to translate
traer (v.)	to bring
tragaluz (n.m.)	skylight
tragar (v.)	to swallow
traje (n.m.)	suit
tranquilizar (v.)	to calm down
tranquilo (adj.)	calm, quiet
transcurrir (v.)	to pass
tranvía (n.m.)	streetcar
tras (prep.)	after; behind
trasladarse (v.)	to go; to move
tratar (v.)	to treat
tratar de (v.)	to try to
tratarse (v.) **de**	to be concerned with, be about (a question of)
trazar (v.)	to draw, sketch
tren (n.m.)	train

trepar (v.) — to climb
tricot (n.m.) — heavy knitted sweater
trío (n.m.) — trio
tripulación (n.f.) — crew
triste (adj.) — sad
tristeza (n.f.) — sadness
triunfar (v.) — to triumph, win
tronar (v.) — to thunder
tropezar (v.) — to trip, stumble
trozo (n.m.) — piece
tuyo (adj. pron.) — yours, of yours

U

último (adj.) — last; latest, most recent
único (adj.) — only, sole; unique
uña (n.f.) — nail
usar (v.) — to use, make use of
utilizar (v.) — to use, make use of

V

vaca (n.f.) — cow
vacilar (v.) — to hesitate
vacío (adj.) — empty
vagón (n.m.) — coach, passenger car
vainilla (n.f.) — vanilla; vanilla cookie
valer (v.) — to be worth
valor (n.m.) — value, worth
valorar (v.) — to value
vanidoso (adj.) — vain, conceited
varios (adj.pron.) — several
varón (n.m.) — male
vasco (adj.) — Basque
vaso (n.m.) — glass
vecindario (n.m.) — neighborhood
vecino (n.m.) — neighbor; near, nearby
vejete (n.m.) — old boy (fam.)
velador (n.m.) — watchman, caretaker
vencer (v.) — to overcome, conquer
vendedor (n.m.) — vendor
vender (v.) — to sell
venir (v.) — to come
ventaja (n.f.) — advantage
ventana (n.f.) — window
ventanilla (n.f.) — small window
ver (v.) — to see

verano (n.m.) — summer
verdad (n.f.) — truth
verdadero (adj.) — true, truthful
verde (adj.) — green
vereda (n.f.) — path, lane
vegonzosa (adj.) — shy, bashful; shameful
vergüenza (n.f.) — shame
vericueto (n.m.) — rough track
vestido (n.) — dress
vestir (v.) — to dress (someone)
vestirse (v.) — to get dressed
vez (n.f.) — time, occasion
viajar (v.) — to travel, journey
viaje (n.m.) — trip; journey
viajero/a (n.m.) — traveler
vidrio (n.m.) — glass
viejo (adj.) — old
viento (n.m.) — wind
vientre (n.m.) — belly; womb
vino (n.m.) — wine
visitante (n.m.f.) — visitor
visitar (v.) — to visit
vista (n.f.) — sight; look, gaze; view
víveres (n.m.) — provisions, supplies
vivienda (n.f.) — housing
vivir (v.) — to live
vivo (adj.) — living, alive; sharp, alert
volar (v.) — to fly
volver (v.) — to return, go back
voz (n.f.) — voice
vuelta (n.f.) — turn
vuestro (adj.) — your

Y

y (conj.) — and
ya (adv.) — already
yegua (n.f.) — mare
yerno (n.m.) — son-in-law

Z

zaguán (n.m.) — entry, hallway
zapato (n.m.) — shoe
zigzaguear (v.) — to zigzag
zurdo (adj.) — left-handed

Index

A

a, 114, 117
Absolute superlative, 49
Accent
  on demonstrative pronouns, 56
Active voice, 75
Adjectives
  changing of meaning, 73
  comparisons using, 47–49
  definition of, 44
  demonstrative, 45, 51
  descriptive, 45
  gender of, 44
  as nouns, 47
  numerical, 45–46
  plural of, 45
  position of, 45–46
  possessive, 45, 49–51
  shortening of, 46–47
Adverbial phrases, 52
Adverbs
  commonly used, 52
  in comparisons of inequality, 48–49
  definition of, 51
  formation of, 51–52
  indefinite, 106
  negative, 106
-aer, 80
Antonyms, 390–392
-ar, 59, 65, 92
Articles
  definite, 37–40, 50
  indefinite, 39–40
  lo, 39
  neuter, 39

C

-car, 81, 92
Cardinal numbers, 46, 109–111
-cer, 64
-cir, 64
Clause, 93
Commands
  formal, 102–103
  indirect, 104

nosotros, 103–104
object pronouns and
  reflexive pronouns with, 105
tú, 103
vosotros, 104
¿Cómo?, 107
¡Cómo!, 108
Comparisons
  of equality, 47–48
  of inequality, 48
  using adjectives, 47–48
Compound nouns, 41
Compound prepositions, 115
con, 117
Conditional, 89–90
Conditional perfect tense, 90
Conjunctions, 95–96, 119, 397–401
Conocer, 60
  uses of, 61–62, 130
Contractions, 37–38
¿Cuál?, 107
¿Cuánta(s)?, 108
¡Cuánta(s)!, 108
¿Cuánto(s)?, 108
¡Cuánto(s)!, 108
Cuya(s), 58
Cuyo(s), 58

D

Dates, 112
Days, 111–112
de, 118
Definite articles, 37–39, 50
Demonstrative adjectives, 45, 51
Demonstrative pronouns, 56–57
Denial, 94
Descriptive adjectives, 45–46
Diagnostic test, 15–34
Diagnosing your needs, 29
Dialogues, 151–154, 158–162
Direct object pronouns, 54–55
Doubt, 94

E

-eer, 80
El cual, 58
El que, 58
Emotions, 69, 94
en, 118
Equality, comparison of, 47–48
-er, 60, 65–66, 92
Estar
  with past participle, 75
  uses of, 72–73, 128–129
e to *i* verbs, 83–84
Exclamations, 108
Expressions
  commonly used, 393–396
  idiomatic, 397–401

F

Feelings, 94
Feminine nouns, 41–43
First person indicative, 91
Formal commands, 102–103
Future perfect tense, 89
Future tense, 88–89

G

-gar, 81, 92
Gender of adjectives, 44
-ger, 63
-gir, 63
Grammar
  practice with, 125–145
  questions about, 7
-guir, 63
Gustar, 76

I

-iar, 67–68
Idiomatic expressions, 397–401
"If" sentences, 100–101
Imperfect subjunctive, 98–101
Imperfect tense
  description of, 85–86
  irregular verbs, 86
  regular verbs, 86
Impersonal expressions, 94–95

Indefinite adverbs, 106
Indefinite articles, 39–40
Indefinite words, 105–106
Indicative
  first person, 91
  practice with, 134–143
  present, 59–60
Indirect commands, 104
Indirect object pronouns, 54–55
Inequality, comparison of, 48
Infinitives
  a before, 117
  con before, 117
  de before, 118
  en before, 118
  used as nouns, 38
Interrogatives, 107
-ir, 66–67, 92
Irregular past participles, 87
Irregular verbs
  description of, 60–62
  in first person indicative, 91
  in imperfect tense, 86
  in preterit tense, 78–79
  in subjunctive, 92

L

La cual, 58
La que, 58
Las cuales, 58
Las que, 58
Listening comprehension, 151–168
lo, 39, 54
Long forms, of possessive adjectives, 50
Los cuales, 58
Los que, 58

M

Masculine nouns, 40–41
Months, 111

N

Nationality, 40, 44
Negative adverbs, 106

423

Negative sentences, 48, 105–106
Negatives, 105–106
Neuter articles, 39
Neuter demonstrative pronoun, 57
Neuter pronoun, 54
Nosotros, commands, 103–104
Nouns
  adjectives as, 45
  compound, 41
  definition of, 40
  feminine, 41–43
  masculine, 40–43
  plural of, 43–44
  rules about, 42–43
Numbers, 109–111
Numerical adjectives, 45

O

Object pronouns
  description of, 54–55
  reflexive pronouns and, with commands, 105
Obligation, 105
Ojalá, 101
Ordinal numbers, 46, 110–111
o to *u* verbs, 83
Ownership, 51

P

Para, 115, 131
Passive voice, 75
Past participles
  estar with, 75
  irregular, 87
Perfect tense
  conditional, 90
  future, 89
  present, 86–87
Pero, 106
Persuasion, 93
Phrases, 397–401
Planning your study, 30–31
Pluperfect subjunctive, 98
Pluperfect tense, 88
Plural
  of adjectives, 45
  of nouns, 43–44
Por, 116, 131
Possession, 51
Possessive adjectives, 45, 49–50
Possessive pronouns, 56
Practice tests, 173–386
Prepositional pronouns, 53

Prepositions
  a, 114, 117–118
  commonly used, 114
  compound, 115
  con, 117
  de, 118
  definition of, 114
  en, 118
  practice with, 131–133
Present indicative verbs, 59–68
Present participle, 73–74
Present perfect subjunctive, 98
Present perfect tense, 86–87
Preterit
  description of, 77–78
  irregular verbs in, 54–55
  regular verbs in, 78
  stem-changing verbs in, 83–84
  verbs with special meanings in, 84
Progressive tense, 73–74
Pronouns
  definition of, 53
  demonstrative, 56–57
  direct object, 54
  indirect object, 54–55
  neuter, 54
  object, 54–55
  possessive, 56
  prepositional, 53
  reflexive. *See* Reflexive pronouns
  relative, 57–58
  subject, 54

Q

Que, 57
¿Qué?, 107
¡Qué!, 108
Questions
  structure, 7
  vocabulary, 5–7
Quien(es), 57–58
¿Quién(es)?, 107
¡Quién!, 108
-quiera, 97

R

Reflexive pronouns
  object pronouns and, with commands, 105
Reflexive verbs
  accidental or unintended uses of, 71
  commonly used, 69–70

  description of, 68
  idiomatic uses of, 71
  reciprocal actions expressed with, 70
  "to become" expressed using, 70
Regular verbs
  description of, 59–60
  imperfect tense, 86
  in preterit, 78
  subjunctive, 91
Rejoinders, 155–156, 163–168
Relative pronouns, 57–58

S

SAT Subject Test in Spanish
  with listening, 9–10
  paragraph completion, 8
  preparing for, 4–5
  reading comprehension, 8–9
  structure questions, 7
  taking of, 5–9
  types of, 3
  vocabulary questions, 5–7
  without listening, 4–9
  wrong choices, 5
Saber, 60
  uses of, 61–62, 130
Seasons, 112
Ser, 62
  uses of, 71–72, 128–129
Sino, 106
Sino que, 106
Spanish-English vocabulary, 402–422
Stem-changing verbs
  description of, 65–67
  in the present, 65–67
  in the preterit, 83–84
  subjunctive, 92
Stressed forms, of possessive adjectives, 50
Subject pronouns, 53
Subjunctive
  definition of, 91
  emotion or feeling uses of, 94
  imperfect, 98–101
  irregular verbs in, 91–92
  persuasive uses of, 93
  pluperfect, 98
  practice with, 134–143
  present perfect, 98
  regular verbs, 91
  stem-changing verbs, 92
  uses of, 93–97

Subordinate clause, 93, 96–97
Superlative, 48–49

T

Tapescript, 158–168
Tense
  future, 88–89
  pluperfect, 88
  present, 59–68
  present perfect, 86–87
  preterit, 77–84
  progressive, 73–74
  sequence of, 99–100
Time, 112–113
"to become," 70
tú, commands, 103

U

-uar, 67–68
Ud., commands, 102–103
Uds., commands, 102–103
-uir, 68, 80
Uncertainty, 94

V

Verbs
  with *a*, 117
  irregular
    description of, 60–62
    in first person indicative, 91
    in imperfect tense, 86
    in preterit tense, 78–80
    in subjunctive, 91–92
  present indicative, 59
  reflexive. *See* Reflexive verbs
  regular
    description of, 59–60
    imperfect tense, 86
    in preterit, 78
    subjunctive, 91
  stem-changing
    description of, 65–67
    in preterit, 83–84
  with spelling changes
    description of, 63–64
    preterit of, 80–82
Vocabulary, 402–422
Vosotros, commands, 104

W

Words, 393–396

Z

-zar, 82, 92